디지털 무역마케팅

디지털 무역마케팅

초판1쇄 인쇄 2023년 6월 23일
초판1쇄 발행 2023년 6월 30일

지 은 이 이호형
펴 낸 이 신일희
펴 낸 곳 계명대학교 출판부
출판등록 제347-1998-1호(1970. 9. 1)
주 소 대구광역시 달서구 달구벌대로 1095
대표전화 053-580-6233
팩 스 053-580-6235
홈페이지 www.kmupress.com

ISBN 979-11-6516-188-0 93320 정가 20,000원

디지털 무역마케팅

이호형

계명대학교 출판부

머리말

최근 정보통신기술의 발전으로 인터넷 환경에서 고객에게 맞춤화된 정보를 제공하는 것이 가능해졌다. 예전에는 고객이 상품을 구매하려면 실제 매장을 방문해야 했다. 그러나 지금은 인터넷에서 온라인 쇼핑몰을 통해 언제 어디서나 상품을 구매할 수 있으므로 고객이 상품을 구매하는 방법이 다양해졌다. 더욱이 상품의 구매 시간, 장소, 가격 등은 고객의 선호에 따라 결정된다. 이러한 추세는 디지털 무역마케팅이라고 불리는 새로운 무역마케팅 방식의 등장으로 이어졌다.

디지털 무역마케팅은 인터넷을 통해 상품을 홍보하고 판매하는 것을 의미한다. 기존의 무역마케팅 방식에서는 대부분의 홍보가 오프라인에서 이루어졌다. 그러나 인터넷의 보급으로 인해 온라인 환경에서의 무역마케팅이 중요해졌다. 이러한 추세로 인해 무역 전공자들은 무역 계약 이전의 무역거래알선 단계에서 디지털 무역마케팅을 분석해야 하는데, 이를 위해서는 정보통신기술과 무역마케팅을 효과적으로 결합할 수 있는 능력이 필요하다.

디지털 무역마케팅은 기업의 수출을 확대하고 수입을 늘리는 데에도 큰 역할을 한다. 이는 기존의 무역마케팅 방식과 다르게, 인터넷을 통해 수출입 거래를 확장할 수 있다는 장점이 있다. 그러나 디지털 무역마케팅은 전통적인 무역마케팅 방법보다 더 복잡하며 마케팅 성과를 높이려면 디지털 역량이 필요하다. 이를 위해서는 기업이 무역마케팅 전문가들을 적극적으로 확보하고 디지털 무역마케팅 기법에 대한 교육을 받아야 한다.

이 책의 내용은 디지털 무역마케팅 이론과 실습을 기업과의 협력을 통해 창의적이고 산학협력 친화적인 수업으로 운영할 수 있도록 구성하였다. 이 책은 무역 전공 학생들이 취업 전에 디지털 무역마케팅 역량을 높이는 데 필요한 산업체와의 현장밀착형 학습을 진행하는 과정에 활용될 것이다. 무역 전공자들은 이 책을 통해 인터넷 환경에서의 무역마케팅 전략을 습득하고, 실제 산업체에서의 디지털 무역마케팅 역량을 키우는데 필요한 지식과 능력을 함양할 수 있다.

이 책은 무역마케팅에서 디지털 전환의 중요성과 관련된 내용을 다루고 있다. 최근에는 정보통신기술의 발전으로 인해 고객에게 맞춤화된 정보를 제공하는 것이 가능해져, 상품의 구매 시간, 장소, 가격 등이 고객의 선호에 따라 결정되고 있다. 이러한 상황에서 디지털 무역마케팅은 더 이상 선택이 아닌 필수적인 전략으로 자리 잡았다. 이 책은 디지털 마케팅의 기본 개념부터 실제 사례까지 다양한 내용을 다루고 있다. 특히, 무역 분야에서 디지털 마케팅을 적용하는 방법과 빅데이터를 활용하여 마케팅 전략을 수립하는 방법 등이 다루어져 있다. 이 책을 통해 무역마케팅에서 디지털 전환의 중요성을 이해하고, 실제로 적용하는 방법을 배울 수 있다.

디지털 전환은 무역 분야에서도 빠르게 진행되고 있으며, 이에 따라 무역 거래의 형태와 고객 요구사항 등이 변화하고 있다. 이러한 상황에서 무역 전공자들은 디지털 무역마케팅의 중요성을 인식하고, 정보통신기술과 무역마케팅을 융합하여 더욱 효과적인 무역 거래를 이루어낼 수 있는 능력을 갖추어야 한다. 이를 위해 이 책은 디지털 무역마케팅의 개념, 중요성, 적용 사례, 전략 등을 상세히 다루고 있다.

무역을 위한 디지털 마케팅 전략, 온라인 해외시장조사, 해외 고객을 위한 콘텐츠 마케팅, 국경 간 전자상거래, B2B 디지털 무역마케팅, 국제 무역을 위한 소셜 미디어 마케팅, 수출아이템 발굴과 계약 상담, 검색 엔진 최적화 및 검색 엔진 마케팅, 비대면 무역마케팅 도구 등 다양한 내용을 다루고 있다. 이 책은 무역 전공자들뿐만 아니라, 무역 관련 직무를 수행하는 모든 분에게 유용할 것이다.

이 책이 출판되기까지 많은 도움을 준 가족들과 계명대학교 출판부에 감사의 마음을 전한다. 출판에 많은 노력과 시간을 투자한 이들의 노고와 지원이 없었다면 이 책을 완성할 수 없었을 것이라는 것을 잘 알고 있기 때문이다.

차 례

1장

무역마케팅의 디지털 전환

| **학습 목표** |

- 무역마케팅에서 디지털 전환의 필요성과 디지털 마케팅의 개념 및 전략을 이해하고, 이를 실제 무역마케팅에 적용할 수 있는 능력을 갖춘다.
- 무역마케팅에서 활용되는 다양한 디지털 마케팅 도구를 학습하고, 실제로 이를 활용하여 무역마케팅 전략 수립 및 실행에 활용할 수 있는 능력을 키운다.
- 디지털 마케팅을 실행하면서 발생하는 데이터를 수집하고 이를 분석하여 성과를 파악하고 개선 방안을 도출할 수 있는 능력을 갖춘다. 4차 산업혁명 기술의 이해를 통해 무역마케팅의 효과를 극대화하고 성과를 지속적으로 개선할 수 있다.

| **학습 목차** |

1장

무역마케팅의 디지털 전환

제1절 디지털 무역마케팅의 중요성

1. 디지털 마케팅의 이해

1) 마케팅이란 무엇인가?

마케팅은 상품이나 서비스의 개발부터 판매까지의 모든 단계에 관련된 기업 활동으로, 18세기 산업혁명 이후에 기업들의 마케팅 필요성이 인식되었다. 초기에는 장기적인 관계보다는 구매설득을 추구하였으나, 소비자 중심의 마케팅이 등장한 계기는 세계 대공황 이후 만성적인 공급 과잉이 발생하면서 기업들이 소비자의 욕구를 파악하고 만족시킬 수 있는 제품을 만들기 위해 노력하기 시작했기 때문이다.

마케팅의 정의는 시대에 따라 변화하며, 미국 마케팅학회(AMA)에서는 2004년의 정의에서 마케팅을 고객에게 가치를 창출하고 커뮤니케이션하며 전달하기 위한 일련의 과정이라 정의하였다. 필립 코틀러 교수는 마케팅을 인간의 필요와 욕구를 만족시키는 교환이라는 과정으로 정의하였으며, 이후에는 기업의 이익을 고려해가며 고객 만족을 제공하는 것이 마케팅의 주요 목표라고 주장하기도 했다.[1] 다양한 학자들의 정의가 있지만, 마케팅의 핵심 단어로는 고객, 가치, 교환, 창출, 만족 등이 공통으로 언급된다. 저자는 개인적인 견해로 Russell S. Winer의 간단한 마케팅 정의가 가장 쉽게 이해된다고 생각한다.[2] 그 정의는 "선택에 영향을 미치는 모든 활동"으로, 마케팅의 본질을 잘 나타내고 있다.

2) 디지털 마케팅의 개념과 특징

디지털 마케팅은 디지털 채널을 활용하여 제품 또는 서비스를 홍보하고 판매하는 마케팅 방법을 말한다. 디지털 채널은 웹사이트, 소셜미디어, 이메일, 검색 광고 등을 포함한다.

기존의 오프라인 마케팅 방법과 달리 디지털 마케팅은 대상 고객층의 디지털 환경에서의 행동 패턴, 선호도 등을 파악하여 정확한 타겟팅(Targeting)을 할 수 있다.[3] 또한, 디지털 마케팅은 데이터 분석을 통해 마케팅 효과를 측정하고, 최적화하여 효율적으로 마케팅 예산을 활용할 수 있다.

이러한 디지털 마케팅은 기업의 비즈니스 성장에 매우 중요한 역

---

1) Kotler, Philip, Marketing Management, 3rd ed., Prentice Hall, 2016, p.14.

2) Winer, Russell S., Marketing Management. Prentice Hal, 2004.

3) 제품이나 서비스를 마케팅하는 과정에서, 특정한 고객층을 선정하여 그들에게 집중적으로 마케팅을 진행하는 것이다. 이를 통해 제품이나 서비스의 판매를 증가시키고, 비용을 절감할 수 있다.

할을 한다. 디지털 마케팅을 통해 기업은 더 많은 고객을 유치하고, 브랜드 인지도를 높일 수 있으며, 이를 통해 매출 증대와 경쟁력 강화에 이바지할 수 있다.

디지털 마케팅은 기존의 마케팅과는 다른 특징을 가지고 있다. 첫째, 디지털 마케팅에서는 데이터 분석을 통해 대상 고객층을 정확히 파악하고, 이를 바탕으로 타겟팅 전략을 수립한다. 이를 통해 마케팅의 효율성을 높일 수 있다.

둘째, 디지털 마케팅에서는 다양한 디지털 채널(웹사이트, 소셜 미디어, 이메일, 검색 광고 등)을 활용하여 마케팅을 진행한다. 이를 통해 더 많은 고객층에게 마케팅 메시지를 전달할 수 있다.

셋째, 디지털 마케팅에서는 마케팅 결과를 측정할 수 있는 다양한 도구와 방법을 활용한다. 이를 통해 마케팅 전략의 효과성을 분석하고, 개선할 수 있다.

넷째, 디지털 마케팅에서는 고객이 실시간으로 반응하고 피드백을 제공할 수 있다. 이를 통해 기업은 고객의 요구에 빠르게 대응하고, 더 나은 서비스를 제공할 수 있다.

다섯째, 디지털 마케팅에서는 지리적 제약이 적기 때문에 글로벌 마케팅이 가능하다. 이를 통해 기업은 해외시장에서도 경쟁력을 강화할 수 있다.

이러한 디지털 마케팅의 특징들은 기업이 더욱 효과적인 마케팅 전략을 수립하고, 더 많은 고객을 유치하여 매출을 증대시키는 데 도움을 준다.

3) 디지털 마케팅의 유형

▸ 이메일 마케팅(Email Marketing)

이메일을 활용하여 제품이나 서비스를 홍보하는 마케팅 방법이다. 이메일 마케팅은 뉴스레터, 프로모션 이메일, 인사 이메일, 이벤트 초대 이메일 등 다양한 형태로 진행된다. 이메일 마케팅은 수신자의 이메일 주소를 활용하기 때문에 이메일을 수신한 사람 중에서 제품이나 서비스에 관심이 있는 사람들에게 더욱 효과적으로 마케팅 메시지를 전달할 수 있다.

대량으로 이메일을 발송할 수 있어서 비용 효율적이지만 이메일 마케팅을 효과적으로 수행하기 위해서는 이메일 주소 수집, 수신자의 흥미와 선호도 파악, 적절한 시기에 이메일 발송, 메일링 리스트 관리 등 다양한 전략이 필요하다. 또한, 이메일 수신자의 개인정보를 보호하는 법률적인 제한사항에 대한 준수가 필수적이다.

▸ 검색 엔진 마케팅(Search Engine Marketing, SEM)

검색 엔진에서 광고를 노출하거나 검색 엔진 최적화(SEO)를 통해 제품이나 서비스를 홍보하는 마케팅 방법이다. SEO는 구글 같은 검색 엔진에서 노출되는 웹사이트의 순위를 높이기 위한 기법이다. 검색 광고는 검색어를 입력한 타겟 고객을 이들이 구매하거나 탐색하고자 하는 제품이나 정보를 제공하는 기업의 콘텐츠와 연결하는 것으로 주로 구글 애드워즈(AdWords)와 같은 검색 광고를 이용한다.[4)]

---

4) 구글에서 제공하는 검색 광고 플랫폼으로, 구글 애드워즈를 통해 기업은 구글 검색 결과 상위에 광고를 노출하여 제품이나 서비스를 홍보할 수 있다.

▸ 소셜 미디어 마케팅(Social Media Marketing)

Facebook, Instagram, Twitter, Youtube와 같은 소셜 미디어 플랫폼을 활용하여 제품이나 서비스를 홍보하는 마케팅 방법이다. 소셜 미디어를 이용한 광고, 소셜 미디어 계정을 통한 콘텐츠 공유, 소셜 미디어를 이용한 이벤트나 캠페인 등을 통해 제품, 서비스 또는 브랜드를 홍보한다.

▸ 콘텐츠 마케팅(Content Marketing)

유용하고 흥미로운 콘텐츠를 제작하고 배포하여 브랜드 인지도를 높이고, 고객 유치 및 유지를 목적으로 하는 마케팅 전략이다. 블로그 글, 동영상, 이미지, 소셜 미디어 게시글, 이메일 뉴스레터, 인포그래픽 등 다양한 형태의 콘텐츠를 활용한다. SEO와 함께 사용하면 더 많은 고객에게 콘텐츠가 노출될 수 있다.

▸ 모바일 마케팅(Mobile Marketing)

모바일 기기를 활용하여 제품이나 서비스를 홍보하는 마케팅 방법이다. 모바일 마케팅의 대표적인 방법으로는 모바일 앱 마케팅, 모바일 광고, 푸시 알림, QR 코드 등이 있다. 모바일 기기 위치 정보나 사용자 습관 등을 파악하여 타겟팅을 하거나, 푸시 알림을 이용하여 고객과의 상호작용을 촉진할 수 있다. 모바일 마케팅을 수행하기 위해서는 모바일 기기 사용자들의 개인정보 보호에 대한 제한사항과 모바일 기기의 운영체제 및 호환성 문제를 고려해야 한다.

4) 디지털 전환에 따른 마케팅 전략

디지털 전환은 기업이 디지털 기술을 활용하여 전통적인 비즈니스 모델에서 디지털 중심의 비즈니스 모델로 전환하는 것을 의미한다. 디지털 전환은 비즈니스 환경이 빠르게 변화하고, 소비자들의 소비 패턴이 변화함에 따라 필수적인 전략 중 하나이다. 디지털 전환은 기업의 경쟁력을 높이는 중요한 요소 중 하나이며, 이에 따른 디지털 마케팅 전략을 수립하는 것이 중요하다.

첫째, 기업은 고객이 많이 사용하는 디지털 채널을 활용하여 제품이나 서비스를 홍보할 수 있다. 예를 들어, 소셜 미디어를 활용하여 제품이나 서비스를 홍보하거나, 이메일 마케팅을 통해 고객에게 정보를 제공할 수 있다.

둘째, 기업은 디지털 기술을 활용하여 고객의 선호도, 관심사 등을 파악하고 이에 따라 맞춤형 마케팅을 제공할 수 있다. 예를 들어, 고객의 검색어나 브라우징 패턴을 분석하여 맞춤형 광고를 노출하거나, 개인화된 이메일을 발송할 수 있다.

셋째, 디지털 전환을 통해 수집된 데이터를 분석하여 마케팅 전략을 개선할 수 있다. 예를 들어, 웹사이트의 방문자 수, 구매 패턴, 이탈 원인 등을 분석하여 웹사이트 개선을 진행할 수 있으며, 광고 클릭률, 전환율 등을 분석하여 광고 전략을 개선할 수 있다.

5) 디지털 마케팅의 단계

다음과 같은 단계를 반복하며 디지털 마케팅 전략을 지속적으로 개선하는 것이 중요하다. 또한, 디지털 마케팅의 특성상 변화가 빠르므로 새로운 기술과 동향을 끊임없이 파악하고 적극적으로 수용해야 한다.

표1 디지털 마케팅 단계

단계	설명
계획	디지털 마케팅을 시작하기 전에는 목표 설정, 대상 고객 분석, 전략 수립, 예산 결정 등의 계획 단계가 필요하다. 이를 통해 마케팅 활동을 효과적으로 수행할 수 있다.
실행	계획 단계에서 수립한 전략을 바탕으로 구체적인 마케팅 활동을 실행하는 단계이다. 웹사이트 제작, 소셜 미디어 캠페인, 검색 엔진 최적화(SEO), 콘텐츠 제작 등의 활동을 수행한다.
평가	실행 단계에서 수행한 활동을 평가하는 단계이다. 효과적인 디지털 마케팅을 위해서는 데이터 분석을 통해 활동의 효과를 정량적으로 평가해야 한다. 이를 통해 문제점을 파악하고 개선할 수 있다.
개선	평가 결과를 바탕으로 개선 방안을 수립하고 이를 반영하여 마케팅 활동을 개선하는 단계이다. 이를 통해 지속적으로 마케팅 활동을 개선하여 더욱 효과적인 마케팅을 수행할 수 있다.

6) 디지털 마케팅의 장점

디지털 마케팅은 기존의 마케팅 방법과 비교하여 다양한 장점이 있다.

첫째, 디지털 마케팅에서는 검색 엔진 최적화(SEO)와 검색 엔진 마케팅(SEM) 등을 통해 더욱 정확한 타겟팅이 가능하다. 또한, 소셜 미디어와 이메일 마케팅을 통해 개인별 맞춤형 마케팅이 가능해지므로, 고객에게 더욱 적극적으로 다가갈 수 있다.

둘째, 디지털 마케팅에서는 웹사이트 분석, 소셜 미디어 분석 등을 통해 실시간으로 데이터를 수집하고 분석할 수 있다. 이를 통해 마케팅 전략의 실효성을 검증하고, 문제점을 신속하게 파악하여 대응할 수 있다.

셋째, 디지털 마케팅에서는 효과적인 타겟팅과 분석을 통해 예산을 보다 효율적으로 사용할 수 있다. 또한, TV, 라디오, 신문 등의 기존 매체 광고보다 비용이 저렴하므로 예산을 효과적으로 분배할 수 있다.

넷째, 디지털 마케팅에서는 웹사이트 트래픽, 클릭 수, 구매 수 등 다양한 지표를 통해 마케팅 활동의 성과를 측정할 수 있다. 이를 통해 성과에 대한 명확한 평가가 가능하므로, 더욱 효과적인 마케팅 전략을 수립할 수 있다.

다섯째, 인터넷을 통한 디지털 마케팅은 지리적 제약이 없으므로, 국내뿐만 아니라 전 세계적으로 상품이나 서비스를 홍보할 수 있다. 이를 통해 글로벌 마케팅의 확대와 새로운 시장 개척이 가능해진다.

7) 디지털 마케팅의 미래

디지털 마케팅은 빠른 속도로 발전하고 있으며, 기존의 마케팅 방식과 큰 차이를 보인다. 이에 따라 디지털 마케팅의 미래에 대한 예측과 추세는 다음과 같다.

첫째, 인공지능과 머신러닝 기술을 활용한 마케팅 방법이 더욱 발전될 것으로 예상한다. 예를 들어, 챗봇과 같은 자동화 기술을 활용하여 고객과 실시간으로 대화하고 문제를 해결하는 인공지능 기술이 발전하고 있다.

둘째, AR(Augmented Reality)과 VR(Virtual Reality) 기술이 활용되어 마케팅 방법이 더욱 혁신적인 방향으로 발전할 것이다. 예를 들어, 상품을 가상으로 체험하거나, 시뮬레이션을 통해 제품을 체험해보는 등의 방식이 더욱 발전될 것이다.

셋째, 새로운 디지털 마케팅 채널이 등장할 것으로 예상한다. 예를 들어, 음성 검색 기술이 더욱 발전하여 음성 마케팅 채널이 등장하거나,

게임 내 마케팅이 더욱 활성화될 것이다.

넷째, 개인정보 보호와 관련된 법규가 더욱 강화될 것으로 예상한다. 이에 따라 기업은 개인정보 보호에 더욱 신경을 써야 하며, 고객의 개인정보를 보호하는 노력이 필요할 것이다.

다섯째, 디지털 마케팅과 오프라인 마케팅이 융합될 것으로 예상한다. 이에 따라, 오프라인에서의 구매 경험을 더욱 디지털적으로 향상하는 방식이 더 발전될 것이다.

2. 디지털 무역마케팅의 이해

1) 무역마케팅이란 무엇인가?

무역이란 용어는 중국 역사서인 십팔사략(十八史略)에서 유래되었다. 무(貿)와 역(易)은 모두 교환 또는 매매를 의미하며, trade라는 단어는 tread(걷다, 밟다) 또는 track(지나간 자국, 항로)에서 유래되었다. 이러한 단어들은 길이나 항로를 따라서 물건을 교환하는 것을 의미하고, 무역은 국제간의 물품을 대상으로 이루어진 상거래를 일반적으로 의미한다.

무역마케팅은 다수의 해외시장을 대상으로 마케팅 활동을 전개하는 것을 말하며, 효과적인 무역마케팅 전략을 개발하는 것이 중요하다. 무역마케팅은 수출마케팅과 수입마케팅으로 나뉘며, 각각의 과정에서 아이템 발굴, 바이어 찾기, 선적, 수입자 물색, 수입 상담 등의 업무가 이루어진다. 수입마케팅은 국내시장에 적합한 물품을 공급할 수 있는 자를 확보하고 유리한 수입계약을 체결하기 위한 상담 활동을 전개한다.

무역마케팅 성공을 위해서는 상품력, 영업력, 관리력, 정보력의 4가지 요소가 필요하다. 이 요소들이 유기적으로 연동하여 강한 추진력을 발휘할 때, 무역마케팅 경쟁에서 우월적 지위를 유지할 수 있다.

표2 무역마케팅 성공을 위한 4가지 요소

요소	설명
상품력	품질, 용도, 성능, 디자인, 가격, 브랜드 등을 평가 기준으로 삼으며, 제품의 경쟁력을 강화하는 것이 중요하다.
영업력	광고, 홍보, 유통 촉진, 제반 서비스 능력이 중요하며, 제품의 가치를 고객에게 전달하는 것이 필요하다.
관리력	수입 대체품 개발, 생산 공정 최적화, 물류비용 절감 등을 요구하며 효율적인 생산 및 관리가 필요하다.
정보력	해외시장 정보 및 규제에 대한 적응력을 향상하는 것이 중요하며, 적극적인 시장조사가 필요하다.

한편 국제마케팅은 생산거점의 해외 진출을 하는 기업이 전개하는 마케팅으로, 진출국을 거점으로 다른 해외시장도 대상으로 하는 다국적 기업의 마케팅 활동을 의미한다. 국제마케팅은 제품, 판촉, 가격, 판로, 물류 등의 전략을 종합적으로 고려하여 계획하고 실행된다.

2) 디지털 무역마케팅의 개념

디지털 무역마케팅은 인터넷과 디지털 기술을 활용하여 제품이나 서비스를 해외시장에 홍보하고 수출을 증가시키는 마케팅 방식을 말한다. 이는 기존의 무역마케팅 방식에서 디지털 기술을 활용하여 더욱 효율적이고 정확한 타겟팅과 분석을 통해 글로벌 마케팅을 추진하는 것이다.

이제는 인터넷과 디지털 기술을 활용하여 세계 시장을 개척하는 것이 가능하다. 전통적인 무역마케팅에서는 해외로 진출하기 위해서 큰 비용과 시간이 필요하지만, 디지털 무역마케팅은 인터넷을 통해 해외시장에 손쉽게 진출할 수 있다. 디지털 무역마케팅은 전통적인 무역마케팅보다 저렴한 비용으로 효과적인 마케팅이 가능하다. 인터넷과 디지털 기술을 활용하여 비용을 절감하면서도 광고 효과를 극대화할 수 있다.

디지털 무역마케팅은 검색 엔진 최적화(SEO), 검색 엔진 마케팅(SEM), 소셜 미디어 마케팅, 이메일 마케팅 등을 통해 정확한 타겟팅이 가능하다. 디지털 무역마케팅은 데이터 분석을 통해 고객들의 검색 패턴, 광고 클릭 수 등을 분석할 수 있다. 이를 통해 마케팅 전략을 보완하고 개선할 수 있다.

광고 예산을 절약하면서도 원하는 해외 고객층에게 더욱 효과적인 마케팅이 가능하다. 디지털 무역마케팅은 인터넷을 통해 실시간으로 데이터를 분석할 수 있으므로 빠르고 즉각적인 반응이 가능하다. 이를 통해 적극적인 마케팅 전략을 수립하고, 빠르게 대응할 수 있어 해외시장에서의 경쟁력을 유지할 수 있다.

3) 디지털 무역마케팅의 유형

▸ 글로벌 검색 엔진 최적화(SEO)

전 세계에서 검색되는 다양한 언어로 웹사이트를 최적화한다. 이를 위해 다양한 언어의 키워드를 연구하고, 해당 키워드를 효과적으로 사용하여 검색 노출을 극대화할 수 있다. 각 지역의 문화, 언어, 관습 등을 고려하여 적절한 콘텐츠를 제공하면, 지역별 검색 엔진에서 높은 순위를 차지할 수 있다. 글로벌 SEO를 통해, 다양한 언어권에서의 검색 노출을 최적화하여, 전 세계의 사용자들에게 원활하게 노출될 수 있으며, 세계 시장 진출에 성공할 수 있다.

▸ 글로벌 소셜 미디어 마케팅

소셜 미디어는 전 세계적으로 보급되어 있으며, 많은 사용자가 일상적으로 이용하고 있어 세계 시장에서의 홍보 및 마케팅에 중요한 역할을 한다. 각 지역의 언어, 문화, 관습 등을 고려하여 적절한 콘텐츠를 제공하면, 지역별 사용자들의 관심을 끌고, 브랜드 인지도를 증대시킬 수 있다.

▸ 글로벌 이메일 마케팅

전 세계적으로 인터넷 사용자들이 이메일을 이용하고 있어, 이메일을 통한 마케팅은 세계 시장에서의 홍보 및 마케팅에 중요한 역할을 한다. 지리적 제한 없이 제품이나 서비스를 홍보할 수 있는 장점이 있다. 각 지역의 언어, 문화, 관습 등을 고려하여 적절한 이메일을 제공하면, 지역별 사용자들의 관심을 끌고, 브랜드 인지도를 증대시킬 수 있다.

▸ 글로벌 콘텐츠 마케팅

전 세계적으로 공유할 수 있는 콘텐츠를 활용하여 제품이나 서비스를 홍보하는 마케팅 방법이다. 세계 시장에서 적절한 콘텐츠를 제공하면, 브랜드 인지도를 높이고, 판매 증대에 이바지할 수 있다. 다양한 언어로 제공되는 콘텐츠는 지역별 고객들에게 더욱 친근하게 다가가게 해주며, 브랜드 인지도를 높일 수 있다. 글로벌 콘텐츠 마케팅에서는 다양한 소셜 미디어를 활용하는 것이 중요하다. 각 지역에서 인기 있는 소셜 미디어를 활용하여 지역별 고객들에게 다양한 콘텐츠를 제공할 수 있다.

▸ 글로벌 모바일 마케팅

스마트폰, 태블릿 등 모바일 기기를 이용하는 고객층이 전 세계적으로 급증하면서, 기업들은 모바일 기술을 활용한 마케팅 전략을 구상하고 있다. 모바일 기기에 최적화된 웹사이트, 애플리케이션 등을 제공하는 것이 중요하다. 각 국가의 모바일 사용자들이 사용하는 모바일 기기의 성능, 인터넷 속도 등을 고려하여 제공하는 것이 필요하다.

4) 디지털 무역마케팅의 성공사례

한국무역협회 디지털수출지원센터는 기업에 맞춤화된 매칭 서비스를 제공하여 디지털 무역마케팅 성공사례를 발표하였다.[5)]

▸ 도넛 생산 기계 수출

사우디아라비아 고객이 tradeKorea 바이어 매칭팀에 도넛 생산 기계를 수출할 수 있는 제조사를 찾는 요청 전화를 걸었다. 무역회사인 미래이엔이의 대표는 매칭 담당자에게 요청하여 바이어와 연락을 시작하

---

5) 한국무역협회 디지털수출지원센터 셀러 성공스토리 참고할 것

였고, 바이어의 요구를 파악하여 A사의 도넛 생산 기계를 추천하였다. 매칭 담당자는 계약서 작성과 기계 제작 과정을 관리하였고, 최종적으로 바이어가 제품을 구매하였다. 바이어는 중간에서 매칭 담당자의 아낌없는 도움에 감사했으며 추후 추가 수입도 고려할 것을 밝혔다. 이를 통해 tradeKorea 바이어 매칭팀은 성공적인 디지털 무역마케팅 사례를 보여주었다.

▸ 건해산물 제품 수출

코로나19로 인해 오프라인 전시회 등에서 바이어를 발굴하고 제품을 구매해오던 것이 어려워지면서, 한 말레이시아 유아 식품 유통업체도 한국업체와의 구매에 어려움을 겪었다. tradeKorea 매칭 담당자는 바이어와의 화상상담을 통해 국내 B사의 유아용 김자반 제품을 소개하고 적극적으로 지원하였다. 바이어는 김자반 제품 외에도 국물용 팩에도 관심을 가졌으나 생소한 제품이라 미팅에서 고민하였다. tradeKorea 매칭 담당자는 해당 제품의 용도와 편리성을 설명하여 이해를 도왔고, 미팅을 마친 후 바이어는 B사와 초도계약을 체결하였다. 이후 바이어는 많은 수량을 주문하기로 하였다.

5) 디지털 무역마케팅의 미래

디지털 무역마케팅은 계속해서 발전하고 있으며, 이 분야의 미래는 혁신적인 기술과 전략에 의해 더욱 밝아질 것이다. 기술과 전략의 발전에 따라 무역마케팅은 더욱 세밀하고 효율적인 방식으로 이루어지며, 글로벌 무역환경에서 성공적인 비즈니스를 수행하는 데 도움이 될 것이다. 몇 가지 미래적인 동향을 살펴보면 다음과 같다.

첫째, 인공지능(AI)와 NLP[6] 기술은 무역마케팅에서 중요한 역할을 수행할 것이다. 예를 들어, AI 기술을 사용하여 바이어의 선호도와 수입 기록을 분석하고 이를 활용하여 맞춤형 마케팅 전략을 구현할 수 있다.

둘째, 가상 및 현실 결합 기술은 제품 라이브 스트리밍 및 체험, 3D 모델링, 향상된 상호작용 등과 같은 새로운 무역마케팅 전략을 가능하게 할 것이다.

셋째, 블록체인 기술은 무역 거래의 안정성과 신뢰성을 높일 뿐 아니라, 소유권 증명, 공급망 추적, 지불처리 등 다양한 무역 프로세스에서 중요한 역할을 하여 무역마케팅 성과를 높일 것이다.

넷째, 소셜 미디어는 무역마케팅에서 점차 중요한 역할을 수행하고 있다. 더욱 향상된 콘텐츠 제공과 사용자 경험을 개선하여 소셜 미디어 플랫폼에서 더욱 많은 수출실적을 창출할 수 있을 것이다.

3. 무역의 디지털 전환 정책

한국 정부는 디지털 대전환을 이끌며, 강소·중견기업이 세계 무대로 나갈 수 있도록 노력하고 있다. 코로나19 상황에서도 온라인·비대면 방식으로 수출에 성공한 기업들이 참여해 수출 현장의 기업애로 해소 방안을 논의하였다. 또한, 관계부처 합동으로 마련한 '무역 디지털 전환 대책'을 발표하여, 대대적인 디지털 전환과 무역구조 혁신을 통해 수출의 시장·품

6) 자연어 처리(Natural Language Processing)의 약자로, 인간이 사용하는 언어를 기계가 이해하고 처리하는 기술

목·주체를 다변화하는 효과를 기대하고 있다. 이번 대책을 통해 2030년까지 무역 규모 2조 달러와 20만 수출 중소기업을 육성하고 있다. 디지털 전환을 통해 10년 안에 기존 무역 규모와 수출 중소기업 수를 두 배로 늘리겠다는 것이다. 대책은 온라인 무역 플랫폼 통합과 디지털 무역 서비스 기능 강화, 온라인 전시관 확대, 수출 중소기업 지원 등을 포함한다. 이를 위해 대외무역법과 무역보험법 등 관계 법령도 일제 정비하고 있다.

1) 배경

한국 무역은 최근 10년간 1조 달러대에서 정체되어 있으며, 수출기업 수는 10만 개를 넘지 못하고 있다. 디지털 역량이 세계 시장에서 핵심 경쟁요소로 대두되며, 무역 비교우위는 플랫폼 및 데이터 활용 역량 중심으로 전환되고 있다. 이에 한국 무역은 무역 디지털화를 추진하여 무역 비용 감소와 지능화를 통해 더욱 성공적인 수출을 촉진하고 있으며, '무역 디지털 전환대책'을 추진하여 수출기업 10만 개, 무역 규모 1조 달러의 벽을 넘어 '20만, 2조 달러 시대'로 가는 무역구조 혁신전략을 추구하고 있다.

2) 동향 및 평가

무역의 디지털화로 인해 무역비용이 감소하고 비교우위 전환 등의 효과가 발생하며, 온라인 수출은 급속히 증가하고 있다. 글로벌 플랫폼 기업들은 마케팅, 결제, 물류 등의 강점을 결합하여 규모의 경제를 실현하고 있으며, 미래에는 디지털 플랫폼의 매출액이 전체 세계적 기업 매출의 30%를 차지할 것으로 전망된다. 국내 온라인 수출은 상품군에 따라 다르지만 5배 이상 성장하였으며, 중소기업들도 디지털 수출역량 혁신이 필요하다는 인식이 있다. 글로벌 온라인 시장에서 수출을 활발하게 진행함으로써 무역 규모의 획기적 확대가 가능하다.

3) 목표 및 추진전략

한국의 무역 규모를 2030년에 2조 달러로 늘리고, 20만 개의 수출 중소기업을 육성하는 것을 목표로 한다. 이를 위해 한국형 글로벌 온라인 플랫폼 구축, 디지털 기반 글로벌 전시회 육성, 10만 개 중소·내수기업의 디지털 수출 기업화 추진, 그리고 수출지원체계를 디지털 무역체제로 전면 개편하는 전략을 추진하고 있다. 각 전략은 세부적인 실행계획을 가지고 있다.

그림1 「무역 디지털 전환대책」

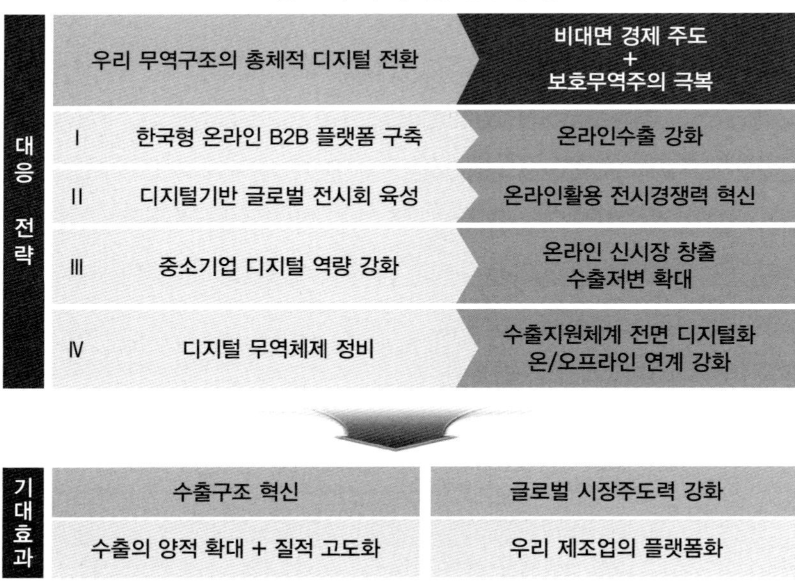

출처: 관계부처합동, 무역 2조 불, 20만 수출기업 양성을 위한 「무역 디지털 전환대책」, 2020. 11. 13

4) 한국형 글로벌 온라인 플랫폼 구축

한국의 3대 B2B 온라인 수출 플랫폼인 바이코리아, 고비즈코리아, tradeKorea는 상호 간 연계 수준이 낮고, 등록 제품 수, 결제 및 배송 지원 기능 등에서 경쟁력이 취약한 문제가 있다. 이를 해결하기 위해 2025년까지 3대 플랫폼의 100억 달러 온라인 수출 달성 목표가 제시되었다.

이를 위해 상품 및 거래 정보 고도화와 수출 거래 전 과정의 온라인 지원 기능 보강, 상품 정보 및 해외바이어 문의 정보를 통합하고, 기능적으로 통합하여 운영될 수 있도록 하는 긴급 개편 계획을 발표하였다. 또한, 한국 정부는 O2O 서비스를 통해 중소기업과 소상공인의 온라인 수출을 돕고, 3대 플랫폼에 입점하는 기업들에게 인센티브와 공동 브랜딩 및 홍보를 제공하고 있다. 한국 정부는 또한, 3대 B2B 플랫폼을 국제화하기 위해 글로벌 B2B 플랫폼과 협력을 강화하고 있다.

제2절 무역의 디지털 전환

1. 무역의 디지털 전환 이해

1) 무역의 디지털 전환 정의

디지털 전환(Digital Transformation)은 디지털 기술을 비즈니스의 모든 영역에 통합하여 비즈니스 운영 방식과 고객에게 가치를 제공하는 방식을 근본적으로 변화시키는 것이다. 여기에는 클라우드 컴퓨팅,

모바일 장치, 빅데이터 분석, 인공지능 및 사물인터넷(IoT)과 같은 기술을 사용하여 비즈니스 프로세스를 개선하고 고객 경험을 향상하며 새로운 비즈니스 모델을 만드는 것이 포함된다. 또한, 디지털 전환은 비즈니스 과제에 대한 새로운 사고방식과 접근 방식이 필요하므로 종종 조직 내 문화적 변화를 수반한다. 디지털 전환의 목표는 급변하는 디지털 환경에서 경쟁력을 유지하기 위해 효율성, 민첩성 및 혁신을 개선하는 것이다.

무역의 디지털 전환은 전통적인 무역 방식에서 디지털 기술과 프로세스를 적용하여 무역 거래와 관련된 모든 측면을 개선하고 변화시키는 것이다. 이는 전자상거래, 블록체인, 빅데이터, 인공지능, 로봇공학 등의 디지털 기술을 활용하여 무역 프로세스를 자동화하고 최적화하며, 물류 및 금융 분야의 디지털 혁신을 통해 무역 거래의 효율성, 안전성 및 투명성을 높이는 것을 목적으로 한다. 이러한 디지털 전환은 무역환경의 변화와 수요에 따라 지속적으로 발전하고 있다.

2) 무역의 디지털 전환 중요성

무역에서 디지털 혁신은 매우 중요하다. 전통적으로, 국제 무역은 문서와 관련된 프로세스가 많아서 매우 복잡하고 불편하다. 그러나 디지털 기술의 발전으로 인해, 이러한 프로세스들을 자동화하고 단순화할 수 있게 되었다. 예를 들어, 전자상거래, 디지털 인보이스, 블록체인 기술, 인공지능, 빅데이터 등 디지털 기술의 도입으로, 국제 무역 프로세스는 매우 간편해지고 비용이 절감된다.

디지털 기술은 무역 거래에서 자료를 수집하고 분석하는 것을 가능하게 해주어, 기업들이 시장 동향을 파악하고 경쟁 우위를 유지하는 데 큰 도움을 준다. 또한, 디지털 기술을 활용하여 거래 과정의 투명성과 신뢰성을 높이고, 사기와 부정행위를 방지하는 것이 가능하다.

이러한 이유로, 국제 무역에서 디지털 혁신은 미래적인 경쟁력을 유지하고 성장하는 데 매우 중요하다. 또한, 디지털 혁신은 기존의 무역 방식에서 발생하던 많은 문제를 해결할 가능성을 제시한다. 따라서 기업들은 디지털 혁신을 적극적으로 추진하여 국제 무역에서 더욱 경쟁력 있는 위치를 유지할 필요가 있다.

3) 무역의 디지털 전환 원인

첫째, 세계 경제의 변화로 인해 기업들은 비즈니스 모델을 다시 고민하게 되었다. 이에 따라 디지털 기술을 활용한 새로운 비즈니스 모델이 탄생하게 되어 국제 무역에서 디지털 전환이 가속화되었다. 전통적인 물류 업체인 DHL이 기존의 물류 서비스와는 달리 온라인 플랫폼을 통한 물류 서비스인 DHL eCommerce를 출시한 것은 디지털 전환의 대표적인 사례 중 하나이다.

둘째, 인공지능, 빅데이터, 블록체인 등 새로운 기술의 발전으로 인해 무역에서 디지털 전환이 이루어지고 있다. 이러한 기술들은 기업들이 더욱 빠르고 효율적으로 무역을 처리할 수 있도록 도와주고 있다. 인공지능 기술을 활용한 무역 챗봇을 도입하여 고객 상담 업무를 자동화하고, 빅데이터 분석기술을 이용하여 시장 동향과 고객 요구사항을 파악하여 수출 제품의 개발 및 마케팅 전략을 수립하는 등의 사례가 있다. 또한, 블록체인 기술을 활용하여 무역 거래 과정에서의 안전성과 투명성을 강화하고, 금융 거래의 신뢰성을 높이는 등의 효과도 확인된다.

셋째, 디지털 기술의 발전으로 새로운 비즈니스 모델이 등장하면서, 기존의 무역 패러다임에서 벗어나는 기업들이 나타나고 있다. 대표적인 사례로는 중국의 B2B 전자상거래 플랫폼인 알리바바와 미국 아마존이 운영하는 FBA(Fulfillment By Amazon) 서비스 등이 있다. 이러한 새로운 무역 플랫폼들은 기존의 물류 및 유통 구조를 혁신적으로 변화시켜, 기업들이 더욱 빠르고 효율적으로 무역을 처리할 수 있도록 돕고 있다.

넷째, 규제환경의 변화로 인해 기업들은 디지털 기술을 활용한 무역 방식을 적극적으로 도입하고 있다. 특히, 코로나19 팬데믹 이후에는 비대면 무역이 더욱더 중요해졌으며, 이를 위한 디지털 기술의 도입이 가속화되고 있다. 예를 들면, 코로나19가 유행하는 동안 많은 기업이 비대면 무역을 활성화하기 위해 온라인 거래 플랫폼을 도입했다. 또한, 몇몇 국가들은 코로나19 이후에 전자서명법 개정을 통해 온라인 상거래의 법적 인정을 확대하고 있다. 이러한 조치들은 무역에서 디지털 전환을 가속하고 있다.

다섯째, 온라인 쇼핑몰, 모바일 앱 등 소비자들이 디지털 기술을 적극적으로 활용하고 있으므로 기업들은 이에 맞춰 무역 방식을 디지털화하고 있다. 예를 들어, 전통적인 세탁소에서는 세탁물을 직접 맡기고 세탁 후 다시 찾아가는 방식을 벗어나 모바일 앱을 통한 수거와 배달 서비스를 제공하고 있다. 이처럼 디지털 기술을 활용한 서비스 제공으로 더 나은 고객 경험을 제공하고, 무역에서 디지털 전환을 가속하고 있다.

4) 무역의 디지털 전환 장벽

디지털 기술을 활용한 국제 무역은 전통적인 무역 방식과는 다른 접근 방식을 요구한다. 이는 기존의 비즈니스 모델과는 다르게 변화를 요구하며, 이를 적용하려면 조직의 변화와 위험을 감수해야 한다. 이를 위해서는 무역 기업들이 새로운 비즈니스 모델을 수용하고, 조직 내부의 역량을 강화할 필요가 있다. 외부적으로는 국제 무역에서 디지털 전환을 가속하기 위해서는 다음과 같은 몇 가지 장벽들이 극복되어야 한다.

첫째, 무역업무의 디지털화를 위해서는 높은 수준의 기술적 비결과 기술적 지식이 필요하다. 그러나 일부 국가에서는 이러한 기술적 능력이 부족할 수가 있다. 개발도상국이나 소규모 경제체제를 가진 국가들은 디지털 인프라가 부족하거나, 기술적인 비결이나 전문가 인력의 부족, 또는 디지털 환경에서의 보안 등의 문제로 디지털 전환에 어려움을 겪을 수 있다. 따라서 이러한 국가들은 디지털 역량 강화와 국제적인 기술 지원을 통해 디지털 전환을 가속할 필요가 있다.

둘째, 국가마다 다른 법률과 규제가 있으므로, 국제 무역에서 디지털 전환을 추진하기 위해서는 법적 장벽을 극복해야 하고 국가 간의 협력을 강화하는 것이 필요하다. 예를 들어, 중국에서는 외국 기업이 중국 내에서 데이터를 저장하기 위해서는 중국 내에 데이터 중심을 구축하거나 중국의 데이터 서비스 제공업체와 협력해야 한다. 또한, 유럽연합에서는 개인정보 보호를 위해 GDPR(General Data Protection Regulation)를 시행하고 있다. 이러한 규제를 준수하지 않으면 벌금이 부과될 수 있다. 이와 같은 규제들은 국제 무역에서 데이터 교류 및 처리에 대한 장벽이 될 수 있다.

셋째, 디지털 전환은 비즈니스의 문화와 관련이 깊으므로, 기업 내부의 문화적 장벽도 디지털 전환의 걸림돌이 될 수 있다. 예를 들어, 전통적으로 종이 문서를 사용하는 기업에서는 디지털 문서를 사용하는 것이 어렵고, 디지털 협업 도구를 도입하기 위해서는 기존의 업무수행 방식을 변경해야 하므로 진행이 어려울 수 있다. 또한, 디지털 전환에 대한 부정적인 인식이 기업 내부에서 널리 퍼져 있다면, 직원들의 참여와 열의가 부족해질 수 있어 디지털 전환의 속도가 늦어질 수 있다.

넷째, 디지털 전환을 위해서는 기술적 역량을 보유한 인력이 필요하다. 그러나 일부 국가에서는 이러한 인력 부족이 디지털 전환을 방해하는 요인이 될 수 있다. 예를 들어, 최근에는 인공지능, 빅데이터, 블록체인 등과 같은 신기술의 발전과 함께 이를 활용한 디지털 전환의 필요성이 대두되고 있다. 그러나 이러한 분야에서 전문적인 기술 역량을 보유한 인력은 부족한 상황이다. 이는 디지털 전환을 지연시키고 기업 경쟁력을 약화하는 요인이 될 수 있다. 또한, 이러한 기술 역량을 보유한 인력을 확보하기 위해 경쟁이 치열해지고 있어 인력 확보에 따른 인건비 상승 등 경제적 부담도 발생할 수 있다.

다섯째, 디지털 무역에서 보안성 문제는 매우 중요하다. 그러나 일부 국가에서는 보안성 문제를 극복하기 위한 기술적 비결이 부족할 수가 있다. 일부 개발도상국에서는 보안 역량이 취약해 해커 공격 등에 취약한 상태이다. 또한, 개인정보 보호법이나 사이버 보안 법률 등의 법적 인프라가 충분하지 않은 국가들도 있다. 각국의 보안 역량을 강화하고 국제적으로 협력하는 것이 필요하다.

5) 무역에서 디지털 전환을 이루기 위한 전략

첫째, 무역업무의 디지털화를 위해서는 높은 수준의 디지털 역량이 필요하므로 교육 및 훈련 프로그램을 통해 기술적인 역량을 강화할 수 있다.

둘째, 다양한 분야의 전문가들과 협력하여 디지털 기술을 활용한 무역 방식을 개발하고, 디지털 전환에 대한 인식 개선을 위한 교류 및 네트워킹을 활발히 추진할 수 있다.

셋째, 국제 무역에서 디지털 전환을 추진하기 위해서는 국내외 법적 규제 및 제도 개선이 필요하다. 따라서 법률 전문가와 협력하여 법적 측면을 강화하는 방안을 모색할 필요가 있다.

넷째, 무역에서 디지털 전환을 추진하면서 보안성은 매우 중요하므로 디지털 보안 전문가들과 함께 보안성을 강화하는 방안을 모색할 필요가 있다.

다섯째, 디지털 기술의 발전으로 인해 무역 분야에서도 새로운 비즈니스 모델이 등장하고 있다. 이를 위해서는 새로운 비즈니스 모델 개발에 관한 연구 및 개발을 적극적으로 추진해야 한다.

여섯째, 빅데이터 분석 등의 기술을 활용하여 무역업무의 자료를 분석하고, 이를 기반으로 한 전략 수립 및 의사결정을 할 수 있다. 이를 위해서는 데이터 분석 전문가와 함께 데이터 분석 및 활용 방안을 모색할 필요가 있다.

2. 무역에서 디지털 플랫폼과 전자상거래

무역에서 디지털 플랫폼과 전자상거래를 이용하면 물류 및 거래 과정에서 발생하는 시간과 비용을 절감할 수 있다. 물리적인 제품 운송과 수작업 거래 방식으로는 발생할 수 없는 고객과의 실시간 소통, 자동화된 거래 프로세스 등이 시간과 비용 절감에 큰 역할을 한다.

디지털 플랫폼과 전자상거래를 이용하면 지리적 제한 없이 더 넓은 해외시장에 진입할 수 있다. 인터넷과 모바일 기술을 활용한 거래 방식은 지리적 제약이 없으며, 국제적인 무역 거래에도 유리하다. 디지털 플랫폼과 전자상거래는 무역 거래 과정에서 투명성과 신뢰성을 높일 수 있다.

1) 디지털 플랫폼이란 무엇인가?

디지털 플랫폼은 인터넷이나 모바일 기기를 통해 제공되는 비즈니스 모델로, 서로 다른 사용자 그룹 간의 상호작용과 거래를 가능하게 한다. 디지털 플랫폼은 일반적으로 다음과 같은 구성 요소를 갖고 있다.

표3 디지털 플랫폼의 구성 요소

구성 요소	설명
사용자	다양한 사용자 그룹을 대상으로 함 (공급자, 구매자, 제삼자 서비스 제공업체 등)
서비스	다양한 사용자 그룹 간의 상호작용과 거래를 위한 서비스 제공 (거래 기록, 결제, 배송, 고객 지원 등)
기술	다양한 기술 활용하여 서비스 제공 (인공지능, 빅데이터 분석, 블록체인 등)
데이터	사용자 간 상호작용과 거래에서 발생하는 자료 수집 및 분석 (개인 맞춤형 서비스 제공, 비즈니스 전략 인사이트 제공)
비즈니스 모델	다양한 비즈니스 모델 적용 가능 (수수료 모델, 광고 모델, 구독 모델 등)
생태계	다양한 사용자 그룹과 서비스, 기술, 데이터, 비즈니스 모델 등의 상호작용으로 이루어진 생태계 형성(새로운 비즈니스 기회 창출)

2) 무역에서 디지털 플랫폼의 역할과 사례

무역에서 디지털 플랫폼은 다양한 역할을 수행한다. 먼저, 디지털 플랫폼은 무역 거래의 효율성을 높이고 비용을 절감할 수 있도록 한다. 예를 들어, 물류, 결제, 관세, 보험 등의 무역 서비스를 통합적으로 제공하여 거래 과정에서 발생하는 비용과 시간을 최소화할 수 있다.

또한, 디지털 플랫폼은 무역 정보의 공유와 신뢰성을 높여주는 역할도 한다. 전자상거래 플랫폼에서는 상품 정보, 가격 정보, 판매자 정보 등이 제공되므로, 소비자는 신뢰성이 높은 정보를 얻을 수 있다. 또한, 블록체인 기술을 활용하여 거래 과정에서 발생하는 자료를 분산 저장하여 정보의 안전성과 무결성을 보장할 수 있다.

마지막으로, 디지털 플랫폼은 국제 무역에서의 중개자 역할도 수행한다. 기업들은 디지털 플랫폼을 통해 다른 기업들과 더 쉽게 연결되고, 국제 무역 거래에 필요한 다양한 정보와 지원을 받을 수 있다. 이는 국제 무역에서 기업 간의 상호작용을 촉진하고, 국제 무역의 활성화를 도모한다.

표4 무역 디지털 플랫폼의 사례

사례	설명
Amazon Business	기업을 대상으로 한 B2B 전용 디지털 마켓플레이스, 디지털화된 주문 및 결제 과정으로 비즈니스용 제품 구매 가능
Alibaba	중국을 대표하는 B2B 전용 디지털 플랫폼, 다양한 공급업체와 연결되어 다양한 제품 구매 가능, 무역에 필요한 다양한 서비스 제공
Tradelens	IBM과 Maersk가 공동 개발한 국제물류 업계를 대상으로 한 디지털 플랫폼, 블록체인 기술 활용하여 물류 정보 추적 및 관리, 국제물류 업계 효율성 향상
Flexport	미국의 무역 서비스 신생기업, 고객의 물류 운송 및 무역 거래를 디지털화하여 처리, 블록체인 기술 활용하여 물류 데이터 안전 관리

3) 무역과 글로벌 전자상거래

글로벌 전자상거래(Global e-commerce)는 인터넷과 디지털 기술을 활용하여 국경을 초월하는 경제 활동을 의미한다. 전 세계적으로 온라인 플랫폼에서 소비자와 판매자 간의 거래가 이루어지며, 물리적인 거래 공간의 제약을 극복할 수 있다. 글로벌 전자상거래는 소비자들이 상품을 구매하는 새로운 방식을 제공하고, 기업들이 세계적인 시장에 진입할 기회를 제공한다.

글로벌 전자상거래의 대표적인 예시로는 아마존, 알리바바, 이베이 등의 대형 온라인 마켓플레이스가 있다. 이들 회사는 다양한 상품과 서비스를 제공하며, 소비자들은 온라인에서 구매한 제품을 세계 각지로 배송받을 수 있다. 또한, 글로벌 전자상거래는 기업들이 해외시장에 진출할 수 있는 새로운 방식을 제공하고, 전 세계적으로 다양한 소비자들에게 상품을 판매할 수 있도록 돕는다.

글로벌 전자상거래는 무역에서 디지털 전환의 가속화를 불러일으키는 중요한 원동력 중 하나이며, 코로나19 팬데믹으로 인해 대안으로 대두되어 글로벌 전자상거래 시장이 크게 성장하고 있다. 기업들은 전자상거래에서 새로운 비즈니스 모델을 찾고, 디지털 전환을 가속하는 등의 노력을 기울이고 있으며, 전 세계적으로 전자상거래를 활성화하기 위한 다양한 정책적 지원이 이루어지고 있다.

첫째, 전자상거래를 통해 무역 거래를 처리하면 전통적인 방식보다 더 빠르고 비용이 적게 들어간다. 거래를 위해 출장을 가지 않아도 되므로 시간과 비용이 절감된다.

둘째, 전자상거래는 무역 거래 과정을 간소화한다. 전자서명, 전자결제 등 디지털 기술을 이용하면 무역 거래 과정에서 발생하는 오류를 줄일 수 있으며, 정보 공유와 커뮤니케이션도 쉬워진다. Alibaba.com은 B2B 전자상거래 플랫폼으로, 세계 각국의 소규모 기업들이 제품을 판매하고 구매하는 데에 사용된다. 이 플랫폼에서는 무역 거래를 위한 계약서와 세금 계산서 등 필요한 서류를 전자적으로 작성할 수 있으며, 물류 추적 시스템을 통해 물품의 위치와 상태를 실시간으로 확인할 수 있다. 또한, 판매자와 구매자 간에는 실시간 채팅 기능이 제공되어 커뮤니케이션도 쉽게 이루어진다.

셋째, 전자상거래는 글로벌 무역을 촉진한다. 인터넷을 통해 쉽게 접근 가능한 상품과 서비스는 국경을 초월하여 전 세계적인 소비자들에게 판매될 수 있다. 최근에는 전자상거래 플랫폼을 통해 해외에서 구매한 제품을 국내에 배송받는 해외직구 방식이 세계적으로 급증하고 있다. 가격 경쟁력, 제품 다양성, 유행, 문화적인 이유로 해외직구 시장은 성장하고 있다.

넷째, 전자상거래를 통해 새로운 해외시장 개척 기회가 생길 수 있다. 전통적인 방식으로는 접근하기 어려웠던 해외시장에도 쉽게 접근할 수 있다. 예를 들어, 아마존, 이베이 등의 글로벌 마켓플레이스는 전 세계 소비자들이 이용하고 있으며, 이를 통해 해외에서도 쉽게 상품을 판매할 수 있다. 또한, 페이스북, 구글 등의 광고 플랫폼을 활용하여 전 세계적인 소비자들에게 직접 마케팅을 할 수 있다.

다섯째, 전자상거래 플랫폼에서는 거래 관련 정보를 수집하고 분석할 수 있다. 이를 통해 해외소비자들의 선호도나 판매량 등의 정보를 수집하여 기업의 무역마케팅 전략을 세우는 데 활용할 수 있다. 예를 들어, 아마존은 소비자들의 구매 이력, 검색어, 평가 등을 분석하여 소비자 선호도를 파악하고, 이를 바탕으로 개인화된 상품 추천 및 타겟 마케팅하고 있다. 이러한 데이터 분석은 전 세계적인 소비자층에게 무역상품을 판매하는 기업들에게 매우 중요한 비즈니스 인텔리전스를 제공한다.[7)]

전자상거래는 많은 개인정보와 금융정보를 처리하기 때문에 보안 문제가 매우 중요하다. 해커나 사기꾼 등의 공격으로 인한 손실을 막기 위해 강력한 보안 시스템이 필요하다. 국가마다 다른 전자상거래 법률과 규제가 있으므로 이에 대한 대응 전략이 필요하다.

국가마다 문화적 차이가 있으므로, 전자상거래에서도 제품이나 마케팅 전략이 각 국가에 맞도록 조정되어야 한다. 일부 국가에서는 전자상거래 시장이 아직 미성숙한 상태이기 때문에 이를 개발하고 확대하기 위한 전략이 필요하다. 인터넷 접속 속도가 느리거나 인프라가 부족한 국가에서는 전자상거래가 어려울 수 있다.

3. 무역 디지털 전환의 미래

무역에서 디지털 전환은 더욱 가속화될 전망이다. 빅데이터, 인공지능, 블록체인 등 디지털 기술의 발전으로 인해 무역 관련 자료가 더욱 쉽게 수집되고 분석될 수 있게 되었기 때문이다. 또한, 코로나19 팬데믹 이후에는 비대면 무역의 중요성이 더욱 커졌기 때문에 디지털 기술을 활용한 무역 방식이 더욱 중요해졌다. 이에 따라 무역 관련 기업들은 더

7) 비즈니스 인텔리전스(Business Intelligence)는 기업이 보유한 데이터를 수집, 분석, 가시화하여 인사이트를 도출하고 의사결정에 활용하는 방법론과 도구를 의미한다.

욱더 디지털 전환에 적극적으로 나서게 될 것이다. 또한, 무역 관련 규제가 더욱 늘어날 것으로 예상하기 때문에 이러한 규제를 준수할 수 있는 디지털 기술의 개발과 도입이 더욱 중요해질 것이다.

1) 4차 산업혁명이 무역에 미치는 영향

4차 산업혁명으로 인해 무역 환경이 변화하고 있으며, 인공지능, 빅데이터, 사물인터넷 등의 기술이 무역 현장에도 적용되고 있다. 국제물류 분야, 무역계약 분야, 관세·통관 분야 등에서 4차 산업혁명 기술이 적용되고 있으며, 블록체인 기술을 활용한 스마트 무역계약 분야와 스마트 통관체제 구축 연구가 활발하게 일어나고 있다. 인공지능과 디지털 무역은 아직 연구가 부족하지만, 인공지능을 활용하여 거래선을 찾아내고 무역사기를 차단하는 등의 새로운 패러다임을 만들어나갈 수 있을 것이다. 디지털 무역은 기업의 운영비용 절감과 글로벌 공급망 효율화의 성과를 거둘 수 있으며, 4차 산업혁명은 디지털 무역을 더욱 확산시킬 것이다.[8)]

이로 인해 비대면 무역이 증가하고, 스마트공장에서 생산과 무역의 자동화가 진행되며, 블록체인 기술과 빅데이터 분석 기술의 발전으로 무역 거래의 안전성과 신뢰성을 높일 수 있을 것으로 예상한다. 하지만 이에 따른 보안 이슈가 크게 두드러질 것으로 예상되며, 보안 기술의 개발과 도입이 필요하다.

---

8) 이호형, "4차 산업혁명 관련 무역연구의 체계적 문헌고찰과 사례연구", 통상정보연구 제22권 제2호, 2020, pp.23-41.

2) 인공지능 기술의 발전이 무역에 미치는 영향

4차 산업혁명에서 인공지능은 매우 중요한 역할을 한다. 인공지능은 빅데이터와 머신러닝 등의 기술을 이용하여 인간의 지능을 모방하거나 초월하는 시스템을 구현하는 기술이다. 이를 활용하면 기업은 더욱 빠르고 정확한 의사결정을 내릴 수 있으며, 생산성과 효율성을 높일 수 있다.

인공지능은 무역에서 중요한 역할을 할 수 있으며, 무역 거래 방식의 변화와 더불어 무역 정책 및 법제도도 변화할 것으로 예상한다. 무역 업무의 자동화와 자료 분석 등 인공지능 기술의 발전이 무역의 효율성을 높일 수 있으며, 인공지능 기술의 급속한 발전과 보조를 맞추기 위해 정책 입안자들은 적극적으로 대응해야 한다.

인공지능을 사용하여 무역분쟁 조정 시스템을 자동화하고 분쟁을 예방하고 처리함으로써 비용을 절감할 수 있다. 또한, 인공지능을 활용하여 무역보험, 무역 인텔리전스[9], 무역 챗봇[10] 등에서도 다양하게 활용될 수 있으며, 제조업과 공급망 내에서도 효율성과 생산성을 향상하는 데에 활용될 수 있다. 그러나 인공지능을 활용하는 것에는 여러 도전적인 문제점이 존재하므로, 이를 모두 고려하여 적용해야 한다.

인공지능이 무역에 대한 잠재적 이익을 가져올 수 있지만, 공정하고 지속 가능한 방식으로 이루어지도록 제한사항을 해결해야 한다. 인공지능이 기존의 불평등을 악화시키거나 실직 문제를 일으킬 수 있으며, 규제 및 거버넌스 구조가 부족하여 국제 무역 시스템에 위험을 초래할 수 있다. 또한, 데이터 정확성 및 안전성, 개인정보 보호 등 자료와

---

9) 기업이 해외시장 진출 및 수출입 활동을 위해 필요한 정보를 수집, 분석, 평가하여 의사결정에 활용하는 활동

10) 인공지능 기술을 이용하여 자연어 처리를 통해 사용자와 대화를 나눌 수 있는 프로그램

관련된 문제도 해결해야 한다. 이러한 문제를 해결하기 위해서는 국제 협력, 디지털 인프라와 인적 자본에 대한 투자, 데이터 품질 향상, 데이터 보호와 개인정보 보호 강화 등의 방법이 필요하다.[11)]

3) 디지털 전환에 따른 글로벌 산업의 변화

첫째, 인공지능, 자동화 및 로봇 기술의 발전으로 인해 생산성이 대폭 향상될 것으로 예상한다. 기존의 생산 과정에서 수작업으로 처리되던 일부 작업이 자동화되면서 생산성이 높아질 것이다.

둘째, 디지털 기술의 발전으로 인해 기존 산업에서 새로운 비즈니스 모델이 탄생할 것으로 예상한다. 예를 들어, 기존의 물류 산업에서는 배송 서비스를 제공하는 회사들이 중심이었지만, 이제는 배송 플랫폼을 운영하는 회사들도 등장하여 새로운 시장을 형성하고 있다.

셋째, 디지털 전환은 새로운 직업들을 만들어낼 것이다. 인공지능 기술의 발전으로 인해 인공지능 엔지니어, 데이터 분석가, 알고리즘 개발자 등의 새로운 직업이 등장할 것으로 예상한다. 디지털 전환은 기존의 직업들에도 영향을 미칠 것이다. 기존의 일부 직업은 자동화로 인해 사라지거나, 새로운 기술에 대한 지식을 습득해야 할 것이다.

넷째, 디지털 전환은 세계 경제 구조에도 영향을 미칠 것이다. 이전에는 주로 물리적인 자원과 노동력이 중심이었지만, 디지털 기술의 발전으로 인해 지식과 정보가 중요한 자원으로 떠오르고 있다. 이에 따라, 경제 활동의 중심이 물리적 자원의 생산과 소비에서 정보와 지식의 생

---

11) 이호형, "무역업무에서 ChatGPT 활용의 탐색적 연구", 통상정보연구 제25권 제1호, 2023, pp.43-61.

산과 소비로 이동하고 있다. 세계 경제 구조의 변화로 인해 새로운 국가들이 경제 선도국으로 부상하고 있다. 디지털 기술의 발전으로 인해 지식과 정보의 생산 및 이용이 중요한 요소로 떠오르면서, 이를 잘 활용하는 국가들이 선도국으로 부상하고 있다.

디지털 전환으로 인해 경제 활동의 모든 영역에서 기존의 방식과 규제가 변화하고 있다. 무역에서는 전자상거래나 블록체인 기술의 등장으로 기존의 무역 방식과 규제가 변화하고 있다.

4) 디지털 전환에 따른 무역 정책 및 법제도의 변화

디지털 무역에서는 더욱 투명하고 효율적인 거래를 위한 법제도와 규제가 필요하다. 또한, 디지털 무역에서 발생하는 지식재산권 문제와 관련하여 국제적인 협력이 필요하다.

디지털 전환에 따라 FTA에서 디지털 무역 관련 규정이 강화되고 있다. 예를 들어, 대한민국과 아세안 국가들이 체결한 '한-아세안 자유무역협정'에는 전자상거래, 전자서명, 사이버 보안 등 디지털 무역에 관한 규정이 포함되어 있다. 또한, 한국과 미국 간의 '한·미 자유무역협정(FTA)' 개정 협상에서는 디지털 무역 분야에서의 협력 강화와 관련한 내용이 포함되었다. 이러한 추세는 앞으로 더욱 강화될 것으로 예상한다.

또한, 국가 간에는 디지털 무역 관련 규제를 조율하기 위한 협력이 필요하다. 예를 들어, 디지털 세금 문제, 디지털 지불 문제 등 국제적인 협력이 필요한 문제들이 있다. 사례 중 하나는 '디지털서비스세'이다. 이는 디지털 기술을 이용한 광고, 스트리밍, 앱 등 디지털 서비스에서 발생하는 매출에 대한 세금 문제이다. 전통적인 세금 제도는 물리적인 제품이나 서비스에 대해서만 부과되었기 때문에 디지털 서비스에서 발생하는 매출에 대한 세금 부과 방안이 필요해졌다. 국제적인 협력을 통해 이러한 문제를 해결하고, 디지털 무역을 원활하게 발전시키는 것이 필요하다.

또한, 디지털 전환은 지식재산권 문제와 관련된 법제도의 변화도 가져올 것으로 예상한다. 디지털 무역에서는 상표, 저작권, 특허 등 다양한 지식재산권 문제가 발생할 수 있다. 이러한 문제들을 해결하기 위해서는 국제적인 법적 협력이 필요하다.

제3절 디지털 전환이 무역마케팅에 미치는 영향

1. 디지털 전환이 마케팅 전략에 미치는 영향

디지털 전환은 기업의 마케팅 전략에 미치는 영향이 크다. 기존의 전통적인 마케팅 방식에서 디지털 마케팅 방식으로의 전환이 필요해졌기 때문이다. 디지털 마케팅은 효율적이고 효과적인 마케팅 방식으로, 인터넷과 모바일 기술을 통해 전 세계적인 시장에 접근할 기회를 제공한다.

1) 더욱 정확한 타겟 마케팅(Target marketing)

디지털 마케팅은 더욱 정확한 타겟 마케팅을 가능하게 한다. 기존의 오프라인 마케팅에서는 광고할 때, 넓은 대상층을 대상으로 마케팅 활동을 진행했지만, 디지털 마케팅에서는 소셜 미디어, 검색 엔진 등을 이용하여 정확한 타겟 마케팅을 할 수 있다. 타겟 마케팅은 제품 또는 서비스를 특정 고객층에 대해 집중적으로 마케팅하는 것이기 때문에 고객 세분화와 인사이트를 기반으로 한 자료 분석이 매우 중요하다. 이를 통해 기업은 더욱 효율적인 마케팅 활동을 할 수 있으며, 마케팅 비용을 줄일 수 있다.

타겟 마케팅의 대표적인 사례는 애플이다. 애플은 매년 발표하는 새로운 아이폰 제품을 특정 대상층을 대상으로 마케팅한다. 아이폰 제품은 대부분 고가의 제품이지만, 디자인과 기술력, 브랜드 이미지 등의 이유로 매년 많은 소비자가 구매한다. 애플은 고가의 제품을 더욱 많은 소비자에게 마케팅하는 대신 높은 수준의 기술력과 디자인, 브랜드 이미지를 가진 일부 소비자들에게 집중적으로 마케팅을 진행해 수익을 창출한다.

2) 고객과의 소통 증대, 고객 경험 개선

디지털 전환은 기업과 고객 간의 소통을 증대시킨다. 소셜 미디어나 온라인 커뮤니티 등을 통해 고객들과 쉽게 소통할 수 있으며, 고객들의 피드백을 적극적으로 수집할 수 있다. 이를 통해 기업은 고객의 요구사항을 빠르게 파악하고, 제품이나 서비스를 개선할 수 있다. 예를 들어, 스타벅스는 디지털 전환을 통해 고객과의 소통을 증대시켰다. 스타벅스 앱을 통해 고객은 주문을 미리 할 수 있고, 매장에 도착하면 줄을 서지 않고 바로 픽업할 수 있다. 또한, 앱을 통해 고객은 매장 내부의 편의 시설과 메뉴에 대한 정보를 쉽게 확인할 수 있다. 이를 통해 스타벅스는 고객과의 소통을 강화하고, 고객의 요구사항에 더욱 빠르게 대응할 수 있게 되었다.

디지털 기술은 고객 경험을 향상할 다양한 기회를 제공한다. 소셜 미디어, 모바일 앱, 웹사이트 등을 활용하여 고객과 상호작용하는 방법이 다양해지면서, 고객 경험을 개선하는데 디지털 기술을 적극적으로 활용하는 것이 중요해졌다. 예를 들어, 코카콜라는 모바일 앱을 통해 고객들이 자신의 이름을 적어 코카콜라 캔에 인쇄할 수 있는 'Share a Coke' 캠페인을 진행했다. 이를 통해 고객들은 자신만의 코카콜라 캔을 만들 수 있었으며, 이는 고객들의 참여를 촉진하고 코카콜라 브랜드와의 연결감을 높이는 데 큰 역할을 하였다.

3) 데이터 기반 마케팅

디지털 마케팅에서는 다양한 자료를 수집할 수 있다. 이를 기반으로 자료 분석을 통해 마케팅 전략을 수립할 수 있다. 예를 들어, 검색 엔진 최적화(SEO)를 통해 검색 키워드를 분석하여 타겟 고객의 검색 유행을 파악할 수 있으며, 이를 활용하여 타겟 마케팅을 할 수 있다.

'The Honest Company'는 기존의 화학성분을 포함한 제품 대신에 천연 성분을 사용한 제품을 판매하며, 이를 통해 건강한 생활양식을 추구하는 소비자층을 타겟으로 하고 있다. 이 회사는 SEO를 활용하여 소비자들의 검색 키워드와 관심사를 파악하고, 이를 바탕으로 웹사이트 내용과 제품군을 최적화하였다. 이를 통해 고객들의 검색 결과에서 상위에 노출되어 타겟 마케팅을 성공적으로 수행하였다.

4) 소비자의 구매 경로 변화

디지털 전환은 소비자의 구매 경로를 크게 변화시켰다. 예전에는 상품을 구매하기 위해서는 오프라인 매장을 방문해야 했지만, 지금은 인터넷에서 상품을 구매하는 것이 일상적으로 이루어지고 있다. 인터넷을 통해 상품을 검색하고 비교 분석한 후, 온라인 마켓플레이스나 판매자의 홈페이지에서 주문 및 결제를 처리하고, 배송까지 이루어지는 것이 일반적인 구매 과정이다.

이러한 디지털 구매 경로는 소비자에게 편의성을 제공한다. 인터넷을 통해 언제 어디서든지 상품을 검색하고 구매할 수 있으며, 가격 비교와 상품 리뷰 등을 통해 더욱 많은 정보를 얻을 수 있다. 또한, 온라인으로 주문 및 결제를 처리하면 매장 방문과 같은 번거로운 절차를 거치지 않아도 되기 때문에 시간과 비용을 절약할 수 있다.

5) 새로운 마케팅 채널의 등장

디지털 전환은 새로운 마케팅 채널의 등장을 이끌었다. 기존의 방식으로는 접근하기 어려웠던 소비자들에게 새로운 채널을 통해 접근할 수 있게 되었으며, 이를 통해 더 많은 소비자에게 제품이나 서비스를 알리는 기회를 가질 수 있게 되었다.

디지털 전환으로 새로운 마케팅 채널이 등장한 대표적인 사례 중 하나는 인플루언서 마케팅이다. 인플루언서들은 소셜 미디어를 활용하여 큰 팬층을 가지고 있으므로, 기업들은 인플루언서들을 활용하여 제품이나 서비스를 소개하고 홍보하는 데 큰 노력을 기울이고 있다. 예를 들어, 유튜브나 인스타그램에서 유명한 인플루언서를 활용하여 제품 사용 후기나 광고를 진행하는 것이 대표적인 인플루언서 마케팅이다.

6) 콘텐츠 마케팅의 중요성 증대

디지털 전환은 기업들이 콘텐츠 마케팅에 대한 중요성을 인식하게 했다. 콘텐츠 마케팅은 기업이 제공하는 다양한 형태의 콘텐츠를 활용하여 소비자들에게 제품이나 서비스를 홍보하고 마케팅을 진행하는 방법이다.

콘텐츠 마케팅은 광고보다 더 많은 정보를 전달할 수 있으며, 광고보다 더 많은 관심을 받을 수 있다. 또한, 광고와 달리 소비자가 직접 찾아서 소비할 가능성이 크다. 이러한 이유로 콘텐츠 마케팅은 기업이 소비자들에게 제품이나 서비스를 홍보하는 데 매우 효과적인 방법이다.

또한, 콘텐츠 마케팅은 검색 엔진 최적화(SEO)를 통해 높은 검색 순위를 유지할 수 있으며, 소비자들이 쉽게 찾는 방법을 제공한다. 또한, 콘텐츠 마케팅은 소셜 미디어를 통해 쉽게 공유되어 입소문(viral) 마케팅 효과를 얻을 수 있다. 따라서, 기업은 콘텐츠 마케팅을 통해 브랜드 인식을 높이고 소비자들의 관심을 끌어내어 제품이나 서비스를 홍보하는 데 매우 중요한 역할을 한다.

7) 실시간 성과 분석과 측정

디지털 마케팅을 활용하면 광고 성과를 실시간으로 측정하고 분석할 수 있다. 이를 통해 광고 캠페인을 조정하거나 최적화하는 것이 가능하며, 예산을 절감할 수 있다.

온라인 광고 플랫폼인 구글 애드워즈(AdWords)에서는 광고주가 자신이 원하는 키워드를 설정하면 해당 키워드와 관련된 검색어에 대한 광고 노출이 가능하다. 광고를 클릭한 후에는 광고주가 설정한 목표를 달성할 때까지 해당 광고 캠페인의 성과를 실시간으로 지켜볼 수 있다. 예를 들어, 목표를 제품 판매량으로 설정한 경우, 구매를 완료한 고객의 수, 구매로 이어진 클릭 비율 등을 실시간으로 확인할 수 있으며, 이를 바탕으로 광고 캠페인을 최적화하여 예산을 절감할 수 있다.

2. 무역마케팅을 위한 디지털 기술의 이해

1) 인공지능(AI)

인공지능(artificial intelligence, AI)은 컴퓨터가 인간과 같은 지능적인 작업을 수행할 수 있도록 하는 컴퓨터 과학 분야의 한 분야이다. 이것은 기계 학습, 딥 러닝, 자연어 처리, 컴퓨터 비전, 로봇공학 등의 분야에서 발전하고 있다.

기계 학습(Machine Learning)은 빅데이터를 사용하여 기계가 학습하고 예측 모델을 개발하는 것을 말한다. 딥 러닝(deep structured learning)은 인공 신경망 기술을 사용하여 인간의 뇌가 정보를 처리하는 방식을 모방하는 것이다. 자연어 처리는 인간의 언어를 이해하고 생성하는 것을 말한다. 컴퓨터 비전(Computer Vision)은 컴퓨터가 시각적 정보를 처리하는 것을 의미한다. 로봇공학은 로봇을 만들고 조작하는 기술을 말한다. 이러한 기술들을 통해 인공지능은 이미 우리 일상생활에서 많이 활용되고 있다.

인공지능은 마케팅 분야에서 다양하게 활용될 수 있다. 첫째, 고객자료의 분석 및 예측에 활용할 수 있다. 인공지능 기술을 이용하여 고객의 구매 이력, 검색 기록, 소셜 미디어 활동 등을 분석하고 예측 모델을 구축하여 고객들의 행동을 예측할 수 있다. 이를 통해 타겟 마케팅 전략 수립이 가능해지며, 개인화된 마케팅을 제공할 수 있다.

둘째, 챗봇 등 인공지능 기술을 이용한 고객 상담 및 지원 서비스를 제공할 수 있다. 인공지능 기술을 이용한 챗봇은 24시간 연중무휴로 고객 상담을 처리할 수 있으며, 고객 문의에 대한 신속한 대응이 가능해진다.

셋째, 이미지 인식 기술 등을 활용하여 제품 이미지나 광고 이미지 분석을 통해 제품에 대한 소비자 반응을 파악할 수 있다. 이를 통해 제품 디자인 개선이나 광고 전략의 수정이 가능해진다.

넷째, 인공지능을 이용한 콘텐츠 생성 기술을 활용하여 개인화된 콘텐츠 제공이 가능해진다. 인공지능 기술을 이용한 자동화된 콘텐츠 생성을 통해 다양한 버전의 콘텐츠를 제공하고, 개인의 취향에 맞는 콘텐츠를 추천함으로써 소비자들의 참여도와 만족도를 높일 수 있다.

무역마케팅에서는 AI를 사용하여 다양한 자료를 분석하고 고객 행동 및 선호도를 파악할 수 있다. 이를 통해 개별 고객에게 맞춤형 마케팅 전략을 수립하고, 효율적인 광고 비용을 절감할 수 있다.

2) 빅데이터(Big Data)

빅데이터는 기존 데이터베이스 소프트웨어 도구로 처리하기 어려운 대규모, 고속으로 생성되는 데이터 집합을 의미한다. 이러한 데이터는 사람이 직접 분석하거나 처리하기에는 굉장히 어려우므로, 컴퓨터 프로그램과 같은 인공지능 기술을 활용하여 처리된다. 빅데이터는 인터넷 검색, 소셜 미디어, 센서 네트워크, 로그 파일 등 다양한 원천에서 수집된다.

빅데이터를 분석하면 기업은 고객 행동과 관심사를 파악하고, 제품과 서비스에 대한 피드백을 받을 수 있으며, 경쟁 기업의 동향을 파악할 수 있다. 이를 통해 기업은 마케팅 전략을 개선하고, 비즈니스 프로세스를 최적화하여 효율성을 높일 수 있다. 빅데이터 분석을 통해 기업은 더 나은 의사결정을 내릴 수 있으며, 새로운 비즈니스 모델을 발견할 수 있다.

전 세계적으로 빅데이터에 대한 학문 및 산업 분야의 관심이 증가하고 있다. 우리나라는 대기업 중심의 경제 구조 한계로 인해 중소-중견

기업의 글로벌 역량 강화가 필요하며, 이를 위해 빅데이터를 활용한 맞춤화된 무역마케팅 방법이 필요하다. 새로운 해외시장을 개척하고자 하는 기업과 조직의 요구가 빅데이터의 활용을 증가시키고 있다.[12] 무역마케팅에서는 빅데이터를 활용하여 광고 캠페인의 효과를 분석하고, 제품 및 서비스에 대한 소비자의 반응을 파악할 수 있다. 또한, 경쟁사의 마케팅 전략 및 동향을 파악하는 데에도 활용된다.

3) 가상현실(VR) 및 증강현실(AR)

가상현실(Virtual Reality, VR)은 컴퓨터를 사용해 가상 공간을 만들어 그 안에서 사용자가 마치 현실 세계에 있는 것처럼 상호작용할 수 있도록 하는 기술이다. 사용자는 VR 헤드셋을 착용하고 손의 동작을 인식하는 컨트롤러를 사용하여 가상 세계를 탐험하거나 가상 게임을 즐길 수 있다.

증강현실(Augmented Reality, AR)은 실제 세계에 가상의 요소를 더해 혼합 현실을 만들어내는 기술이다. AR를 사용하면 스마트폰이나 태블릿을 통해 실제 세계를 바라보면서 가상의 정보를 얻을 수 있다. 예를 들어, 스마트폰으로 바코드를 인식하면 해당 제품의 정보나 리뷰를 확인할 수 있다. 또한, AR를 사용하여 가상으로 제품을 시뮬레이션해보거나, 제품을 사용하는 방법을 보여주는 교육용 콘텐츠를 제작할 수 있다.

무역마케팅에서는 VR 및 AR 기술을 사용하여 제품을 시각적으로 전시하고, 소비자들이 제품을 실제로 체험하는 것처럼 느낄 수 있도록

12) 이호형, "전자무역 분야 빅데이터 활용 사례연구", 정보화연구 제15권 제2호, 2018, pp.179-186.

한다. 이를 통해 더욱 효과적인 제품 홍보 및 마케팅을 할 수 있다.

4) 사물인터넷(IoT)

사물인터넷(Internet of Things, IoT)은 인터넷을 통해 서로 연결된 컴퓨터, 모바일 기기, 전자제품 등의 물리적인 사물들이 데이터를 주고받는 기술이다. 이 기술을 통해 사물들은 인터넷에 연결되어 상호작용하여 우리 주변의 사물들이 스스로 정보를 수집하고 처리하며, 이를 통해 생활의 편리성을 높일 수 있다. 예를 들어, 가전제품이나 차량, 홈 오토메이션 등의 사물들이 연결되어 상호작용하면, 편리하고 스마트한 생활을 할 수 있다.

또한, IoT는 다양한 산업에서 활용되고 있다. 예를 들어, 제조업에서는 생산 과정에서 발생하는 다양한 데이터를 수집하고 분석하여 생산성을 높이고 불량률을 줄이는 등의 효과를 가져온다. 또한, 스마트홈, 스마트 빌딩, 스마트 시티 등에서도 활용되어, 에너지 절약, 효율적인 관리, 안전성 향상 등 다양한 효과를 가져오고 있다.

무역마케팅에서는 IoT 기술을 사용하여 제품의 위치 및 상태 정보를 실시간으로 파악할 수 있다. 이를 통해 고객의 배송 상황을 파악하고, 제품의 재고량을 예측할 수 있으며, 이를 바탕으로 효율적인 고객 서비스 및 운영을 할 수 있다.

3. 디지털 무역마케팅 성공사례

대규모 온라인 마켓플레이스를 통해 제품을 판매하거나 수입하는 것이 디지털 무역마케팅의 대표적인 성공사례 중 하나이다. 또한, 페이스북, 인스타그램, 구글 애드워즈 등을 이용한 소셜 미디어 마케팅, 이메일 마케팅, SEO, 블로그 등을 이용한 콘텐츠 마케팅 등 다양한 디지털 마케팅 방법을 통해 수출기업들이 성공적인 결과를 얻고 있다.

1) 알리바바닷컴을 활용한 인터넷 수출 성공사례

A중공업 해외 영업팀 박 과장은 알리바바닷컴을 통해 타워크레인을 성공적으로 수출한 사례가 있다. A중공업이 인터넷 수출에 관심을 두게 된 것은 2008년 글로벌 금융위기가 터지면서였고, 자금난으로 해외 출장이 어려워 인터넷 수출을 대안으로 채택했다. 박 과장은 알리바바닷컴을 주목해 가입 후 업체 인증을 받고 사이트를 적극적으로 활용하여 성공적으로 수출을 끌어냈다. 그는 상대방과 신뢰를 쌓기 위해 한 달 넘게 기다렸다면서도 인터넷 거래의 특성상 신뢰를 쌓는 것이 가장 중요하다고 조언한다. 알리바바닷컴은 전 세계 바이어와 공급업체가 이용하기 때문에 타 국가의 가격이나 제품 유행 등을 검색할 수 있어 해외 마케팅에 큰 도움이 되는 플랫폼이다.

2) EC21을 활용한 B사의 수출 성공사례

B사는 수랭식 바비큐 그릴을 생산하고 있으며, 인증과 특허를 획득한 후 숯불구이용과 가스구이용을 출시했다. 그러나 제품을 수출하기 어려웠다. 업체는 EC21에서 약 1천5백여 건의 유력 바이어 DB를 추출하여 주당 200여 건의 C/L을 발송하면서 일본 바이어를 웹상에서 만났고, 계약 체결 후 최근 선적을 완료했다. EC21은 전 세계 바이어와 공급업체가 이용할 수 있는 대한민국 최대의 온라인 비즈니스 플랫폼 중 하나이다.

3) 한국무역협회와 tradeKorea 지원으로 성장

C사는 철강 판재류 수출 및 원자재 수입 중개 기업으로 2007년 설립됐다. 초기에는 어려움을 겪었으나 2008년부터 한국무역협회에서 운영하는 트레이드 인큐베이터에 입주해 다양한 지원을 받으며 사업을 확대했다.

2014년 브라질이 월드컵과 올림픽 개최지로 결정되면서 남미 지역의 철강 시장이 큰 잠재 구매자로 떠오르게 되었다. C사의 대표는 현지에서 원하는 철강제품에 대한 다양한 정보를 수집하고, 국내 제조업체에 현지 시장정보를 알려주어 바이어가 원하는 품질의 제품을 만들도록 했다.

이후 중남미로의 수출액은 70만 달러를 기록하고, 유럽 3위 규모의 대표적인 문 제조사에 철강재를 공급하는 MOU를 체결하며 국내 최초로 철강재 공급사로 자리 잡았다. 또한, tradeKorea의 타겟 마케팅 서비스를 활용해 유럽 바이어와 거래를 시작하며, 7가지 스텝으로 이어지는 tradeKorea의 아웃바운드 서비스와 C사의 제품 우수성이 어우러져 큰 성과를 냈다.

4) ECPlaza와의 협력으로 말레이시아로 수출 성공

D사는 국내에서 방음판을 생산하고 있는 기업으로 유럽 EN 규정에 적합한 높은 품질과 기술력으로 국내에서 인정을 받고 있었다. 그러나 국내시장의 한계로 인해 수익 창출이 어려워졌고, 국내에서 수출을 고민하던 중 ECPlaza와 만나게 되어 제품을 웹사이트에 등록하고 다양한 마케팅 활동을 진행하게 되었다. ECPlaza의 인프라를 통해 전 세계 다양한 바이어들이 D사의 제품을 볼 수 있었고, 싱가포르 바이어와 이

메일 상으로 상담을 하며 수차례 상품 정보 및 견적을 제공하여 말레이시아로의 수출에 성공하게 되었다.

5) 해외 B2C 온라인 검증을 통한 B2B 수출 전환 추세

H사는 전문무역상사로 지정되어 해외 온라인 마케팅을 주 사업으로 전환한 기업이다. 대표는 B2C 전자상거래가 중요해지는 상황에서 B2B로 전환하는 추세임을 인지하고 있다. H사는 모니터 제조업체와 차량용 블랙박스 제조업체의 온라인 수출 성공사례를 가지고 있으며, 제품기획부터 해외시장조사, 소비자 검증, 바이어 매칭, 판매 대행 등 전 과정을 대행하고 있다. H사 대표는 전 세계 소비자들의 검증을 받아 B2B 수출로 이어지는 현상이 일어나고 있다며, 국내 중소기업들은 전문무역상사의 해외마케팅 지원 프로그램과 B2C 판매 대행 지원사업을 활용해야 한다고 강조하고 있다.

6) 코로나19 시대 해외마케팅 화상상담으로 수출 성공

I사는 헤어 및 미용 제품을 생산하는 기업으로, 코로나19로 인해 해외마케팅 계획이 큰 타격을 받았다. 하지만 I사는 해외시장을 염두에 두고 많은 준비를 하였으며, 비대면 수출과 화상상담을 통해 성공적으로 수출을 이어나갔다. I사의 화상상담은 수출업체 데이터를 바이어에게 미리 보내주면 효과적으로 상담할 수 있으며, 화면 끊김 문제를 고려하여 상대방 국가의 인터넷 상황을 확인해야 한다. I사는 다양한 신제품 출시와 유통채널 다변화를 계획하고 있으며, 오프라인 마케팅이 어려운 상황에서는 화상상담을 충실히 활용할 계획이다.

액션러닝 문제

- 어떤 기업을 하나 선택하여 그 기업의 디지털 마케팅 전략과 성공 요인을 조사하고 분석해보세요. 어떤 기업의 웹사이트, 소셜 미디어, 검색 엔진 마케팅 등을 조사하여 어떤 전략과 방법을 사용하고 있는지 설명해 주세요.
- 자신이 선택한 기업의 디지털 마케팅 전략에 적용될 수 있는 디지털 마케팅 개념 또는 용어를 3가지 선택하고, 그 기업의 사례를 통해 설명해 보세요. 각 개념 또는 용어의 활용 방법과 그 결과를 분석해 주세요.
- 무역 분야에서 세계적으로 성공한 디지털 플랫폼 기업 중 하나를 선택하여 어떤 기업의 성공 요인과 무역 분야에 미치는 영향을 분석해 보세요. 이를 통해 무역의 디지털 전환에 대한 이해를 확장해 보세요.
- 무역의 디지털 전환에 기여하는 새로운 기술과 트렌드를 조사하고, 무역 분야에서 예상되는 디지털 전환의 영향과 가능성에 대해 논의해 보세요. 관련 기술 및 트렌드의 예시와 예상되는 장점과 도전 과제를 제시해 주세요.
- 디지털 마케팅의 도구와 플랫폼을 활용하여 무역 기업이 해외 시장 개척, 글로벌 고객 유치, 경쟁력 강화 등의 목표를 달성하는 방법을 분석해 주세요.

2장

무역을 위한 디지털 마케팅 전략

| 학습 목표 |

- 무역회사가 디지털 마케팅 전략을 통해 수출을 확대하는 방법과 그 방법들의 장단점을 이해한다.
- 디지털 마케팅을 효과적으로 활용하는 데 필요한 도구와 기술에 대해 학습한다.
- 무역회사가 디지털 마케팅을 통해 브랜드 가치를 향상하고 고객과의 관계를 개선하는 방법을 이해하고 실제 적용할 수 있는 능력을 키운다.

| 학습 목차 |

2장 무역을 위한 디지털 마케팅 전략

제1절 디지털 무역마케팅 전략 구축

1. 디지털 무역마케팅 계획수립

1) 무역마케팅 계획의 필요성

무역마케팅은 국경을 넘어 다수의 해외시장을 대상으로 마케팅 활동을 전개하는 것이다. 이러한 마케팅 활동은 경제, 사회, 문화, 법률 등 이질적인 환경에서 이루어지므로 효과적인 무역마케팅 전략의 개발이 필요하다.

무역마케팅의 계획수립은 시장 상황분석, 해외시장 진출전략 수립, 무역마케팅 믹스 결정, 무역마케팅 조정·통제의 과정을 거쳐 이루어진다. 이를 위해서는 해외시장 상황분석을 통해 새로운 시장 기회를 파악하고, 적절한 해외 진출방법을 결정할 수 있어야 한다. 또한, 해당 시장의 소비자 특성, 유통 구조 및 관습 등을 파악하여 마케팅 믹스 전략을 적절하게 수립하고, 각 해외시장에서의 마케팅 전략을 지속적으로 개선하기 위해 마케팅 성과와 반응을 측정할 필요가 있다. 이러한 전략을 통해 수출기업은 자원의 효율적인 사용을 통해 해외시장개발 기회를 극대화하고 수출에 따른 위험을 최소화하여 장기적으로 시장 점유율을 확대할 수 있다.

그림2 무역마케팅 계획수립 절차

2) 무역마케팅의 성공 요인

과거의 연구들에 따르면, 기업의 수출마케팅 성공에는 여러 요인이 영향을 미치고 있다.[13] 이들 요인은 크게 기업 관련 변수, 수출 관련 일반 변수, 수출 마케팅 관련 변수, 중소기업의 수출 애로 요인, 외부환경 요인, 정부의 수출정책요인, 기업의 내부능력요인 등으로 분류된다.[14] 실무적으로 다음과 같은 성공 요인들이 있다.[15]

---

13) 김영규, 김현수, "수출마케팅 성공요인에 관한 연구", 한국경영학회지 제31권 제4호, 2003, pp.1195-1214.

14) 박철, 이재정, "기업의 수출마케팅 성공요인에 관한 연구", 한국경영학회지 제26권 제1호, 1998, pp.1-20.

15) 이승희, 김영규, "수출마케팅 성공요인에 관한 연구: 중소기업을 중심으로", 한국경영학회지 제33권 제3호, 2005, pp.1019-1040.

표5 무역마케팅의 성공 요인

성공 요인	설명
제품과 브랜드의 경쟁력	우수한 품질과 가격 경쟁력을 갖춘 제품과 브랜드가 성공의 핵심
고객 파악과 대응	고객의 요구사항과 선호도를 파악하여 그에 맞는 제품과 서비스를 제공하는 것이 중요
해외시장 정보 수집과 활용	해외시장의 경제 상황, 규제, 통관 등의 정보를 수집하여 이를 기반으로 마케팅 전략을 수립하고 실행하는 것이 중요
효과적인 커뮤니케이션 전략	다양한 채널을 활용하여 해외시장에서의 제품과 브랜드를 홍보하고 고객과의 소통을 원활하게 하는 것이 중요
믿을 수 있는 파트너와 협력	안정적이고 신뢰성 높은 파트너와의 협력이 성공의 열쇠

따라서, 기업은 내부요인과 외부요인을 종합적으로 고려하여 효과적인 무역마케팅 전략을 수립한 후 수출 활동을 수행해야 한다. 이를 위해 기업은 지속적인 경영 혁신과 발전, 글로벌 마인드셋[16]의 확산, 전문성 강화와 인재육성 등을 추진하여, 성공적인 수출을 끌어내야 한다.

3) 무역마케팅 계획수립을 위한 수출 목표시장군 설정

기업이 수출 시장을 선정하는 과정에서는 제품의 특성과 대상 시장의 경제적 특성, 소비자의 기호 등을 고려하여 유사한 시장을 집단화하여 목표시장 군을 설정해야 한다. 이를 위해 지리적, 인구 통계적, 심

16) 세계 시장과 문화에 대한 이해와 존중, 다문화적인 커뮤니케이션 능력, 창의적인 문제 해결 등을 포함한 다양한 역량

리적, 행동적 기준 등을 활용할 수 있다. 목표시장 설정을 위해 간접적인 데이터와 직접적인 데이터를 활용하여 해당 제품의 수출입 통계, 마케팅 데이터 등을 수집하고 방문하여 소비자 패턴, 경쟁사 등을 파악해야 한다. 이를 토대로 8~10개국 정도의 타겟 시장을 선정할 수 있다.

4) 무역마케팅 계획수립을 위한 해외시장조사

해외시장조사는 기업이 해외시장에 진출하기 전, 목표시장을 조사하여 적합한 전략을 수립하는 것을 말한다. 조사 방법으로는 오프라인 방식과 온라인 방식이 있다. 오프라인 방식은 정보의 정확성이 높으나 시간과 비용이 많이 들어가는 단점이 있다. 온라인 방식은 인터넷 검색을 통해 저렴한 비용으로 빠르게 정보를 얻을 수 있다는 장점이 있지만 검색 능력, 적합한 정보 사이트 확보, 분석 능력 등이 필요하다는 한계점이 있다. 조사 결과를 바탕으로 기업은 목표시장에 적합한 전략을 수립하여 성공적인 해외 진출을 이룰 수 있다.

2. 무역마케팅 전략의 유형

1) 4P 마케팅 믹스 전략

4P 마케팅 믹스 전략은 제품(Product), 가격(Price), 유통경로(Place), 홍보(Promotion)의 네 가지 요소를 적절하게 혼합하여 효과적인 마케팅 전략을 수립하는 것이다. 각 요소는 서로 영향을 주고받으며 하나의 요소를 변경하면 전체 전략이 변경될 수 있다. 따라서 기업은 자사의 제품과 시장 환경에 맞추어 적절한 4P 마케팅 믹스 전략을 수립해

야 한다. 각 요소는 다음과 같이 해석될 수 있다.

표6 4P 마케팅 믹스

마케팅 요소	설명
제품 (Product)	제품의 디자인, 기능, 브랜드 이미지, 품질, 포장 등의 특성을 고려하여 차별화된 제품을 개발
가격 (Price)	고객이 느끼는 가치를 고려하여 적절한 가격을 설정할 수 있도록 경쟁 업체의 가격과 비교하여 경쟁력 있는 가격 설정
유통경로 (Place)	제품을 고객에게 적절한 장소와 방식으로 제공하는 것이 중요하므로 유통채널을 선정하고 효과적인 유통 관리를 통해 제품의 가시성과 접근성을 높여야 함
홍보 (Promotion)	고객의 요구와 선호도에 맞추어 맞춤형 홍보 전략을 수립 후 광고, PR, 판매 촉진 등 다양한 수단을 활용하여 제품 홍보

2) 수출제품전략(product)

▸ 표준화 전략

이미 개발된 내수용 제품을 수출 제품으로 활용하는 전략이다. 이는 제품을 변경하지 않고도 일관성 있는 기업 이미지를 유지할 수 있으며, 소비자의 브랜드 충성도를 최대한 활용할 수 있는 장점이 있다. 또한, 협력업체와 함께 적극적인 무역마케팅 활동을 수행할 수 있다.

▸ 적응화 전략

적응화(Localization) 전략은 기업이 제품이나 서비스를 목표시장의 문화, 언어, 법규 등에 적합하도록 조정하고 수정하여 현지 시장에 공급하는 전략을 말한다. 이는 기업이 다양한 국가와 문화권에서 성장하고 경쟁하기 위해 필수적이며, 세계 시장에서 성공적인 비즈니스를 끌어내는 데 큰 역할을 한다.

이 전략은 크게 강제적인 적응과 자발적인 적응으로 나눌 수 있다. 강제적인 적응은 현지 법규나 규제 등에 따라 제품을 조정해야 하는 경우이다. 예를 들어, 미국에서는 외식업계에서 사용되는 특정 유형의 기름이 허용되지 않는 등 각국의 법규나 규제에 따라 제품을 수정해야 할 필요가 있다.

반면 자발적인 적응은 기업이 제품이나 서비스를 현지 소비자의 선호도나 유통 시스템에 맞게 수정하는 경우이다. 이는 현지 시장의 성장과 경쟁력을 강화하고 고객 경험을 개선하는 데 도움이 된다. 예를 들어, 맥도날드는 일본에서 데리야끼 버거를 출시하여 성공을 거두었다.

▸ 수출용 신제품 전략

전 세계에서 처음 출시되는 제품이거나 이미 해외시장에서 출시된 제품을 우리 회사가 처음 취급하는 경우, 또는 국내에서 이미 취급하고 있지만, 특정 시장에 처음 진출하는 경우 등이 있다. 이를 위해 기존 제품을 변형하거나 새로운 기능을 개발해서 제품 수명주기를 연장하는 것도 포함된다.

▸ 원산지 전략

제품이나 서비스의 원산지가 해당 제품 또는 서비스의 품질, 가치, 신뢰도 등에 미치는 영향을 활용하여 소비자들의 구매 의사결정을 유도하는 전략이다. 원산지 전략은 소비자가 특정 원산지의 제품에 대해 가지고 있는 이미지나 인식을 이용하여 제품의 가치를 부각하거나 경쟁 우위를 확보하는 데 활용된다. 예를 들어, 프랑스에서 만들어진 와인은 전 세계적으로 높은 평가를 받고 있어, 프랑스산 와인을 마케팅 전략에 활용하여 소비자들에게 특별한 가치를 부여하는 것이 가능하다.

또한, 원산지 전략은 제품 또는 서비스의 특성에 맞게 다양한 전략을 구사할 수 있다. 예를 들어, 자동차 제조업체는 자동차가 생산되는 원산지의 이미지와 함께 원자재 및 부품의 원산지 정보를 강조하여 제품의 품질과 신뢰성을 강조한다.

▸ 수출 상표 전략

상표(브랜드)는 제품 또는 서비스를 대표하는 이름, 로고, 디자인, 기호 등을 말한다. 무역마케팅에서는 상표가 매우 중요한 역할을 하며, 소비자들은 상표를 통해 제품 또는 서비스의 품질, 이미지, 가격대 등을 판단한다.

제조업자는 저가 시장과 고가 시장을 구분하여 여러 가지 상표를 사용할 수 있다. 예를 들어, 저가 시장에서는 제품 이름만으로 충분한 경우가 있으며, 고가 시장에서는 브랜드 자체가 고객들에게 가치를 제공한다. 따라서 제조업자는 상품을 출시할 때 목표 시장과 시장 성격을 고려하여 적절한 상표 전략을 수립해야 한다.

강력한 브랜드를 소유한 기업은 많은 이점을 누리게 된다. 강력한 브랜드를 소유한 기업은 제품의 인지도와 신뢰성이 높아지며, 이로 인해 고객들이 브랜드를 선택하는 경우가 많아진다. 브랜드가 강력할수록 고객 충성도가 높아지므로, 기업은 브랜드 자산 가치의 극대화를 목표로 경영해야 한다.

▸ 수출 제품의 포장

운송 포장과 상업 포장 모두 신경을 써야 하는 중요한 과정이다. 상업 포장은 상품의 외형을 미화시켜 소비자에게 구매욕을 일으키는 판매용 포장이며, 개장에 해당한다. 반면, 운송 포장은 물품의 유통경로 이동에 따라 내용물을 보호하기 위한 목적의 포장으로, 공업 포장이나 곤포라고도 하며 외장(내장을 포함)에 해당한다. 무역마케팅에서는 해외시장과의 무역에 있어 수출포장(export packing)이 중요하다. 수출포장은 무역 포장이라고도 하며, 운송 포장과 같이 내용물의 보호와 함께, 수출지 국가의 관세법이나 규정을 준수하는 것이 중요하다.

3) 수출 가격전략(price)

첫째, 환율 변동이 발생하면 외국 통화로 표시되는 자국 제품의 수출 가격도 함께 변동하게 된다. 원화 가치가 하락할 때는 원·달러 환율이 상승하므로 수출기업은 순이익이 늘어난다. 그러나 원·달러 환율 하락(원화 가치 상승)으로 순이익이 줄어들어 수출 가격을 높이면 해외시장에서 경쟁력을 가지지 못한 기업은 판매량과 이익이 감소하게 된다. 따라서 기업은 환율의 변동을 예측하여 가격 설정을 보수적으로 가져가야 한다. 환율의 예측은 기업들에게 매우 어려운 부분이기 때문에 환율변동위험 관리가 필수적으로 요구된다.

둘째, 인플레이션은 개발도상국에서 주로 나타나는 현상으로, 투자수요의 계속된 증가와 현대 정부의 기능 확대로 인한 재정 수요의 증대로 인해 물가 수준이 지속적으로 상승하는 것을 의미한다. 이는 수출기업에 불리한 영향을 미치는데, 수출기업은 이윤을 유지하기 위해 비슷한 경쟁제품의 가격과 비교하면서 수출 가격을 적절하게 인상해야 한다.

셋째, 경쟁 업체의 가격 결정은 수출기업의 가격 결정에 큰 영향을 미친다. 경쟁 업체가 가격을 인상하지 않는다면 수출기업도 가격 인상이 어려워진다. 따라서 적정 이윤율을 고려한 가격 탄력성을 유지하는 것이 중요하며, 초기 시장 개척 단계에서는 신규 거래처의 주문을 받기 위해 가격을 조정할 필요가 있다.

넷째, 국제시장에서의 덤핑은 동종 상품의 국내 판매 가격보다 수출 가격이 낮은 경우를 말한다. 이 경우 각국 정부는 덤핑으로부터 자국 기업을 보호하기 위해 반덤핑 관세를 부과할 수 있다. 덤핑을 방지하기 위해서는 수출 가격 결정 시 적절한 비용을 고려해야 하며, 국제적인 무역 규정과 관련 법률을 준수하는 것이 중요하다.

4) 수출유통전략(place)

세계 시장에서의 가격 결정에는 유통경로 역시 중요한 역할을 한다. 유통경로를 통해 제조업자와 최종소비자 간의 거리와 이윤이 달라지기 때문에 공장도 가격, 수출 가격, 최종소비자가격 등 모든 가격에 영향을 미치게 된다.

또한, 제조업자와 유통경로 상 업체간의 파워 차이도 가격 결정에 영향을 미치는 요인 중 하나이다. 예를 들어 현지에 대형 유통업체가 많이 있어 이들의 시장지배력이 큰 경우, 제조업체는 대량구매에 따른 할인을 많이 해주지 않을 가능성이 있다. 특히, 현지 시장에 대한 경험이 부족한 경우, 대리점 등을 통한 유통경로 의존도가 높아져서 공장도 가격과 최종소비자가격 사이의 차이가 벌어질 수 있다. 이러한 이유로 제조업자는 현지 시장의 유통경로와 시장특성을 충분히 파악하고, 유통경로와의 협상을 통해 적절한 가격을 결정해야 한다.

5) 수출촉진전략(promotion)

▸ 수출 광고

수출 광고는 국내 광고와 마찬가지로 제품의 브랜드 이미지 형성 및 수출실적 증대를 위한 홍보 활동이다. 수출 광고는 직접 수출 광고매체를 사용하는 때도 있지만, 대부분 광고 대행사를 이용한다. 이때, 광고 대행사를 선정하는 것뿐만 아니라 마케팅 플랜을 점검하고 통제하는 것이 중요하다. 또한, 현지 파견 인력에게 수준 이상의 마케팅 훈련을 하고, 광고에 대한 상식 이상의 지식을 갖추게 하는 것도 필요하다.

▸ 위탁판매수출

물품을 무환으로 수출하여 판매된 범위에서 대금을 결제하는 계약을 말한다. 판매 기간이 끝난 후 판매되지 않은 물품은 재수입하며, 이러한 거래 방식은 새로운 시장 개척에 유용하게 사용된다. 이때, 수탁자는 물품을 관리하는 책임만 지지만 위탁자는 모든 책임을 지게 된다.

▸ 수출 판매 촉진

수출 판매 촉진은 기업이 해외시장에서 제품을 판매하고 이윤을 증대시키기 위해 다양한 마케팅 활동을 수행하는 것이다. 판매 촉진 활동은 제품을 홍보하고 브랜드 인지도를 높이며, 소비자와 거래처들의 구매 의사결정에 영향을 미치는 데 중요한 역할을 한다.

먼저, 무역전시회를 통해 제품을 직접 소개하고 홍보한다. 이때 상품의 가치와 특징을 강조하고 소비자들에게 제품을 직접 체험시켜 구매 욕구를 자극한다. 또한 샘플 제품을 배포하거나 시식회나 제품 시연회를 통해 제품의 맛이나 기능을 체험할 수 있도록 한다. 그리고 현지 체험관을 개설하거나 지원하여 소비자들이 제품을 더욱 가까이에서 체험할 수 있도록 한다. 이는 제품에 대한 소비자들의 신뢰감을 높여주며, 브랜드 인지도를 높일 좋은 기회가 된다.

판매 촉진 활동은 또한 판매원과 거래처들에게 직접 적용한다. 판매원들에게 제품의 장점과 특징을 교육하고 제품에 대한 지식과 정보를 제공하여 제품을 더욱 효과적으로 홍보할 수 있도록 한다. 또한 거래처들에게 판매 조건과 가격 등의 유리한 조건을 제공하여 제품을 더욱 적극적으로 판매할 수 있도록 한다.

3. 효과적인 디지털 무역마케팅 전략

디지털 무역마케팅에는 거래 정보 보안과 대금 결제 방식의 불안, 세금 과세 등의 문제가 있으며, 이를 극복하고 성공하기 위해서는 인터넷이라는 독특한 마케팅 환경과 시장 상황에 맞춘 적절한 마케팅 전략이 필요하다. 인터넷은 시간과 공간의 제약 없이 전 세계 네티즌을 대상으로 기업 홍보나 제품 광고를 할 수 있는 장점이 있다. 그러나 제품 품질 자체가 없다면 디지털 마케팅으로 성공할 수 없다. 따라서 디지털 마케팅은 새로운 부의 창출 가능성을 높여주는 디지털 시대의 리더이자, 적절한 전략과 함께 제품 품질 개선에도 중요한 역할을 할 것이다.

1) 인터넷 제품전략(Product)

인터넷은 물리적인 공간과 시간적인 제약이 없으므로, 기존의 제품

전략과는 다른 측면을 고려해야 한다. 우선, 제품은 인터넷상에서 어떻게 노출될 것인가가 중요하다. 제품정보를 상세하게 제공하고, 이미지나 동영상 등의 다양한 방법으로 시각적으로 보여줄 수 있어야 한다. 또한, 검색 엔진 최적화(SEO)를 통해 제품 검색 시 상위에 노출되도록 해야 한다.

또한, 인터넷에서는 고객과의 상호작용이 더욱 중요하다. 제품 사용 후 리뷰를 남길 수 있는 기능을 제공하거나, 고객의 질문에 빠르게 답변할 수 있는 고객 지원시스템을 구축하는 것이 좋다.

인터넷 제품전략에서는 제품의 차별화가 더욱 중요해진다. 비슷한 제품이 많이 있으므로, 제품의 특징이나 기능 등을 강조하는 마케팅이 필요하다. 또한, 소비자의 인터넷 사용 습관을 고려하여 모바일 기기에서도 편리하게 사용할 수 있는 제품이 좋다.

2) 인터넷 가격전략(Price)

인터넷 가격전략은 제품의 가격을 어떻게 결정하고 마케팅을 어떻게 구성할지 결정하는 것이다. 전통적인 가격전략과 마찬가지로 고객의 인식, 경쟁사의 가격 수준, 제품의 가치, 수급과 수요 등의 요인을 고려해 가격을 책정해야 한다. 인터넷은 가격에 대한 정보를 얻기 쉬운 환경이므로 가격 경쟁이 심화할 가능성이 크다. 따라서 인터넷 가격전략에서는 가격 경쟁에서 승리하기 위해 다양한 전략을 사용해야 한다.

첫째, 제품의 가격 책정 방법에는 다양한 방법이 있다. 적정 가격 책정, 시장 수요 대비 공급의 비율, 경쟁자의 가격 수준에 따른 가격 책정 등이 있다.

둘째, 가격 할인 전략은 가격 경쟁에서 우위를 점하기 위한 전략 중 하나이다. 인터넷에서는 다양한 할인 방식을 적용할 수 있는데, 예를 들어 구매금액에 따른 할인, 기간 한정 세일, 새로운 고객을 위한 할인 쿠폰 등이 있다.

셋째, 가격 민첩성을 높이는 것도 중요하다. 인터넷은 가격 조정이 빠르고 쉬운 환경이므로, 실시간으로 가격을 조정해 경쟁사와의 가격 경쟁에서 우위를 점할 수 있다. 넷째, 상품 번들링 전략을 활용할 수 있다. 상품 번들링이란 여러 상품을 패키지로 묶어 판매하는 전략으로, 한 번에 많은 수익을 창출할 수 있다.

3) 인터넷 유통전략(Place)

인터넷 유통전략은 제품을 인터넷을 통해 판매하고 유통하는 방법과 관련된 전략을 의미한다. 인터넷을 통한 유통은 전통적인 유통과는 달리 제품의 직접 판매과 관리를 할 수 있으며, 유통 비용과 시간을 절약할 수 있다는 장점이 있다. 인터넷 유통전략에는 다양한 방법이 있다.

표7 인터넷 유통전략

전략	설명
자사 홈페이지 구축	제품 판매, 광고, 상담, 주문 및 배송 등을 직접 처리할 수 있는 홈페이지 구축
제휴 인터넷 쇼핑몰 입점	다수의 인터넷 쇼핑몰에 입점하여 유입량을 확보하고 제품 판매 확장 기대
인터넷 경매 사이트 활용	재고 관리나 구매 비용을 줄이고 인기 있는 제품의 가격 상승 여부 파악 가능
'옴니채널' 전략	인터넷 쇼핑몰과 오프라인 매장을 연계하여 고객의 구매 경험을 개선하고 브랜드 충성도를 높이며 매출을 증대시키는 전략

인터넷 유통전략은 고객들의 수요 패턴과 구매 관행을 파악하고, 이를 반영하여 타겟 마케팅을 시행해야 한다. 또한, 인터넷 마케팅을 통해 사이트를 노출하고, 웹사이트상에서 제품정보를 상세히 제공하고, 고객들과 상호작용하여 제품 만족도를 높이는 것도 중요하다. 또한, 인터넷상에서 제품을 판매할 경우, 제품의 품질과 고객 서비스를 향상해 고객의 신뢰를 얻어야 한다.

4) 인터넷 촉진전략(Promotion)

인터넷 촉진전략은 인터넷을 통해 제품 또는 서비스를 홍보하고 판매를 촉진하는 전략이다. 이를 위해서는 다양한 마케팅 도구와 기술을 활용할 수 있다.

우선, 검색 엔진 최적화(SEO)와 검색 엔진 마케팅(SEM)을 통해 검색 결과 상위에 노출되어 더 많은 고객이 방문할 수 있도록 할 수 있다. 또한, 소셜 미디어 마케팅, 이메일 마케팅, 모바일 마케팅 등 다양한 디지털 채널을 이용하여 고객과의 커뮤니케이션을 강화할 수 있다.

인터넷 촉진전략 중 가장 대표적인 것은 할인 쿠폰, 이벤트, 경품 추첨 등의 프로모션을 통한 판매 촉진이다. 이를 통해 고객들에게 더 큰 가치를 제공하고, 인기 상품을 더욱 많은 고객에게 알리며, 재구매를 유도할 수 있다.

또한, 다양한 리뷰나 평가를 통해 고객들이 믿고 구매할 수 있도록 하며, 마케팅 데이터를 통해 상품 설명 및 홍보를 강화할 수 있다. 더불어, 인터넷에서 제공하는 고객 지원 서비스를 활용하여 고객들의 불만이나 문의 사항을 신속하게 처리할 수 있도록 하여 고객 만족도를 높일 수 있다.

5) 4A 전략

4A란 ANY WAY(방법), ANY PRODUCT(제품), ANYTIME(시간), ANYWHERE(장소)를 의미하며, 이는 가능한 모든 방법과 제품을 언제, 어디서나 마케팅 활동을 수행하는 것을 의미한다. 4A는 기존의 4P 즉 Product, Price, Place, Promotion을 기초로 한 인터넷 마케팅 수단으로 볼 수 있으며, 기존의 마케팅 도구를 인터넷 환경에 맞추어 확장한 것이라고 볼 수 있다. 4A는 4P와 상호 밀접한 연관 관계를 맺으며, 4A와 4P를 잘 조합하여 시너지 효과를 극대화하는 것이 인터넷 마케팅 전략의 핵심이다.

- ANY WAY(방법) 전략

회사 웹사이트로 사용자들을 끌어들이고 관리하는 전략이다. 이를 위해 검색 엔진에 등록하고, 해외 마켓플레이스에 등록하거나 전자메일을 보내서 대상 고객층을 선정하여 이메일을 보내고, 유즈넷이나 메일링 리스트 등을 통해 대상 고객층에게 정보를 제공하는 것이다. 이를 통해 인터넷 마케팅 전략을 구현하고 적극적으로 활용할 수 있다.

▸ ANY PRODUCT(제품) 전략

인터넷을 이용한 신제품 소개, 인터넷 상표 개발, 도메인 주소의 상표화, 인터넷 제품으로 유리한 품목이 포함된다. 인터넷을 이용한 신제품 소개를 위해 기업은 자신의 웹사이트를 이용하거나 이벤트를 통해 소비자들의 관심을 끌고 데이터베이스를 확보하여 새로운 제품 계획에 활용할 수 있다. 독특하고 강한 이미지의 상표를 개발하는 데 많은 시간과 비용을 투자하고, 도메인 주소의 상표화를 통해 네티즌들이 쉽게 기억할 수 있는 도메인명을 선점할 수 있다. 인터넷 제품으로 유리한 품목으로는 제품 크기가 소형이거나 눈으로 볼 수 없는 서비스가 유리하다.

▸ ANYTIME(시간) 전략

최소의 비용으로 최대의 효과를 얻기 위한 것으로, 속도를 고려한 웹사이트 구축과 빠른 정보 제공이 중요하다. 시간 전략은 데이터베이스 마케팅과 밀접한 관계를 맺으며, 데이터베이스의 조건으로는 양질의 정보, 체계화, 동시에 검색이 가능한 것이 필요하다. 메일링 리스트의 활용도 좋은 예라고 할 수 있다.

▸ ANYWHERE(장소) 전략

특정한 지역적 한계를 벗어나 전 세계를 대상으로 제품에 대한 판매와 서비스를 제공하는 것을 말한다. 인터넷을 통한 다이렉트 마케팅이 가능해져 중간 상인의 비중이 감소하고 있으며, 인터넷 상거래의 활성화로 인해 인터넷 쇼핑몰의 필요성이 증대되고 있다.

6) 6C 전략

일반적으로 전자상거래에서 중요한 6C 전략은 기업과 고객의 관계를 연결하는 contents, community, commerce, communication, customizing, connection 등이 있다. 이러한 6C를 중심으로 전자상거래 기업은 전략을 수립하고 실행한다.

▸ 콘텐츠(contents) 전략

인터넷을 통해 고객에게 전달하는 정보와 내용을 웹 기술과 결합하는 것이다. 콘텐츠는 모든 텍스트 및 멀티미디어 형태가 가능하며, 게임, 출판, 드라마, 영화, 애니메이션, 캐릭터 등 다양한 사업으로 확대할 수 있다. 웹사이트에서 콘텐츠는 가장 핵심적인 역할을 하며, 성공적인 사이트는 좋은 내용으로 이뤄져 있다.

▸ 커뮤니티(community) 전략

인터넷 공간에서 활동하는 공동체 전반을 가리키며, 다양한 형태로 나타난다. 커뮤니티는 공통의 관심사나 필요에 의한 모임 등으로 형성되며, 사이트 방문자 증가와 발전에 중요한 역할을 한다. 커뮤니티 구성원들은 소속감과 공통 관심사를 가지고 있으며, 커뮤니티 내에서 활발하게 활동하고 데이터를 만들어 낼 수 있다.

▸ 수익성(commerce) 전략

인터넷 비즈니스에서 추구하는 궁극적인 목표는 수익성(commerce)이다. 인터넷 마케팅에서의 수익은 상품 판매, 정보 및 서비스 이용료, 회비, 중개수수료, 광고료, 각종 협찬 등에 의해 얻어진다. 상업 사이트는 직접 수익을 내거나 회사의 수익성을 높이는 목적으로 운영되어야 한다. 수익을 위해서는 사이트가 수익 모델을 갖추고 경비를 절감해야 한다. 막대한 비용을 쏟아부어 마케팅했지만, 수익을 내지 못하는 사이트들이 적지 않다. 따라서 거래 수익이나 서비스 제공, 부가가치 서비스, 컨설팅 등 다양한 수익원을 확보해야 한다. 실제 거래나 전통적인 오프라인 기업들의 영업 방식이 높은 수익을 내고 있으므로 인터넷 사이트가 직접적인 거래 수익 등이 없더라도 기업의 수익성을 높이고 경비를 절감하는 역할을 할 수 있다. 이를 위해 홍보와 마케팅, 판매 증진, 업무 효율화, 고객 관리 등을 활용할 수 있다.

▸ 커뮤니케이션(communication) 전략

인터넷은 쌍방향성이 뛰어나며, 개별적인 커뮤니케이션(communication)도 가능하다. 방문자와의 원활한 커뮤니케이션은 사이트 활성화의 기본이다. 인터넷 사이트를 통한 컨설팅이나 상담, Q&A는 고객과의 대화 기회를 부여한다. 법률이나 건강, 사업 등 다양한 상담 코너가 운영되며, 맞춤 정보와 전문분야의 비결을 제공할 수 있다.

▸ 고객화(Customization) 전략

인터넷 마케팅에서 고객화(Customization)는 방문객을 고객으로 만들고 일반 고객을 고정 고객으로 만드는 전략이다. 이를 위해서는 기업은 방문객과 고객의 취향, 기호, 습관 등을 파악해야 하며, 데이터베이스의 분석을 통해 각 개인에게 특화된 상품 및 서비스의 정보를 제공해야 한다. 대표적인 고객화 전략으로는 일대일 마케팅이 있다. 이를 위해 소비자를 성별, 나이, 직업, 학력 등의 인구통계학적인 프로필과 좋아하는 제품, 브랜드, 성격 등의 소비심리학적인 프로필로 세분화한다.

▸ 관계(connection) 전략

인터넷은 연결(connection)의 산물이기 때문에 관계(connection)

의 중요성이 매우 높다. 특히 인터넷 기업에서 아웃소싱[17]의 중요성은 갈수록 강조되고 있으며 전략적 제휴가 커넥션(connection) 전략의 일환이다. 대형 사이트조차도 웹사이트의 유지보수와 운영을 아웃소싱하는 것이 경쟁력을 좌우하는데, 우리나라는 정보 통신 분야의 풍부한 인력으로 외부 인력을 활용하기 좋은 환경이다. 따라서 최적의 네트워크를 구성하는 것이 경쟁력을 확보하는 중요한 전략이다.

7) 디지털 전환 시대에 맞는 무역마케팅 전략

디지털 전환은 무역마케팅에서 매우 중요한 역할을 하고 있다. 디지털 기술의 발전으로 인해 무역마케팅은 기존의 오프라인 방식에서 온라인 방식으로 전환되고 있다. 이에 따라 디지털 전환 시대에 맞는 전략적인 무역마케팅은 다음과 같이 진행되어야 한다.

첫째, 디지털 미디어를 활용한 광고, 검색 엔진 최적화(SEO), 소셜 미디어 마케팅 등의 디지털 마케팅 전략을 수립하여 고객 확보와 마케팅 효과를 극대화할 수 있다.

둘째, 고객들의 구매 경험과 만족도를 높이기 위해서는 사용자 친화적인 웹사이트 디자인과 개선이 필요하다. 모바일 기기에서도 원활한 이용이 가능하도록 반응형 디자인을 적용하고, 사용자 경험(UX)을 개선하여 고객들의 만족도를 높이는 것이 중요하다.

셋째, 디지털 전환은 기업의 내부 프로세스 개선도 필요하다. 물류, 재고 관리, 주문 처리, 고객 서비스 등의 프로세스를 개선하여 생산성을 높이고 비용을 절감할 수 있다.

---

17) 기업이 자사의 일부 또는 전체 업무를 외부 업체에 위탁하여 처리하는 것

넷째, 데이터는 마케팅 전략 수립과 의사결정에 중요한 역할을 한다. 데이터 분석을 통해 고객의 구매 패턴과 선호도 등을 파악하고, 이를 바탕으로 제품 및 마케팅 전략을 개선할 수 있다.

다섯째, 데이터 유출 및 해킹 등의 보안 문제는 더욱 중요해지고 있다. 무역마케팅에서도 개인정보 보호 및 보안 강화를 위한 시스템 구축과 교육이 필요하다.

제2절 세분화, 타겟팅 그리고 포지셔닝

1. STP 전략의 이해

1) STP 전략의 개념

무역마케팅에서는 STP(Segmentation, Targeting, Positioning) 전략을 활용하여 잠재시장을 탐색한다. 이를 통해 해외시장을 세분화하고 어떤 시장을 목표로 할지 결정한다. STP 마케팅은 소비자 행동에 대한 이해를 기반으로 시장을 세분화하고, 각 세분 시장의 매력을 평가하여 표적 시장을 선정하며, 선택된 시장에 대한 포지셔닝 개념을 규명하고 의사소통, 개발, 선택 등의 절차를 거친다. 이를 통해 수출아이템을 효과적으로 마케팅하여 해외시장에서의 경쟁력을 확보할 수 있다.

표8 STP 전략 3단계

STP 전략 단계	단계별 주요 활동
1단계 : 시장 세분화 (Segmentation)	• 소비시장의 세분화 • 시장의 구조 분석 • 필요할 때 새로운 소비시장 개발 등 시장보완 전략 수립
2단계 : 목표시장 선정(Targeting)	• 세분된 시장별 사업성 검토 • 목표시장의 선정
3단계 : 포지셔닝 설정(Positioning)	• 포지셔닝 목표 수립 • 포지셔닝을 위한 마케팅 전략 수립 • 마케팅 차별화 전략 수행 • 목표 달성

2) STP 전략의 역사

STP 전략은 마케팅 분야에서 오랫동안 사용되어온 전략 중 하나이다. 이전의 마케팅은 대다수가 대량생산에 의한 대량판매를 추구했지만, 1960년대 이후로 소비자 중심의 마케팅으로 패러다임이 전환되면서 STP 전략이 주목받게 되었다.

처음에는 이론적인 개념에 불과했지만, 현실적인 마케팅 전략으로 적용되기 시작하면서 다양한 비즈니스 분야에서 활용되었다. 1980년대 이후로는 컴퓨터 기술과 인터넷 등 디지털 기술의 발전으로 STP 전략이 더욱 발전하게 되면서, 더욱 정교하고 효과적인 마케팅 전략으로 활용되고 있다.

현재에 이르러서는 인공지능과 빅데이터 분석 등의 기술이 발전하면서 STP 전략은 더욱 발전하고 있으며, 세분된 시장을 더욱 정확하게 파악하고 표적 시장을 효과적으로 선택할 수 있게 되었다.

3) STP 전략의 활용 방법

첫째, 시장 세분화(Segmentation)는 제품이나 서비스를 제공할 시장을 소그룹으로 분류하고 이를 기반으로 그룹별로 마케팅 전략을 수립하는 것이다. 시장 세분화는 지역, 나이, 성별, 소득, 교육 수준 등 다양한 기준을 활용해 이루어질 수 있다.

둘째, 세분화한 시장 중에서 가장 유망한 고객 그룹을 표적 시장으로 선정(Targeting)하고 그룹별로 적절한 마케팅 전략을 구체화한다. 이를 위해서는 각 그룹의 요구, 행동 패턴, 선호도 등을 조사해야 한다.

셋째, 제품이나 서비스를 시장에서의 경쟁자들과 차별화되는 고유한 위치로 위치(Positioning)시키는 것이다. 이를 위해서는 제품의 특성, 가치, 브랜드 이미지 등을 고려해야 한다. 포지셔닝은 시장 세분화와 타겟팅을 바탕으로 이루어져야 한다.

STP 전략은 다양한 분야에서 활용될 수 있다. 예를 들어, 제품 개발 단계에서는 시장 세분화를 통해 제품 디자인, 기능, 가격 등을 결정할 수 있다. 마케팅 활동에서는 표적 시장을 정확히 파악하고 그룹별로 적합한 마케팅 전략을 수립할 수 있다. 또한, 브랜드 포지셔닝을 통해 경쟁 우위를 확보할 수 있다. STP 전략은 기업의 비즈니스 성과를 향상하는 데 큰 역할을 한다.

4) STP 전략의 활용 사례

STP 전략은 다양한 산업 분야에서 활용되고 있다. 예를 들어, 음식점 업계에서는 STP 전략을 사용하여 각종 식사를 즐기는 고객의 요구와 취향을 파악하고, 그에 맞는 메뉴를 제공함으로써 고객 만족도를 높이고 매출 증대를 이루고 있다.

의류 브랜드 업계에서는 각종 연령층과 성별, 지역별로 시장을 세분화하고, 해당 시장에 맞는 제품을 제공하는 방식으로 STP 전략을 활용하고 있다.

전자상거래 산업에서도 STP 전략은 중요한 역할을 하고 있다. 인터넷 쇼핑몰이나 온라인 마켓플레이스는 고객의 요구에 따라 상품을 세분화하여 제공하고, 특정 고객층을 대상으로 타겟팅 마케팅하여 마케팅 효과를 극대화하고 있다. 전자상거래 산업에서는 특정 제품 또는 브랜드를 특정 대상 고객층에 대해 포지셔닝하여 시장 점유율을 높이는 방식으로 STP 전략을 활용하고 있다.

이처럼 STP 전략은 다양한 산업 분야에서 활용되고 있는데, 고객의 요구에 맞게 제품이나 서비스를 제공함으로써 기업의 경쟁력을 강화하고 있으며, 이는 성공적인 마케팅 전략으로 자리 잡고 있다.

5) STP 전략의 한계와 대안

STP 전략의 주요한 한계점은 다음과 같다. 첫째, 고객의 행동이 예측하기 어렵다. 둘째, 고객을 세분화하고 표적화하는 과정에서 데이터의 부족으로 인한 정보의 왜곡 가능성이 있다. 셋째, 세분화 단계에서는 많은 고객 그룹을 동시에 고려해야 하므로 그룹 내부의 다양성을 고려하지 못할 수 있다. 넷째, 표적시장 선정에서는 특정 시장만을 고려하기 때문에 다른 시장에서의 경쟁 우위를 놓칠 수 있다. 다섯째, 제품 포지셔닝에서는 다른 제품과의 경쟁에서 놓치는 부분이 있을 수 있다. 또한, 이전에는 상대적으로 안정된 시장에서 사용되는 전략이었지만 현재는 빠르게 변화하는 시장에서는 적용이 어려울 수 있다.

STP 전략의 대안은 다음과 같다. 첫째, 개인의 특성과 선호도를 파악하여 맞춤형 마케팅 전략을 구성하는 방식이다. 최근에는 AI 기술을 활용한 개인화 마케팅이 더욱 발전하고 있다. 둘째, 기업이 제공하는 콘텐츠를 통해 고객의 관심을 끌어내고 상품에 대한 인지도를 높이는 전략이다. 셋째, 경쟁사의 제품과 서비스를 분석하여 자사의 제품과 비교해 경쟁 우위를 분석하는 전략이다. 넷째, 기업의 경쟁 우위를 확보하기 위해 시장에서 활용 가능한 자원과 능력을 파악하는 전략이다. 다섯째, 고객의 생활양식, 성격, 행동 양식 등을 종합적으로 고려하는 PESTLE 분석이 있다. 정치(Political), 경제(Economic), 사회(Social), 기술(Technological), 법적(Legal), 환경(Environmental) 등의 요인을 조사하여 기업의 외부 환경을 평가하는 분석 방법이다.

이러한 대안 전략들은 기존의 STP 전략과 결합하여 사용될 수도 있다. 적절한 전략 선택과 활용을 통해 기업은 경쟁력을 유지하고 발전할 수 있다.

2. 세분화와 표적시장 선정

1) 세분화의 개념과 종류

STP 전략에서 세분화란 전체 시장을 구성하는 다양한 소비자들을 비슷한 특성을 가진 그룹으로 나누는 과정을 의미한다. 이렇게 세분된 그룹은 각자의 특성과 요구사항이 다르므로 이에 맞춘 마케팅 전략을 적용하게 된다. 세분화의 종류에는 여러 가지가 있지만, 대표적으로는 지리적, 인구통계학적, 행동 및 우선순위적 세분화가 있다. 세분화를 통해 마케팅 전략을 개발할 때 보다 정확한 타겟 그룹을 설정하여 효과적인 마케팅을 수행할 수 있다.

표9 세분화의 종류

세분화 방식	설명	예시
지리적 세분화	소비자들의 거주지역, 국가 또는 지역적 특성에 따라 그룹을 나누는 방식	한국 내 지역별 선호도, 대륙별 선호도
인구통계학적 세분화	소비자들의 나이, 성별, 소득, 직업, 교육 수준 등의 인구통계학적 특성을 기반으로 그룹을 나누는 방식	20대 여성, 30대 남성, 고소득층, 대학생
행동적 세분화	소비자들의 구매 행동, 가치관, 관심사 등에 따라 그룹을 나누는 방식	가격 중시 소비자, 브랜드 충성도가 높은 소비자, 건강 관심이 높은 소비자
우선순위적 세분화	특정 그룹에 대한 마케팅 전략을 시행하기 전 우선순위를 정하여 나누는 방식	고객 가치가 높은 그룹, 성장 잠재력이 높은 그룹

2) 세분화의 방법과 과정

STP 전략에서 세분화를 통해 소비자들의 다양한 집단 기준을 파악하고, 그들에게 효과적인 마케팅 전략을 수립할 수 있다.

세분화 방법은 크게 두 가지가 있다. 첫째, 고객의 인구통계학적 특성에 따라 나누는 세분화로 나이, 성별, 직업, 교육 수준 등의 요인을 고려한다. 둘째, 소비자의 생활양식과 가치관에 따라 나누는 세분화로 관심사, 생활환경, 가치관 등을 고려한다. 세분화 과정은 크게 다음과 같은 단계를 통해 효과적인 STP 전략을 수립할 수 있으며, 이를 바탕으로 제품 개발 및 마케팅 전략을 수립할 수 있다.

표10 STP 전략에서 세분화 과정

단계	내용
시장조사	특정 제품이나 서비스에 관해 관심이 있는 소비자들의 집단을 파악한다.
세분화 변수 결정	시장조사 결과를 바탕으로 세분화할 변수를 결정한다.
세분화 기준 설정	결정된 변수를 기준으로 소비자를 세분화한다.
세분화 집단 프로파일 개발	세분된 각 집단의 특징을 파악하여 프로파일을 개발한다.
세분화 집단 평가	각 세분화 집단의 시장 규모, 성장 가능성, 이익률 등을 평가한다.
세분화 집단 선정	세분화 집단 중에서 가장 매력적인 집단을 선정하여 표적화(Targeting)한다.

3) 세분화의 사례

첫째, 미국 Ford(포드)사의 사례이다. 1964년 Mustang(머스탱) 자동차를 출시하여 대단한 성공을 거두었으나 출시 전에 예상했던 타겟 고객이 아닌 50대들이 많이 구매하게 되는 예상 밖의 결과가 나왔다. 이를 통해 나이와 소득 수준만으로 욕구를 정의하는 것은 불완전하다는 것을 깨달았고, 이를 보완하기 위해 생활양식 세분화를 도입하여 젊어지고 싶은 사람들을 타겟으로 묶게 되었다.

둘째, P&G(피엔지)사는 10가지 상표의 세제를 생산한다. 이는 소비자층이 다양하고 층마다 욕구가 다르기 때문이다. 또한, 이들 상표는 크기가 다른 포장, 가루 또는 액체, 향기가 있는 것 또는 없는 것 등으로 나누어진다. 이를 통해 피엔지는 세제 시장을 50% 이상 점유하게 되었다. 하나의 단독 상표로 50% 이상의 시장 점유율을 차지하는 것은 대단한 성과이며, 이는 대기업만이 할 수 있는 대표적인 전략이다. 다른 소규모 기업들은 틈새시장 전략을 사용하여 경쟁이 적은 시장을 공략하고 있다.

셋째, 성별에 따라 타겟 상점을 다르게 설정하는 것은 일반적인 마케팅 전략이다. 미국 장난감 회사인 매텔사와 해즈브로사의 경우, 매텔사는 주로 여자아이들을 위한 인형을 생산하고 판매하고 있다. 반면에 해즈브로사는 남자아이들을 위한 인형을 주로 생산하고 있다. 이처럼 상품의 성별 타겟을 다르게 설정하여 타겟 상점을 분리하고, 더욱 효과적인 마케팅을 진행하는 것은 성공적인 비즈니스를 이루는 데 중요한 역할을 한다.

넷째, 같은 제품이라 하더라도 나이에 따라 변형된 제품을 제공하고, 마케팅 방법도 다르게 할 수 있다. 예를 들어, 비타민을 생산하는 회사는 비타민을 어린이용, 십 대 청소년용, 성인 남자용, 성인 여자용으로 구분하여 4가지로 만들어 제공한다. 또한, 맥도날드는 어린이용, 십 대 청소년용, 어른용, 노인용에 따라 광고를 다르게 한다. 이러한 세분된 마케팅 방법을 통해 제품에 대한 소비자의 욕구를 더욱 정확히 파악하고 만족시켜 나갈 수 있다.

4) 표적시장 선정 방법

STP 전략에서 표적시장 선정은 세분된 시장 중에서 어떤 시장을 대상으로 제품을 마케팅할 것인지를 결정하는 과정이다. 이를 위해 다음과 같이 다양한 기준을 활용할 수 있다.

표11 표적시장 선정 기준

기준	고려해야 할 사항
시장 규모	대규모/중간규모/소규모 시장
시장 성장성	성장성이 높은/안정적인/성장률이 낮은 시장
시장 점유율	시장 점유율이 높은 대기업/시장 점유율이 낮은 중소기업
지리적 특성	지역/도시/지리적 특성
인구통계학적	나이/성별/직업/교육 수준
문화	종교/가치관/문화
소비자	소비자의 행동 양식/구매력/소비 패턴

STP 전략에서 표적시장 선정은 시장 세분화를 거쳐 각 세분 시장에 대해 매력과 시장 규모 등을 평가하여 최종적으로 몇 가지의 표적시장을 선택하는 과정이다. 표적시장 선정 방법은 크게 다음과 같다.

첫째, 적극적인 접근 방법(Active approach)은 기업이 직접 시장을 조사하고 판단하여 선정하는 방법이다. 대표적인 방법으로는 기업이 소비자 조사나 시장 조사를 하거나, 대리점이나 유통업체와의 협력을 통해 시장정보를 수집하는 방법 등이 있다.

둘째, 수동적인 접근 방법(Passive approach)은 기업이 이미 있는 시장에서 특정 시장을 찾아가는 방법이다. 대표적인 방법으로는 기존 제품의 판매 현황을 분석하여 시장을 선정하는 방법이 있다.

5) 표적시장 선정 과정

첫째, 기업은 세분된 시장에서 각 시장 규모, 매출액, 성장성 등을 분석하여 시장정보를 수집한다.

둘째, 기업은 수집한 시장정보를 바탕으로 선정 기준을 설정한다. 예를 들어, 시장 규모, 시장 성장성, 경쟁사 수, 소비자 욕구 등을 기준으로 설정할 수 있다.

셋째, 기업은 설정한 기준을 바탕으로 표적시장 후보군을 선정한다.

넷째, 기업은 선정한 시장 후보군을 평가한다. 평가 기준으로는 매출액, 경쟁사 수, 진입장벽 등을 고려할 수 있다.

다섯째, 기업은 시장 후보군을 평가한 결과를 바탕으로 최종적으로 표적시장을 선정한다. 이후 표적시장에 맞는 제품과 마케팅 전략을 구체화한다.

6) 표적시장 선정 사례

Apple(애플)의 iPhone(아이폰)은 초기에는 전 세계적으로 모든 소비자층을 대상으로 출시되었다. 그러나 아이폰의 인기가 높아짐에 따라 애플은 세분된 시장에 집중하기 시작했다.

첫째, 애플은 높은 소득층을 표적 시장으로 선정하였다. 아이폰은 고가의 제품이며, 고객들은 이를 구매하기 위해 비교적 높은 수입을 가지고 있다. 이를 바탕으로 애플은 소비자의 구매력을 고려하여 대부분 국가에서 높은 수준의 가격을 유지하고 있다.

둘째, 애플은 성장 시장에 초점을 맞추었다. 아이폰은 초기에는 대부분 국가에서 아이폰을 구매할 수 없었으며, 미국과 일본 등의 선진국에서 출시되었다. 애플은 이러한 선진국에서 높은 성장률을 보였으며, 이에 따라 전략적으로 이러한 시장을 대상으로 집중하는 것이 제일 나은 방법이라는 결론을 내렸다.

셋째, 애플은 독특한 생활양식을 즐기는 고객층을 표적 시장으로 선택하였다. 아이폰은 스마트폰 시장에서 독특한 디자인과 사용성으로 인기를 끌었다. 이를 바탕으로 애플은 스마트폰 시장에서 생활양식에 민감한 고객들을 대상으로 마케팅 활동을 집중하고 있다.

이러한 방식으로 애플은 STP 전략을 활용하여 아이폰의 판매량을 증가시키고 성공을 거두었다.

3. 포지셔닝

1) 포지셔닝의 개념과 종류

STP 전략에서 포지셔닝이란, 제품이나 브랜드가 소비자의 인식 속에 차지하는 상대적인 위치를 의미한다. 즉, 제품이나 브랜드가 다른 경쟁 업체와 구별되어 소비자에게 더 매력적으로 다가가도록 하는 것이다. 포지셔닝은 다음과 같은 종류가 있다.

표12 포지셔닝 유형

유형	설명	예시
속성 기반 포지셔닝 (Attribute-Based Positioning)	제품이나 브랜드의 특징이나 속성을 강조하여 소비자들에게 인식시키는 것	향이 오래 간다는 특징을 강조하는 제품, 가격이 저렴하다는 특징을 강조하는 제품
경쟁 기반 포지셔닝 (Competition-Based Positioning)	경쟁 업체와의 차이점을 강조하여 소비자들에게 인식시키는 것	경쟁 업체보다 기능이 뛰어나다는 것이나, 경쟁 업체보다 디자인이 더 매력적이다는 것 등을 강조

이점 기반 포지셔닝 (Benefit-Based Positioning)	제품이나 브랜드의 장점이나 이점을 강조하여 소비자들에게 인식시키는 것	건강에 좋다는 것이나, 편리하다는 것, 안전하다는 것 등을 강조
사용자 기반 포지셔닝 (User-Based Positioning)	제품이나 브랜드를 사용하는 소비자들의 인식을 기반으로 포지셔닝하는 것	특정 연령층이나 성별을 대상으로 제품을 맞추는 것
문제 해결 기반 포지셔닝 (Problem-Based Positioning)	소비자들이 가지는 문제나 고민을 해결해 주는 제품이나 브랜드를 강조하는 것	뾰루지를 없애주는 제품을 강조하는 것

2) 포지셔닝의 방법과 과정

STP 전략에서 포지셔닝은 특정 제품이나 브랜드가 소비자의 마음속에서 차지하는 공간을 정의하는 것이다. 이를 위해서는 다음과 같은 방법들을 사용할 수 있다.

첫째, 제품의 경쟁자들을 조사하여 자신의 제품과 경쟁제품 간의 차이점을 파악하고, 그 차이점을 강조하여 고객들에게 인식시키는 것이다. 둘째, 타겟 시장의 고객들이 원하는 속성이나 가치관, 욕구 등을 파악하고, 그에 따른 제품의 포지셔닝을 정의하는 것이다. 셋째, 브랜드 이미지를 구축하여 소비자들의 마음속에서 자신의 브랜드가 차지하는 공간을 강화하는 것이다. 넷째, 제품의 특성을 강조하여 자신의 제품이 다른 제품들과 구별됨을 인식시키는 것이다. 다섯째, 소비자들의 생활양식에 맞는 제품의 포지셔닝을 정의하는 것이다.

위와 같은 방법들을 통해 효과적인 포지셔닝을 구현할 수 있으며, 이를 위해서는 타겟 시장과 경쟁자의 분석이 선행되어야 한다. 포지셔닝의 과정은 다음 표와 같다.

표13 포지셔닝 과정

단계	내용
경쟁사 분석	경쟁사의 제품 및 브랜드를 분석하여 경쟁사의 강점과 약점을 파악
타겟 시장 선택	세분된 시장 중에서 타겟 시장을 선택하고, 타겟 시장의 욕구와 요구사항을 파악
차별화 포인트	경쟁사와 비교하여 우수한 제품이나 브랜드의 차별화 포인트를 찾음
포지셔닝 전략 결정	차별화 포인트를 바탕으로 제품이나 브랜드의 포지셔닝 전략을 결정
마케팅 전략 실행	결정된 포지셔닝 전략에 따라 제품이나 브랜드의 특징을 강조하는 마케팅 전략을 실행
관찰	마케팅 전략의 실행 결과를 관찰하고, 시장 변화에 대응하여 포지셔닝 전략을 유지하고 개선

3) 포지셔닝의 사례

STP 전략에서 포지셔닝은 표적시장에 대한 미래적, 지속적인 브랜드 이미지를 구축하는 것이다. 이를 위해 브랜드는 자신의 강점과 경쟁우위를 강화하고, 소비자가 인식할 수 있는 대표적인 브랜드 정체성을 구축해야 한다. 다음 브랜드들은 포지셔닝을 통해 소비자의 마음에 깊은 인상을 남기고, 자신만의 독특한 브랜드 정체성을 구축하여 경쟁 우위를 확보하고 있다.

첫째, 애플은 전 세계에서 혁신적인 디자인과 사용자 친화적인 인터페이스를 제공하는 전자제품 브랜드로 인식된다. 애플은 뛰어난 디자인, 기술력, 안정성, 사용자 친화성을 강조하여 자신을 세련되고 혁신적인 브랜드로 포지셔닝하고 있다.

둘째, 맥도날드는 빠르고 편리한 음식 서비스를 제공하는 브랜드로 인식된다. 맥도날드는 대기 시간을 최소화하고 편리한 메뉴 옵션을 제공하여 자신을 빠르고 편리한 음식 브랜드로 포지셔닝하고 있다.

셋째, 제네시스는 고급스러우면서도 성능이 뛰어난 자동차 브랜드로 인식된다. 제네시스는 높은 품질과 성능, 우아함을 강조하여 자신을 고급스러운 자동차 브랜드로 포지셔닝하고 있다.

넷째, 한국농수산식품유통공사는 인도네시아에 삼계탕을 수출하기 위한 STP 전략에서 한국산 삼계탕을 다음과 같이 포지셔닝하고 있다. 다국적 슈퍼마켓에서 다른 나라 대비 프리미엄 제품으로 홍보한다. 신선 음식, 건강 음식 이미지의 제품으로 인도네시아 시장을 공략한다.[18)]

제3절 디지털 무역마케팅 산학협력

1. 중소기업과 무역마케팅

중소기업들은 제품의 판로개척에 가장 큰 어려움을 겪고 있다. 이를 극복하기 위해 중소기업들은 온라인 마케팅을 활용하는 것이 가장 효과적인 방법의 하나다. 우리나라 중소기업의 경쟁력이 가장 취약한 분야는 마케팅으로, 중소기업중앙회에서 조사한 결과 가격, 품질, 디자

18) 한국농수산식품유통공사, “삼계탕 수출연구사업단 동향보고서”, 2020.

인, 마케팅 등 4개 분야 가운데 마케팅 수준이 가장 낮은 것으로 나타났다. 특히 영세업체의 경우는 무역마케팅 담당자가 없어 기존 거래처에 대한 위기 상황 시 대체 거래처 개척이 어렵다. 이에 따라 중소기업들은 전문적인 마케팅 컨설팅을 받거나, 온라인 광고 및 소셜 미디어 마케팅 등을 통해 대체 거래처를 확보하고 신규 고객 유치에 노력을 기울일 필요가 있다.

1) 중소기업의 해외시장 정보력 부족

2008년 세계 경제 위기 이후 세계 경제가 위축되면서 판매 부진에 직면한 기업들은 해외시장 개척을 통해 새로운 판로를 모색하고 있다. 국내 중소기업도 마찬가지로 판매 부진이 가장 큰 경영현안이며, 내수시장 한계를 극복하고 안정적인 성장을 이루기 위해서는 해외 진출이 필수적이다. 하지만 내부 자원이 부족한 중소기업이 국내와는 다른 해외시장에 진출할 경우, 여러 어려움에 직면할 수 있다. 따라서 이들 애로사항을 극복해야만 성과를 거둘 수 있다.

해외시장 정보 수집과 가공, 분석에서도 국가적인 대책 마련이 요구되고 있다. KOTRA와 외교부 산하의 재외 공관 등에서 수집되는 해외정보를 한 곳으로 모아 정보 가치의 우선순위에 맞춰 카테고리별로 잘 정리해 관련 기업과 국민이 쉽게 읽을 수 있도록 가공, 신속하게 전달할 수 있는 통합무역 정보 제공 체계를 구축하였다. 이를 위해서는 무역정보에 대한 총망라가 필요하며, 최근에는 수출뿐만 아니라 수입 분야에서도 강화된 무역 규제와 기준이 필요하게 되어 무역 통합 정보망에서 흡수하는 방안이 실현된 것이 트레이드내비이다.

2) 중소기업의 디지털 무역마케팅 기회

글로벌 무역경쟁에서 중소기업은 대기업과 비교하여 경쟁 우위가 적지만, 디지털 무역마케팅 시대에서는 중소기업도 인터넷을 통해 세계 시장에 진출할 기회가 생겼다. Hamill(1997)은 인터넷이 규모의 경제에 따른 경쟁 우위를 감소시키고 중소기업들이 대기업과 경쟁할 기회를 제공할 것이라고 분석하였다.[19] 이는 인터넷을 활용하여 틈새 제품에 특화된 중소기업들이 수요처를 발견할 수 있게 되며, 대기업보다 더 신속하고 효과적으로 대응할 수 있다는 것을 의미한다.

디지털 무역마케팅 중소기업들에게 성장 기회와 가능성을 열어주고 있다. 중소기업들은 더 해외전시회 참가나 출장 등에 많은 시간과 비용을 들이지 않아도 인터넷을 통해 세계 각국 바이어들과 손쉽게 상담을 진행하고 새로운 제품 생산 공급선과 거래처를 발굴할 수 있게 되었다. 또한, 알리바바닷컴을 비롯한 디지털 무역마케팅을 통해 직원이 5~20명 정도인 소규모 중소기업들도 러시아 경찰청에 자동차용 블랙박스를 수출하거나, 아프가니스탄에 농기계를 수출하는 등의 성과를 거두고 있다. 이러한 성과를 바탕으로 중소기업들은 디지털 무역마케팅 활동을 수행함으로써 대기업과 경쟁력을 확보할 수 있다.

3) 중소기업의 디지털 무역마케팅 성공 원칙

인터넷무역을 통해 중소기업들도 세계 시장으로 진출할 수 있는 5가지 성공 원칙이 있다. 첫째, 상대방 국가의 비즈니스 문화를 이해하고

19) Hamill, J., "The Internet and international marketing", International Marketing Review, Vol. 14 No. 5, 1997, pp. 300-323.

그에 맞춰 준비해야 한다. 국가별 경제·시장 지표, 사회, 문화, 역사, 특히 비즈니스 문화에 대한 정보를 쉽게 찾아볼 수 있다.

둘째, 수출거래대금 지급조건과 방식을 정확하게 확인해야 한다. 세심한 검토를 통해 대금 지급조건과 방식, 적용 환율 등에 문제가 없는지 점검해야 한다.

셋째, 거래 상대방의 신뢰성을 점검해야 한다. 바이어나 거래 상대방의 해당 국가 사업자등록증 등을 확인하고 신용도 조사도 필수적이다.

넷째, 제품 선적·운송 계획을 꼼꼼히 점검해야 한다. 제품 선적, 운송, 도착 시각과 비용 등을 고려하고 납품 기일을 철저히 지켜야 한다.

다섯째, 기존의 고정관념과 틀을 깨야 한다. 디지털 무역마케팅에서는 새로운 생산자와 공급처를 발굴하고 경쟁력 있는 가격과 품질로 수입도 할 수 있다. 이렇게 인터넷을 통해 수출 시장의 다각화와 수입선 다변화를 동시에 실현할 수 있다. 중소기업들은 이러한 원칙을 지키면서 인터넷무역을 통해 성공적인 세계 시장 진출을 이룰 수 있다.

4) 중소기업의 디지털 무역마케팅 전략

세계 경제환경이 급격하게 변화하면서 중소기업들은 수출 성과를 높이기 위해 다양한 노력을 기울이고 있다. 이를 위해서는 내부 역량 강화와 교육, 지원기관의 프로그램 구축과 보완 지원사업 등이 필요하며, 인터넷 기반의 전자무역 환경에 대한 적응 능력도 중요하다. 중소기업들은 기업 역량의 부족으로 FTA를 활용하지 못하는 경우가 많으므로 FTA원산지관리서비스 등 정부의 디지털 수출지원정책을 적극적으로 활용해야 한다. 이러한 노력이 중소기업들의 수출 성과를 높이는 데 큰 역할을 할 것이다.

2. 산학협력을 통한 디지털 무역마케팅

1) 개요

최근 정보통신기술의 발전으로 인해 디지털 무역마케팅이 크게 변화하고 있다. 이제는 고객에게 맞춤형 정보를 제공하므로 상품의 구매 시간, 장소, 가격은 고객의 선호에 따라 결정된다. 이러한 변화는 기존의 마케팅 방법을 크게 바꾸고 있으며, 무역거래알선 단계에서의 마케팅을 중심으로 정보통신기술과 마케팅이 결합하여 무역마케팅에 큰 영향을 미치고 있다.

대학의 산학협력 교과목에서는 디지털 무역마케팅의 이론과 활용 방안, 사례를 학습하고, 참여기업의 디지털 무역마케팅 활용 현황을 팀별로 분석하고 기업이 직면한 문제를 해결하는 것을 목표로 한다. 또한, 디지털 무역마케팅을 활용한 문제 해결 기법을 실무적인 관점에서 강의하고 곧바로 실습하며, 참여기업의 디지털 무역마케팅 활용 전략을 학생팀이 직접 분석하고 수정 전략을 제시한다.

또한, KOTRA(대한무역투자진흥공사)를 통해 유망 중소기업을 발굴하고 무역유관기관에 인턴십을 제공하여 학생들의 현장 경험을 통해 실제 무역환경에서 필요한 역량을 키우도록 하고 있다. 이를 통해 학생들은 디지털 무역마케팅의 이론과 실무를 배우며, 실제 현장에서 역량을 키우고 적용할 수 있는 능력을 갖추게 된다.

2) 진행 과정

지도교수는 프로젝트 수행팀의 작품 주제 선정 단계에서부터 자문을 제공하며, 프로젝트의 전반적인 방향을 설정하는 데 도움을 준다. 또한, 산업체 멘토의 섭외를 위해 프로젝트의 성격과 진행 방향, 기대 결과를 고려하며 적절한 멘토를 추천한다. 그리고 프로젝트 진행 과정에서 멘토와 프로젝트 수행팀 간의 연결 고리 역할을 통해 효과적인 멘토링이 이루어지도록 관찰을 수행하게 된다. 이러한 과정에서 정기적으로 프로젝트 진행과 멘토링 수행에 대한 보고서를 제출받아 이를 평가하며, 프로젝트가 일정에 맞추어 진행될 수 있도록 진도 및 프로젝트 진행 상황을 수시로 확인하고 일정에 문제가 있을 때 조치를 취한다.

산업체 멘토는 디지털 무역마케팅 프로젝트의 성공을 위해 다양한 방법으로 이바지할 수 있다. 필요에 따라 강의형식이나 자문형식으로 멘토링을 수행할 수 있으며, 업무로 인해 바쁜 외부 전문가이기 때문에 이메일, 전화 등 비대면 방식으로 멘토링을 진행하는 경우가 일반적이다. 프로젝트 내용에 따라 산업체 멘토가 근무하는 현장에 프로젝트 수행 팀원들이 방문하여 멘토링이 이루어질 수도 있으며, 멘토의 조언에 따라 디지털 무역마케팅 프로젝트 수행에 필요한 작업이 팀별로 진행될 수도 있다. 이러한 멘토링을 통해 프로젝트 수행팀은 산업체의 전문적인 경험과 비결을 바탕으로 더욱 전문적인 마케팅 전략을 수립하고, 성공적인 프로젝트 수행에 도움을 받을 수 있다.

3) 산학협력 무역마케팅의 중요성

무역인력의 양성과 공급은 산업교육 기관, 외국인·해외교포 인력 활용, 퇴직자 재교육 등 다양한 방법으로 이루어지고 있다. 하지만 대학

(원)을 통한 무역인력 공급이 아직 대부분을 차지하고 있다. 대학을 졸업한 신규 무역인력의 질적 수준이 기업의 요구보다 낮다는 평가가 있지만, 대학 무역교육에 현장실무 지식과 실습을 접목하는 교육 방식이 활성화되면서 이러한 문제를 극복하려는 노력도 진행되고 있다.

대학생을 대상으로 실시한 설문조사 결과, 산학협력 무역교육을 통해 수출성과를 달성하기 위해 필요한 역량으로는 무역실무에 대한 지식, 커뮤니케이션 능력, 글로벌 매너 및 네트워킹, 제품/기술에 대한 지식, 해외시장에 대한 이해, 갈등 조정 능력, 정보화 능력, 리더십이 나타났다. 또한, 산학협력을 통해 해외시장 진출을 성공한 기업을 대상으로 한 설문조사에서는 대학생의 역량 향상이 수출성과를 달성하는데 성공요인으로 나타났으며, 기업이 체감하는 대학생의 역량은 대학생 자신이 생각하는 역량보다 높게 나왔다. 특히, 외국어 능력, 정보화 능력, 글로벌 매너 및 네트워킹 역량에 대해 높은 점수를 받았다.[20]

현장 인턴십 등 산학협력을 통한 대학 무역교육은 해외전시회 참가를 중심으로 중소기업의 수출실적 확대에 실질적으로 이바지하고 있다. 산학협력을 경험한 학생들이 졸업 후 해당 기업에 취업하면 청년 취업 문제를 해결할뿐만 아니라 맞춤형 무역인력을 중소기업에 공급할 수 있는 연쇄적인 결과로 이어진다. 산학협력의 목적은 기업과 대학의 상호작용을 통해 시너지 효과를 창출하는 것이다. 산학협력의 목표를 달성하기 위해서는 대학이 산학협력을 통해 무역인력을 양성해야 중소기업의 수출실적을 높일 수 있다.

---

20) 이호형, "대학의 산학협력 무역인력 양성이 중소기업 수출성과에 미치는 영향", 통상정보연구 제17권 제2호, 2015, pp.307-327.

3. 산학협력 무역 교육에서의 액션러닝

대학의 무역 교육에서 실용성 부족 문제가 제기되고 있다. 무역 현장에서는 기업과 학생 모두의 필요를 채워줄 수 있는 산학협력 현장실습 프로그램을 확대할 것을 제안하고 있다. 이에 무역 교육에서 액션러닝을 도입할 필요가 있다. 액션러닝은 학습구성원들이 실제 현장에서 만나는 문제 해결 과정에 직접 참여하여 효과적인 학습을 이루는 방법이다. 이러한 교육은 중소기업의 수출경쟁력 강화와 실용적 무역 교육의 활성화에 이바지할 수 있을 것이다.

1) 액션러닝의 이해

액션러닝은 학습 팀이 함께 과제를 해결하면서 지식습득, 피드백, 질문, 성찰을 통해 과제의 내용학습과 과제해결 과정을 학습하는 프로세스이다. 대학에서는 액션러닝을 적용하기 어려운 한계점이 있지만, 그 장점들 덕분에 대안으로 관심을 받고 있다. 무역학에서는 GTEP[21)] 프로그램이 대학생들의 무역업무 경험에 가장 큰 역할을 하고 있으며, 액션러닝의 성격을 갖고 있다. 경영학에서는 액션러닝을 적용한 사례연구 결과를 찾아볼 수 있으며, 학생들의 기업에 대한 이해, 팀워크 향상, 이론과 실제의 접목, 문제 해결 능력 향상 등에 도움이 된다는 것이 밝혀졌다.

---

21) Glocal Trade Expert incubating Program 사업은 중소·중견기업의 글로벌화를 위해 대학생들의 해외 시장진출 능력을 강화하는 교육과 산학협력 실습을 진행하고 있다.

2) 액션러닝 설계

액션러닝을 성공적으로 운영하기 위해서는 적절한 과제선정, 학습팀 구성, 학습자 동기부여, 러닝코치 관리, 프로그램 운영 프로세스 설계 등의 요소가 중요하다. 이를 위해 다양한 액션러닝 프로그램 설계 과정과 전략이 제시되고 있으며, 프로그램 설계에 대한 교육과 지속적인 평가와 개선이 필요하다는 연구 결과가 있다. 박수홍 외(2010)는 다음 표와 같이 체계적 액션러닝 프로세스를 입력, 변환, 출력 프로세스로 구분함으로써 액션러닝 프로그램을 설계하고 운영할 때 고려해야 할 사항을 제시하였다.[22)]

표14 체계적 액션러닝 프로세스

구분	입력 프로세스	변환 프로세스	출력 프로세스
하위 요소	• 최고경영층으로부터 지원을 받아낸다. • 조직의 실제적 문제를 도출한다. • 퍼실리테이터 사전 교육을 실시한다. • 참가자의 역량 수준을 파악한다.	• 각 팀이 통합적 팀학습 활동을 수행한다. • 퍼실리테이터의 방향을 잡아주는 질문, 새로운 사고를 유도하는 리더십을 발휘한다. • 문제 관련 기반지식의 사전준비 및 상호 학습을 조성한다. • 마인드 툴을 활용하여 최종 산출물을 효과적으로 도출한다.	• 전체 학습프로세스 상의 개선점 성찰 및 공유(성공 스토리 및 실패 스토리) • 성공사례에 대한 시상 • 성공사례에 대한 조직 기억(홈페이지 등)에 저장 및 전사적 보급
핵심 학습 활동	사전학습 준비단계	문제해결 성찰	사후학습 총체적 성찰

22) 박수홍, 안영식, 정주영, 체계적 액션러닝, 학지사, 2010.

3) 디지털 무역마케팅 액션러닝

정보통신기술과 인터넷 환경의 발달로 인해 전자상거래가 발전하면서 기존의 마케팅 방법은 크게 변화하고 있다. 디지털 무역마케팅 과목은 무역마케팅을 분석하고 정보통신기술과 결합하여 실제 디지털 무역마케팅 사례를 분석하고 실습하는 것이 목적이다. 이 과목은 이론보다 실제 문제 해결과 역량 강화를 중시하며, 액션러닝을 통해 학생들이 실제 문제를 해결하는 과정에서 역량을 향상할 수 있도록 돕는다. 교과목의 궁극적인 목표는 액션러닝의 본질적 철학과 연결되어 있다.

액션러닝 과제를 수행하기 위해 다양한 학생으로 구성된 팀을 만들어 팀별로 수출기업을 매칭하고, 기업 현황분석을 한 후 무역마케팅 문제점을 진단하고 해결방안을 제시하면 자기 주도적 무역실무 학습이 가능하게 된다.

액션러닝 과제의 목표는 팀별 수출기업을 대상으로 디지털 무역마케팅 관련 문제점을 분석하고 문제 해결 방법을 제시하는 것이다. 과제는 강의 내용과 관련되어야 하며, 학생들의 역량 향상에 도움이 되어야 하며, 수행 가능한 난이도를 가져야 하며, 실용성을 가져야 하며, 창의성을 발휘할 수 있는 내용이어야 한다. 교수자는 학생들의 과제 기술서 내용이 적절한지 확인하고 피드백을 제공하며, 결과물 프로세스를 구체적으로 계획하여 액션러닝을 진행한다.[23)]

---

23) 이호형, "무역교육에서의 액션러닝 설계와 효과성 검증에 관한 연구", 통상정보연구 제20권 제4호, 2018, pp.411-430.

액션러닝 문제

- 어떤 기업을 대상으로 하여 디지털 무역마케팅 계획을 수립해 보세요. 선택한 기업의 제품이나 서비스에 맞는 디지털 마케팅 전략을 개발하고, 해당 전략이 어떻게 기업의 무역 활동을 촉진하고 확장하는지 설명해 주세요. 전략의 핵심 요소와 구체적인 실행 방안을 포함해야 합니다.
- 디지털 무역마케팅의 다양한 전략 유형을 조사하고, 어떤 기업의 사례를 통해 각 전략이 적용되는 방식과 장점을 분석해보세요. 예를 들어, 소셜 미디어 마케팅, 검색 엔진 마케팅, 온라인 광고 등의 다양한 전략을 포함하여 제시해 주세요. 각 전략의 적합한 활용 방안과 성과 측정 방법을 설명해야 합니다.
- STP 전략의 이해를 바탕으로, 선택한 기업의 제품이나 서비스를 위한 세분화, 타겟팅 및 포지셔닝 전략을 개발해 보세요. 각 단계에서 어떤 기준과 방법을 사용하여 세분화하고, 어떤 고객 세그먼트를 타겟으로 삼으며, 어떤 포지션을 확립할 것인지 설명해 주세요. 각 전략의 목표와 해당 전략을 통해 어떤 가치를 고객에게 제공할 것인지 분석해야 합니다.

- 디지털 무역마케팅 분야에서 산학협력과 액션러닝의 중요성을 조사해 보세요. 어떤 산업체 혹은 단체와 대학이 협력하여 디지털 무역마케팅 분야의 문제를 해결하거나 혁신적인 전략을 개발하는 사례를 찾아서 분석해 주세요.

3장

수출아이템 발굴과 계약 상담

학습 목표

- 수출아이템을 발굴하는 능력을 향상하여 세계 시장에서 경쟁력 있는 제품을 선보일 수 있도록 한다.
- 수출계약 상담을 위한 전략 및 기술을 습득하여 수출 거래를 원활하게 진행하며, 성공적인 계약 체결을 끌어낼 수 있도록 한다.
- 수출 관련 법규 및 규제에 대한 이해와 준수 능력을 향상하여, 국제 거래의 법적 측면에서 발생할 수 있는 위험을 최소화하고, 안정적인 수출 거래를 이루어 낼 수 있도록 한다.

학습 목차

3장
수출아이템 발굴과 계약 상담

제1절 수출아이템 발굴과 수출 가격의 이해

수출을 성공적으로 수행하기 위해서는 수출아이템을 발굴하는 것이 매우 중요하다. 잘못 선택된 수출아이템은 바이어를 찾아내기조차 어려울 수 있다. 따라서 외국 바이어가 관심을 가지고 호감을 느낄 수 있는 수출아이템을 선정하는 것이 매우 중요하다. 또한, 수출 거래가 이루어지기 위해서는 상품의 가격과 품질이 결정적인 역할을 한다. 따라서 수출아이템을 선택할 때는 상품 구상, 가격, 품질, 환경 적합성 등을 고려하여야 한다. 이번 절에서는 수출아이템의 경쟁력과 촉망받는 수출아이템을 선택할 때 필요한 기본 기준에 대해 이해하고, 수출상품의 수출원가가 어떤 요소로 이루어져 있는지 학습한다.

1. 수출아이템 발굴의 개념

1) 수출상품 경쟁력

수출을 성공적으로 하기 위해서는 경쟁력 있는 수출상품을 선택하는 것이 중요하다. 수출상품의 경쟁력은 크게 가격 경쟁력과 비가격 경쟁력으로 나뉘며, 노동 임금, 기술 차이, 경영 역량 등 여러 가지 원인에 의해 영향을 받는다. 특히 노동력이 집약된 상품일수록 노동 임금의 정도에 따라 경쟁력이 결정된다. 또한, 환율 변동에 따라 가격 경쟁력이 약화하는 것을 방지하기 위해서는 품질과 서비스를 개선하여 상품 경쟁력을 강화하는 전략이 필요하다. 대기업에서부터 중소기업까지, 기업들은 기술 개발과 경영 쇄신을 통해 경쟁력을 향상해 나가야 한다.

수출상품의 경쟁력은 다양한 요인에 의해 결정되는데 다음 표와 같이 품질과 기술력, 가격 경쟁력, 브랜드 이미지와 인지도, 디자인과 패키징, 생산성과 효율성, 인증·규격·기술 등에 의해 수출상품의 경쟁 우위를 가질 수 있다.

표15 수출상품 경쟁력 요인

요인	설명
제품의 품질과 기술력	고품질의 제품과 최신 기술을 적용한 제품은 경쟁 우위를 가질 수 있다.
제품의 가격 경쟁력	수출 시장에서 경쟁 우위를 확보하려면 경쟁 업체보다 더 낮은 가격으로 제품을 공급하는 것이 필요하다.
제품의 브랜드 이미지와 인지도	브랜드 이미지가 강력하고 소비자들에게 인지도가 높은 제품은 경쟁 우위를 가질 수 있다.

제품의 디자인과 패키징	소비자들은 제품의 디자인과 패키징을 통해 제품의 품질과 가치를 판단하므로, 매력적인 디자인과 패키징을 갖춘 제품은 경쟁 우위를 가질 수 있다.
제품의 생산성과 효율성	효율적인 생산 시스템을 갖춘 제조업체는 경쟁 업체보다 더 낮은 제품 가격으로 제품을 생산할 수 있으며, 이는 경쟁 우위를 가지는 데 도움이 된다.
인증 · 규격 · 기술	수출 시장에서 요구하는 인증을 취득하고, 규격과 기술을 충족하는 제품은 경쟁 우위를 가질 수 있다.

2) 수출상품 선정 기준

물건을 찾아 수출하는 것은 쉬운 일이 아니다. 수출하려는 상품이 성공적으로 수출될 가능성이 큰지 판단하는 것이 중요하다. 이를 위해 아래와 같은 선정 기준을 고려해야 한다. 이와 더불어 내수시장 매출 성과가 좋은 아이템, 상업적으로 이윤을 얻을 수 있는 상품, 일상생활에 꼭 필요한 상품 등을 우선하여 고려해 볼 수 있다.

표16 수출상품 선정 기준

기준	고려할 사항
수출 시장의 규모와 성장 가능성	수출 시장에서 상품이 가질 수 있는 규모와 성장 가능성이 크면 수출 가능성이 커짐
경쟁력	경쟁 업체와 비교하여 우수한 품질, 가격, 디자인, 기능 등을 갖춘 상품일수록 수출 시장에서 경쟁 우위를 가질 수 있음
국제 표준 인증	국제 표준 인증을 획득한 상품일수록 수출에 쉬우며, 수출 시장에서 높은 신뢰성을 가짐
수출 관련 법규 준수	수출하는 상품이 해당 수출 시장의 수출 관련 법규를 준수하고 있는지 확인해야 함

수출지원 정책	수출지원 정책이 제도화된 국가나 지역의 상품일수록 수출이 유리할 수 있음
생산 및 수출 비용	생산 및 수출에 필요한 비용이 낮을수록 수출 시장에서 경쟁 우위를 가질 수 있음
환율	환율 변동에 따라 수출 시장에서의 경쟁 우위가 변화할 수 있으므로, 환율 변동을 고려하여 상품을 선정해야 함

3) 수출아이템 발굴 절차

수출아이템 발굴 절차는 수출기업이 수출에 적합한 제품을 찾아내는 데 필요한 절차이다. 이 과정에서 중요한 것은 기업이 수출아이템을 발굴할 때 체계적이고 전문적인 방법으로 접근해야 한다는 것이다. 그렇지 않으면 기업이 수출아이템 발굴 과정에서 필요한 정보나 데이터를 놓치게 되어 수출에 실패할 가능성이 커진다.

예를 들어, 기업이 수출아이템 발굴 절차에서 시장 조사를 철저하게 하지 않으면, 해당 시장에서 선호하는 제품이나 수요 동향 등을 파악하지 못할 수 있다. 또한, 경쟁 업체나 수출 시장의 현황 등에 대한 충분한 정보를 수집하지 않으면, 수출아이템의 경쟁력을 파악하지 못하거나 적절한 가격을 책정하지 못할 수 있다.

따라서 수출아이템 발굴 절차에서 다음 표와 같은 체계적인 접근 방법과 전문적인 시각이 필요하다. 이를 통해 기업은 수출아이템을 발굴하고, 수출 시장에서 성공적으로 경쟁할 수 있는 제품을 선택할 수 있다. 이는 기업의 수출 성공을 위해서 매우 중요한 과정이며, 수출기업이 이를 놓치지 않도록 철저한 준비가 필요하다.

표17 수출아이템 발굴 절차

단계	내용
① 시장조사	• 수출 시장, 경쟁 업체, 시장 동향 파악
② 제품 평가	• 수출할 제품의 기술적 측면 검토 • 생산 가능성과 경쟁력 검토 • 브랜드 이미지, 패키징, 디자인 검토
③ 인프라 평가	• 생산을 위한 인프라(시설, 장비, 인력 등) 조사 • 생산과 수출에 필요한 인프라 조사
④ 물류 평가	• 수출을 위한 물류 시스템(운송, 보관, 포장 등)과 물류비 검토 • 납기일 준수 가능 여부 검토
⑤ 경쟁력 평가	• 수출 시장에서 경쟁 업체들과 비교하여 우수한 가격, 품질, 기술 등의 경쟁력이 있는지 평가
⑥ 마케팅 계획수립	• 수출 제품의 판매 방안 결정 • 마케팅 전략 수립 • 국내와 해외에서 제품을 홍보할 채널 결정
⑦ 가격 책정	• 경쟁 업체와 가격 비교 후 적정 가격 책정 • 관세, 운송비 등 부가비용 고려
⑧ 계약 조건 협상	• 수출 시 계약 조건 협상 • 양측 합의 후 계약 체결
⑨ 샘플 제작 및 테스트	• 수출할 제품에 대한 샘플 제작 • 품질 테스트 후 품질 보증 준비
수출 준비	• 수출 대상 국가 수출입 신고서, 운송 계획 등 준비

4) 수출아이템 결정 과정

수출아이템을 결정할 때, 맨 처음에는 자신의 직관으로 파악하지만, 맨 마지막 결정을 내리기 위해서는 통일되고 조직적인 절차를 거쳐서 선정해야 한다. 시장성, 경쟁력, 수익성을 반드시 고려해야 하며, 새로운 상품 또는 가격 경쟁력을 가진 상품이 수출 목적을 이룰 가능성이 크다.

시장성이 있는 품목이라면, 해당 품목이 해외시장에서 실제로 거래되고 있는지, 비슷한 품목이 있는지 자세히 조사해야 한다. 또한, 아래와 같은 항목이나 내용을 고려해봐야 한다.

- ▸ 제품의 특징과 장단점, 시장 수요와 경쟁자 분석
- ▸ 국내시장 판매실적, 품질 및 인증 기준 충족 여부
- ▸ 국내시장 경쟁력 및 브랜드 가치
- ▸ 해외시장 진출 방안, 현지 시장 선점을 위한 전략 등

우리 기업의 상품이 이미 존재하는 상품과 비교하여 경쟁력이 있는지 판단해야 한다. 이를 위해 품질, 가격, 납품 기한, 사후서비스 등을 고려해야 한다. 만약 해당 상품이 거래되고 있지 않은 해외시장이라면, 소비자의 기호나 재력, 법률이나 규정, 거래 환경 등을 검토하여 우리가 처리할 수 있는 수준인지 분석해야 한다.

무역을 하기 위해서는 지속적으로 새로운 수출아이템을 찾아야 한다. 다만, 수출 대상으로 삼을 상품은 앞으로도 잘될 전망이 있어야 하며, 현재 경기가 쇠퇴하고 있는 산업에 속한 아이템은 피해야 한다. 또한, 예상치 못한 결과가 생길 수 있는 상품에서도 좋은 결과가 나올 수 있으므로 모든 가능성을 염두에 두고 수출아이템을 발굴해야 한다. 이를 위해서는 시장 조사와 경쟁력 분석, 법규제 검토 등의 절차를 거쳐야 하며, 계속해서 새로운 시도와 실험을 통해 가능성 있는 수출아이템을 찾아내어야 한다.

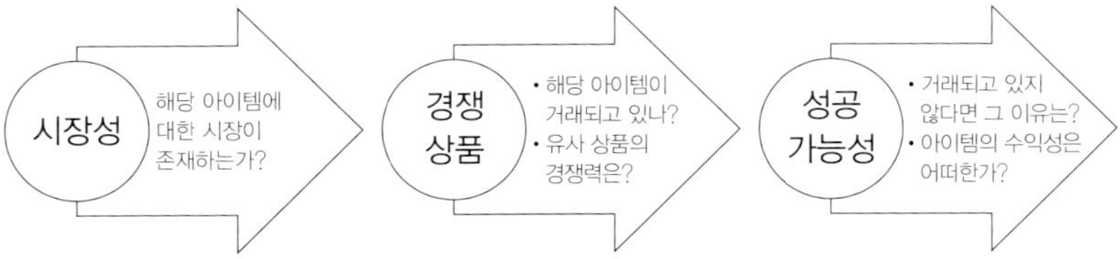

그림3 수출아이템 결정 프로세스

5) 성공적인 수출아이템 발굴 사례 분석

성공적인 수출아이템 발굴 사례 중 하나는 최근 급부상한 K-뷰티 제품으로 볼 수 있다. K-뷰티는 한국의 화장품과 미용 제품에 대한 신뢰성과 인기를 나타내는 용어로, 전 세계적으로 대중화되고 있는 것으로 알려져 있다.

K-뷰티 제품은 한국의 고도로 발전된 미용 기술과 첨단 기술, 자연 성분을 활용하여 만들어졌다는 점에서 세계 각국의 소비자들로부터 큰 관심을 받고 있다. 또한, 한국의 연예인들이 사용하는 제품으로도 유명해져 인기를 끌고 있다.

이러한 K-뷰티 제품들은 높은 수출 가치를 가지고 있으며, 미국, 유럽, 아시아 등 세계 각국에서 수출이 이루어지고 있다. 이를 위해서는 먼저 해외시장에 대한 조사와 수출 시장 개척, 브랜드 마케팅 전략 등을 세밀하게 계획하고 실행해야 한다.

또한, 제품의 품질, 디자인, 포장 등 전반적인 외관과 기능적인 측면에서도 높은 수준을 유지해야 하며, 고객의 요구에 맞는 제품을 개발하고 브랜드 이미지를 효과적으로 전달하는 마케팅 전략을 구상해야 한다.

따라서, 성공적인 수출아이템 발굴을 위해서는 국내시장과 해외시장의 유행을 철저히 파악하고, 적극적으로 수출 시장 개척과 브랜드 마케팅 전략을 수립하는 등 다양한 전략적인 노력이 필요하다.

6) 실패한 수출아이템 발굴 사례 분석

실패한 수출아이템 발굴 사례로서, 한국의 한 기업이 대만 시장에서 성공적으로 판매되고 있는 다른 기업의 제품을 모방하여 수출을 시도했으나, 실패한 사례가 있다.

해당 기업은 대만 시장에서 인기 있는 모바일 액세서리 제품을 모방하여 생산하고 수출 시도했지만, 대만 시장에서 이미 인기 있는 브랜드가 있어서 경쟁이 치열하였다. 또한 저렴한 가격 경쟁력으로 시장에 진입하려고 하였지만, 제품의 품질이 나쁘고, 디자인이 불만족스러워서 판매가 잘 안 되었다. 또한, 지역적인 선호도와 구매력, 유통채널 등에 대한 충분한 조사 없이 수출을 시도하였기 때문에 시장 수요와 어긋나는 제품을 판매하고 실패하였다.

이러한 실패 사례는 적극적인 시장 조사와 경쟁사 분석, 제품 디자인과 품질에 대한 충분한 검토, 지역 시장의 선호도와 구매력, 유통채널 등을 고려하여 제품을 출시하는 것이 중요하다는 것을 보여준다. 또한, 브랜드 인지도와 이미지를 높이는 노력도 필요하다. 실패 사례를 분석하고, 해당 문제점들을 보완하여 새로운 시도를 하면서 수출 시장에서 성공적인 기업이 되어 나갈 수 있다.

2. 수출아이템 발굴에 필요한 정보 수집 방법

수출아이템을 발굴하기 위해서는 다양한 정보원으로부터 수집한 정보를 토대로 발굴해야 한다. 이미 알고 있는 기업의 수출 요청이나 거래처의 주문을 통해서 발굴하기도 하지만, 매개체 없이 직접 발굴하기 위해서는 조직적인 발굴 기법을 사용해야 한다.

관세청의 품목별 수출입 통계를 확인하거나 KOTRA, 한국무역협회 사이트에서 제공하는 국가별, 지역별 유망한 수출상품 추천 글을 살펴볼 수 있다. 또한, 무역거래알선사이트에서 구매 관심(Buying Leads)을 검색하거나 산업정보망 등의 상품 정보를 활용할 수 있다.

예를 들어, 관세청 홈페이지에 접속하여 무역통계 메뉴로 들어가서 품목별 수출입실적을 확인하면, 국제적으로 상품분류를 위해 부여된 HS코드를 활용하여 관심 있는 품목의 수출입실적을 빠르게 조회할 수 있다. 이렇게 수집한 정보를 기반으로 시장성, 경쟁력, 수익성을 고려하여 수출아이템을 발굴해야 한다.

1) 무역 관련 기관

무역과 관련된 다양한 기관들은 수출아이템 발굴에 매우 유용한 정보를 제공해준다. 이 중에서도 한국무역협회와 KOTRA는 각국 시장 동향 정보와 수출 직결 정보를 제공하고 있어, 수출아이템 발굴에 큰 도움이 된다. 또한, 코엑스, 한국무역센터 내에 있는 종합전시장 등의 전시회에서는 다양한 산업 분야의 제품들이 전시되어 있어, 새로운 수출아이템을 발굴하는 데에도 도움이 된다.

그뿐만 아니라, 각국 상무관은 외국 재외 공관 및 한국 재외 공관에서 통상·외교 사무를 담당하며, 각국의 시장 동향과 규제 정보를 제공하고 있다. 또한, 각국 상공회의소, 산업 조합, 협회 등도 각국의 산업 동향과 시장 동향에 대한 정보를 제공하며, 시장 조사와 경쟁력 분석, 법규제 검토 등의 분석을 통해 수출아이템 발굴에 대한 정보를 제공하고 있다.

이러한 기관들의 정보를 활용하여 수출아이템 발굴에 대한 폭을 넓힐 수 있으며, 이를 통해 새로운 시장 동향과 제품정보를 얻을 수 있고, 수출 대상으로 삼을 상품의 발굴에 대한 정보도 얻을 수 있다. 따라서 기관들의 정보를 체계적으로 수집하고, 이를 활용하여 수출아이템 발굴에 대한 정보를 얻는 것은 무역 활동에 있어서 매우 중요한 일이다.

2) 인터넷 검색

인터넷 검색을 통해 수출 가능한 품목을 선택하는 것은 무역업무에 있어서 매우 중요한 일이다. 이를 위해서는 무역거래알선사이트나 KOTRA의 글로벌 윈도우 사이트와 같은 전문적인 무역 정보사이트를 활용하는 것이 좋다. 이러한 사이트에서는 해외시장에서 수요가 높은 아이템이나 추천 수출아이템에 대한 정보를 확인할 수 있다. 구매 관심(Buying Leads)을 통해 해외바이어가 어떤 상품을 수입하고자 하는지를 파악할 수 있다. 이를 기반으로 해당 상품을 생산하거나 수입하여 수출할 수 있다.

또한, Google(구글)과 같은 글로벌 검색 엔진을 활용하면 수출 가능한 상품에 대한 다양한 정보를 얻을 수 있다. 인터넷상의 다양한 뉴스, 블로그, 포럼, 커뮤니티 등에서 관련 정보를 찾아볼 수 있으며, 이를 바탕으로 수출 가능한 상품에 대한 아이디어를 얻을 수 있다.[24] 또한,

24) 최윤국, "중남미: 웹 서핑을 통한 수출아이템 선정과 해외거래처 발굴", 국제지역정보 146호, 2005, pp.57-58.

eBay와 같은 전자상거래 사이트에서는 다양한 제품들을 판매하고 있으므로 수출 가능한 상품에 대한 아이디어를 얻는 데 유용한 도구가 될 수 있다.

하지만, 이러한 인터넷 검색을 통해 얻은 정보는 정확성과 관련성에 대한 문제가 있을 수 있다. 따라서, 검색 엔진을 효과적으로 사용하는 방법을 알아야 한다. 예를 들어, 구체적인 검색어를 입력하여 검색 범위를 좁히거나, 검색 결과의 신뢰성을 확인하기 위해 다양한 정보 소스를 참고하는 등의 방법이 있다. 이러한 방법을 통해 더욱 정확하고 신뢰성 있는 정보를 얻을 수 있으며, 이를 바탕으로 수출 가능한 상품을 선택하고 무역 활동을 성공적으로 수행할 수 있다.

3) 전시회 참가와 해외 출장

상품의 특성과 수요에 대한 이해를 위해 관련 전시회, 박람회에 참가하는 것은 매우 중요하다. 직접 상품을 보고, 경쟁 기업과 비교·분석하여 품질을 판단하고, 수요처와 협력 관계를 구축하는 것이 가능해진다. 이를 통해 새로운 사업 종목을 발굴할 수 있고, 미래성이 있는 수출 아이템을 선택할 수 있다. 또한, 선진국의 최신 기술과 제품을 살펴보며 차별화된 상품 개발에 도움이 되는 아이디어를 얻을 수도 있다.

삼성의 창업자인 이병철 회장은 새로운 사업 아이템을 발굴하기 위해 해외 출장을 여러 번 다녀오며 현지 기업과 시장 동향을 탐색했다. 이처럼 상품 발굴을 위해서는 직접 현장에서 경험하고 파악하는 것이 매우 중요하다. 이를 통해 현재의 수출아이템에서 벗어나 새로운 시장을 개척하고, 더욱 성공적인 수출을 이룰 수 있다.

3. 수출상품과 가격의 이해

1) 수출원가의 구성

수출원가는 수출상품의 제조원가와 해당 상품을 수출하기 위해 소비하는 노력과 비용 등을 합산하여 계산된다. 제조원가는 상품을 제조하고 판매하는 데 필요한 재화 및 노동 가치를 계산한 값이며, 수출업자가 책임지는 비용인 물적 유통 비용 등이 추가로 합산된다. 상사기업의 경우는 직접 제조하지 않기 때문에 제조기업으로부터 구매한 상품 구매 가격이 제조원가에 해당된다. 수출원가는 수출 가격을 결정하는 중요한 요소 중 하나이다.

수출원가를 계산하는 것은 기업의 이익을 위해서 중요한 일이다. 상품 제조원가는 수출원가에서 가장 큰 비중을 차지하며, 물적 유통 비용, 대금수수료, 서류처리 비용 등은 조정하기 어려운 비용이다. 그러나 대리인 수수료와 중간 이윤은 상황에 따라 조정이 가능하다. 원가를 계산함으로써 기업은 실제로 이루는 이익을 파악할 수 있고, 수출 계획을 세우는 데 필요한 데이터를 제공한다. 따라서 기업은 원가 항목이나 내용을 검토하고, 이익을 최대화할 수 있는 수출 가격을 산정하는 것이 중요하다.

다음 표는 수출입 원가 구성표로, 무역원가는 상품 대금, 물류비용, 대금결제비용, 행정비용, 그리고 기타 원가 항목으로 구성되어 있다. 수출원가와 수입원가는 구성 내용이 서로 다른 것을 알 수 있다.

표18 수출입 원가 구성

수출원가	항목	수입원가
① 원자재 투입비용(재료비) ② 노무비, 관리비, 세금 ③ 검사비용, 포장비용 ④ 제조자의 이익 등 ※제조원가	상품 대금	B/L 결제대금
	수출입부대비용	
① 내륙운송비 ② 해상운송비 ③ 창고료, 보관료, THC 등 ④ 해상보험료 ⑤ 화재보험료 등	물류비용	① 해상운송비 ② 내륙운송비 ③ 입항료, 하역료, THC 등 ④ 창고료, 보관료 ⑤ 입·출고비용 ⑥ 해상보험료 ⑦ 화재보험료 등
① 신용장통지 수수료 ② Local L/C 개설 수수료 ③ 환가료, Delay charge, Loss charge 등 ④ 수출보험료 등 ※환차손익	결제비용	① 신용장개설수수료 ② L/G charge ③ Usance 이자 등 ※환차손익
① 수출추천비용 ② 수출통관비용 ③ 허가비용, 제 증명료 ④ 서류인지 대금 등 서류 확보비용 등	행정비용	① 수입 제세(관세, 내국세) ② 수입추천비용 ③ 수입통관비용 ④ 선적검사비용, 검정료 등
① 수출자의 이익 ② 대리점 수수료/중개수수료 ③ 견본비용 ④ 통신비용 등	기타 원가 항목	① 이자 : 재고이자, 여신이자 ② 대리점 수수료/중개수수료 ③ 통신비용 등

출처 : 한국무역협회

해상운송비는 LCL과 FCL로 구분되며, 부피의 단위인 CBM을 기준으로 비용이 산정된다. 일반적으로 FCL이 LCL보다 비용이 적게 들며, 15~16 CBM 이상의 상품일 경우 FCL로 발송하는 것이 합리적이다. FCL은 컨테이너를 통째로 사용하는 것이므로 발송하는 상품의 부피가 커도 추가적인 비용이 발생하지 않는다. 반면 LCL은 여러 개의 상품을 한 컨테이너에 넣어 발송하는 방식이기 때문에 상품의 부피가 작아도 컨테이너를 공유하는 다른 발송자들과 비용을 분담해야 한다.

항공 운송에서 비용은 실제 중량 또는 체적 중량 중 더 높은 것을 기준으로 계산된다. 국제항공운송협회(IATA)에서는 1CBM(입방미터)을 167kg으로 계산하며, 센티미터를 기준으로 가로(cm)×세로(cm)×높이(cm)/6000으로 계산한다. 화물 1CBM의 실제 중량이 167kg 미만이면 부피 중량(CBM×167kg)이 적용된다.

2) 수출 가격 산정 기준

수출기업이 수출 가격을 산정할 때는 다양한 요인을 고려해야 한다. 먼저, 생산비용을 고려하여 생산 단가를 계산하고, 이를 바탕으로 이윤을 고려하여 가격을 책정할 수 있다. 또한, 수출 대상 시장의 경쟁 상황과 수요 상황, 국제적인 환경 요인(환율 등) 등도 고려해야 한다.

하지만, 수출 가격 산정 시 무조건 높은 가격을 내세워서는 안 된다. 수입상의 가격 인하 요청을 받았을 때, 단기적으로는 주문을 유지하기 위해 인하된 가격을 수용하는 예도 있다. 하지만, 이러한 경우에도 중요한 것은 기업의 장기적인 전략과 생존을 고려하는 것이다.

적정 가격을 내세워 수입상의 인하 요청을 받았을 때, 수출기업은 자신의 제품 가치를 확신하며, 장기적인 비전을 가지고 자신의 가격을 굳게 유지해야 한다. 이를 통해 수입상이 기업의 가치를 인정하고 장기적인 관계를 유지할 수 있다.

하지만, 기업의 생존을 위해 빚 상환 등을 위해 무엇이든 팔아야 하는 상황에서는 원가 이하의 가격이라도 주문을 확보하는 것이 필요하다. 이러면 적극적으로 수용하는 것이 필요하다.

따라서, 수출 가격 산정 시에는 단순히 이윤을 추구하는 것이 아니라 기업의 생존과 장기적인 전략, 수입상과의 관계 등 다양한 요인을 종합적으로 고려해야 한다.

3) 수출원가 계산 사례

표19 수출입 원가 구성

구분	내용
품목	화장품
수량	1,000 EA
상품 전체 중량	500 Kg
상품 전체 용적	12 CBM (0.2 × 0.2 × 0.3 × 1,000 EA)
해상 선적 및 운송 기준 용적 톤(R/T)	1 CBM 또는 1 TON
용적 1 CBM 미만 또는 중량 1 TON 미만 시	모든 비용은 1 TON으로 계산됨

항목 분류	항목	단위	단가	금액	비 고
국내출고가	수출상품대	출고가	₩ 20,000	₩ 20,000,000	
수출부대 비용	내륙운송비	독차[25]	대구 → 부산	₩ 450,000	표준 운송 가격표 참조
	통관수수료	요율	출고가× 0.2%	₩ 40,000	최소 30,000원
선적비용	THC	TEU	₩ 130,000	₩ 130,000	일반 요율
	CFS Charge	CBM			LCL일 경우
	Wharfage	TEU	₩ 4,420	₩ 4,420	부산항
	Document Fee	B/L건	₩ 50,000	₩ 50,000	B/L[26] 발행비
업무대행비	Handling Fee	B/L건	₩ 50,000	₩ 50,000	30~80달러
FOB 원가				₩ 20,724,420	
마진	마진율[27]	20%	FOB 원가× 20%	₩ 4,144,884	판매관리비 10%+이익 10%
FOB 판매단가		1,000 EA	₩ 24,869(개당) US$ 19.89(EA)	₩ 24,869,304 (US$ 19,895)	전신환 매입율 \1250 적용

FOB(Free On Board)는 무역 거래에서 가격 결정 조건이자 인도 조건 중 하나로, 수출원가로 간주한다. FOB 가격 조건으로 수출계약을 하면 수출 상인은 약속한 상품을 수입 상인이 계약한 선사의 배

25) 개인이나 단체가 특별한 목적으로 따로 사용하는 차나 기차

26) 해상 운송에서, 화물의 인도 청구권을 표시한 유가 증권. 선하 증권

27) 원가와 판매 가격의 차액, 곧 이익금의 비율

에 선적하지만, 화물이 최종 목적지까지 운반을 끝마치기까지의 비용과 위험은 수입상의 책임이다. 특별한 조건이 없는 한, 수출 상인은 선박을 찾아서 화물을 맡기는 임무나 의무를 지지 않는다. 만약 수입 상인이 선박을 준비하지 않았거나 운송을 맡긴 선박이 가득 차거나 그 밖의 이유로 해당 화물을 운반하지 못할 경우, 수입 상인은 선적 불가능 또는 지연에 대한 손해배상을 요구할 수 없는 것이 보편적인 규칙이다.

표20 수출원가 계산 참고 사항

항목	내용
THC (Terminal Handling Charge)	CY[28]에서부터 실제 선박의 곁까지, 그 반대의 컨테이너 화물 취급비용
CFS[29] Charge	적은 분량의 화물을 운송하는 경우 CFS에서 화물을 합치거나 나누는 일을 할 때 생기는 비용
Wharfage	부두에서 배를 대거나 짐을 싣고 내리는 곳의 사용료
업무대행비	포워더 기업이 수출 사무 전반에 대한 일 처리를 대신에 하는 비용
원가와 판매가 차액	일반판매관리비 10%와 판매이익 10%를 더하여 20%의 이익 마진율을 적용하는 것이 보통이나 조정 가능

28) 컨테이너 야드(Container Yard)는 컨테이너화된 화물을 저장하는 장소로, 일반적으로 해상운송과 내륙운송 사이의 연결 고리 역할을 한다.

29) Container Freight Station(CFS)은 선박에서 내리는 컨테이너화물을 수입자 또는 수출자의 요구에 따라 분류, 집하, 포장, 보관, 해체 등을 하는 물류센터

제2절 온라인 거래제의와 무역계약 절차

1. 무역계약 절차

1) 무역계약 절차의 중요성

무역계약은 국내 기업과 해외 기업 간의 상호협력 관계를 형성하고 유지하는 데 매우 중요하며, 양측의 이익을 균형 있게 고려하여 체결되어야 한다. 무역계약 절차에서는 상대방 기업의 신뢰성과 금융 상황, 법적인 문제와 문제 해결 능력 등을 파악하고, 계약 과정에서는 조건과 규정 등을 명확하게 정리하여 양측이 불확실성에서 벗어날 수 있도록 해야 한다. 이를 위해 전문가의 조언과 협력이 매우 중요하다.

표21 무역계약 절차

무역계약 절차	설명
① 거래대상 선정 및 접근	수입상 또는 수출상과 거래를 원하는 기업 선정 및 접근
② 거래내용 협의	거래내용(품목, 가격, 수량, 배송 등) 협의
③ 거래조건 협상	거래조건(인도조건, 지급조건 등) 협상
④ 계약서 작성 및 서명	거래내용과 조건을 반영한 계약서 작성 및 서명
⑤ 선적 준비 및 수출입 신고	수출입 허가서, 관세 등 선적 준비 및 수출입 신고
⑥ 검수 및 검사	수입국에서의 검수 및 검사
⑦ 운송 및 보험 가입	수입상과의 운송 및 보험 가입
⑧ 인도 및 지급	인드 조건과 지급조건에 따른 인도 및 지급
⑨ 거래 이행 후 서류 정리	거태 이행 후 서류 정리(수출입 신고서 등)
⑩ 사후관리	문제 발생 시 처리, 재계약 등 사후관리

2) 거래대상 선정 및 접근

무역 거래를 위해 거래 가능한 기업을 선별한 후 권유장(circular letter)을 발송하여 거래제안을 하게 된다. 다음 그림과 같이 권유장에는 상대방을 찾은 경로, 거래 관계 개설 희망, 자사의 영업 종목, 업계 평판과 능력, 추가정보 및 데이터제공 의사 표명, 자사의 신용조회처 등이 포함되어야 한다. 이메일을 통해 거래제안서를 보낼 경우, 자신이 소속된 기업의 홈페이지 주소와 이메일 주소를 기재하는 것이 필요하다. 거래알선사이트에 등록한 아이템의 경우, 오퍼검색 및 열람을 통해 거래 원하는 기업에게 거래제안서를 전송할 수 있다.

Dear Sir/Madam,

We were referred to you by the Chamber of Commerce in your city, and we understand that you are a well-respected importer of cotton goods in your country. (상대방을 알게 된 경로와 거래 관계 개설의 희망)

We are a leading manufacturer and exporter in Korea, utilizing cutting-edge computerized manufacturing facilities to produce a wide range of cotton products, specifically including shirts. (자기 기업의 영업 종목)

Our products have gained significant recognition from esteemed partners such as Daimaru Trading Co. in Japan, as well as in the United Kingdom, Germany, and France. To expand our market presence and explore new opportunities, we are keen to offer our high-quality products to you under favorable terms. (업계에서의 평판, 능력)

Once we receive your drawings or samples, we would be able to offer you our samples at competitive prices. (추가정보 및 데이터제공의 의사 표명)

Regarding our credit standing, we kindly suggest that you verify with Korea Exchange Bank or any commercial banks in Korea for accurate information. (자기 기업의 신용조회처)

We look forward to your reply as soon as possible.

Sincerely,
보낸 사람(기업) 정보

그림4 Circular Letter Sample

3) 계약서 작성

무역 거래에서는 매매 계약서를 작성하여 거래 당사자 간의 분쟁을 미리 예방하고, 안정적인 거래를 유지하는 것이 중요하다. 매매 계약서에는 거래 조건뿐만 아니라, 준거법, 클레임, 불가항력, 상사 중재 등 계약 실행에 필요한 사항이 모두 포함되어야 한다. 거래 조건은 전자메일을 통해 의논하고, 청약과 승낙을 통해 합의된 후 거래 조건에 따라 계약이 체결된다. 거래 조건이 합의된 이후에는 타협 및 의견 조율 과정이 진행된다.

2. 온라인 거래제의

1) 무역거래알선사이트 활용

무역을 하기 위해 가장 먼저 해야 할 일은 해외시장조사를 통해 거래처를 확보하는 것이다. 좋은 아이템을 선택해도 거래처를 찾지 못하면 무역을 통해 매출을 올릴 수 없다. 이미 무역을 하는 기업이나 전자무역으로 사업을 시작한 때도 해외시장 동향과 정보에 밝지 못하면 안 된다. 기존의 무역 방식으로는 상품을 외국에 들고 가서 홍보하는 방법이나 작은 책자로 된 상품 안내서를 우편으로 발송하는 방법 등이 있다. 하지만 이러한 방법은 시간과 경비가 많이 드는 수단이다.

디지털 무역마케팅은 시간과 비용을 절약할 수 있으며, 거래처를 찾거나 거래 정보를 얻기가 쉽다. 또한, 비용이 저렴하고 상품 홍보가 가능하다는 장점이 있다. 이를 통해 중소기업들도 세계 시장 진출이 쉬워지며, 해외시장조사, 개척, 홍보, 거래처 확보, 신용조사 등이 인터넷을 통해 이루어진다.

디지털 무역마케팅 전략 수립에는 긍정적이고 능동적인 마인드와 태도가 필요하며, 자체 웹사이트 또는 무역거래알선사이트를 활용하여 거래를 추진하는 것이 일반적이다. 인터넷을 통한 무역 거래는 점차 중요성이 높아지고 있으므로 기업들은 적극적으로 대응해야 한다.

2) 인콰이어리(Inquiry) 수신

바이어가 거래 권유나 무역거래알선사이트에서 관심 있는 상품을 발견하면, 실제 거래를 하기 위해 세부적인 정보를 물어보는 것이 인콰이어리(Inquiry)이다. 이미 거래 중인 수입상이면 상품을 구매하려는 의사가 크겠지만, 최초로 Inquiry를 보낼 때는 상품이나 가격 정보를 수집하고 있는 때도 있다. 그러나 성실하게 회신하고 적극적으로 대응하면, 계약이 이루어질 가능성이 커지며, 해당 상품에 대한 명확한 이해나 인식을 얻어 새로운 거래제안을 할 때 참고할 수 있는 정보를 얻을 수 있다.

수출상은 신속하고 정확하게 Inquiry에 대한 대답을 보내야 한다. 그러나 이때 주의해야 할 점은 다음과 같다.

- Inquiry에 대한 고마움을 표현해야 한다.
- 너무 과장된 내용이나 부풀린 내용을 피하고, 간단하고 명확하게 상품의 특징을 설명해야 한다.
- 빠른 주문이 가능하다면, 이를 강조하는 것이 좋다.
- 작은 책자나 가격표를 보낼 때, 부족한 정보를 보태어 채워줄 필요가 있다.
- 견본이 아직 준비되지 않은 경우, 따로 보내준다는 것을 알리는 것이 좋다.

3) Inquiry 응대 실제 사례

아래는 한국의 휴대폰 케이스 제조기업이 한국무역협회 tradeKorea 사이트에 등록한 상품에 관심이 있는 캄보디아 바이어가 보낸 Inquiry 내용 및 이에 대응한 내용이다. 이 내용은 Inquiry에 대한 대응을 위한 좋은 참고 데이터가 될 수 있다. 기업 이름은 Korean Company와 Cambodia Company로 변경하였다.

> 메일 제목 : Mobile Phone Case - Inquiry
>
> Dear Korean Company,
>
> I am interested in reselling mobile phone cases in Cambodia. Could you please provide me with a catalog, if available, and the unit price for each item? Thank you!
>
> Regards,
> ○○○
>
> 해석 : 우리 기업은 캄보디아에서 판매하기 위해 귀사의 휴대폰 케이스에 관심이 있다. 카탈로그와 가격표를 요청한다.

> Inquiry에 대한 수출상의 회신
>
> Dear ○○○,
>
> Thank you for your inquiry dated April 18th regarding our mobile phone cases. We offer a wide range of 15 character designs and models specifically designed for iPhones. Our products are known for their high-quality prints, metallic pearl coating, and perfect fit.
>
> Please find attached the price list and e-catalogue, which provide detailed information about the products you are interested in. The minimum order quantity is 100 pieces. If you require any further information, please feel free to reach out to us.
>
> We look forward to receiving your first order.

Yours faithfully,
[이 부분에 기업 이름과 홈페이지, 주소 등이 기재됨]

해당 업체는 캐릭터를 디자인한 휴대폰 케이스를 생산하는 기업으로, iPhone에 적합한 제품을 보유하고 있다. 영문 가격표와 전자카탈로그가 첨부되었으며, 최소 주문 수량은 100개이다. 바이어가 MOQ를 조정할 수 있는지와 배송 기간 등에 대해 문의를 하였다.

Inquiry 회신에 대한 바이어의 추가 문의

Dear △△△,

Thanks for your quick response and the price list. We have few questions as followings:

Is it possible to have flexible MOQ, especially for the initial orders, considering that we need to test the response of the Cambodian market to this new product? As the price is relatively high, we anticipate that only a limited number of people who are willing to pay more for higher quality products will purchase it. Additionally, if I have a specific design request, such as a phone case featuring the Cambodian flag or a branded case for advertising purposes, what would be the MOQ and unit cost for such customized designs?

Delivery: Is there any faster alternative option available, such as airmail via EMS? This is particularly relevant if my initial order quantity is very small. If you have any questions or need any clarification, please feel free to let me know. I look forward to hearing from you soon.

Regards,
○○○

바이어는 높은 가격 때문에 적은 수의 사람만 제품을 구매할 수 있으므로, 캄보디아 시장 반응에 따라 최소 주문 수량이 유연할 수 있는지, 또한 특정 디자인의 MOQ와 단위 가격을 확인하고 싶다고 문의하였으며, 또한 첫 주문 수량이 매우 적을 때 빠른 배송 방법에 대해서도 질문하였다.

바이어의 추가 문의에 대한 수출상의 답변

Dear ○○○,

We are delighted to learn about your interest in our mobile phone cases. To accommodate your market testing, you can place an order without a minimum order quantity (MOQ). For small orders, we can arrange delivery via EMS for faster shipment. Regarding specific designs, the MOQ is 500 pieces per design, and the unit cost is $8 USD. You have the option to choose from our available models for iPhones, and you can mix different models within your order. Once you confirm your design, we guarantee delivery within two weeks. If you have any further questions or need additional information, please don't hesitate to let us know..

Regards,
△△△

귀사는 MOQ 없이 시장 테스트를 위해 주문할 수 있다. 작은 주문은 EMS를 통해 배송할 수 있다. 특정 디자인의 경우 디자인 당 MOQ는 500개이며, 단위 비용은 8달러이다. iPhone 모델 중에서 선택할 수 있으며, 모델을 혼합해서 선택할 수 있다. 디자인 확정 후 2주 이내에 배송이 보장된다.

바이어의 계약 검토 메일

Dear △△△,

Thank you for your email. I apologize for the delayed response, as I was traveling last week and had limited access to email. I will take the time to review your product and price lists once again. I plan to email you next week with my first order. Thank you for your understanding.

Regards,
○○○

귀하의 이메일에 감사드리며 지난주에 여행을 다녀와 이메일을 확인할 수 없었던 점 죄송하다. 다시 한번 귀사의 제품 및 가격표를 확인하겠다. 다음 주 중에 첫 주문을 위해 다시 이메일 드리겠다.

4) Inquiry 수신에 자주 사용되는 무역영어 표현

영어	한글
“I am writing to inquire about [product/service].”	제가 [제품/서비스]에 대해 문의드리고자 이메일을 보내게 되었다.
“I am interested in purchasing [product/service]. Can you provide me with more information about it?”	[제품/서비스] 구매에 관심이 있다. 더 많은 정보를 제공해주실 수 있나요?
“Could you please send me a catalog/brochure/price list for [product/service]?”	[제품/서비스]에 대한 카탈로그/안내서/가격표를 보내주시겠어요?
“What is the minimum order quantity (MOQ)?”	최소 주문 수량(MOQ)이 얼마인가요?
“Do you offer any discounts for bulk orders?”	대량 주문에 대한 할인 혜택이 있나요?
“What is the delivery time for [product/service]?”	[제품/서비스]의 배송 시간은 얼마나 걸리나요?
“Can you provide me with a sample of [product]?”	[제품]의 샘플을 제공해주시겠어요?
“What are the payment terms?”	결제 조건은 어떻게 되나요?
“Are you able to customize [product/service] to meet our specific needs?”	우리의 특별한 요구에 맞춰 [제품/서비스]를 맞춤 제작해 주실 수 있나요?
“Thank you for your prompt response. I will carefully review the information you provided and get back to you soon.”	신속한 답변 감사드립니다. 제공해주신 정보를 신중하게 검토한 후, 곧 다시 연락드리겠다.

5) Inquiry 답변 무역영어 표현

구분	영어 표현
감사의 표현	• Thank you for your inquiry. • We appreciate your interest in our products.
상품 정보 제공	• Our product has the following features: [feature 1], [feature 2], [feature 3], etc. • The product specifications are as follows: [specification 1], [specification 2], [specification 3], etc. • We have various models available for your selection: [model 1], [model 2], [model 3], etc.
가격 정보 제공	• The price for each unit is [price]. • We offer a discount for bulk orders. • Please refer to the attached price list for more details.
배송 정보 제공	• We can arrange delivery via [shipping method]. • The estimated delivery time is [time frame]. • Please let us know if you have any special requirements for shipping.
문의에 대한 추가 답변	• If you have any further questions, please do not hesitate to contact us. • We are happy to provide any additional information you may need.
계약 체결 관련 안내	• To proceed with the order, please let us know the quantity you wish to purchase and the delivery destination. • We will send you a formal quotation once we receive your order details.
다시 연락할 것 부탁	• We look forward to hearing from you soon. • Please keep us updated on your decision.

3. 온라인 분쟁해결(ODR)

1) 온라인 분쟁해결(ODR)의 이해

온라인 분쟁해결(Online Dispute Resolution, ODR)은 인터넷이나 디지털 기술을 이용하여 온라인에서 발생하는 분쟁을 해결하는 과정이다. 전통적인 법적 분쟁 해결 방식으로는 처리하기 어려운 온라인 분쟁을 해결하기 위한 대안적인 방식으로 발전하였다.

온라인 분쟁은 온라인 거래나 교류에서 발생하는 문제점으로서, 지역이나 국가, 문화적 차이와 같은 제한을 받지 않는다. 따라서 전통적인 법적 분쟁 해결 방식을 적용하기 어려운 경우가 많다. 이에 ODR은 인터넷이나 디지털 기술을 이용하여 거래 당사자 간의 분쟁을 빠르고 적극적으로 해결하기 위한 대안적인 방식이다.

ODR은 지역이나 국가의 법률 체계가 서로 다른 상황에서도 유효하게 분쟁을 해결할 수 있도록 도와준다. 이를 통해 전자무역이 활성화된다. ODR은 분쟁 해결 과정을 거래 당사자들이 직접 참여하도록 하여 거래 당사자들의 신뢰도를 향상한다. ODR은 온라인 무역사기와 관련된 문제를 해결하는 데 중요한 역할을 할 수 있다.

2) ODR 시스템의 구성 요소

첫째, ODR 시스템은 온라인 거래 플랫폼에서 동작한다. 플랫폼은 거래 당사자들 간의 통신, 거래 정보, 결제 정보 등을 수집하고 관리하는 역할을 한다. ODR 시스템은 이러한 정보를 기반으로 분쟁을 해결한다.

둘째, ODR 시스템은 대개 중재, 조정, 규정 등의 분쟁 해결 방법을 제공한다. 이러한 방법은 당사자들의 합의를 이루도록 유도하며, 보다 공정하고 빠른 분쟁 해결을 돕는다.

셋째, ODR 시스템은 대개 중재자 또는 조정자를 통해 분쟁을 해결한다. 중재자/조정자는 중립적이고 전문적인 자격을 가진 전문가로서 분쟁의 해결을 위해 대화를 조율하고 조정하는 역할을 한다.

넷째, ODR 시스템은 대개 기술적인 지원을 제공한다. 이를 통해 분쟁 처리 과정에서 발생할 수 있는 기술적인 문제들을 빠르게 처리할 수 있으며, 정보보호, 보안 등에 대한 안전한 처리를 돕는다.

다섯째, ODR 시스템은 대개 피드백 시스템을 제공한다. 이를 통해 당사자들은 분쟁 처리 과정에 대한 만족도를 평가할 수 있으며, 시스템 운영자들은 시스템의 개선을 위한 피드백을 수집할 수 있다. 마지막으로 ODR 시스템은 대개 법적 지원을 제공한다. 이를 통해 법적 문제에 대응할 수 있으며, 이는 대개 외부 전문가들을 활용하여 제공된다.

표22 ODR 시스템의 구성 요소

항목	내용
플랫폼	온라인 거래 플랫폼에서 ODR 시스템 동작
분쟁 해결 방법	중재, 조정, 규정 등의 방법으로 분쟁 해결
중재자/조정자	중립적이고 전문적인 자격을 가진 전문가로서 분쟁 해결 조율
기술적 지원	분쟁 처리 과정에서 기술적 문제 해결 및 정보보호, 보안 등
피드백 시스템	당사자 만족도 평가 및 시스템 운영자에게 피드백 수집
법적 지원	법적 문제 대응을 위한 외부 전문가들의 지원

3) ODR의 프로세스

ODR은 당사자 중 한쪽이 정보통신망을 통해 분쟁을 제기하면, 서비스 제공자가 전자우편을 통해 상대방에게 통보하고, 관련 사건을 서비스 제공자 웹사이트의 보안 게시판에 게재한다. 그 후, 분쟁 당사자는 서비스 제공자가 제공하는 프로그램과 절차에 따라 의견과 데이터를 교환하며 분쟁을 해결한다.[30] 이 과정에서 당사자 간 협상을 먼저 시도하기도 하고, 제삼자가 개입하여 조정할 수도 있다. 구체적인 프로세스는 다음 표와 같다.

표23 ODR의 프로세스

단계	내용
분쟁 신고	ODR 절차는 분쟁이 발생하면 시작된다. 당사자 중 한 명이 ODR 시스템을 통해 분쟁 신고를 한다. 신고는 대개 플랫폼에서 처리된다.
분쟁 정보 수집	분쟁 신고 후 ODR 시스템은 거래 당사자들의 정보를 수집한다. 이러한 정보는 거래 상세정보, 계약 내용, 이메일 기록, 결제 정보 등이 될 수 있다.
분쟁 해결 방법 선택	ODR 시스템은 분쟁 해결 방법을 선택한다. 대개 중재, 조정, 규정 등의 방법을 제공한다.
중재/조정	분쟁 해결 방법이 중재나 조정인 경우, ODR 시스템은 중재자 또는 조정자를 배정한다. 중재자/조정자는 거래 당사자들 간의 대화를 조율하고 분쟁의 해결을 위해 노력한다.
해결 및 합의	중재 또는 조정을 통해 분쟁이 해결되면, ODR 시스템은 당사자들 간의 합의를 기록한다. 합의는 대개 전자서명으로 처리된다. 분쟁이 해결되지 않을 경우, 당사자들은 대개 법원에 진행할 수 있다. 이 경우, ODR 시스템은 대개 법적 지원을 제공한다.

30) 손승우, "온라인 분쟁해결(ODR)에 관한 국제 규범 모델 연구(I) - ODR에 관한 국제 규범 동향 분석", 비교법제 연구 11-16-1-1, 2011.

4) ODR의 글로벌 규범

▸ OECD 가이드라인 및 권고안

OECD(Organization for Economic Cooperation and Development)는 ODR을 촉진하기 위한 가이드라인 및 권고안을 1999년, 2007년, 2016년 발표하였다. OECD 가이드라인과 권고안은 회원국들이 ODR을 적극적으로 활용하여 온라인 거래 분쟁의 해결을 촉진하고, 소비자 보호와 국제 거래를 촉진하는 데 이바지하고 있다.

▸ 국제 상업회의소 ODR 지침

국제 상업회의소(ICC, International Chamber of Commerce)는 ODR을 위한 지침을 2003년 발표하였다. ICC ODR 지침은 전 세계적으로 ODR을 촉진하고, 전통적인 법적 분쟁 해결 방식에 대한 대안을 제공하고자 하는 목적으로 제정되었다. ICC ODR 지침은 ODR 시스템 운영자, 분쟁 당사자, 중재자, 법률 전문가 등 모든 이해관계자가 ODR 시스템을 보다 효과적으로 운영할 수 있도록 지침을 제공한다. 또한, 국제적인 ODR 표준화와 규제 제정에도 이바지하고 있다.

▸ 유엔 국제상거래법위원회(UNCITRAL)

ODR에 대한 법적 기반을 마련하기 위해 2016년에 UNCITRAL 모범법(UNCITRAL Model Law on Electronic Commerce)을 제정하였다. UNCITRAL 모범법은 온라인 거래 분쟁의 처리와 관련된 법적 기반을 마련하기 위한 법률적인 표준이다. UNCITRAL 모범법은 다양한 국가에서 ODR의 법적 기반을 마련하는 데 활용되고 있다. UNCITRAL 모범법을 기반으로 국가별로 ODR 법적 기반을 제정하여, ODR 시스템의 성숙도와 효과성을 향상하는 데 이바지하고 있다. 또한, UNCITRAL 모범법은 ODR의 국제적인 표준화와 규제 제정에도 중요한 역할을 하고 있다.

▸ 유럽연합 ODR 규율

EU ODR 규율은 2013년 6월에 발표되었으며, 온라인상에서의 소비자 분쟁해결을 위한 ODR 시스템의 구축과 운영에 대한 규제를 제공한다. EU ODR 규율은 EU 내에서의 온라인 거래 분쟁해결을 위한 ODR 시스템을 구축하고, 이를 EU 내에서 운영하는 온라인 거래 플랫폼에 의무적으로 적용하도록 규정하고 있다. 또한, EU ODR 규율은 국제적인 ODR 규제 제정에도 영향을 미치고 있다.

5) ODR의 적용 사례

▸ 전자상거래 분쟁

전자상거래는 인터넷을 통해 상품이나 서비스를 거래하는 방식으로, 물리적 거리나 제한 없이 세계 어디에서나 거래할 수 있다는 큰 장점이 있다. 하지만 이러한 거래 방식은 거래 당사자 간의 분쟁이 발생하기 쉽다는 단점이 있다. 이러한 분쟁은 상품 불만족, 배송 문제, 결제 문제 등 다양한 원인으로 발생할 수 있다.

이러한 분쟁을 해결하기 위해 인터넷을 통해 분쟁 당사자 간에 원만한 해결을 돕기 위한 과정인 ODR을 적용한다. 이러한 과정은 비용과 시간을 절약할 수 있어 전통적인 분쟁해결 방법인 소송보다 더욱 효율적이다.

▸ 인터넷상에서의 저작권 침해 분쟁

인터넷이 보급되면서 디지털 콘텐츠의 이용이 쉬워졌고, 이에 따라 저작권 침해 문제가 발생하게 되었다. 인터넷상에서는 저작권자의 허락 없이 저작물이 복제, 배포, 공유되는 경우가 많아졌다. ODR은 저작권 침해 분쟁을 빠르고 효과적으로 해결하는 방법이며, 온라인 콘텐츠 이용의 안정성과 신뢰성을 높이는 데 큰 역할을 한다. 따라서 인터넷상에서 저작물에 대한 저작권 침해 분쟁이 발생할 경우, ODR을 활용하여 분쟁을 해결하는 것이 바람직하다.

ODR을 활용한 저작권 침해 분쟁해결 절차는 다음과 같다. 먼저, 저작권자는 해당 사이트에 저작권 침해 신고를 제출한다. 이후, 해당 사이트 운영자는 저작권 침해 여부를 확인하고, 저작권자와 침해를 일으킨 이용자 사이에서 분쟁이 발생한 경우, ODR을 통해 분쟁해결을 시도한다.

▸ 소비자 보호 분쟁

온라인에서의 소비자 보호 분쟁은 ODR이 적용되는 대표적인 분야 중 하나이다. 소비자는 온라인에서 제품이나 서비스를 구매하면서 발생하는 문제로 인해 분쟁을 제기할 수 있다. ODR 시스템은 이러한 소비자 보호 분쟁을 처리하는 데 매우 유용하다.

▸ 국제 거래 분쟁

ODR은 국제 거래에서 발생하는 분쟁을 해결하는 데 매우 유용하다. 국제 거래는 다양한 법률 체계와 문화적 차이로 인해 전통적인 법적 분쟁 해결 방식이 적용하기 어려울 수 있다. 이럴 때, ODR을 이용하여 빠르고 효과적인 해결 방안을 모색할 수 있다.

제3절 무역사기 예방

전 세계적으로 코로나19 팬데믹으로 인해 비대면 무역 거래가 증가하면서 무역사기 사례도 증가하고 있다. 이에 따라 무역 기업들은 더욱 교묘하고 다양해진 무역사기 수법에 대한 각별한 주의가 필요하다. 피해를 본 후 대금 회수 등의 문제는 해결하기 어려우므로, 사전에 주의하고 예방하는 것이 매우 중요하다.

1. 무역사기 수법

1) 스피어 피싱(Spear Phishing)

스피어 피싱은 정교하고 조직적인 방식으로 이루어지는 피싱 공격의 일종이다. 스피어 피싱 공격자들은 주로 표적의 정보를 수집하여 개인화된 메일을 보내 이메일의 내용이나 첨부 파일을 통해 악성코드를 유포하거나 개인정보를 빼내는 등의 공격을 수행한다. 피해자들은 이메일 주소나 기업 로고, 직위 등이 기업 내부 직원인 것처럼 위장한 이메일을 받고, 링크를 클릭하거나 첨부 파일을 열어 개인정보를 노출하는 경우가 많다. 스피어 피싱은 일반적인 피싱 공격보다 더욱 위험하며, 개인정보 유출 및 기업 내부의 중요 정보 노출 등 심각한 피해를 가져올 수 있다.

최근 코로나19로 인해 비대면 무역 거래가 증가함에 따라 스피어 피싱 사기가 늘어나고 있는데, 이는 기업 이메일을 해킹하여 무역 거래 정보를 탈취한 후 다른 계좌로 송금을 유도하는 방식으로 이루어진다. 이에 대비하여 대금 송금 전에 바이어의 실존 여부를 확인하고, 외상거래를 피하는 것이 중요하다. 만약 송금이 완료된 경우에는 즉시 은행에 자금 동결을 요청하고 수사기관에 신고해야 한다. 최근 국내 수출업체와 거래하는 해외 수입업체의 이메일 해킹 사례가 있었는데, 이를 통해 막대한 손해를 입은 사례도 발생하였다.

2) 명의도용 사기

최근 무역에서 수입자의 명의를 도용한 사기가 증가하고 있다. 사기범은 수출업자에게 전액 외상거래를 강요하고, 무역보험 가입을 제안하기도 한다. 명의도용으로 사기범이 수출업자와 수출계약을 체결한 후 물건만 납품받아 잠적하는 예도 발생하고 있다. 무역사기의 피해를 막기 위해서는 거래 상대방이 정말 수입자인지 철저한 확인이 필요하다. 또한, 수입업자의 이름과 수입업자의 업종 및 수출품이 관련이 없는 경우에도 주의가 필요하다. 이메일이나 인터넷을 통한 거래의 경우 교차 검증이 필요하며, 회사 홈페이지나 현지국 사업자등록번호 데이터베이스에서 확인할 수 있다. 무역보험공사는 국외기업 신용 및 불량정보 데이터베이스를 운영하며 수출기업들에 정보를 제공하며 바이어 신용조사 서비스도 제공하고 있다.

한국무역보험공사는 최근 무역보험 고객들에게 수입업자의 신분도용에 대해 경고했다. 무역사기범들은 첫 거래임에도 불구하고 전액 외상거래를 요구하는 경우가 많으며, 수입업자 명의도용 후 납품만 받고 잠적하는 예도 빈번하게 발생하고 있다. 이를 방지하기 위해서는 거래 상대방이 정말 수입자인지 철저히 확인해야 하며, 이메일이나 인터넷을 통해 접근한 사람의 연락처도 교차검증이 필요하다. 무역보험공사는 국외기업 신용 및 불량정보 데이터베이스를 운영하며 바이어 신용조사 서비스도 제공하고 있다. 따라서, 해당 수입사 직원이 실제로 근무 중인지, 계약 체결 의사가 실제로 있는지 확인하고 해당 내용을 증거데이터로 확보하는 것이 중요하다.

3) 대금결제 사기

새로운 구매자를 상대할 때 계약 조건에 주의하는 것이 중요하다. 명의도용 사기의 위험을 줄이려면 선지급 결제 또는 신용장 개설을 통해 결제를 진행하는 것이 좋다. 무역계약을 체결하기 전에 한국무역협회, KOTRA, 법무부 등 유관기관의 계약서 검토 및 조언을 받는 것도 좋다.

수입자가 첫 거래에 대해 계좌개설 결제방식을 강력히 요구하는 경우에는 수출계약서에 기재된 수입자의 위임대리인 또는 구매담당자의 서명을 받거나 계약체결인의 공증을 받은 위임장을 받는 것이 좋다. 또한, 수입업자가 제3국에 있는 수입회사의 지점이나 사무소로 물품을 발송해 달라고 요청하고 그곳으로 선적서류를 보내 달라고 요청하는 경우에는 의심이 필요하다. 국내 기업이 제3국으로 물품 발송 및 선적

서류 직송을 요구하는 경우에는 더욱 주의가 필요하다.

국내 기업 A사는 중국의 B사에 여러 해 화학제품을 수출하고 있으나 대금 연체 및 미수금 100만 달러가 발생하여 해결을 위해 노력하고 있다. 그러나 B사는 A사의 연락과 전화를 회피하며 가격 할인과 분할 결제를 요구한다. 중국 현지무역관은 면담을 시도하였으나 B사는 오히려 고소하라고 윽박지르며 적극적으로 대처하지 않았다. A사는 결국 B사의 요구에 따라 가격 할인과 분할 결제를 허락하였으나 B사는 일부만 대금결제하고 계속 연락을 피하고 있다.

4) 선적 관련 사기

화물의 목적지를 선적 직전에 변경하는 사기 수법이 증가하고 있다. 이전에는 아프리카로의 선적이 주로 이루어졌지만, 최근에는 유럽이나 아시아로의 선적을 유도하는 예도 발생하고 있다. 수하인이 제품 가격 급락 등의 이유로 인수를 거부하는 경우, 운송인이 체화료 등 부대 비용을 대신 내게 되고 수출자는 구상 청구를 받게 된다. 이를 방지하기 위해서는 수입자의 신뢰성을 철저하게 검토하고, 수출계약 체결 시 선적 목적지를 명확히 확인하는 것이 필요하다.

A사는 건강식품 원료를 수입하기 위해 중국 기업 B사와 계약을 체결했다. 그러나 B사는 물품을 제대로 납품하지 않았으며, 제품이 불량품임이 밝혀졌다. A사는 B사에게 항의했지만, B사는 바이어가 물건을 바꿨다는 등의 변명을 하며 손해배상 및 기타 비용을 거부하고 연락을 끊었다. 이와 같은 상황에서는 계약 체결 시 B사의 신뢰도를 신중하게 검토하고, 계약 조건을 명확히 정하는 것이 중요하다. 또한, 물품의 납품 기일 및 품질을 감독하고, 문제 발생 시 신속하게 대처해야 한다. 이

를 위해서는 무역계약서 작성 시 조건을 상세하게 정하는 것과 함께 상황 변화에 대한 대응책도 마련해두는 것이 필요하다.

5) 불법 체류 목적의 초청장 발급요청

최근에는 불법 체류 목적의 사기꾼들이 바이어로 위장하여 수출자를 속이는 사기 사례가 늘고 있다. 이들은 수출자의 회사 방문 등을 명분으로 하여 초청장 발급을 요청하고, 위조된 여권 등을 제시하기도 한다. 이러한 사기에 대비하기 위해서는 수출자는 초청장 발급 전에 해당 바이어와의 거래 의향을 철저하게 조사하고 초청장 발급이 정말 필요한지 아닌지를 판단해야 한다.

수출자는 대상 바이어의 신원과 관련 정보를 국내 무역 기관이나 KOTRA 등을 통해 확인해야 한다. 또한, 수출자는 국내 무역사기 예방에 최선을 다해야 한다. 이를 위해 수출자는 무역법규와 관련된 정보를 철저히 파악하고, 수출 거래와 관련된 계약서나 수출 품목 등의 정보를 세심하게 검토해야 한다. 이외에도, 현지 상황과 관련된 정보를 수집하고, 대상 바이어와의 거래 이력 등을 조사하는 것이 좋다.

이러한 예방 조치를 통해 수출자는 불법 체류 목적의 사기꾼들로부터의 피해를 최소화할 수 있다. 또한, 이를 통해 국내 무역사기 예방에 이바지하며, 안정적인 수출 거래를 이어나갈 수 있다.

6) 금품갈취

수출 거래에서 금품을 요구하는 것은 일련의 사기 행위이다. 이는 첫 거래나 규모의 확대, 장기화 등의 명분으로 수출자로부터 금품을 계속해서 요구하는 것을 말한다. 이때, 입찰 수속비, 보증금, 변호사 비용,

수수료 또는 로비(선물) 비용 등 다양한 명분을 들어 요구하기도 한다. 최근에는 목적항에서의 통관 비용 등 인상을 이유로 갈취 시도 건이 자주 보고되고 있다.

만약 무역사기가 발생하면 즉시 경찰에 신고하고 은행에 지급정지 요청을 해야 한다. 해외 계좌에 송금한 경우 소재지 담당 KOTRA 무역관에 연락해 제삼자 지급정지를 신청하는 것도 좋은 방법이다. 또한, 금품이나 결제 사기, 서류 위조 피해가 발생한 경우 중소기업법률지원단, 대한상사중재원, 무역보험공사의 국외기업 추심 서비스를 활용하는 것이 큰 도움이 될 수 있다.

2. 무역사기 예방과 사후적 대응 방안

1) 무역사기 예방 수칙

중소기업들은 해외시장진출을 통한 성장을 추구하고 있지만, 해외시장조사와 거래처 선정에 시간과 비용을 많이 들이고 있으며, 무역계약의 특수성에 대한 인식 부족으로 인해 무역사기의 피해를 입고 있다. 착실한 신용조사와 신뢰관계를 바탕으로 한 거래에도 불구하고 무역사기가 지속적으로 발생하고 있다.

그러므로 무역사기 예방은 기업의 경제적 안전을 도모하고, 기업의 명성과 이미지를 유지하며, 업무의 생산성과 효율성을 유지하기 위해 매우 중요하다. 다음 표와 같은 무역사기 예방을 통해 기업은 거래 파트너의 신뢰성을 검증하고, 사기 행위로부터 자산을 보호하며, 적절한 대처 및 예방 방안을 구축하여 기업의 경제적 안전을 보호할 수 있다.

표24 무역사기 예방 수칙

예방 수칙	내용
신용조사	거래를 진행하기 전에 거래 상대방의 신용도를 철저히 조사해야 한다. 신용조사 기관이나 무역 협회를 활용하여 신뢰성이 높은 거래 상대방을 선택해야 한다.
중요 사항 통보	계좌 변경 등 중요한 사항이 있으면, 이메일이 아닌 전화를 통해 상대방에게 즉시 통보해야 한다. 이메일로 요청이 들어온 경우에도, 반드시 유선을 통해 다시 확인해야 한다.
대금 회수 대응	수출대금 미회수 상황이 발생할 경우, 해외 채권 회수 전문기관을 활용하여 신속하게 대응해야 한다. 또한, 대금결제 조건을 신중하게 설정하여 불필요한 대금 지급을 방지해야 한다.
합법적인 계약 조건 설정	거래 계약 조건을 명확하게 설정하고, 상대방에게도 충분히 설명하여 합법적인 거래를 이루도록 한다. 계약서에는 세부적인 거래조건 및 담당자 정보 등을 반드시 기재해야 한다.
교육 및 정보 수집	무역사기 예방을 위해서는 정기적인 교육과 정보 수집이 필요하다. 무역 협회나 관련 기관에서 제공하는 예방 지침이나 최신 정보를 수시로 점검하고, 무역사기가 발생했을 경우 다른 기업들과 공유하여 예방에 힘써야 한다.

2) 거래단계 초기 사기 징후 간파

① 바이어가 거래를 서두른다.

② 제품의 사양을 무시하고 대형 프로젝트나 대량 주문으로 유혹한다.

③ 견적서를 보내주면 요구사항이나 단가 인하 등을 묻지 않고 즉시 주문하겠다고 한다.

④ 회사 소개나 신뢰할 만한 인맥 대신 정부나 발주처와의 인맥을

내세운다.

⑤ 믿을 만한 은행의 신용장 개설이나 선수금 결제 조건을 내세우면서 대량 샘플을 무상으로 요구한다.

⑥ 빠른 선적을 재촉하며 항공 운송을 요청한다.

⑦ 선금을 송금한 후 2차 주문에서는 사후송금 방식을 요청한다.

⑧ 샘플 발송 횟수를 늘리고 수량을 점점 증가시킨다.

⑨ 주문진행 도중에 주문 수량을 늘리면서 무역 대금결제 조건을 바꾼다.

무역사기를 방지하기 위해서는 위와 같은 패턴에 대해 주의하고, 신뢰할 수 있는 파트너와 함께 거래해야 한다. 또한, 거래 전에 충분한 시간을 갖고 계약 조건 등을 철저히 검토해야 한다. 필요한 경우에는 제삼자를 통해 거래를 진행하거나, 관련 기관이나 법무 담당자와 상의하는 것도 좋은 방법이다.

3) 선적 이후의 사기 징후 간파

① 상대 바이어가 전화나 다른 연락 수단을 회피한다.

② 시장 상황 등 장황한 이유로 대금 지급을 연기하려고 한다.

③ 상품 도착 후 사소한 하자를 들어 대금 지급을 회피한다.

④ 선적 전과 다른 내용을 주장한다.

⑤ 납기만 재촉하다가 선적 후 연락이 끊어진다.

4) 이메일 무역사기 예방 수칙

경찰청 사이버수사국은 이메일 무역사기를 예방하기 위한 수칙을 다음과 같이 제시하고 있다.

① 믿을 만한 보안 프로그램이 설치된 회사 PC를 사용하고, 스마트폰이나 개인 노트북을 업무에 사용하지 않는다.

② 이메일 계정과 B2B 무역 거래 알선사이트의 비밀번호를 수시로 변경한다.

③ 출처를 알 수 없는 이메일은 열지 말고 삭제한다.

④ 이메일을 통해 결제계좌 변경을 요청하면 반드시 전화나 팩스로 사실관계를 확인한다.

⑤ 계약서를 작성할 때 대금 결제할 계좌번호를 미리 지정한다.

⑥ 이메일 계정 해외 접속 차단 서비스를 이용하고, 상대방이 보낸 이메일의 IP 주소를 확인할 수 있는 이메일 서비스를 이용한다. 한국무역협회 이메일 계정(kita.net) 사용 시 상대방의 IP 주소를 확인할 수 있고, 해외 접속 차단 설정도 가능하다.

⑦ 아이디, 비밀번호 외에 휴대전화 인증, OTP(일회용 비밀번호) 등 두 가지 확인 요소를 요구하는 인증 방법으로 해커가 비밀번호를 알아도 휴대전화나 OTP 기기가 없으면 계정 소유자가 로그인할 수 없도록 한다.

의심스러운 이메일의 경우 본문 내용 미리 보기를 활용해 메일 내용을 파악하고, 이메일 주소록 기능을 사용해 정상적인 이메일 주소를 미리 저장해 놓고 저장된 주소로만 회신하도록 한다. 이러한 조치를 통해 이메일 무역사기를 예방할 수 있다.

5) 스피어 피싱 무역사기 예방 수칙

스피어 피싱은 고위공직자나 유명인 등 특정 개인이나 회사를 대상으로 개인정보를 탈취하거나 정보를 빼내는 신종 피싱 공격 방법이다. 이를 예방하기 위해 경찰청 사이버수사국에서는 다음과 같은 수칙을 제시하고 있다.

① 이메일 발신자 정보를 자세히 확인한다. 아이디, 도메인 등을 확인해 경찰청 도메인은 or.kr이 아니라 go.kr임을 예로 들 수 있다.

② 이메일에 확인되지 않은 첨부 파일은 다운로드를 금지한다. 해커들이 PDF 파일 안에도 악성 파일을 숨기는 경우가 있기 때문이다.

③ 이중 확장자 파일(doc.lnk 등)은 사기일 가능성이 크므로 열람을 금지한다.

④ 이메일 본문에 링크된 사이트를 클릭하는 것은 조심해야 한다.

⑤ 개인정보나 특정 정보의 회신을 요구하는 경우 해당 담당자와 반드시 전화 통화로 확인한다.

⑥ 인터넷상에 자신의 개인정보를 노출하는 행위를 조심해야 한다.

⑦ 운영체제(OS)와 주로 사용하는 문서 프로그램의 최신 보안패치를 설치한다.

6) 철저한 신용조사와 무역보험 가입

무역 거래 시에는 바이어를 신용조사하고, 철저한 검증이 필요하다. 바이어가 buying offer를 먼저 제안하는 경우에는 의심이 필요하며, 송금증 및 성분분석서 등 서류의 진위 확인이나 선하증권의 철저한 관리도 중요하다. 해외 거래업체가 실제로 존재하는지와 신용도 파악이 필수 조건이며, 최소 2개 이상의 채널을 통해 검증되어야 한다. KOTRA 무역관에서는 현지 기업과의 즉각적인 전화 연결과 주재국의 유관기관과의 협업도 가능하다. 신흥국과의 거래일 때는 무역보험 가입이 권장

되며, 대금결제 미이행에 대비하기 위해 담보를 요구하거나 선금 비율을 조정하는 것도 좋다. 첫 무역 거래 시에는 L/C(신용장) 개설 거래 방식으로 진행하는 것이 안전하다.

7) 사후적 대응 방안

해외시장진출을 위해 노력하는 우리나라 중소기업들은 무역계약의 특수성으로 인한 사기행각으로 큰 피해를 보고 있으며, 이에 대한 사후적 대처 방안으로 첫째, 관련기관에 신고하는 것이 중요하다. 한국은행이나 상대국가의 거래은행에 지급정지 신청과 함께 가까운 경찰서 민원실에 신고해야 한다.

둘째, 무역사기 피해 발생 시 무역관련 기관을 활용해야 한다. 현지 KOTRA 무역관과 대화를 통한 해결, 법률적 자문 및 변호사를 소개받아 소송을 진행하면서 사기 위험에 대처하며, 법무부 중소기업법률지원단과 대한상사중재원의 중재제도, 나이스신용정보와 같은 채권회수기관에 대금 회수를 위한 지원 등이 있다.

셋째, 무역 분쟁 발생 시 당사자 간의 해결이 최우선이나, 중재나 법원 소송에 대비해야 한다. 법원 소송은 증거주의이므로 거래 서류를 꼼꼼히 보관해야 하며, 재판지역에 따라 판결내용이 달라질 수 있으므로 계약서에 재판 관할지를 명시해야 한다.[31)]

---

31) 추선애, "우리나라 무역사기 사례 분석에 관한 연구 - 무역결제사기와 선적불량사기 사례를 중심으로", 국제상학 제38권 제1호, 2023, pp.1-16.

3. 무역사기 예방 사례

1) 입금 계좌 의심

국내 무역업체 A사가 중국 바이어로부터 50만 달러 상당의 한국산 KF94 마스크 100만 장 주문을 받았다. A사는 안전한 거래를 위해 계약서 검토를 요청하고, 한국무역협회 측에서 중국 바이어의 은행 계좌가 'B은행'이라는 점을 발견했다. 이전에 금융사기로 인해 1천만 원을 중국으로 송금할 때 은행 계좌도 'B은행'이었던 사례가 있었기 때문이다. 중국 바이어는 예상대로 수출대금에 대한 500만 원의 송금수수료를 요구하자, A사는 사기 의심을 확신하고 거래를 중단했다. 이를 통해 A사는 안전한 거래를 위해 신중한 검토와 한국무역협회의 지원을 받아 위험을 예방하였다.

2) 금품갈취 간파

한국의 주사기 제조업체 B사는 베네수엘라의 C사로부터 정부 납품과 관련된 이메일을 받았다. 그러나 C사는 B사에게 중요한 서류가 필요하다며 계약 체결을 위해 미리 변호사 비용 1만 달러를 내라고 요구했다. 이에 대해 의심스러웠던 B사는 인근 파나마 KOTRA 무역관에 확인을 요청하였다. 무역관 직원이 베네수엘라 정부 기관에 확인한 결과, 이 계약은 가짜인 것으로 밝혀졌다. C사는 베네수엘라 현지에 정상적으로 등록된 회사는 맞지만, 이메일을 보냈던 사람은 그 회사 직원이 아니었고 알려준 주소도 실제 회사 주소와 다른 것으로 밝혀졌다. B사는 이런 사기 행위에 노출되지 않기 위해 이메일 발신자 정보를 자세히 확인하고, 무역관이나 관련 기관에 확인을 요청하는 등 신뢰성을 확인해야 한다.

3) 서류 위조 의심

한국 수출기업인 D사는 홍콩의 E사로부터 구매주문서(P/O)를 받았다. E사는 HSBC은행이 발행한 펀드 증서를 보내와 D사는 이를 검토한 후 신용장을 발행해 달라고 요청했다. D사는 사기를 의심해 홍콩 KOTRA에 확인을 요청했다. 홍콩 무역청은 E사가 제출한 문서가 생소한 형식이며 HSBC은행이 그러한 형식을 사용하지 않았다는 점을 인식했다. 이에 홍콩무역관은 D사에 E사 접촉을 중단할 것을 권고했다.

문서의 위변조를 방지하기 위해서는 문서에 기재된 회사정보를 확인하는 것이 필수적이다. 문서에 기재된 회사명, 주소, 전화번호가 실제 정보와 일치하는지 확인해야 한다. 일부 문서에는 +852로 시작하는 홍콩 전화번호와 다른 +86으로 시작해야 하는 중국 전화번호가 포함될 수 있다. 또한, 문서를 자세히 검토하여 글꼴 크기, 글꼴 유형 또는 정부 로고나 인장을 위조하려는 시도가 없는지 확인해야 한다.

4) 해외 공조로 무역사기 예방

한국의 수출기업 F사는 미국 바이어 G사로부터 구매 요청서(Purchase Request)를 받았다. G사는 미국 정부가 발급한 자금 증명서(Proof of Funds)를 보냈으며, 이를 검토한 F사는 납품을 위해 보증신용장(Stand-by Credit)을 발행받을 것을 요청받았다. 그러나 F사는 G사의 서류와 연락처가 정확하지 않아 의심을 품었다.

F사는 미국 벤처기업 총회(Startup World Cup)에 참석한 기회를 이용해, 현지 유명 벤처기업 투자사, 벤처기업 대표들과의 네트워킹을 통해 G사의 진위를 확인하기로 했다. 그 결과, G사는 실제로 존재하지 않는 회사이며, 자금증명서도 위조된 것이었다.

F사는 이를 국내 경찰과 미국 정부 당국에 신고하고, 미국 벤처기업 총회에서 네트워킹을 통해 확보한 G사의 실제 연락처와 미국 정부가 발급한 정식 자금 증명서를 검토해 결제를 진행했다. 이로써 F사는 무역사기를 예방하고 안전한 거래를 이루어냈다.

5) 기타 사례

대만의 수출기업 H사는 베트남 바이어로부터 주문을 받았지만, 주문한 제품의 규격이 이전과 다른 점을 발견하였고, 제조업체와 연락하여 확인한 결과 주문한 바이어는 실제로는 존재하지 않았던 가짜 회사였다.

일본의 수출기업 J사는 중국 바이어로부터 대량의 주문을 받았지만, 계약서 검토 과정에서 바이어가 이전에 유럽에서 무역사기를 저질렀던 회사임을 발견하였고, 거래를 중단하였다.

액션러닝 문제

- 특정 국가의 수출 시장에 대한 조사를 진행하여, 해당 시장에서 수요가 높은 제품을 발굴해 보세요. 해당 제품에 대한 세부 정보를 수집하고, 시장 동향 및 경쟁 분석을 통해 어떻게 경쟁력 있는 가격을 설정할 수 있는지 설명해 주세요. 수출아이템 발굴에 사용한 정보 수집 방법과 분석 방법을 함께 기술해야 합니다.
- 수출아이템 발굴을 위해 온라인 플랫폼이나 데이터베이스를 활용해보세요. 예를 들어, 글로벌 무역 데이터베이스를 활용하여 특정 제품 카테고리에서 성장 가능성이 있는 아이템을 발굴해 보세요. 발굴한 아이템에 대한 잠재적인 시장 규모와 경쟁 상황을 분석하고, 수출 가격을 책정하는 과정을 설명해야 합니다.
- 온라인 거래를 위한 무역계약 절차를 설명하세요. 어떤 단계와 절차를 거쳐 무역계약을 체결하는지 상세히 기술해 주세요. 또한, 온라인 거래 플랫폼에서 제공하는 거래제의서를 활용하여 실제 무역계약의 예시를 작성해 보세요. 계약 당사자의 권리와 의무, 계약 조건, 지급 방법 등을 포함해야 합니다.

- 온라인 분쟁해결(ODR)에 대한 조사를 진행하고, 무역 분야에서 온라인 분쟁 해결의 장점과 한계를 분석해 보세요. ODR의 기본 원리와 절차를 설명하고, 어떤 상황에서 ODR을 활용할 수 있는지 예시를 들어 설명해 주세요. 또한, ODR을 통해 무역 분쟁이 해결된 성공 사례를 조사하여 분석해야 합니다.

4장

온라인 해외시장조사

| **학습 목표** |

- 해외시장에서 비슷한 제품을 판매하는 업체들의 상황을 파악하고, 경쟁 업체의 제품 특징, 가격, 마케팅 전략 등을 분석하여 자사 제품의 경쟁력을 높일 수 있는 전략을 세울 수 있다.
- 해외시장에서 유행하는 제품과 소비자들의 유행을 파악하여 이를 바탕으로 제품 개발이나 마케팅 전략을 수립할 수 있다. 또한, 시장 유행에 따라 기존 제품의 디자인이나 패키지 등을 개선하여 경쟁력을 강화할 수도 있다.
- 해외시장에 진출하기 위해 시장 조사를 통해 얻은 정보를 기반으로 적합한 시장 진입 전략을 수립할 수 있다. 시장특성에 맞는 제품군, 가격 정책, 마케팅 전략 등을 세우고, 이를 바탕으로 신규 시장에 진출할 수 있다.

| **학습 목차** |

4장

온라인 해외시장조사

제1절 해외시장조사의 중요성

1. 해외시장조사는 왜 필요한가?

1) 해외시장조사의 정의

해외시장조사는 다양한 형태로 이루어지며, 조사 주체와 목적에 따라 광범위한 정의가 가능하다. 기업들의 무역업무를 지원하는 정부의 관계 기관들은 전 세계 국가를 대상으로 하여 기업들의 수출입 업무 지원을 위한 시장조사 업무를 수행한다. 이러한 조사는 대상 국가의 지리, 기후, 정치제도, 화폐 등의 일반개황정보부터 상품 시장 및 유통채널 전반에 대한 현황 조사 등을 포함하는 포괄적인 의미가 있다.

좁은 의미에서는 기업이 특정 상품의 성공적인 판매를 위해 필요한 관련 정보를 조사하는 것을 말한다. 이는 현지 마케팅을 위한 시장 조사를 포함하며, 대상을 국내 구매자들로 한정한다면 일반적인 의미의 시장 조사로 볼 수 있다. 이를 통해 기업은 성공적인 해외 진출을 위한 전략을 수립할 수 있다.

2) 해외시장조사의 목적

해외시장조사는 기업이 이윤 창출을 위한 전략적인 활동 중 하나로, 새로운 시장 개척이나 국내시장의 성장 정체나 경쟁 기업의 진출로 인한 수익성 악화 등의 이유로 진행된다. 이를 위해 기업은 특정 상품의 판매 및 구매 가능성을 조사하여 분석하는 과정의 시장 조사를 이행한다. 해외시장 진출을 고려하는 기업들은 이를 통한 새로운 수익 창출의 기반을 찾는 것이 목적이다.

해외시장조사는 해당 시장의 소비층 구성과 관련된 정보를 파악하는 것이 가장 기본적인 사항이다. 기존 게임의 해외 진출을 염두에 두고 있다면, 국내의 게임 사용자와의 유사성이 높은 계층이 진출하고자 하는 해외시장에도 존재하는지 확인해야 하며, 새로운 게임을 제작하고자 한다면, 어떤 게임에 대해 수요자가 많은지 혹은 아직 발굴되지 않은 게임 수요층이 있는데 기존의 경쟁사들이 파악하지 못하고 있는 것은 아닌지에 대한 조사가 필요하다.

해외시장조사는 조사 주체와 목적에 따라 진출하고자 하는 시장의 관련된 정보를 체계적으로 기록하고 정리하여 이를 분석함으로써 조사를 통해 해결하고자 하는 의사결정 문제를 지원하기 위해 수행되는 조사라고 정의할 수 있다.

3) 해외시장조사의 필요성

첫째, 해외시장조사는 경쟁 상황을 파악하고 경쟁 업체의 동향과 비교하여 기업의 경쟁력을 강화하는 데에도 중요한 역할을 한다. 경쟁 업체들의 제품, 가격, 마케팅 전략 등을 분석하여 자신의 제품과 비교하여 경쟁 우위를 찾고, 경쟁 업체들의 약점을 파악하여 자신의 제품이나 서비스의 차별화를 높일 수 있는 요소를 발굴할 수 있다. 이를 통해 경쟁력을 강화하고 기업의 수익을 극대화할 수 있다.

둘째, 해외시장 진출은 기업에 큰 비용과 위험을 초래할 수 있다. 그러므로 해외시장조사는 시장 진출로 발생할 수 있는 여러 가지 비용과 위험을 최소화할 수 있는 정보를 제공하여 기업의 의사결정에 도움을 줄 수 있다. 예를 들어, 시장 진출로 인한 관세, 통화 변동, 정치적 위험, 문화적 차이 등 다양한 위험 요소들을 사전에 파악하고 대처 방안을 마련할 수 있다. 또한, 시장 진출로 인한 초기 비용을 최소화하기 위해 해당 시장의 판매 채널, 유통 및 마케팅 방법 등을 파악하고 계획을 세울 수 있다.

셋째, 해외시장조사는 기업이 새로운 비즈니스 모델을 발굴하는 데에도 중요한 역할을 한다. 다른 나라에서 사용되고 있는 비즈니스 모델을 연구하고 이를 적용하여 새로운 비즈니스 아이디어를 발굴할 수 있다. 이를 통해 기존의 시장과는 다른 새로운 시장을 개척하거나 기업의 제품과 서비스를 확장할 수 있다.

4) 새로운 시장 발굴을 위한 제품 수명주기의 활용

제품 수명주기는 기업이 해외시장진출을 위해 새로운 시장을 발굴하고 확보할 때 유용한 도구이다. 이를 통해 기업은 자사 제품이 현지 시장에서 어떤 단계에 해당하는지 파악하고, 이를 바탕으로 적합한 시장을 선택할 수 있다.

제품 수명주기는 크게 네 단계로 구분된다. 도입기, 성장기, 성숙기, 쇠퇴기이다. 도입기는 제품이 처음 시장에 알려지는 시기이며, 성장기는 주목받는 제품이 등장하여 시장이 빠르게 성장하는 시기이다. 성숙기는 매출이 가장 많이 일어나는 시기로, 이 시기에서는 시장 점유율 경쟁이 일어나므로 마케팅 비용이 많이 소요된다. 쇠퇴기는 제품에 대한 수요가 급격히 하락하여 매출과 수익이 하락하는 시기이다.

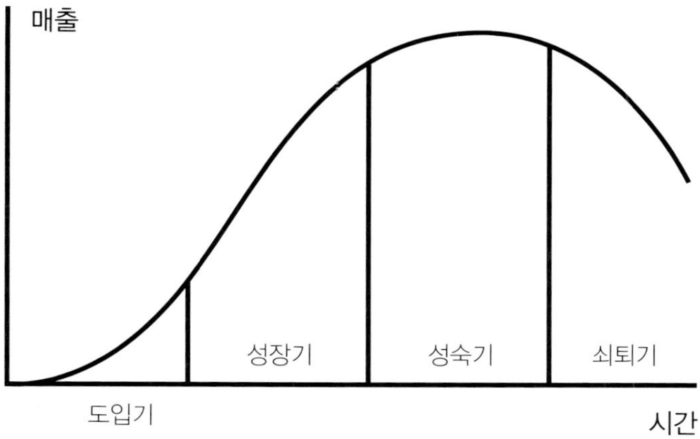

그림5 제품 수명주기

제품 수명주기를 해외시장조사에 활용하기 위해서는 기업의 진출 동기와 제품의 수명주기 단계를 파악해야 한다. 성숙기에서의 수익 하락이나 시장 쇠퇴로 인한 새로운 비즈니스 탐색의 필요성을 느낀 기업은 새로운 시장으로의 진출을 모색하게 된다. 그러나 해외시장의 경우,

현재 시장과는 다른 제품 수명주기 단계에 있을 수가 있다. 이러면 제품 판매의 새로운 기회가 될 수 있는 도입단계나 성장단계에 있는 시장으로 진출하는 것이 적합하다.

예를 들어, 과거 소형 LCD TV 시장은 LED TV 및 스마트 TV의 등장으로 국내 시장에서 거의 사라졌지만, 다른 저개발국 국가 등에서는 여전히 시장이 존재하거나 성장하는 시장이 될 수 있다는 것이다. 이러면 시장 조사를 통해 새로운 기회를 발굴할 필요가 있다.

따라서 제품 수명주기를 이해하고 이를 기반으로 해외시장조사를 한다면 새로운 시장진출 기회를 창출할 수 있을 것이다.

5) 시장 진입 전략을 수립하는 방법과 산업 구조에 대한 분석

시장 진입 전략을 수립하기 위해서는 해당 시장의 구조에 대한 분석이 선행되어야 한다. 이러한 분석을 통해 자사의 경쟁 역량, 즉 강점과 약점을 파악하고 경쟁 전략을 수립할 수 있다.

진출 대상 시장의 시장 규모, 인프라, 가격, 경쟁 구도, 유통 구조, 수입 규제 등을 조사 분석하여 해당 지역에 대한 진출 및 대응 방안을 마련할 수 있다. 또한, 구조 외적인 법 규제, 환경 단체, 시민 단체 등의 이익 단체에 대한 분석도 선행되어야 한다. 이를 통해 정부와의 협력 방안과 대응 방안을 마련할 수 있다.

산업구조분석 모형을 활용하여 특정 산업의 진출 기업의 수익성을 결정하는 요소를 다섯 가지로 구분하여 평가할 수 있다. 산업의 매력도는 해당 산업의 경쟁 강도, 진입장벽의 높이, 대체재의 존재 여부, 구매자 교섭력, 공급자 교섭력 등의 요소에 영향을 받는다.

공급자와 구매자의 교섭력은 기업이 제품 생산을 통해 얻을 수 있는 가치를 결정하는 요소로, 가치사슬 개념으로 이해할 수 있다. 미래의 경쟁을 예측하기 위해서는 진입장벽의 높이를 파악하는 것이 중요하다. 진입장벽이 높을수록 안정적인 기업 수익의 창출이 가능하다.

이러한 산업 구조에 대한 분석은 국내시장에서의 새로운 사업을 시작할 때나 기존 사업에 대한 타당성 분석뿐만 아니라, 해외시장에서의 진출 조사에서도 반드시 수행되어야 한다.

6) 해외시장 진출을 위한 마케팅 전략 수립 과정

해외시장 진출을 위해 산업 구조 분석과 수출입 가능성에 대한 조사가 이루어진 후에는 구체적인 마케팅 전략의 수립이 필요하다.

해외시장조사를 통해 해당 시장에서의 목표 세분 시장과 상거래 정보를 파악할 수 있다. 이를 통해 기업은 해당 시장에서의 구체적인 마케팅 전략을 수립할 수 있다. 일반적으로 마케팅 전략 수립에는 해당 국가의 시장 세분화, 목표시장 선정, 가치 포지셔닝 단계를 거친 후 판매 제품의 가격 결정, 제품 및 서비스 기획, 유통방식 결정, 판촉 및 홍보 전략 수립 등의 단계를 거친다.

특히 수출입을 시작하기 위한 초기 단계에서는 현지 시장에서의 거래 상대방에 대한 신용조사와 경쟁제품의 특징 및 마케팅 전략 분석을 통해 수출입 가능성을 판단할 수 있다. 이를 통해 제품에 대한 수출입 가능성을 파악하고, 구체적인 마케팅 전략의 수립이 가능하게 된다.

7) 무역정보의 중요성

미디어 시장은 2000년대 들어 인터넷 보급으로 인해 급격한 변화를 겪고 있다. 그러나 경제 정보를 전문으로 하는 미디어 그룹은 세계

무역과 산업의 발전을 이끄는 역할 중 하나이다. 미국의 경우, 해운과 철도를 중심으로 정보를 제공해온 '저널 오브 커머스'와 '월스트리트저널'이 무역 관련 업체들에게 유익한 정보를 제공하고 있다. 영국의 '이코노미스트' 지도 세계 200여 국가별 경제·정치 전반에 대한 분석과 산업·무역 정보를 제공한다. 이러한 전문 미디어와 민간 컨설팅 회사들이 무역정보의 수집, 가공·생산, 공급하는 역할을 맡고 있다.

한국에서는 무역통신, KOTIS, KTNET, UNI-PASS, KLNET 등이 무역 정보를 전달하고 있다. 국가별 또는 다수 국가를 묶는 지역통합 방식의 FTA가 확대 체결되면 통관 및 물류 정보는 무역정보의 핵심 데이터로 떠오르고 있다. 이에 따라 무역업체들은 무역 관련 빅데이터의 가공·분석과 고부가 가치화를 추구하기 위해 무역정보의 융합활용 대책을 마련해야 한다. 이는 정부 차원에서 마련해야 할 사안이다.

과거 한국은행은 한국무역협회가 발행하는 '일간무역'에 수출입 신용장 정보(가격 정보 제외)를 공개해 무역 거래의 투명성과 시장경쟁을 촉진했다. 이를 바탕으로 무역정보 3.0 사업과 융합 촉진 방안을 마련해 국가 무역정보의 효율적 관리와 서비스 체계를 구축하는 일은 국가와 기업의 경쟁력을 강화하는 것은 물론, 국내외 소비자의 복지를 증진하여 인류공영에 이바지하는 길이 될 수 있다.

2. 해외시장조사의 내용

많은 해외시장조사 방법론들이 다양한 조사요소들을 제시하고 있지만, 이후에 대상 국가의 거시경제 요소나 산업 환경 분석을 바탕으로

한 전략 수립과 연계되지 못하는 경우가 많다. 하지만, 해외시장 진출 기업이 성공적인 진출 후에도 생존하기 위해서는 국가 간의 다양한 차이점을 인식하고 기업이 속한 산업 환경을 계량적으로 평가하여 적합한 전략적 대응 방안을 모색하는 것이 필요하다. 이를 고려할 때, 해외시장조사의 본질적인 목적인 진출 이후 해당 국가에서의 성공적인 생존을 위한 전략 수립에는 한계가 있을 수 있다는 점을 인지하고 자세한 내용을 조사해야 한다.[32)]

1) 상품조사와 해외시장조사의 중요성과 내용

상품조사는 주어진 시장에서 수요가 높은 상품을 조사하고, 그 수량과 특징, 소비자의 반응, 매상의 움직임 등을 조사하는 것이다. 이는 취급 상품의 가격, 품목, 규격, 미래의 수요 등을 조사하며, 계절적인 수요와 대체상품, 유사품 등을 고려하여 자사와의 경쟁력을 확인한다. 또한, 관련 상품의 특허, 상표, 공업소유권 등을 조사한다.

해외시장조사에서는 환경조사를 통해 정치, 경제, 사회적인 환경과 소비자, 공급처 등을 조사한다. 특히, 거래가 이루어지는 상대방의 생산능력과 신용도를 평가하는 공급처 조사가 중요하다. 이를 통해 해당 시장의 잠재성을 파악하고 제품의 시장성을 평가하여 시장 개척에 필요한 정보를 수집한다.

32) 김철민, 박광호, "해외시장 진출전략을 위한 시장조사방법론 제시", 전자무역연구 제17권 제1호, 2019, pp.63-83.

2) 수출마케팅에서의 STP 전략과 해외시장 선정 과정

STP(Segmentation, Targeting, Positioning) 전략을 통해 해외시장을 세분화하고, 어느 시장을 목표로 할지 정하는 것이 수출마케팅에서 중요하다. STP 마케팅은 소비자 행동에 대한 이해를 기반으로 시장을 세분화하고 표적 시장을 선정하며, 제품을 적절하게 포지셔닝하는 일련의 활동을 말한다. 이를 위해 각 단계의 활동의 첫 글자를 따서 STP라는 말로 부르게 된다.

해외시장 선정 과정에서는 기회와 위험이라는 두 가지 차원의 속성과 관련된 데이터를 분석하게 된다. 이를 통해 기업이 고려하는 다양한 요소를 종합적으로 고려하여 개별 국가시장의 매력도를 평가하고, 해당 순위에 따라 해외 진출 대상 시장의 우선순위를 결정한다.

해외시장의 경제환경은 현재 혹은 잠재적인 시장의 크기, 인구, 물가 수준 및 상승률 등을 고려하여 판단한다. 이 중에서도 소득 수준은 대부분 제품의 경우 시장잠재력을 나타내는 중요한 경제적 지표가 되며, 인구는 해외시장 잠재력을 측정하는 중요한 지표이다. 또한, 인플레이션은 소비자의 구매력에 영향을 미치며, 물가상승률이 높은 국가에서는 경제적인 제품을 만들고 판촉도 합리적으로 해야 한다.

해외시장조사는 목표를 집중시키고 최선의 목표시장을 빨리 결정하기 위해 3~5개의 목표 잠재시장 중에서 2~3개로 선택하여 집중하는 것이 좋다. 이를 위해 국가별 수출통계 정보와 시장 추이를 분석하고, 세부 분석을 통해 통계적으로 가장 유망한 시장을 3~5개 정도로 압축하여 선정한다.

3) 해외시장 비교 평가를 위한 체크리스트 활용하기

잠재 해외시장을 비교 평가하고 최종 목표시장을 정하기 위해서는 체크리스트를 활용할 수 있다. 이 체크리스트는 수출에 관련된 다양한 사항들을 제공하며, 각 시장의 특징과 위험성을 검토하여 순위를 매길 수 있다.

시장 규모, 시장 성장성, 시장 접근성, 경제적 안정성, 정치적 풍토, 문화적 관습, 환경요소, 지리적 요소 등을 항목별로 점수를 매겨 순위를 매기면 된다. 이를 통해 목표시장에 대한 좁은 범위에서 비교 분석을 수행할 수 있다. 또한, 각 시장의 위험 요소와 시장특징을 분석하여 최종 목표시장을 선정할 수 있다.

▸ 시장 규모

주로 업체 수, 종업원 수, 생산 규모 등을 포함한 목적 시장의 규모를 의미한다. 이에 따라 전체 규모, 제품별 규모, 기업별 규모 등 다양하게 조사된다. 또한, 해당 제품을 가장 많이 구매하는 수요처를 조사하는 것도 중요하다.

▸ 시장 성장성

해외시장의 시장 성장성을 평가할 때는 지속적인 성장세를 보이는지, 시장이 위축되고 있는지 등을 주로 살펴보아야 한다. 지난 3~5년간의 수입 실적과 동향을 파악하여 시장 성장성과 추세를 확인한다. 시장 성장이 최고조에 달했다면 시장이 위축될 가능성이 크며, 수입 실적의 변동이 크다면 시장의 확대 시기를 잘 예측해야 한다. 또한, 시장의 성장 잠재력이 높을수록 제품 가격을 낮추면서도 이익률을 증대시킬 수 있다.

▸ 시장 접근성

해외시장에서 자신의 상품이나 서비스를 필요로 하는 고객에게 접근할 수 있는 정도를 시장 접근성이라고 한다. 이를 위해 제휴를 맺는 것이 가장 많이 활용되며, 현지 공급자나 판매자를 찾는 것이 중요하다. 미국과 유럽의 기업들은 일반적으로 시장에 대한 접근성을 획득하기 위해 신흥 국가의 현지 기업들과 제휴를 맺었다. 이에 따라 후발 아시아의 기업들도 제휴사를 찾아 비결과 시장 접근성을 획득한다.

▸ 경제적 안정성

다양한 요인들에 의해 좌우되며, 경제 성장률이나 1인당 국민소득, 실업률 동향 등을 살펴봄으로써 해당 국가의 경제가 호황인지 불황인지를 판단할 수 있다. 또한, 해외시장의 경기도 소비 수요에 영향을 미치므로, 안정적인 해외시장은 기업으로서 상당히 매력적이다.

▸ 정치적 환경

그 나라가 정치적으로 얼마나 위험하지 않고 안정되었는지를 의미하며, 경제정책 및 경제 여건에 영향을 미친다. 결국, 이는 정부의 채무상환 능력과 의지에 영향을 미치는 중요한 평가 요소이다. 따라서 기업은 정치적 위험을 예측하고 평가하여 노출을 최소화하거나, 정치적 불안정성이 개선된 국가를 찾아 진출을 고려해야 한다.

▸ 문화적 특수성

국경을 넘어 마케팅 활동을 수행할 때 필연적으로 마주치게 되는 이질적인 문화적 환경이다. 문화적 환경은 각 해외시장의 소비자 행동에 영향을 미치므로, 글로벌 마케팅에서 중요한 이유이다. 따라서, 글로벌 마케팅을 성공적으로 수행하기 위해서는 각 해외시장의 문화적 환경을 분석하여 적절한 마케팅 프로그램을 개발하는 것이 중요하다. 문화적 환경은 언어, 종교, 가치 체계, 공간 개념, 시간 개념, 미적 감각 등의 구성 요소를 포함한다. 예를 들어, 일본에서는 소프트웨어에 대한 문화적 장벽이 있으므로, 컴퓨터의 하드웨어는 발달하였으나 소프트웨어는 낙후된 것으로 분석된다.

3. 목적에 따른 해외시장조사의 차이

해외시장조사의 목적은 기업의 이익 극대화와 위험 최소화에 있다. 해외시장에서 자사의 상품이 가장 많이 팔리는 지역이나 판매 경로를 조사하여 무역 거래 전략을 수립하고, 어떤 상품을 어떤 시장에 어떤 방식으로 수출할지를 결정하는 것이다. 이를 통해 신시장의 개척, 기존 시장의 유지 확대, 상실된 구 시장의 회복 등 다양한 목적을 달성할 수 있다.

해외시장조사는 문제의 정의와 조사 목적에 따라 다양한 범주로 결정된다. 거래처 발굴이 주요 목적이라면 거래처에 대한 조사만으로 충분하지만, 현지 시장에서의 소비자 반응과 판매 예측이 주요 목적이라면 더 상세한 조사가 필요하다. 해외시장조사를 통해 기업은 세계 각 지역에서 경쟁력 있는 상품을 개발하고 출시함으로써 세계 시장에서 경쟁 우위를 확보할 수 있다.

1) 신시장의 개척을 위한 해외시장조사

해외시장조사는 기업이 신시장을 개척하고 경쟁력을 확보하기 위해 매우 중요한 역할을 한다. 이를 통해 기업은 새로운 시장에서 성장할 수 있으며, 경쟁사와 차별화된 무역 거래 전략을 구사할 수 있다.

또한, 신시장 개척을 위해서는 현지 시장의 특성과 문화, 경제적 환경, 정치적 상황 등을 파악해야 한다. 이를 위해 적절한 조사 방법과 도구를 사용하여 시장의 상황과 소비자 요구사항을 파악하고 이에 맞는 상품 및 서비스를 개발할 필요가 있다.

그러나 신시장 개척은 곧 위험도와 함께한다. 따라서 기업은 해외시장조사를 통해 위험 요소를 사전에 파악하고 대비책을 마련해야 한다. 이를 통해 기업은 불확실한 환경에서도 안정적으로 성장할 수 있다.

따라서, 해외시장조사는 기업이 세계 시장에서 경쟁 우위를 확보하고 성장을 이루는 데 있어서 매우 중요한 역할을 한다. 이를 통해 기업은 신시장을 개척하고 경쟁사와 차별화된 전략을 구사할 수 있으며, 안정적인 성장을 이룰 수 있다.

2) 기존 시장의 유지 확대를 위한 해외시장조사

기존에 진출한 시장에서 소비자의 변화나 경쟁 업체의 출현 등으로 인한 위협에 대처하기 위해 해외시장조사를 하는 것이다. 이를 통해 기업은 시장의 변화를 파악하고 적시에 대응하여 고객 유치 및 이익 극대화를 도모할 수 있다.

기존 시장의 유지 확대를 위한 해외시장조사는 다양한 방법으로 실시될 수 있다. 예를 들어, 기존 제품의 시장 점유율, 고객 만족도, 유통채널의 효율성 등을 분석하여 개선점을 도출하고, 신규 제품이나 서비스를 출시하여 기존 고객의 만족도를 높이는 전략을 수립할 수 있다. 또한, 기업이 속한 산업의 동향을 파악하고 기존 시장에서 성장 가능성이 있는 분야를 발굴하여 진출전략을 수립하는 것도 중요하다.

기존 시장의 유지 확대를 위한 해외시장조사는 기존 시장에서의 경쟁력을 강화하고, 새로운 시장진출을 위한 자금과 인력을 더욱 효과적으로 활용할 수 있도록 도와준다. 따라서 기업은 기존 시장의 변화에 대한 감시와 대응, 새로운 제품 및 서비스 개발, 산업 동향 파악 등을 통해 기존 시장에서의 성장을 지속적으로 추구해야 한다.

3) 상실된 구 시장의 회복을 위한 해외시장조사

이를 위해서는 과거의 실패를 분석하고, 문제가 된 요인들을 파악해 개선해야 한다. 예를 들어, 해당 시장에서 선호하는 제품이나 기술적 요소, 그리고 경쟁 업체의 동향 등을 파악하는 것이 중요하다. 또한, 시장의 변화와 관련된 지역적, 문화적, 경제적 요인들을 고려하여 적극적인 대응 전략을 수립해야 한다.

이를 위해 기업은 해당 시장의 특징과 유행, 그리고 고객 요구사항을 파악하기 위한 조사를 진행해야 한다. 이를 위해 현지 대리인을 통해 직접적인 조사를 하거나 인터넷, 디디어 등의 데이터를 수집하여 분석할 수 있다. 또한, 유통채널, 마케팅 전략, 가격 정책, 인프라, 정부 규제 등에 대한 이해도가 필요하며, 지속적인 관찰과 평가가 필요하다.

상실된 구 시장에서 회복을 위한 해외시장조사는 기존 시장을 유지 확대하는 전략과는 차이가 있다. 이전의 실패를 분석하고, 적극적인 대응 전략을 수립하여 해당 시장에서의 경쟁력을 강화하고, 고객 요구에 맞는 새로운 제품을 출시하는 등의 노력이 필요하다. 이를 통해 기업은 상실된 구 시장에서의 경쟁 우위를 다시 차지하고 성공적으로 회복할 수 있다.

제2절 온라인 해외시장조사 수행 방법

1. 해외시장조사 수행 방법

해외시장조사에는 직접 조사 방법과 간접 조사 방법 두 가지가 있다. 먼저 해외시장을 방문하여 직접 조사하는 방법이다. 이 방법은 현지의 문화, 경제, 시장 동향 등을 직접 파악할 수 있으며, 정확한 정보를 수집할 수 있는 가장 효과적인 방법이다. 하지만, 비용과 시간이 많이 들어가므로 소규모 기업에는 부담이 크다.

간접적으로 조사하는 방법으로는 인터넷, 전화, 우편 등을 이용한 조사가 있다. 이 방법은 비교적 적은 비용과 시간으로 정보를 수집할 수 있으나, 현지의 문화나 상황을 정확히 파악하기 어려울 수 있다. 따라서, 직접 조사 방법과 함께 사용하여 더욱 정확하고 완전한 정보를 수집하는 것이 좋다.

해외시장조사에서는 각종 문서 및 보고서, 데이터베이스, 현지 대행사, 지식 정보 경영(Knowledge Management) 등을 이용하여 더욱 체계적이고 효과적인 정보 수집이 가능하다. 이를 통해 해외시장의 다양한 정보를 수집하고 분석하여 기업의 글로벌 마케팅 전략 수립에 도움을 줄 수 있다.

1) 해외 유명 전시회 및 박람회를 활용한 직접 시장조사

해외시장조사를 위한 방법의 하나는 관련 상품의 해외 유명 전시회나 콘퍼런스에 참가하는 것이다. 해외 전시회는 제품 전시를 통해 외국 바이어들에게 물건을 판매하거나 바이어로 참가해서 수입 물품을 구매하는 기회로 인식될 수 있지만, 시장정보를 수집하는 데 중요한 기회가 된다. 전시회에는 많은 유명 바이어들이 참석하기 때문에 제품에 대한 평가와 의견을 통해 시장정보를 수집할 수 있고, 세계의 주요 업체들이 모두 참여하기 때문에 다양한 기업 제품들, 경쟁제품들에 대한 정보를 수집할 수 있어 새로운 상품과 기술 동향에 대한 파악이 가능하다.

또한, 전시회에는 지속적인 참여를 통해 제품 변화 추이 분석, 신기술 적용 사례, 경쟁제품 변화 추이 양상 파악, 수입상의 취향 파악 및 변화 분석 등의 조사가 가능하다. 세계적인 박람회로는 하노버 박람회, 프랑크푸르트 박람회 등이 있는데, 이 박람회에는 산업 박람회, 소비재 박람회, 문구와 선물용품 박람회, 악기 박람회, 의류 박람회 등이 개최되어 있다. 중요한 것은 관련 산업에서 대표적인 세계 박람회를 검색하고 지속적인 참여를 통해 동일 바이어에게 지속적으로 제품을 노출하고 관계를 유지하는 것이 시장조사와 제품 판매에 유리하다는 것이다.

2) 현지 시장조사 방법과 어려움

현지 시장조사는 관련 제품 시장의 시장 참여자, 정책 담당자, 거래 담당자 등을 면담하는 방식으르 진행된다. 현지 수입업자와의 시연을 통해 제품의 시장 수요와 개선 사항, 적정 가격 등을 파악하고, 도매상 및 유통업자와의 면담을 통해 유통 관행, 적정 가격, 유통업자에 대한 인센티브 제도, 최종소비자의 성향 등을 수집할 수 있다.

그러나 현지 시장 조사는 직접 해외 출장을 해야 하는 관계로 시간과 비용이 많이 소요된다. 또한, 현지 시장 참여자 및 유통업자와의 만남이 쉽지 않기 때문에 현지 대리인을 활용하거나 지역 상공회의소, 한상(韓商)[33] 네트워크, KOTRA 지역관 및 대사관 등을 통해 절차를 거쳐야 한다.

3) 외부 위탁 조사를 통한 해외시장 직접 조사 방법

외부 위탁 조사는 기업이 직접 조사에 참여하지 않지만, 실질적으로 조사되는 내용은 기업의 문제와 관련한 정보이므로 직접 조사로 분류하는 것이 바람직하다. 이 방법에는 해외의 컨설팅 회사나 현지 시장조사 대리인, 국내의 정부 지원기관을 활용하는 방법이 있다. 전문 시장조사 기관을 활용하는 것이 좋으며, 조사의 범위, 기간, 수집하고자 하는 정보의 내용에 따라 큰 비용이 수반될 수 있다.

현지의 지인을 통한 조사 방법은 정보의 정확성이나 질이 지인의 전문성에 따라 결정되기 때문에 비용상 이점은 있을 수 있지만, 효율성 측면에서는 그다지 좋은 방법은 아니다. 정부 지원기관을 이용하는 방법은 충분한 자본의 여력이 없는 중소기업의 경우 저렴한 비용으로 비교적 정확한 정보를 제공해주며 대표적인 기관으로는 KOTRA(대한무역투자진흥공사)가 있다. 또한, 온라인을 통한 무역거래알선업체로 EC21이나 ECPlaza 등도 해외시장과 관련된 정보 조사를 통해 무역마케

33) 국적과 관계없이 한민족 혈통으로 비즈니스 활동을 하는 재외동포

팅 및 수출 업무 지원 서비스를 제공하고 있다.

4) 문헌 조사를 통한 해외시장조사의 활용성과 한계

문헌 조사는 기업의 의사결정에 직접적인 도움을 주지는 않지만, 진출 해외시장에 대한 이해를 높이고, 시장 전반에 대한 현황과 앞으로의 동향 파악을 통해 간접적으로 시장진출 전략 수립에 도움이 될 수 있는 시장정보를 제공한다.

문헌 조사는 기존에 발간된 문헌 데이터를 이용하는 조사 방법이다. 이는 시간과 비용을 절약할 수 있는 장점이 있지만, 직접 조사에서 얻을 수 있는 세부적인 정보는 제공하지 못한다.

문헌 조사를 통해 얻은 데이터는 조사 대상이 되는 시장이나 제품, 기술 동향 및 특정 시장에 영향을 줄 수 있는 세계 경제, 사회, 정치 환경 전반에 대한 포괄적인 정보를 제공하기 때문에 직접 조사와 함께 실행되는 것이 바람직하다.

문헌 조사를 위해 활용될 수 있는 자료원으로는 국내외 대외 정책 기관 발간 데이터, 경제 기관 발행물, 무역 관련 관계 기관의 정기 간행물 등의 인쇄물과 데이터베이스 등이 있다.

문헌 조사는 기존 데이터를 활용하기 때문에 정확성과 신뢰성을 보장하지 않을 수 있다. 따라서 문헌 조사를 통해 얻은 데이터는 참고 데이터로 활용하는 것이 바람직하다. 또한, 세부적인 정보를 파악하기 위해서는 직접 조사가 필요할 수 있다.

5) 기업의 해외시장 진출을 위한 간접 조사 방법

KOTRA 현지무역관을 이용하는 것은 해외바이어 찾기, 맞춤형 시장 조사 등을 비롯한 다양한 서비스를 제공하여 기업의 해외시장 진출을 지원하는 방법의 하나다. KOTRA는 전 세계에 해외무역관을 운영하며, 수출 희망 품목의 관심 바이어 발굴 비용은 30만 원, 맞춤형 시장 조사는 항목 당 15만 원의 수수료를 받는다. 이는 기업에서 직접 해외 출장을 나가는 것보다 훨씬 저렴한 비용이다.

또한, 국내외 경제단체와 유관기관의 데이터를 활용하여 간접 조사를 수행할 수 있다. 한국무역협회나 KOTRA 홈페이지에서 제공하는 무역통계나 지역별 시장 동향, 국별 수출업체 총람 등을 활용하거나 UN 무역통계연보나 IMF 발간 연보 등의 국별 수출입 통계 데이터를 이용할 수 있다. 또한, 국내에 주재하는 외국공관의 상무관실이나 자료실에서도 다양한 데이터를 이용할 수 있으며, 상무관과의 상담을 통해 시장조사를 진행할 수 있다.

2. 해외시장조사의 절차

1) 시장 조사의 방향성과 조사 문제 설정

시장 조사는 대부분 기업의 이윤 창출을 위해 이루어지며, 기업 자체적으로 수행하는 때도 있지만 전문 조사 기관이나 개별 연구소 등을 통해서도 수행된다. 조사 문제를 설정하는 과정에서는 조사 의뢰자와의 논의를 통해 조사 문제가 의뢰자의 의사결정에 도움이 될 수 있는 유용한 정보를 제공할 수 있도록 적절하게 설정되었는지를 파악하는 것이 중요하다. 또한, 조사자는 해당 기업의 문제가 등장한 배경에 대한 이해와 지식을 축적하는 것이 중요하며, 이를 위해 관련 분야에 대한 배경 지식을 보유함으로써 문제 해결을 위한 효과적인 조사를 진행할 수 있다.

2) 조사의 배경과 목적 설정

조사의 배경과 목적을 명확히 설정하는 것은 조사의 방향성을 제시하고 보다 효과적인 조사를 진행하는 데 중요한 역할을 한다. 조사 배경은 문제점을 파악하고 이를 해결함으로써 얻을 수 있는 가치를 제시하여 조사의 필요성을 강조해야 한다. 또한, 조사 목적은 조사를 통해 얻고자 하는 구체적인 정보와 이를 활용하여 해결하고자 하는 문제점에 대한 목표를 제시해야 한다. 조사 목적은 단순하고 구체적이며, 단기적인 목표가 제시되어야 한다. 조사 배경과 목적을 설정한 뒤에는 조사 설계와 계획서를 작성하여 더욱 정확하고 효과적인 조사를 진행할 수 있도록 한다. 이러한 과정을 통해 기업은 문제점을 파악하고, 조사를 통해 얻은 정보를 활용하여 더욱 효율적으로 문제를 해결할 수 있게 된다.

3) 조사 설계의 중요성과 과정

조사 설계는 조사 전체 과정을 이행하고 관리하기 위한 조사 계획을 작성하는 것으로, 조사 방법, 조사 대상, 설문지 작성, 비용 및 일정 등을 기획하고 조사 계획서로 정리한다. 이를 위해 조사 문제와 목적 검토, 조사 대상 및 방법 결정, 데이터 수집 절차와 분석 방법 결정, 조사 일정과 예산 결정 등의 내용을 고려해야 한다. 조사 대상과 방법 결정은 조사 목적과 예산, 시급한 의사결정 등을 고려해 최적의 방법이 선택되어야 하며, 데이터 수집 절차와 분석 방법은 수집된 데이터 형태에 따라 결정된다. 조사 일정과 예산 계획은 조사 목적과 일정, 인력, 비용 등을 고려하여 구체적인 사항을 나타내야 한다. 이러한 과정을 통해 조사는 더욱 정확하고 효과적으로 수행될 수 있게 된다.

4) 조사 데이터 수집 단계에서의 주요 고려 사항

조사 계획서를 작성한 후, 조사를 위한 데이터 수집을 실행하는 과정에서는 조사 대상 집단을 규정하고 조사 일정에 맞추어 조사를 진행한다. 조사 대상 집단은 현실적인 접촉 용이성을 고려하여 명확하게 규정되어야 하며, 이를 위해 일부 조사 대상 집단을 추출하는 예도 있다. 설문지는 조사 방법에 따라 차이가 있지만, 응답자의 관점에서 간결하고 명확하게 작성되어야 하며, 문항의 형식과 길이 등도 자세히 검토되어야 한다. 이러한 과정을 통해 정확하고 효과적인 조사결과를 얻을 수 있게 된다.

5) 조사결과 분석과 해석을 위한 과정

조사결과를 분석하고 해석하기 위해서는 통계적 분석 방법을 사용하여 데이터를 분석해야 한다. 이를 위해서는 데이터의 사전 정리 과정이 필요하며, 이 과정에서는 잘못된 응답, 미응답, 모순된 응답 등을 처리하여 완전하고 일관성 있는 데이터를 확보한다. 이후에는 편집 작업을 통해 데이터의 정정, 보완, 삭제 등을 하고, 코딩 작업을 통해 조사 대상자들의 응답 결과에 대해서 숫자 값을 부여하여 데이터를 계량화한다. 통계 분석 방법을 사용하여 분석한 결과를 해석하기 위해서는 적절한 통계 분석 방법을 선택하고, 해당 방법을 사용한 이유와 분석 결과에 대한 충분한 설명이 필요하다. 마지막으로 분석된 결과를 토대로 조사 문제에 대해 해석을 하고, 참신한 제안을 하기 위해서는 통계적 분석 기법에 대한 지식과 경험이 필요하다. 이러한 과정을 통해 과학적이고 정확한 조사결과를 얻을 수 있게 된다.

6) 조사 보고서 작성의 요령과 과정

조사 보고서는 조사 의뢰자의 의사결정에 도움이 되도록 작성되어야 한다. 더욱 원활한 의사소통을 위해, 분석 결과를 도표나 그림 등 이해하기 쉬운 형태로 제시하고, 간결하고 명확한 문장을 사용하여 조사 문제에 부합하는 결과를 제공해야 한다. 분석 및 통계 결과는 부록 형태로 보고서에 첨부한다.

하지만, 기업의 의사결정자들이 통계학 기법에 익숙하지 않을 수 있으므로, 보고서에서는 분석 결과에 대한 자세한 설명보다는 간략하게 언급하고 별도의 데이터로 제공하는 것이 좋다. 그리고, 보고서를 열람하는 기업 관계자들이 원자료나 분석 결과를 참고할 수 있도록, 해당 데이터를 별도로 제공하는 것이 필요하다.

조사의 원자료는 디지털 형태로 제공되어야 하며, 이를 통해 다른 부서에서도 해당 데이터를 활용하거나 분석 결과를 활용하여 전략 수립에 활용할 수 있다. 이러한 과정을 통해 조사 보고서는 조사 의뢰자가 정확하고 신속한 의사결정을 할 수 있도록 도와준다.

3. 온라인 해외시장조사 방법

1) 온라인 해외시장조사 방법과 주의사항

온라인을 통한 해외시장조사는 전통적인 조사 방법보다 비용과 시간이 적게 들어간다는 이점이 있다. 하지만 이를 위해서는 인터넷 검색 능력, 관련 정보사이트에 대한 지식, 꾸준한 정보 검색 능력, 정보의 신뢰성을 판별하는 능력 등이 필요하다. 아래는 온라인을 통한 해외시장 조사를 위한 방법들이다.

표25 온라인 해외시장조사 방법

방법	내용
온라인 검색	인터넷을 통해 관련 키워드로 검색을 하여, 시장정보 및 경쟁사 정보를 수집할 수 있다. 구글 검색, 소셜 미디어 검색, 블로그 등 다양한 채널을 활용하여 검색할 수 있다.
온라인 설문 조사	온라인을 통해 다수의 대상자에게 질문하여 조사하는 방법이다. 이메일, 소셜 미디어, 웹사이트 등을 통해 대상자들에게 설문지 링크를 전달하거나 온라인 패널 서비스를 활용하여 조사할 수 있다.
온라인 인터뷰	비교적 소수의 대상자에게 깊이 있는 인터뷰하는 방법이다. 이메일, 소셜 미디어, 웹사이트 등을 통해 대상자들에게 인터뷰 일정을 조정하고 시행할 수 있다.
온라인 포커스 그룹	5~10명 정도의 대상자들로 구성된 그룹을 온라인상에서 모으고 집단 인터뷰하는 방법이다. 참여자들은 웹캠을 통해 상호작용하며 집단의 의견을 수집할 수 있다.
웹사이트 추적	대상자들이 방문하는 웹사이트에서 수집된 정보를 분석하여 시장 조사에 활용하는 방법이다. 웹사이트 추적(트래킹) 도구를 활용하여 방문자들의 동선과 행동을 분석할 수 있다.
소셜 미디어 관찰	소셜 미디어에서 대상 시장에 관한 대화를 감시하여 소비자들의 의견과 관심사를 파악하는 방법이다. 소셜 미디어 관찰 도구를 활용하여 해당 지역에서 인기 있는 소셜 미디어 채널을 감시할 수 있다.

온라인으로 얻은 정보는 불확실성이 존재하기 때문에 조사 목표를 달성하기 위해서는 자료를 수집, 처리, 분석 및 해석해야 한다. 그러나

자료가 풍부하다고 해도 유용한 자료를 선택하는 것이 중요하며, 판단 기준은 자료의 질, 조사 목적과의 관련성, 그리고 비용이다. 결국 조사 목적에 맞는 자료여야 가치를 지니게 된다.[34)]

2) 온라인을 활용한 국가정보 수집 방법

▸ 검색 엔진 활용

인터넷 검색 엔진을 이용해 국가정보를 수집하는 방법이다. 구글, 네이버 등의 검색 엔진을 활용하여 국가별로 해당 국가의 정부 기관, 주요 언론사, 대학 등의 웹사이트를 찾아내어 정보를 수집할 수 있다.

▸ 국가정보 제공 사이트 활용

국가정보 제공 사이트를 이용하여 국가정보를 수집할 수 있다. 예를 들어, 유엔통계위원회(UNStats), 세계은행(World Bank), 세계보건기구(WHO) 등의 국제기관에서는 각 국가의 통계 데이터, 경제 지표, 보건 지표 등의 정보를 제공한다.

▸ 국가 관광 사이트 활용

해당 국가의 관광청이나 관광 사이트에서는 해당 국가의 문화, 관광 명소, 축제 등의 정보를 제공한다. 이를 통해 해당 국가의 문화와 특색을 파악하고, 시장 조사에 활용할 수 있다.

---

34) 이근영, "해외시장조사에 관한 연구", 한국컴퓨터정보학회논문지 제12권 제1호, 2007, pp.201-206.

▸ 소셜 미디어 활용

해당 국가의 소셜 미디어(페이스북, 인스타그램, 트위터 등)를 검색하여 해당 국가의 문화, 여행, 뉴스 등의 정보를 파악할 수 있다. 또한, 해당 국가 소비자들의 소비 패턴과 유행을 파악하는 데에도 활용할 수 있다.

▸ 무역정보 사이트 활용

무역정보 사이트(Alibaba, EC21, Tradekey 등)를 활용하여 해당 국가의 기업, 제품, 수입/수출 거래 정보를 수집할 수 있다.

▸ 기업정보 사이트 활용

해당 국가의 기업정보 사이트(Kompass, ZoomInfo, Crunchbase 등)를 활용하여 해당 국가의 기업정보를 수집할 수 있다. 이를 통해 해당 국가의 시장구조와 경쟁 기업을 파악할 수 있다.

표26 해외시장조사 On-Line 국가정보 수집(국외 사이트)

미국 컨트리와치사 (www.countrywatch.com)	• 전 세계 191개국의 정치, 경제, 기업 및 비즈니스, 환경 등 세부정보 제공 • 구체적이고 실시간으로 업데이트된 국가정보 제공 • 특정 국가의 시장 조사에 유용
미국 CIA World Factbook (www.cia.gov)	• 일반개황, 경제 현황 등 무료 제공 • 세계 각국의 정보와 지도 실시간 제공
유럽국가정보 유로페이지 (www.europages.com)	• 주요 유럽국가와 제3국 등 150여 개국의 국가정보(옐로페이지) 제공 • 각국 일반개황, 경제, 비즈니스, 여행 등 수록

3) 온라인을 활용한 기업정보 수집

온라인을 활용하여 기업정보를 수집하기 위해서는 무역정보 DB 사이트나 기업정보 DB 사이트를 활용하는 것이 좋다. 이러한 사이트에서는 기업정보뿐만 아니라 해당 기업의 제품정보, 수출입 거래 내역 등을 확인할 수 있다.

한국무역협회(KITA), KOTRA 해외시장뉴스, GTA(Global Trade Atlas) 등은 대표적인 무역정보 사이트이다. 사이트에서 기업의 제품, 수출입 거래 내역, 경영 상황, 연락처 등을 확인할 수 있다. 또한, 검색엔진을 통해 기업이나 국가에 대한 정보를 수집할 수도 있다. 신뢰할 수 있는 정보를 찾아내기 위해서는 검색어를 잘 선택해야 한다.

최근에는 소셜 미디어에서도 기업정보를 수집하는 경우가 많다. 페이스북, 링크드인, 트위터 등에서 기업이 올린 게시글이나 공식 홈페이지 주소를 검색하여 정보를 수집할 수 있다. 이러한 방법들을 종합적으로 활용하여 정보를 수집하면 더욱 정확하고 효과적인 해외시장조사가 가능하다.

표27 해외시장조사 On-Line 기업정보 수집

무역정보 DB 사이트 활용	• KOMPASS(국가별 바이어, 공급자 조회, 해외 기업과 상품 정보, 해외 홍보 지원, 무역거래알선) • Thomas Register(미국 및 캐나다 제조업 분야)→Thomas Net • KOTRA/한국무역협회 • GTA(Global Trade Atlas)
기업정보 DB 사이트 활용	• Yellow Pages • 기업 현황정보 • 재무, 증권정보 • CD-ROM, 디렉터리

검색 엔진	• 무역거래알선사이트 검색 • google.com • alibaba.com • ec21.net

4) 온라인을 활용한 무역 제품정보 수집

▸ 무역거래알선사이트

무역거래알선사이트는 전 세계에서 다양한 상품에 대한 거래 정보를 제공한다. 이러한 사이트에서는 상품 정보, 가격 정보, 거래조건 등을 확인할 수 있으며, 수출입 거래 파트너를 찾는 데에도 유용하다.

▸ 수출입 통계 사이트

많은 국가들은 통계청 또는 무역부 등에서 수출입 통계 정보를 제공하고 있다. 이러한 정보는 해당 국가의 정부 기관 웹사이트 또는 무역협회, 무역센터 등에서 쉽게 찾아볼 수 있다. 이러한 사이트에서는 특정 제품의 수출입 통계 정보를 확인할 수 있으며, 이를 통해 시장 동향을 파악하고, 수출입 제품에 대한 정보를 수집할 수 있다.

미국에서는 U.S. Census Bureau에서 미국 수출입 통계 정보를 제공하며, 유럽연합(EU)에서는 EUROSTAT에서 EU 국가들의 수출입 통계 정보를 제공한다. 이러한 수출입 통계 정보를 분석하면, 어떤 제품이 수출입에서 선호되는지, 어떤 국가가 수출입에서 주도권을 잡고 있는지 등의 정보를 파악할 수 있다. 이를 토대로 기업은 수출입 시장 개척과 제품 선정 등의 전략을 수립할 수 있다.

▸ 제조사 및 유통업체 웹사이트

제조사나 유통업체의 웹사이트에서는 해당 제품에 대한 상세한 정보를 확인할 수 있다. 제품 사양, 기술 정보, 판매 대리점 등을 확인할 수 있으며, 수출입 제품정보 수집에 유용하다.

▸ 온라인 거래 사이트

온라인 거래 사이트에서는 다양한 상품에 대한 정보를 확인할 수 있다. 판매 중인 제품의 사양, 가격, 출고지 등을 확인할 수 있으며, 이를 통해 수출입 제품정보를 수집할 수 있다.

▸ 검색 엔진

검색 엔진을 이용하여 수출입 제품 관련 정보를 검색할 수 있다. 구글(Google)을 비롯한 대부분의 검색 엔진은 사용자가 입력한 키워드와 관련된 웹사이트, 뉴스 기사, 블로그 글, 포럼 등을 검색하여 보여준다. ChatGPT와 Bing Chat 같은 대화형 인공지능에서도 정보를 얻을 수 있다. 예를 들어, '한국의 수출상품'이라는 키워드를 검색하면, 다양한 관련 정보를 찾을 수 있다. 이를 통해 수출 제품에 대한 정보를 수집하고, 선호 제품이나 수출 동향 등을 파악할 수 있다.

또한, 검색 엔진을 이용하여 관련 뉴스 기사나 블로그 글을 찾아내어 새로운 시장 동향이나 경쟁 업체의 정보를 파악할 수도 있다. 이를 토대로 기업은 자사 제품의 경쟁력을 강화하거나, 새로운 수출입 시장 개척에 대한 아이디어를 얻을 수 있다. 그러나 검색 엔진과 대화형 인공지능에서 제공하는 정보의 신뢰성과 정확성은 보장되지 않으므르, 검색 결과를 확인하고 판단하는 능력이 필요하다.

제3절 온라인 해외시장조사 결과 활용

1. 해외시장조사 대행서비스 질의서 작성

해외시장조사는 회사 내에서 자체적으로 관리하는 때도 있지만, 대부분은 해외시장조사 대행서비스를 이용하여 진행한다. 이때, 해외시장조사 질의서 양식에 따라 조사 항목을 체계화시키고 세부적인 내용을 결정해야 한다. 온라인 데이터와 대행서비스를 적절히 활용하여 해외시장조사를 체계적으로 수행하면, 효과적인 시장진출 전략을 수립할 수 있다.

표28 해외시장조사 항목

구분	내용
국가	• 개관 • 경제 현황 • 정부 현황 • 기타
산업	• 제품 • 시장구조 • 산업동향
마케팅	• 미디어 • 유통채널 • 고객 • 고객 지원 서비스
경쟁	• 기초정보 • 마케팅 관련 사항 • 제품

1) 해외시장조사 항목의 결정

해외시장조사 항목은 국가, 산업, 마케팅, 경쟁으로 크게 나눌 수 있으며, 각각 내용에 맞게 세부적인 항목들을 포함할 수 있다. 이러한 조사 내용은 온라인을 통해 국내외 사이트에서 수집할 수 있으며, 무역정보 DB 사이트나 기업정보 DB 사이트를 활용하여 기업정보를 수집할 수도 있다.

해외시장조사 항목은 해당 기업의 수출상품과 관련된 국가 및 산업, 마케팅, 경쟁 등에 대한 조사 항목으로 구성된다. 이 항목들은 해외시장조사 질의서 양식을 기반으로 결정된다.

해외시장조사 질의서 양식은 항목별로 세부적인 조사 내용을 정리해 놓은 문서로, 이를 기반으로 수집되는 정보의 효율성과 일관성을 확보할 수 있다. 질의서 양식을 작성할 때는 해당 기업의 수출상품과 관련된 정보를 고려하여 국가, 산업, 마케팅, 경쟁 항목을 포함하는 것이 좋다.

해외시장조사를 진행하는 팀은 질의서 양식을 참고하여 해당 항목에 대한 조사를 수행하며, 이를 토대로 조사 보고서를 작성한다. 결국, 항목 결정 과정은 조사 대상인 기업의 수출상품과 관련된 정보를 고려하여 질의서 양식을 작성하고, 이를 바탕으로 진행되는 과정이다.

2) 해외시장조사 대행서비스 활용

한국의 해외시장조사 대행서비스는 KOTRA, 중소기업진흥공단, EC21, ECPlaza 등의 기관에서 제공된다. 이들 기관은 전문적인 조사팀을 구성하고 있어, 국내 기업이 필요로 하는 해외시장 정보를 제공하고 있다.

KOTRA는 해외무역관을 통해 해외시장조사 서비스를 제공하고 있으며, 중소기업진흥공단은 해외시장조사뿐만 아니라 해외 진출 지원 등 다양한 지원 서비스를 제공한다. EC21과 ECplaza는 전 세계에 리서치 네트워크를 구축하여 다양한 해외시장 정보를 제공하고 있다.

이러한 해외시장조사 대행서비스를 이용하면, 기업은 자체적으로 해외시장조사를 수행하는 것보다 더 전문적이고 체계적인 조사결과를 얻을 수 있다. 또한, 기업이 직접 시간과 비용을 들여서 수행해야 하는 조사작업을 외부에 맡김으로써, 비용을 절감할 수 있다.

3) 해외시장조사 대행서비스 활용 시 유의사항

첫째, 조사 목적을 구체적으로 설정해야 한다. 무엇을 조사할 것인지, 어떤 정보가 필요한지 등을 명확히 해야 한다.

둘째, 해외시장조사 대행서비스를 선택할 때에는, 업체의 신뢰성과 경험을 고려해야 한다. 또한, 대상 국가나 산업, 제품 등에 따라 특화된 서비스를 제공하는 업체를 선택하는 것이 좋다.

셋째, 조사 내용을 정리한 질의서를 작성해야 한다. 이때, 선별 기준에 따라 조사 항목을 구성하고, 충분한 정보를 얻을 수 있도록 세부적으로 작성해야 한다. 넷째, 업체와의 커뮤니케이션은 중요하다. 업체의 업무 상황, 진행 상황 등을 주기적으로 확인하고, 문제가 발생하면 적극적으로 대처해야 한다.

다섯째, 해외시장조사 대행서비스는 비용이 발생한다. 따라서, 예산을 미리 설정하고, 적정한 비용 내에서 최대한의 결과를 얻을 수 있도록 계획해야 한다.

여섯째, 조사 결과 보고서를 확인하고, 내용을 분석하여 적극적인 활용이 필요하다. 이를 통해 해외시장 진출에 필요한 정보를 충분히 확보하고, 성공적인 비즈니스를 시작할 수 있다.

2. 무역 빅데이터를 활용한 해외시장조사

무역 빅데이터는 다양한 수출입 거래 데이터를 수집하고 분석하여 시장 동향을 파악할 수 있는 유용한 정보를 제공한다. 이를 통해 기업은 수출 시장을 더욱 정확하게 파악하고 적절한 전략을 수립할 수 있다. 또한, 인공지능과 머신러닝 기술을 활용하여 예측 모델을 구축하고, 수출에 대한 적합성을 평가하는 등 다양한 분석이 가능하다. 이러한 방법을 통해 무역 빅데이터를 활용한 해외시장조사는 더욱 정확하고 효과적인 결과를 얻을 수 있다.

1) 무역 · 투자 빅데이터 플랫폼 트라이빅(TriBIG)

KOTRA는 2020년부터 빅데이터 시스템을 도입하여 '데이터 기반 수출지원' 서비스를 제공하고 있다. 이 서비스는 KOTRA가 진행한 수출지원 서비스에서 축적된 비정형 데이터를 분석하여 기업들이 수출 시장에서 과학적인 의사결정을 할 수 있도록 돕는 것이다. 이를 위해 관세청 통계 데이터와 글로벌 수출통계 데이터도 활용한다. 이 시스템은 기업에 수출 유망시장을 추천하고 인공지능(AI)으로 자동 작성된 수출시장보고서를 제공하는 지능형 서비스도 제공한다.

KOTRA는 수출지원 경험을 큰 규모로 축적하고 있으며, 해외무역관에서 수집한 해외시장정보가 약 7만 6천 건에 달한다. 더불어, 30만

개 이상의 해외 기업정보와 연간 500회 이상의 무역전시회, 수출상담회, 무역사절단 행사에서 수집한 상담 정보도 많다. 이러한 정보를 바탕으로 KOTRA는 추가로 10억 건 이상의 글로벌 수출통계 데이터를 분석할 수 있는 빅데이터 플랫폼도 구축하였다. 이를 통해 국내 기업의 다차원적인 수출 성과 분석도 가능하다.

KOTRA는 2020년부터 무역 빅데이터 시스템을 도입하여 1억 5천만 건 이상의 데이터를 수집하고, 2021년 11월부터는 이를 개선한 '트라이빅'을 공개했다. 이 플랫폼은 '유망시장', '수출 품목', '잠재파트너'라는 세 가지 축으로 구성되어 있으며, 해외무역관에서 수집한 해외시장 정보와 국제무역통계데이터, 해외 기업, 고객 관리시스템, 업무 관련 정보 등 다양한 빅데이터를 활용하여 수출기업에 필요한 정보를 제공한다. 또한, 최신 인공지능(AI) 알고리즘을 활용하여 개인별 맞춤형 수출 유망시장, 유망품목, 잠재파트너를 추천하는 기능도 포함되어 있다.

2) 트라이빅(TriBIG) 제공 정보

KOTRA에서 제공하는 무역·투자 빅데이터 플랫폼인 '트라이빅'은 다양한 기능으로 구성돼 있다. 먼저, 한국의 수출현황을 수입지역별/품목별/연월별 지정하여 볼 수 있으며, 품목은 HS 코드[35]를 기준으로 분류된다. 또한, 전 세계 수출현황과 외국인 직접투자통계를 제공한다.

또한, 원하는 국가를 선택하면 국가 개요부터 KOTRA가 직접 수집

35) WCO(세계관세기구)에서 제정한 품목분류체계인 HS(Harmonized System)에서 사용하는 상품 분류 코드

한 호부진 품목정보까지 종합적인 시장정보를 제공한다. 그리고 HS 코드를 입력하고 통합분석을 클릭하면 해당 품목별로 해외 유망시장 추천 및 관련 무역통계 정보를 얻을 수 있다.

무역 빅데이터를 활용한 해외시장조사 외에도, KOTRA 기업회원 계정으로 로그인하면 KOTRA 사업참여 이력과 고객의 소리 상담 이력을 볼 수 있으며, 유망시장, 유망사업을 맞춤형으로 추천해준다. 또한, 기업별 맞춤 정보와 잠재파트너 정보를 제공하여 기업들이 해외시장 진출을 위한 전략을 수립하는 데 도움을 준다.

트라이빅은 KOTRA에서 제공하는 무역·투자 빅데이터 플랫폼의 새로운 이름으로, 전 세계 무역 정보와 해외시장분석 등 다양한 정보를 통해 기업들의 해외시장 진출에 큰 도움이 될 것으로 기대된다.

3) 트라이빅(TriBIG) 활용 실습

TriBIG의 무역투자통계, 품목별 유망시장, 국가별 시장정보 서비스는 로그인 없이 사용할 수 있고 TriBIG의 일부 서비스는 사용하기 위해 KOTRA 회원가입 및 구독이 필요하다.

해외바이어 정보 서비스는 TriBIG 프리미엄 서비스를 이용할 수 있는데, 프리미엄 구독 신청을 하면 매주 업데이트되는 해외바이어 정보와 추후 빅데이터 플랫폼 기능개선 시 관련 정보를 조회할 수 있다. TriBIG 프리미엄 구독 서비스에 대한 사업안내를 받기 위해서는 개인정보 마케팅 활용에 관한 동의가 필요하다.

매칭 기준은 KOTRA 홈페이지에 입력한 기업 기본정보, buyKOREA에 등록한 상품 정보 등을 바탕으로 가장 유사한 정보를 가진 해외 기업정보를 제공한다.

4) 트라이빅(TriBIG) 활용 사례

A사는 코로나19 상황으로 인해 해외전시회와 바이어 미팅이 취소되어 수출마케팅에 어려움을 겪었지만, 트라이빅의 빅데이터를 이용하여 제품 홍보에 적합한 바이어 리스트를 추천받았다. 발송한 이메일로 싱가포르 회사들의 관심을 끌어내어 화상 미팅을 진행하고 수출계약으로 이어졌다. 중소기업에서는 빅데이터 분석을 통해 시간과 비용을 절감하고 수출마케팅에 큰 도움이 되는 것으로 나타났다.

B사는 트라이빅의 빅데이터 분석을 통해 미국 모회사를 잠재 거래처로 발견했다. 제품 소개서와 함께 이메일을 발송한 결과, 미국 회사 대표의 한국 방문 소식을 들었으며 본사에서 미팅을 진행한 후 수출계약을 맺었다. 트라이빅을 통해 진실한 바이어 정보를 찾아낼 수 있어 시간과 비용을 절감하고 수출기업으로서의 경쟁력을 향상할 수 있는 것으로 나타났다.

3. 온라인 해외시장조사 성공 사례

1) 온라인 해외시장조사를 통한 맞춤형 제품 출시

한국의 가전 제조사인 C사가 온라인 해외시장조사를 통해 중국 시장의 소비자 요구를 파악하고, 이를 반영한 맞춤형 제품을 출시하여 성공한 사례이다.

C사는 중국 시장에서의 경쟁력을 높이기 위해 온라인 해외시장조사를 진행하였다. 이를 통해 중국 소비자들이 원하는 제품 디자인, 기능, 가격대 등을 파악하였다. 또한, C사는 중국의 대형 온라인 쇼핑몰에

판매되는 경쟁사 제품들의 판매량과 리뷰를 분석하여 중국 시장에서 인기 있는 제품들의 특징을 파악하였다.

이를 바탕으로 C사는 중국 시장에서 인기 있는 제품들의 디자인과 기능을 참고하여 맞춤형 제품을 출시하였고, 이를 중국의 대형 온라인 쇼핑몰에서 판매하였다. 또한, C사는 중국의 소셜 미디어에서 소비자들의 요구와 관심사를 파악하고, 이를 바탕으로 맞춤형 마케팅 전략을 수립하여 중국 시장에서의 인기를 높였다.

이를 통해 C사는 중국 시장에서의 성공을 거두었으며, 온라인 해외시장조사를 통해 시간과 비용을 절감하면서도 세부적이고 정확한 정보를 수집하여 해외시장에서 경쟁력을 확보하는 효과적인 방법임을 보여주었다.

2) 온라인 해외시장조사를 통해 미국 시장 성공 진출

한국 기업 중 하나인 D사는 온라인 해외시장조사를 통해 미국 시장에서 성공적인 진출을 이루었다.

D사는 미국 시장에서 생활용품을 판매하는 기업이다. 미국 시장에서 경쟁이 치열한 만큼, D사는 먼저 온라인 해외시장조사를 통해 미국 소비자들의 요구와 경쟁사의 동향 등을 파악하였다.

해외시장조사 결과, D사는 미국 소비자들이 가정용품에서 "무해하고 환경친화적인" 제품을 선호한다는 것을 알게 되었다. 또한, 경쟁사 대부분이 중국에서 제품을 수입하고 있었기 때문에 D사는 미국 내 생산을 강조하고 "Made in USA" 마케팅 전략을 수립하였다.

D사는 이를 기반으로 미국 시장에서 '환경친화적이고 안전한 미국산 생활용품'이라는 브랜드 이미지를 구축하고, 다양한 마케팅 캠페인

을 전개하였다. 그 결과, D사는 미국 시장에서 높은 인지도와 판매실적을 얻을 수 있었다.

3) 유럽 시장에 진출 성공한 온라인 해외시장조사 사례

미국 자전거 액세서리 브랜드인 F사는 온라인 해외시장조사를 통해 유럽 시장에서 성공적인 진출을 이루었다.

F사는 미국 시장에서 자전거 액세서리를 판매하는 기업이다. 이전에는 미국 내에서만 판매되던 제품들을 유럽 시장으로 확장하고자 하였다. 유럽 시장의 특성과 경쟁사의 동향을 파악하기 위해 온라인 해외시장조사를 하였다.

해외시장조사 결과, F사는 유럽 소비자들이 안전하면서도 편안한 자전거 타기를 중요하게 생각한다는 것을 알게 되었다. 또한, 경쟁사들 대부분이 저가 제품에 중점을 두고 있는 것도 파악하였다.

이를 기반으로 F사는 안전하면서도 편안한 자전거 타기를 위한 고가의 자전거 액세서리 제품을 출시하였고, 이를 위해 소셜 미디어를 활용하여 브랜드 이미지와 제품정보를 전달하였다. 이를 통해 F사는 유럽 시장에서 높은 인지도와 판매실적을 얻을 수 있었다.

4) 미국 시장에서 성공적인 진출을 이룬 액세서리 브랜드

한국의 액세서리 브랜드인 E사는 온라인 해외시장조사를 통해 미국 시장에서 성공적인 진출을 이루었다.

E사는 미국 시장에서 액세서리를 판매하는 기업이다. 이전에는 한국 내에서만 판매되던 제품들을 미국 시장으로 확장하고자 하였다. 미국 시장의 특성과 경쟁사의 동향을 파악하기 위해 온라인 해외시장조

사를 하였다.

해외시장조사 결과, E사는 미국 소비자들이 다양한 스타일의 액세서리를 선호하며, 특히 독특하고 독창적인 디자인을 중요하게 생각한다는 것을 알게 되었다. 또한, 경쟁사들 대부분이 대량생산으로 인해 디자인의 다양성이 부족하다는 것도 파악하였다.

이를 기반으로 E사는 독특하면서도 다양한 디자인의 액세서리 제품을 출시하였고, 소셜 미디어를 활용하여 소비자들에게 브랜드 이미지와 제품정보를 전달하였다. 이를 통해 E사는 미국 시장에서 높은 인지도와 판매실적을 얻을 수 있었다.

액션러닝 문제

- 온라인 해외시장조사를 수행해 보세요. 인터넷과 온라인 도구를 활용하여 어떻게 해외시장조사를 진행할 수 있는지 상세히 설명해 주세요. 효과적인 검색 엔진과 데이터베이스, 소셜 미디어 등을 활용하는 방법과 주의해야 할 사항을 포함해야 합니다.
- 온라인 해외시장조사의 절차를 설명해 보세요. 어떤 단계와 절차를 거쳐 온라인 해외시장조사를 계획하고 수행하는지 상세하게 기술해 주세요. 예를 들어, 문제 정의, 자료 수집, 분석 및 해석, 결과 도출 등의 단계를 포함하여 설명해야 합니다.
- 해외시장조사 대행 질의서를 작성해 보세요. 기업이나 조직이 해외시장조사를 위해 외부 대행사를 선택하고 제안서를 요청하는 과정을 경험해 보세요. 어떤 항목을 포함해야 하는지, 대행사의 역량과 경험을 평가하기 위한 질문을 작성해야 합니다.
- 무역 빅데이터를 활용한 온라인 해외시장조사를 해보세요. 무역 데이터를 분석하고 해석하여 다양한 시장 동향과 패턴을 파악하는 방법을 설명해 주세요. 빅데이터 분석 도구나 기법을 활용하여 특정 시장이나 산업에 대한 온라인 해외시장조사를 수행하는 예시를 제시해야 합니다.

- 온라인 해외시장조사 결과의 활용 방안을 제시해 보세요. 온라인 해외시장조사를 통해 얻은 정보와 분석 결과를 어떻게 활용하여 비즈니스 전략을 수립하고 의사 결정을 내리는지를 설명해 주세요. 예를 들어, 신규 시장 진출 전략, 제품 개발 및 마케팅 전략, 경쟁 대응 전략 등에 대한 활용 방안을 제시해야 합니다.

5장

해외 고객을 위한 콘텐츠 마케팅

| **학습 목표** |

- 해외 고객을 대상으로 하는 콘텐츠 마케팅의 개념과 중요성을 이해한다.
- 다양한 형태의 콘텐츠를 활용하여 해외 고객에게 맞춤형 마케팅을 전개하는 방법을 학습한다.
- 적극적인 콘텐츠 홍보와 성과 분석을 통해 해외 고객 유치 및 충성도 개선을 이루는 방법을 익힌다.

| **학습 목차** |

5장 해외 고객을 위한 콘텐츠 마케팅

제1절 해외 고객을 위한 콘텐츠 마케팅 전략

1. 콘텐츠 마케팅의 개요

1) 콘텐츠 마케팅이란?

콘텐츠 마케팅은 제품이나 서비스를 직접 홍보하는 것이 아닌, 유용하거나 재미있는 콘텐츠를 제작하고 배포하여 고객의 관심을 끌어 제품이나 서비스를 홍보하는 전략이다. 즉, 광고적인 목적보다는 고객이 필요로 하는 정보를 제공하고 유용한 경험을 제공하여 고객과의 유대감을 형성하며 브랜드 인지도를 높이고 마케팅 목표를 달성하는 방법이다.

인터넷의 등장과 함께 콘텐츠 마케팅은 새로운 차원으로 진화하게 되었다. 1990년대 후반부터 2000년대 초반까지, 기업들은 온라인상에서 소비자들과 상호작용하기 위해 다양한 방법을 모색하기 시작했다. 이후 구글의 등장으로 검색 엔진 최적화(SEO)와 검색 광고 등의 새로운 마케팅 기술들이 출현하게 되면서, 콘텐츠 마케팅은 점차 발전해왔다.

2010년대부터는 소셜 미디어의 등장과 함께 콘텐츠 마케팅은 더욱 진화하게 되었다. 기업들은 소셜 미디어를 활용하여 더욱 직접 소비자들과 상호작용하고, 개인화된 콘텐츠를 제공하는 등의 전략을 채택하게 되었다.

현재는 인공지능, 빅데이터, 자연어 처리 등의 기술들이 발전하면서, 콘텐츠 마케팅은 더욱 다양한 방식으로 진화하고 있다. 예를 들어, 챗봇을 활용한 대화형 마케팅, 가상현실을 활용한 체험형 마케팅 등이 그 예이다.

2) 콘텐츠 마케팅 사례

▸ 레드불(Red Bull)

레드불은 음료수 브랜드로 시작하여 현재는 다양한 분야에서 활동하고 있다. 레드불은 자사 브랜드와 관련된 다양한 콘텐츠를 제작하여 소비자들의 관심을 끌고 있다. 그중에서도 유튜브 채널에서 제공하는 영상 콘텐츠는 매우 성공적이다. 레드불은 스포츠, 음악, 익스트림 스포츠 등 자사 브랜드와 관련된 다양한 주제의 콘텐츠를 제작하여 소비자들의 관심을 끌고 있다.

▸ 메리어트 호텔(Marriott Hotels)

이 호텔은 전 세계적으로 운영되는 호텔 체인 브랜드이다. 이 호텔은 자사 브랜드와 관련된 다양한 콘텐츠를 제작하여 소비자들의 관심을 끌고 있다. 그중에서도 "Travel Brilliantly"라는 캠페인을 통해 여행을 즐기는 소비자들을 대상으로 다양한 콘텐츠를 제공한다. 이를 통해 소비자들은 이 호텔에서 머무는 것이 어떤 경험을 제공하는지에 대한 관심을 끌게 되었다.

▸ Airbnb

Airbnb는 세계 각국에서 제공되는 숙박 시설 중개 서비스를 제공하는 회사로, 대표적인 콘텐츠 마케팅 사례 중 하나이다. Airbnb는 지역의 특색과 문화를 반영한 다양한 숙박 시설을 제공하고, 이를 소개하는 콘텐츠를 제작하여 여행객들의 관심을 끌고 있다. 또한, 사용자가 직접 리뷰를 작성하고 공유할 수 있도록 하여, 믿을 수 있는 정보를 제공하고 있다.

▸ Nike

Nike는 세계적인 스포츠 브랜드로, 다양한 콘텐츠 마케팅 전략을 활용하여 세계 시장에서 성공을 거두고 있다. Nike는 스포츠와 문화를 결합한 콘텐츠를 제작하여 브랜드 인식을 높이고, 소비자의 참여를 유도하고 있다. 예를 들어, "Just Do It" 캠페인은 매년 다양한 분야의 운동을 하는 사람들의 이야기를 담은 광고를 제작하여 성공적으로 브랜드 이미지를 구축하였다.

▸ 레고(LEGO)

레고는 다양한 콘텐츠를 활용한 마케팅 전략으로 성공적인 해외시장 진출을 이루었다. 레고는 인기 있는 영화, 만화, 게임 등을 기반으로 다양한 콘텐츠를 제공하여 소비자들에게 브랜드 이미지와 제품정보를 전달하였다. 또한, 소셜 미디어를 활용하여 소비자들과의 상호작용을 증진하였고, 이를 통해 브랜드 인지도와 고객 유치에 성공하였다.

3) 해외 콘텐츠 마케팅의 필요성과 중요성

해외 콘텐츠 마케팅은 기업이 해외시장에서 제품이나 서비스를 홍보하고 판매하는 데 필요한 전략 중 하나이다. 해외시장에서 제품이나 서비스를 홍보하려면 그 나라의 언어, 문화, 관습 등을 고려한 콘텐츠를 제작하고 전략적으로 배포해야 한다.

해외 콘텐츠 마케팅의 중요성은 크게 두 가지로 나눌 수 있다. 첫째, 해외시장에서의 경쟁력 확보이다. 해외시장은 국내시장보다 경쟁이 더 치열하며, 그 나라 소비자들의 성향, 취향, 문화 등을 이해하지 못하면 제대로 된 홍보와 판매 전략을 세울 수 없다. 따라서, 그 나라의 소비자들이 이해하기 쉽고 호감을 끄는 콘텐츠를 제작하고 배포하여 경쟁 업체들보다 더 높은 경쟁력을 확보할 수 있다.

둘째, 그 나라의 소비자들과 원활한 커뮤니케이션이다. 제품이나 서비스를 판매하기 위해서는 소비자들과의 커뮤니케이션이 매우 중요하다. 그러나 언어와 문화 차이로 인해 소비자들과 원활한 커뮤니케이션이 어려우므로 그 나라의 언어와 문화, 관습 등을 이해하고 적극적으로 소통할 수 있는 콘텐츠를 제작해야 한다. 이를 통해 소비자들과 원활한 커뮤니케이션을 유지하고, 그 나라의 소비자들에게 높은 신뢰와 호감을 얻을 수 있다.

한류가 전 세계로 확산되면서 다양한 경제적 이점이 나타났다. 먼저, 문화 콘텐츠 자체의 매출과 수출이 증가하며, 한국을 관광지로 선택하는 관광객이 증가했다. 이와 함께, 한류와 관련된 상품 및 한국산 제품들이 국가 이미지를 향상시키는 데 기여하고, 수출 확대에 이바지하였다. 최근에는 한국 문화, 한류, 제조업이 융합되어 시너지를 창출하는 '융합한류'가 주목을 받고 있다.[36)]

따라서, '융합한류'에 올라타 기업이 해외시장에서 경쟁력을 확보하고 성공적인 판매를 이루기 위해서는 그 나라 소비자들의 문화, 관습 등을 이해하고 그들이 이해하기 쉽고 호감을 끄는 콘텐츠를 제작하여 전략적으로 배포해야 한다.

2. 해외 고객을 대상으로 한 콘텐츠 마케팅 전략 수립

해외 고객 대상의 콘텐츠 마케팅은 해당 지역의 문화와 언어적 차이를 고려해야 한다. 각 나라나 지역에 따라 선호하는 색, 이미지, 문구, 스타일 등이 다르므로, 그 지역에 적합한 콘텐츠를 제공해야 한다. 그 지역의 고객이 선호하는 콘텐츠를 파악하고, 그에 맞는 마케팅 전략을 수립해야 한다.

대상층에 맞는 콘텐츠를 제작하는 것이 중요하다. 동영상, 이미지, 블로그, 소셜 미디어, 웹사이트 등을 활용하여 고객들의 관심을 끌어야 한다. 제작한 콘텐츠를 효과적으로 공유하는 것이 중요하다. 나라별로

---

36) 이태식, "융합한류 플랫폼을 활용한 중소기업의 해외마케팅 지원방안 - KOTRA 지원사업을 중심으로", 문화콘텐츠연구 제6호, 2015, pp.71-122

가장 많이 사용하는 소셜 미디어 플랫폼을 활용하여 콘텐츠를 공유하고, 광고 캠페인도 그 나라의 문화와 관심사에 맞게 제작해야 한다.

해외 콘텐츠 마케팅은 지속적인 데이터 분석과 관찰이 필요하다. 지역별로 콘텐츠의 반응을 분석하고, 해당 지역의 성장 잠재력과 고객 선호도를 파악하여 마케팅 전략을 조정해야 한다.

1) 해외시장조사

해외 고객을 대상으로 한 콘텐츠 마케팅을 위해서는 해당 해외시장에 대한 충분한 이해가 필요하다. 따라서, 먼저 해외시장조사를 통해 해당 시장의 특성과 고객의 요구를 파악하는 것이 중요하다.

해외시장조사는 온라인을 통해 진행될 수 있으며, 다양한 방법을 통해 정보를 수집할 수 있다. 예를 들어, 온라인 설문 조사를 통하 고객들의 선호도와 요구사항을 파악하거나, 소셜 미디어나 블로그 등에서 댓글을 분석하여 고객들의 욕구를 파악할 수 있다. 또한, 경쟁사의 마케팅 전략 및 제품 특징 등을 파악하고, 이를 바탕으로 자사의 경쟁력을 파악할 수도 있다.

해외시장조사를 통해 수집한 정보를 바탕으로 적합한 콘텐츠를 제작하고, 이를 해당 해외시장에 적극적으로 홍보하는 것이 중요하다. 예를 들어, 해당 해외시장에서 인기 있는 소셜 미디어 플랫폼에 진입하여, 해당 플랫폼에 맞는 콘텐츠를 제작하고 홍보할 수 있다. 또한, 현지화된 웹사이트나 앱을 운영하여, 해당 해외시장에서 더욱 적극적인 마케팅을 전개할 수도 있다.

해외 고객을 대상으로 한 콘텐츠 마케팅 전략을 수립할 때는, 콘텐츠의 다양성과 현지화를 강조하는 것이 중요하다. 현지화된 콘텐츠를 제공함으로써, 고객들의 관심과 신뢰를 얻을 수 있고, 다양한 콘텐츠를 제공함으로써 고객들의 요구와 요구사항을 충족시킬 수 있다.

2) 목표 고객층 파악

해외 고객을 대상으로 한 콘텐츠 마케팅을 위해서는 목표 고객층을 명확히 파악해야 한다. 이를 위해 해외시장조사를 통해 나라별로 다른 소비자 요구와 특성, 선호하는 콘텐츠 유형 등을 파악해야 한다.

예를 들어, 일본의 경우 캐릭터 및 애니메이션 콘텐츠에 대한 수요가 높지만, 중국의 경우 역사와 문화에 대한 콘텐츠에 관심이 많다. 또한, 미국의 경우 다양한 인종과 문화가 공존하는 만큼, 각종 다양한 콘텐츠에 대한 수요가 높은 편이다.

따라서 해외 고객층의 특성과 선호도를 파악하여 그에 맞는 콘텐츠를 제작하고, 해당 콘텐츠를 적극적으로 홍보하는 마케팅 전략을 수립해야 한다. 이를 통해 목표 고객층에게 적합한 콘텐츠를 제공하고, 그들의 관심과 참여를 유도할 수 있다.

3) 콘텐츠 형식 결정

콘텐츠 형식은 타겟 고객층의 문화적 특성과 생활양식, 소비 행태 등을 고려하여 결정되어야 한다. 예를 들어, 일본 시장에서는 독특하고 실용적인 제품 설명과 함께 제품의 디자인과 색상, 브랜드 이미지 등에 대한 정보가 중요하다는 것을 고려할 수 있다. 이에 따라, 제품 설명과 함께 제품을 활용한 다양한 사용 예시나 스타일링 팁 등을 포함한 동영상 콘텐츠나 블로그 형식의 콘텐츠가 적합할 수 있다.

또한, 중국 시장에서는 온라인 쇼핑을 선호하는 소비자들이 많으므로, 제품 상세 설명과 함께 제품의 실제 사용 모습을 보여주는 제품 리뷰나 언박싱(Unboxing)[37] 영상 등의 콘텐츠가 효과적일 수 있다.

따라서, 적합한 콘텐츠 형식은 타겟 고객층의 특성과 문화적 차이를 고려하여 결정되어야 하며, 이를 위해 상세한 해외시장조사가 필요하다.

4) 지속적인 데이터 분석과 관찰 방법

▸ 웹 분석 도구 사용

Google Analytics와 같은 웹 분석 도구를 사용하여 콘텐츠의 성과를 추적하고 분석한다. Google Analytics를 이용하면, 방문자의 유입 경로를 확인할 수 있다. 예를 들어, 검색 엔진, 소셜 미디어, 광고 등을 통해 유입된 방문자들의 비율을 파악하여 마케팅 전략을 수립할 수 있다. 또한, 페이지뷰, 세션, 이탈률 등과 같은 트래픽 정보를 측정하여 웹사이트의 성과를 분석할 수 있다.

▸ 소셜 미디어 분석

소셜 미디어 분석 도구는 페이스북, 인스타그램, 트위터 등의 소셜 미디어 플랫폼에서 제공하는 데이터를 수집하고 분석하여 콘텐츠의 인기도와 효과를 측정하는 도구이다. 이러한 도구를 사용하면 특정 기간 게시물의 노출 수, 공유 및 좋아요 수, 댓글 수 등의 통계를 확인할 수

37) 제품의 개봉 과정을 촬영하여 이를 유튜브나 기타 온라인 채널에 업로드하여 다른 사용자들과 공유하는 것

있어 콘텐츠의 성과를 분석하는 데 도움이 된다.

Facebook Insights는 페이지의 좋아요 수, 포스트의 노출 수, 상호작용 수 등을 확인할 수 있으며, 이를 통해 어떤 종류의 콘텐츠가 좋아요와 공유, 댓글 등으로 어떻게 반응을 얻는지 파악할 수 있다. 또한, 인사이트를 이용하여 페이지의 방문자 유입 경로, 성별, 연령대, 지역 등의 정보를 파악할 수 있어 타겟팅 전략을 수립하는 데 도움이 된다.

Instagram Insights도 마찬가지로 게시물의 노출 수, 좋아요 수, 저장 수 등을 분석할 수 있으며, 태그별 인기도, 상호작용 수 등의 정보도 제공된다. 이를 통해 콘텐츠의 인기도와 효과를 파악하고, 타겟팅 전략을 세울 수 있다.

▸ 구글 검색 데이터 분석

Google Trends는 구글 검색 엔진을 기반으로 하는 키워드 검색량 추이를 분석하고 시각화하는 도구이다. 이를 사용하여 특정 키워드의 검색량 추이를 파악하고, 이를 바탕으로 검색 유행을 예측할 수 있다. 또한, Google Trends를 통해 경쟁 업체와의 비교도 가능하다. 예를 들어, 특정 키워드의 검색량이 내 업종에서 얼마나 많은지, 비교적 경쟁 업체에서 얼마나 많은지를 비교하여 내가 어떤 방향으로 검색 엔진 최적화를 해야 하는지에 대한 방향성을 제시할 수 있다. 이를 통해 콘텐츠를 최적화하여 검색 엔진 상위 순위를 차지하고 노출률을 높일 수 있다.

▸ 지속적인 콘텐츠 업데이트

콘텐츠 업데이트는 기존 콘텐츠를 수정, 보완하거나 새로운 콘텐츠를 추가하여 제공하는 것을 말한다. 이를 통해 고객들에게 더 많은 가치를 제공하고, 검색 엔진에서도 적극적으로 노출될 수 있도록 한다.

콘텐츠 업데이트는 콘텐츠 마케팅 전략의 핵심 요소 중 하나이다. 콘텐츠를 지속적으로 분석, 수정, 보완하여 고객들의 요구와 검색 엔진 최적화를 고려한 콘텐츠를 제공하고, 이를 통해 경쟁 업체와의 경쟁에서 우위를 점할 수 있다.

5) 해외 콘텐츠 마케팅에 적용 가능한 마케팅 자동화 도구

해외 콘텐츠 마케팅에서도 마케팅 자동화 도구를 활용하면 효과적인 마케팅 전략 수립과 운영을 할 수 있다. 이를 위해서는 해외 마케팅 도구를 제공하는 서비스를 이용하거나, 자체 개발한 시스템을 활용할 수 있다. 마케팅 자동화 도구는 다양한 기능을 제공하여 마케팅의 효율성과 효과성을 높이는 데 도움을 준다. 대표적으로는 아래와 같은 기능들이 있다.

▸ 이메일 마케팅 자동화

이메일 캠페인을 자동화하여 대량 발송, 개인화 메시지 전송, 수신자별 자동 응답 등을 처리할 수 있다. 온라인 쇼핑몰인 ASOS는 이메일 캠페인을 자동화하여 성공적인 해외 콘텐츠 마케팅을 이룩한 사례이다. ASOS는 국제적으로 인기 있는 브랜드이며, 수많은 국가에서 판매되고 있다. 따라서, ASOS는 전 세계 고객들에게 일관된 브랜드 이미지와 메시지를 전달하고자, 이메일 캠페인을 자동화하여 대량 발송하고 있다.

▸ 소셜 미디어 관리 자동화

다양한 소셜 미디어 채널을 한 곳에서 관리할 수 있다. 예를 들어,

여러 개의 소셜 미디어 계정에서 게시글을 작성하고 스케줄링하는 작업을 자동화할 수 있다. 훗스위트(Hootsuite)는 다양한 소셜 미디어 채널을 통합적으로 관리할 수 있는 자동화 도구 중 하나이다. Hootsuite를 활용하면 여러 개의 소셜 미디어 계정을 한 번에 연결하고, 게시글 작성 및 스케줄링, 분석 및 리포트 작성 등의 작업을 자동화할 수 있다. 예를 들어, 페이스북, 트위터, 인스타그램, 링크드인 등 다양한 소셜 미디어 채널에서 콘텐츠를 작성하고, 이를 스케줄링하여 자동으로 게시할 수 있다. 또한, 소셜 미디어 활동에 대한 분석 및 리포트 작성 기능을 제공하여, 마케팅 성과를 쉽게 파악할 수 있다.

▸ 콘텐츠 자동 생성

머신 러닝과 자연어 처리 기술을 활용하여 자동으로 콘텐츠를 생성하는 기능이다. 예를 들어, 블로그나 웹사이트에 쓸 기사를 자동으로 생성할 수 있다. The Grid는 인공지능 기술을 활용하여 사용자의 콘텐츠를 자동으로 생성하는 웹사이트 제작 도구이다. 사용자가 입력한 내용을 분석하여 최적의 디자인과 배열구성, 그리고 텍스트와 이미지를 조합하여 웹사이트를 자동으로 생성한다. 이를 통해 사용자는 복잡한 웹사이트 제작 과정을 거치지 않고도 빠르고 쉽게 자신의 웹사이트를 구축할 수 있다.

▸ 검색 엔진 최적화 자동화

검색 엔진 최적화(SEO)를 자동으로 처리하여, 웹사이트의 노출성과 검색어 순위를 높이는 데 도움을 준다. SEMrush라는 SEO 및 디지털 마케팅 도구가 있다. 이 도구는 사이트의 SEO를 위해 검색어 분석,

순위 추적, 백링크 분석, 경쟁사 분석 등 다양한 기능을 제공하며, 이를 통해 웹사이트의 검색 엔진 노출성과 순위를 개선할 수 있다. 또한, SEMrush는 키워드 기반 콘텐츠 마케팅을 위한 아이디어 제공과 콘텐츠 퍼포먼스 분석 등 다양한 기능을 제공하며, 디지털 마케팅에 종합적으로 활용할 수 있는 도구이다.

▸ 데이터 분석 자동화

해외 마케팅 데이터를 수집, 분석, 시각화하여 보고서를 자동 생성하는 기능이다. 태블로(Tableau)는 데이터 시각화 및 비즈니스 인텔리전스 도구로, 다양한 데이터 소스와 연동하여 자동으로 데이터를 수집하고, 분석하여 보고서를 생성할 수 있다. 이를 활용하여 해외 마케팅 데이터를 시각화하고, 다양한 인사이트를 얻어 전략을 수립하는 것이 가능하다.

위와 같은 마케팅 자동화 도구를 활용하면 해외 콘텐츠 마케팅에서 더 효율적이고 효과적인 마케팅 전략 수립과 운영을 할 수 있다.

3. 성공적인 해외 콘텐츠 마케팅 사례 분석

1) 레고

레고는 지속적인 새로운 콘텐츠 제작과 기존 콘텐츠의 리메이크를 통해 전 세계적으로 인기 있는 브랜드 중 하나이다. 레고는 해외시장에서도 성장을 이루기 위해 지속적으로 새로운 콘텐츠를 제작하고 소셜미디어를 통해 전 세계의 아이들에게 콘텐츠를 홍보하고 있다. 레고는 영화, 만화, 게임 등 다양한 형식의 콘텐츠를 제작하여 브랜드 인지도와 인기를 높이고 있다.

특히 레고는 유튜브와 같은 소셜 미디어를 효과적으로 활용하여 해외시장에서도 많은 팬층을 확보하고 있다. 레고는 소셜 미디어를 통해 제품 소개, 제품 사용법, 레고 콘텐츠의 뒷이야기 등 다양한 콘텐츠를 제공하고 있으며, 팬들과의 상호작용을 통해 브랜드와 고객 간의 유대감을 형성하고 있다.

또한, 레고는 해외시장에서 적극적인 지역화 전략을 수행하고 있다. 각 지역의 문화와 관련된 새로운 콘텐츠를 제작하여 현지 소비자들의 관심과 참여를 끌어내고 있다. 예를 들어, 중국 시장에서는 중국 전통문화와 관련된 레고 콘텐츠를 출시하여 중국 소비자들의 관심을 끌어내고 있다.

이처럼 레고는 지속적인 새로운 콘텐츠 제작과 소셜 미디어를 통한 전 세계적인 홍보, 그리고 지역화 전략을 통해 해외시장에서도 성공적인 마케팅을 이루고 있다.

2) Class Central

하버드 대학교 출신의 두 명의 전문가가 설립한 Class Central은 세계 최대 규모의 온라인 강의 검색 엔진이다. Class Central은 전 세계 100여 개의 대학과 학습 플랫폼의 온라인 강의를 수집하고 이를 이용하고자 하는 학생들에게 무료로 제공한다.

Class Central은 해외 콘텐츠 마케팅을 통해 전 세계적으로 높은 인지도를 얻으며, 이를 통해 회원 수와 방문자 수를 대폭 증가시키는 데 성공하였다.

그들은 먼저, 전 세계적인 수요와 검색어 분석을 통해 강의 분야와 주요 검색어를 파악하였다. 또한, 언어 및 국가별로 다른 검색어와 수요도 분석하였다.

그리고, Class Central은 주요 검색어를 중심으로 블로그, 소셜 미디어, 이메일 등 다양한 콘텐츠를 생산하였다. 그들의 콘텐츠는 키워드 최적화 및 소셜 미디어 채널 최적화를 통해 검색 엔진에서 먼저 노출될 수 있도록 설계되었다.

Class Central은 지속적인 데이터 분석과 관찰을 통해 콘텐츠 마케팅 전략을 조정하였다. 예를 들어, 국가별 검색어와 수요를 분석하고, 국가별로 맞춤형 콘텐츠를 제공함으로써 다양한 국가에서의 인기를 얻을 수 있었다.

이러한 전략으로 Class Central은 전 세계 수많은 학생과 강의 제공자들의 관심을 얻으며 성공적인 해외 콘텐츠 마케팅을 이루어냈다.

3) 이니스프리

한국의 K-뷰티 브랜드인 Innisfree는 해외시장에서 성공적인 콘텐츠 마케팅을 통해 글로벌 브랜드로 성장하였다. Innisfree는 해외시장에서 지속적으로 콘텐츠 마케팅에 투자하였으며, 다양한 형태의 콘텐츠를 제공하여 고객들의 관심을 끌었다. 이를 통해 Innisfree는 다양한 지역에서 인기를 얻으며, 세계 시장에서 성공적인 진출을 이루었다.

그중 일본 시장에서의 콘텐츠 마케팅은 특히 성공적이었다. Innisfree는 일본의 여성들이 가장 관심을 가지는 키워드인 '美肌'를 주제로 다양한 콘텐츠를 제공하였다. 그중 일본 여성들이 가장 많이 사용하는 소셜 미디어인 Instagram을 활용하여 인플루언서들과 협력하여 제품 소개 및 사용 방법 등의 콘텐츠를 제공하였다. 또한, Innisfree는 일본에서 가장 인기 있는 여성 잡지 중 하나인 'CanCam'과 협력하여 피부관리 제품 관련 콘텐츠를 제공하였다. 이를 통해 일본 시장에서 인지도와 신뢰도를 높이며, 매출을 대폭 증가시켰다.

이러한 사례를 통해 해외 콘텐츠 마케팅은 지속적인 투자와 분석, 지역별 맞춤형 콘텐츠 제공 등을 통해 성공적인 글로벌 브랜드로 성장할 수 있음을 보여준다.

4) 에이비스(Avis)

성공적인 해외 콘텐츠 마케팅 사례 중 하나는 렌터카 회사인 에이비스(Avis)의 경우이다. 에이비스는 세계 시장에서 경쟁력을 확보하기 위해 다양한 콘텐츠 마케팅 전략을 수립하였다. 그중 한 가지 예시로는 "Avis Stories"라는 캠페인이 있다. 이 캠페인은 세계 각지에서 여행을 즐기는 사람들이 에이비스 렌터카와 함께하는 모습을 담은 비디오 콘텐츠를 제작하여 소셜 미디어를 통해 공유하는 것을 목적으로 한다.

이 캠페인에서는 에이비스 렌터카의 차량이 여행하는 곳마다 인상적인 배경과 함께 촬영되어, 여행과 렌터카의 결합이라는 새로운 경험을 소비자들에게 제공한다. 또한, 각각의 비디오에는 지역별 여행 정보와 팁이 함께 제공되어, 여행을 준비하는 사람들에게도 유용한 정보를 제공한다.

이러한 캠페인은 소셜 미디어에서 인기를 끌어 공유 및 조회 수가 높아지면서, 에이비스의 브랜드 인지도와 세계 시장에서의 경쟁력을 높였다. 이를 통해 에이비스는 성공적인 해외 콘텐츠 마케팅 사례 중 하나로 평가받고 있다.

제2절 글로벌 콘텐츠 제작

1. 글로벌 콘텐츠 제작의 필요성과 중요성

글로벌 콘텐츠 제작은 현대 비즈니스에서 이제는 선택 사항이 아닌 필수 사항이다. 세계 시장에서 경쟁을 이끌어가기 위해서는 다국어 및 다문화 콘텐츠 제작이 필수적이다.

세계 시장에서 제품이나 서비스를 판매하려는 기업들은 현지 언어와 문화에 대한 이해가 필수적이다. 이에 따라 세계 시장에서 성공적인 마케팅을 위해서는 다양한 언어 및 문화에 적합한 콘텐츠를 제작해야 한다.

또한, 최근에는 인터넷과 소셜 미디어의 발전으로 인해 세계 시장에서의 정보 전달이 더욱 증가하고 있다. 이를 고려하지 않은 콘텐츠 제작은 세계 시장에서 높은 인지도와 성과를 이루는 데 실패할 수 있다.

따라서, 글로벌 콘텐츠 제작은 세계 시장에서 경쟁력을 확보하고 성공을 끌어내는데 매우 중요하다.

1) 세계 시장에서의 경쟁과 고객 요구 변화

세계 시장에서의 경쟁이 치열해지고 있는 가운데, 기업들은 더 넓은 시장을 확보하기 위해 글로벌 마케팅을 시도하고 있다. 이는 곧 다양한 문화와 언어, 생활 습관 등이 다른 다양한 지역의 고객들을 대상으로 제품과 서비스를 제공하고, 이를 위한 글로벌 콘텐츠 제작이 필수적이라는 것을 의미한다.

또한, 인터넷과 모바일 기술의 발전으로 인해 고객들은 언제 어디서든 필요한 정보와 제품을 찾을 수 있게 되었으며, 이에 따라 고객 요구가 더욱 다양화되고 복잡해지고 있다. 이를 해결하기 위해서는 지역적인 문화와 언어, 생활 습관 등을 고려한 글로벌 콘텐츠 제작이 필수적이다.

2) 글로벌 콘텐츠 제작을 통한 경쟁력 확보

첫째, 글로벌 콘텐츠 제작은 다양한 언어와 문화권에서 고객을 대상으로 한다는 점에서 기업의 고객 범위를 넓힐 수 있다. 이를 통해 세계 시장에서 고객을 확보하고 매출 증대에 이바지할 수 있다.

둘째, 지역별로 다른 언어, 문화, 습관, 관심사 등을 고려하여 적합한 콘텐츠를 제공할 수 있다. 이를 통해 고객들은 자신의 문화권에 맞는 콘텐츠를 받을 수 있어 더욱 만족도가 높아질 수 있다.

셋째, 세계 시장에서 경쟁사들과 경쟁할 때, 지역별로 다른 콘텐츠를 제공함으로써 차별화를 할 수 있다. 이를 통해 고객들은 자신의 문화와 관련된 콘텐츠를 더욱 쉽게 찾을 수 있고, 기업은 더욱 경쟁력 있는 위치에 서게 된다.

넷째, 세계 시장에서 적합한 콘텐츠를 제공함으로써 글로벌 브랜드 이미지를 강화할 수 있다. 다양한 언어와 문화권에서 적합한 콘텐츠를 제공하면서, 기업의 글로벌 브랜드 이미지를 높이는 데 이바지할 수 있다.

3) 사례

한국의 화장품 브랜드인 라네즈(Laneige)는 세계 시장에서 경쟁력을 확보하기 위해 콘텐츠 제작에 주력하고 있다. 라네즈는 다양한 형식의 콘텐츠를 제작하여 세계 시장에서 브랜드 인지도를 높이고, 고객들의 관심을 끌어 모바일 애플리케이션, 소셜 미디어, 블로그 등 다양한 채널을 통해 전달하고 있다.

특히, 라네즈는 한국에서 선보인 제품에 대한 해외 고객들의 반응과 인식을 파악하기 위해 해외 마케팅 연구팀을 운영하고 있다. 이를 통해 라네즈는 지역별로 맞춤형 콘텐츠를 제작하고, 소비자들의 요구에 맞는 제품과 마케팅 전략을 수립할 수 있었다.

예를 들어, 라네즈는 미국 시장에서 콘텐츠 제작에 주력하여, 미국 소비자들의 관심사에 맞는 유익한 정보를 제공하고, 제품 구매와 관련된 행사를 진행하며, 미국 소비자들의 브랜드 인식을 높이는 데 성공하였다.

이처럼 라네즈의 글로벌 콘텐츠 제작 사례를 통해, 세계 시장에서 경쟁력을 확보하기 위해 적극적으로 콘텐츠 제작에 주력하는 것이 중요하며, 지역별로 맞춤형 콘텐츠를 제공하는 것이 성공적인 글로벌 마케팅의 핵심이라는 것을 알 수 있다.

2. 글로벌 콘텐츠 제작 전략과 성과 분석

1) 타겟 시장 조사

우선, 제품 또는 서비스를 홍보할 대상인 타겟 시장을 조사해야 한다. 국가별로 문화, 언어, 관습, 취향, 소비 패턴 등이 다르므로, 국가별로 적합한 콘텐츠와 마케팅 전략을 수립해야 한다. 제품/서비스를 수출하고자 하는 대상 시장의 고객층을 정확하게 파악한다. 이를 통해 해당 시장에서 어떤 콘텐츠가 필요하며, 그 콘텐츠를 어떻게 전달해야 하는지에 대한 정보를 수집할 수 있다.

예를 들어, 스타벅스는 세계 시장에서 성공적인 마케팅 전략을 구사하고 있다. 스타벅스는 국가별로 다양한 매장 인테리어와 메뉴를 제공하여 지역적인 취향과 문화에 부합하는 콘텐츠를 제공하고 있다. 또한, 스타벅스는 국가별로 적합한 마케팅 전략을 수립하여 지역적인 취향과 문화에 맞게 광고를 제작하고 소셜 미디어를 활용하여 지속적으로 소비자와 소통하고 있다. 이를 통해 스타벅스는 세계 시장에서 높은 인지도와 성과를 거두고 있다.

2) 콘텐츠 유형 결정

국가별로 선호하는 콘텐츠 유형을 조사하고, 해당 콘텐츠 유형에 맞는 콘텐츠를 제작해야 한다. 수출하고자 하는 제품/서비스와 해당 시장의 특성에 따라 어떤 유형의 콘텐츠를 제작할지 결정한다. 예를 들어, 일본 시장에서는 제품 소개와 함께 상세한 제품 설명서가 필요할 수 있으며, 중국 시장에서는 제품의 외관과 기능을 강조하는 동영상 콘텐츠가 효과적일 수 있다. 예를 들어, 미국에서는 영상 콘텐츠와 소셜 미디어를 활용한 마케팅이 유효하지만, 일본에서는 웹사이트나 메일링 서비스를 통한 마케팅이 효과적일 수 있다.

3) 문화 및 언어 번역

국가별로 문화와 언어적 특성에 맞게 번역을 수행해야 한다. 번역이 제대로 이루어지지 않으면 문화적인 실수를 범하거나, 제품 또는 서비스를 제대로 이해하지 못하는 경우가 발생할 수 있다. 번역 과정에서는 언어와 문화에 대한 이해가 필요하며, 자연스러운 번역을 위해 현지 전문 번역가를 활용하는 것이 좋다.

영어권에서 제품을 판매하는 한국 기업인 LG전자는 제품 사용 설명서와 마케팅 데이터 등을 현지 언어로 번역하여 제공하는 글로벌 콘텐츠 제작 전략을 적용하고 있다. 예를 들어, LG전자의 스마트폰 제품 사용 설명서는 현지 언어인 영어, 스페인어, 프랑스어, 중국어 등으로 번역되어 있으며, 언어별로 문화적인 차이를 고려한 번역을 수행하고 있다. 이를 통해 LG전자는 전 세계 고객들이 제품을 쉽게 이해하고 사용할 수 있도록 지원하고 있다.

4) 국가별 마케팅 전략 수립

국가별로 적합한 마케팅 전략을 수립해야 한다. 중국에서는 웨이보와 위챗 등 중국 내 특화된 소셜 미디어를 활용하는 것이 효과적일 수 있다.

예를 들어, 코카콜라는 "Share a Coke" 캠페인을 전 세계적으로 진행하여 국가별로 적합한 이름을 인쇄한 코카콜라 병을 출시하였다. 이는 국가별로 가장 인기 있는 이름을 선택하거나, 현지의 문화와 관련된 이름을 선택함으로써 지역적으로 맞춤화된 마케팅을 제공하는 것이다.

또한, 코카콜라는 일부 국가에서는 스포츠와의 연계를 통한 마케팅을 진행한다. 예를 들어, 인도에서는 코카콜라가 크리켓 리그와의 협력을 통해 현지인들에게 가까워지는 마케팅을 진행하고 있다. 이러한 방식으로 코카콜라는 각 국가의 문화와 선호도에 맞게 적합한 콘텐츠 마케팅 전략을 수립하여 세계 시장에서 성공적인 경쟁력을 확보하고 있다.

5) 성과 분석

콘텐츠 제작 및 배포 이후의 성과를 분석하고, 계속하여 개선해나가는 것이 중요하다. 이를 위해 각 채널에서의 트래픽, 방문자 수, 판매 성과 등을 지속적으로 관찰하고 분석해야 한다.

콘텐츠 성과를 분석하기 위한 도구로는 구글 애널리틱스(Google Analytics), 허브스팟(HubSpot), 마케토(Marketo) 등이 있다. 이러한 도구들을 활용하여 방문자 수, 전환율, 유입 경로 등의 데이터를 수집하고 분석함으로써 콘텐츠의 성과를 파악하고 개선할 수 있다.

성과 평가를 위해서는 먼저 목표를 설정하고, 목표 달성을 평가하기 위한 KPI(Key Performance Indicator)를 정해야 한다. 예를 들어, 글로벌 마케팅 캠페인의 목표가 브랜드 인지도 향상이라면, KPI로는 소셜 미디어에서의 언급량, 방문자 수, 구매 수 등을 선정할 수 있다.

KPI를 바탕으로 필요한 데이터를 수집하고, 해당 데이터를 분석한다. 데이터 분석 도구를 활용하면 데이터를 쉽게 수집하고 분석할 수 있다. 데이터 분석 결과를 바탕으로 목표 달성 여부와 성과를 도출한다. 이를 시각화하여 보고서에 담을 수 있다. 예를 들어, 그래프, 도표, 표 등을 활용하여 데이터를 시각화할 수 있다.

성과 평가 결과를 바탕으로 보고서를 작성한다. 보고서는 항목별로 성과와 문제점, 개선 방안 등을 포함해야 한다. 또한, 보고서에는 수집한 데이터나 그래프 등을 첨부하여 시각적으로 명확하게 전달하는 것이 좋다. 보고서를 바탕으로 성과 평가를 하고, 개선할 점이나 문제점을 파악한다. 이를 바탕으로 계속해서 콘텐츠 제작과 마케팅 전략을 개선해 나간다.

3. 글로벌 콘텐츠 제작 기법과 도구

1) 콘텐츠 제작 방법과 프로세스

다음 프로세스를 따르면서, 국가별로 적절한 콘텐츠를 제작하고 배포하는 것이 세계 시장에서 경쟁력을 확보하는데 매우 중요하다.

첫째, 제품 또는 서비스를 홍보할 대상인 타겟 시장을 조사한다. 국가별로 문화, 언어, 관습, 취향, 소비 패턴 등이 다르므로, 국가별로 적합한 콘텐츠와 마케팅 전략을 수립해야 한다. 제품/서비스를 수출하고자 하는 대상 시장의 고객층을 정확하게 파악한다. 이를 통해 해당 시장에서 어떤 콘텐츠가 필요하며, 그 콘텐츠를 어떻게 전달해야 하는지에 대한 정보를 수집할 수 있다.

둘째, 타겟 시장 조사 결과를 바탕으로 콘텐츠 제작 계획을 수립한다. 이 단계에서는 어떤 종류의 콘텐츠를 제작할 것인지, 어떤 언어로 제작할 것인지, 어떤 채널을 통해 배포할 것인지 등을 결정한다. 이를 위해 적절한 콘텐츠 제작 도구를 선택한다.

셋째, 제작 계획이 수립되면, 실제 콘텐츠를 제작한다. 이 단계에서는 전문적인 번역가를 통해 국가별 언어와 문화에 적합한 번역을 수행하고, 이를 바탕으로 다양한 형태의 콘텐츠를 제작한다.

넷째, 콘텐츠 제작이 완료되면, 국가별 채널을 통해 콘텐츠를 배포한다. 이를 위해 적합한 채널을 선택하고, 적절한 마케팅 전략을 수립한다. 배포된 콘텐츠를 활용하여 국가별로 맞춤형 마케팅을 진행한다. 이때, 국가별로 적합한 마케팅 전략과 채널을 선택하고, 국가별로 다른 소비자 요구에 맞춰 적절한 마케팅을 구성한다.

다섯째, 배포 및 마케팅 이후의 성과를 분석하고, 계속하여 개선해

나가는 것이 중요하다. 각 채널에서의 트래픽, 방문자 수, 판매 성과 등을 지속적으로 관찰하고 분석하여, 보완 및 개선점을 파악하고 적용해 나가는 것이 필요하다.

2) 번역 기술 및 문화 적응

먼저, 번역 기술 측면에서는 기계 번역 및 전문 번역가의 활용이 필요하다. 기계 번역 기술은 인공지능 기술의 발전으로 더욱 정확도와 품질이 개선되고 있다. 하지만 완전한 자동화가 아직 불가능하므로, 전문 번역가의 번역 및 검수가 필요하다. 이를 위해, 번역 전문회사나 번역기관과 협력하는 것이 좋다.

또한, 문화 적응 측면에서는 국가별 문화와 관습에 대한 이해가 필요하다. 번역만으로는 충분하지 않으며, 번역과 함께 현지 문화와 관습을 고려한 콘텐츠 제작이 필요하다. 예를 들어, 영어권에서는 직설적이고 간결한 문장이 선호되지만, 아시아권에서는 미묘한 뉘앙스와 예의를 중시하는 문장이 좋다.

이를 위해, 현지 전문가와 협력하거나, 해당 국가에서 활동하거나 경험이 있는 인재를 채용하여 문화 적응을 돕는 것이 좋다. 또한, 현지의 뉴스나 유행, 이슈 등을 지속적으로 관찰하고 콘텐츠에 반영하는 것이 중요하다.

3) 멀티미디어 제작

멀티미디어 콘텐츠를 제작할 경우 해당 국가에서 널리 사용되는 플랫폼과 매체에 맞게 제작해야 한다. 예를 들어, 중국 시장에서는 틱톡이나 위챗 같은 플랫폼이 인기가 있으므로 해당 플랫폼에 맞게 제작된 동영상이 성과를 거둘 수 있다.

또한, 언어별로 발음, 강세, 억양 등이 다르므로 해당 언어의 발음에 맞게 음성 콘텐츠를 제작해야 한다. 이를 위해서는 현지 언어 전문가나 발음 교정 기술을 사용하는 것이 좋다.

촬영, 편집, 음향 및 그래픽 디자인 등을 포함한 멀티미디어 콘텐츠 제작을 위해서는 전문적인 기술과 장비가 필요하다. 따라서 해당 분야의 전문가들과 협력하거나, 전문적인 아웃소싱 업체를 활용하는 것이 좋다.

4) 멀티미디어 콘텐츠 제작을 위한 기술과 장비

▸ 촬영

촬영을 위해서는 카메라가 필요하며, 촬영 대상에 따라 선택되어야 한다. 일반적으로는 DSLR[38] 카메라나 미러리스[39] 카메라가 많이 사용되며, 중급 이상의 모델을 선택하는 것이 좋다. 또한, 초점, 노출 등의 설정을 잘해야 하며, 이를 위해서는 해당 카메라의 기능과 사용법에 대한 이해가 필요하다.

촬영 장소와 대상의 조명은 촬영 결과물에 큰 영향을 미치므로 중요하다. 촬영 장소의 조명이 부족하면 화면이 어두워지거나 노이즈가 발생할 수 있으며, 조명이 과하면 대상이 과도하게 밝아져 노출이 낮아질 수 있다. 이를 해결하기 위해서는 적절한 조명 장비와 기술적 지식이

---

38) Digital Single Lens Reflex Camera의 약자로, 디지털 센서를 이용하여 이미지를 촬영하고, 렌즈를 통해 반사된 빛을 사용자가 볼 수 있는 광학 뷰파인더를 통해 볼 수 있는 고화질 카메라

39) 렌즈와 이미지 센서 사이에 거치하는 미러를 제거한 구조로 인해 DSLR과 비교해 더 작고 가벼우며 저렴함

필요하다.

촬영과 제작에 필요한 장비와 소프트웨어를 갖추고 해당 분야에 관한 기술과 지식을 습득하여 적절한 콘텐츠 제작을 진행하는 것이 중요하다. 또한, 콘텐츠 제작 후에는 적절한 편집과 효과를 적용하여 보완하고 최종적으로 콘텐츠의 질을 향상해야 한다.

▸ 편집

멀티미디어 콘텐츠 제작에서 편집은 매우 중요한 과정 중 하나이다. 전문적인 영상 편집 소프트웨어로 Adobe Premiere, Final Cut Pro 소프트웨어를 사용하여 영상의 흐름을 잘 전달할 수 있도록 영상을 자르고, 합성하고, 효과를 추가할 수 있다. DaVinci Resolve는 초보 영상 편집 프로그램으로 유명하고 유튜브 영상 편집 프로그램으로 많이 쓰이고 있다.

성능이 좋은 동영상 편집 프로그램으로 비디오프록 컨버터(VideoProc Converter)와 아이무비(iMovie)와 같은 프로그램이 유명하다. 비디오프록 컨버터는 간단한 동영상 편집기를 원하는 초보자들에게 적합하고 윈도우 및 맥OS를 모두 지원한다. 아이무비는 맥 운영체제 및 iOS 기기에서 사용할 수 있으며, 다양한 템플릿과 전환 효과를 제공하면서도 빠른 동영상 편집이 가능하다. 애플 제품을 사용하는 경우 아이무비는 더 나은 대안적인 동영상 편집 프로그램이라 할 수 있다. 애플 제품에서 동영상 편집을 하다가 맥북으로 이어서 편집을 마치고 소셜 미디어에 바로 올릴 수 있어 편리하다.

영상 편집 과정에서는 먼저 필요한 부분을 자르고, 순서를 변경하거나 합성하여 전체적인 흐름을 만든다. 이후에는 색 보정, 조명 보정,

음향 편집 등의 작업을 진행하여 완성도를 높이다. 영상 편집을 할 때는 영상의 길이, 녹화된 화질, 음향 품질, 분량 등을 고려하여 적절한 소프트웨어와 방법을 선택해야 한다.

▸ 음향

멀티미디어 콘텐츠에서 음향은 매우 중요한 역할을 한다. 적절한 음향을 통해 콘텐츠의 완성도와 품질을 높일 수 있다. 따라서 음향 제작을 위해서는 마이크, 녹음 소프트웨어, 이퀄라이저 등의 장비와 소프트웨어가 필요하다.

마이크는 녹음하고자 하는 소리에 따라 선택해야 하며, 스마트폰에 내장된 마이크나 PC용 마이크도 사용할 수 있다. 녹음 소프트웨어는 Audacity, GarageBand 등이 있으며, 이를 사용하여 음성이나 배경음악 등을 녹음할 수 있다. 이후에는 노이즈 제거, 음량 조절, 이퀄라이저[40] 조정 등의 작업이 필요하다. 노이즈 제거는 녹음한 음원에서 불필요한 소음을 제거하는 작업으로, Audacity 등의 소프트웨어를 사용하여 처리할 수 있다. 음량 조절은 음원의 크기를 조절하는 작업으로, 소프트웨어에서 간단하게 조정할 수 있다. 이퀄라이저는 음향의 주파수를 조절하여 음질을 개선하는 작업으로, Audacity 등의 소프트웨어에서 사용할 수 있다.

이렇게 음향을 제작하는 과정에서는 노이즈 제거, 음량 조절, 이퀄라이저 조정 등의 작업을 통해 적절한 음향을 만들어내야 한다. 이를 통해 멀티미디어 콘텐츠의 완성도와 품질을 높일 수 있다.

---

40) 오디오 신호의 주파수 영역 별 음량 조절을 가능하게 하는 오디오 장비나 프로그램

▸ 그래픽 디자인

그래픽 디자인은 이미지나 텍스트 등을 활용하여 다양한 디자인 요소를 만드는 작업을 말한다. 이를 위해서는 그래픽 디자인 전용 소프트웨어가 필요한데, 그중 대표적으로 Adobe사의 Photoshop, Illustrator, InDesign 등이 있다.

Adobe Photoshop은 이미지 편집 및 조작, 그래픽 디자인, 웹 디자인 등 다양한 작업에 사용되는 소프트웨어이다. 이미지의 크기, 색상, 명암 대비, 필터 적용 등 다양한 작업을 할 수 있다. Adobe Illustrator는 벡터 그래픽 디자인을 위한 소프트웨어로, 로고, 아이콘, 일러스트 등의 작업에 많이 사용된다. 벡터 이미지는 확대/축소해도 이미지의 질이 유지되는 장점이 있다. 또한, Adobe InDesign은 문서 배열구성, 프린트물자 디자인 등 다양한 인쇄물 제작에 사용되는 소프트웨어이다.

이 외에도 캔바(Canva), 스케치(Sketch) 등의 그래픽 디자인 도구도 많이 사용된다. 그래픽 요소를 제작하는 것은 디자인의 기초이기 때문에 콘텐츠 제작에서 그래픽 요소의 활용은 매우 중요한 요소 중 하나이다.

5) 멀티미디어 콘텐츠 제작 아웃소싱 업체 활용

멀티미디어 콘텐츠 제작을 위해서는 전문적인 기술과 장비, 그리고 충분한 시간과 예산이 필요하다. 이를 모두 갖추기가 어려운 경우, 아웃소싱 업체를 활용할 수 있다. 아웃소싱 업체를 잘 선택하고 협업을 유지하면, 높은 수준의 콘텐츠 제작과 비용 효율적인 프로세스를 기대할 수 있다.

아웃소싱 업체는 전문적인 기술과 장비를 보유하고 있으며, 다양한 콘텐츠 제작 경험이 있어 높은 수준의 콘텐츠 제작이 가능하다. 또한,

제작에 필요한 시간과 예산을 줄일 수 있어 비용 효율적인 콘텐츠 제작이 가능하다.

하지만, 아웃소싱 업체를 선택할 때는 신뢰성과 전문성을 중요하게 고려해야 한다. 제작 전 고객의 요구사항을 충분히 이해하고, 일정과 예산 등을 명확히 협의할 수 있는 업체를 선택해야 한다. 또한, 이전에 제작한 콘텐츠의 질과 성과를 확인하고, 피드백을 받아야 한다.

멀티미디어 콘텐츠 제작 아웃소싱은 수출 바우처 사업을 통해서도 가능하다. 수출 바우처 사업은 정부 부처 수출지원사업 간 칸막이를 제거하고, 중소·중견기업이 자사의 수출역량에 맞는 수출지원 사업을 자유롭게 선택할 수 있도록 보조금을 바우처 형태로 지원하는 사업이다. 수출 바우처는 정부에서 선정된 기업에 보조금을 제공하고, 그 총액을 쿠폰 형태의 수출바우처로 지급한다. 수출바우처를 받은 기업은 수출지원기반 활용사업 포털 메뉴판에서 멀티미디어 콘텐츠 제작에 필요한 서비스를 자유롭게 선택하여 구매하고 이용할 수 있다.

제3절 해외 문화와 언어에 맞는 콘텐츠 조정

1. 해외 고객을 위한 콘텐츠 마케팅 시장조사

해외 고객을 대상으로 하는 콘텐츠 마케팅을 위해서는 먼저 다양한 언어와 문화적 요소를 고려한 시장 조사가 필요하다.

1) 다양한 언어와 문화적 요소를 고려한 시장조사

국제적으로 사업을 확장하고자 하는 기업은 해당 국가의 시장 동향과 문화적 특성 등을 파악하여 비즈니스 전략을 수립해야 한다. 이를 위해서는 현지 전문가나 현지 대리인과 협력하여 해당 국가의 시장 동향과 문화적 특성 등을 파악할 수 있다. 현지 전문가는 해당 국가의 시장에 대한 전문적인 지식과 정보를 보유하고 있어, 시장 동향이나 소비자의 선호도 등을 파악하는 데 유용하다. 현지 대리인은 기업의 대표로서 해당 국가의 비즈니스 문화에 대한 이해도가 높아, 사업 동반자를 찾거나 협상을 진행하는 데 도움을 준다.

첫째, 해당 국가의 소비자나 시장 전문가들과 인터뷰를 통해 시장 동향과 문화적 특성, 소비자 선호도 등을 파악할 수 있다. 인터뷰를 통해 현지 소비자들의 구매 경향이나 제품에 대한 인식 등을 파악하고, 시장 전문가들과의 인터뷰를 통해 해당 국가의 시장 동향 등을 파악할 수 있다.

둘째, 해당 국가의 시장 현장을 직접 방문하여 제품이나 서비스에 대한 이해를 높이고 시장 동향을 파악할 수 있다. 시장 현장을 방문하여 경쟁사의 제품, 판매 채널, 소비자 동향 등을 파악하고, 현지의 사업 동반자를 만나 협력 가능성을 모색할 수도 있다.

셋째, 해당 국가의 온라인 커뮤니티나 소셜 미디어를 통해 소비자들의 의견이나 시장 동향 등을 파악할 수 있다. 현지 소비자들의 인터넷 사용률이 높은 경우, 온라인 커뮤니티나 소셜 미디어를 통해 소비자들의 의견이나 제품에 대한 인식 등을 파악할 수 있다.

넷째, 해당 국가의 관련 행사나 박람회를 참가하거나, 현지 업계단체에 가입하여 네트워킹을 통해 현지 업계 인맥을 구축하고 시장 동향을 파악할 수 있다. 또한, 현지 대리점과 협력하여 현지 시장에서의 제품 판매와 마케팅 활동을 지원받을 수 있다.

2) 언어와 문화적 특징 사례

다음 예시들을 통해 언어와 문화적 특성을 고려하지 않으면 글로벌 콘텐츠 제작과 마케팅에서 문제가 발생할 수 있다는 것을 알 수 있다. 따라서 언어와 문화적 특성을 고려한 콘텐츠 제작과 마케팅 전략이 필수적이다.

▸ 케이팝(K-Pop) 문화

한국의 음악 산업에서 유행하고 있는 케이팝은 전 세계적으로 인기를 끌고 있다. 이는 음악뿐만 아니라 영상, 패션 등 다양한 콘텐츠로 확장되었다. 케이팝 콘텐츠에서는 한국어 노래와 춤, 특유의 의상 등 한국의 문화적 특징을 반영하고 있다. 또한, 팬들과의 소통을 위해 다양한 언어의 자막을 제공하여 전 세계적으로 인기를 끌고 있다.

▸ 일본 만화

일본의 만화 산업에서는 일본어를 사용하는 작품이 많다. 이는 일본어의 표현력과 문화적 특징을 반영하기 위해서이다. 또한, 일본 만화는 전 세계적으로 인기를 끌고 있어 다른 언어로 번역되어 출간되는 경우가 많다.

▸ 마이크로소프트 'Tay' 챗봇

2016년 마이크로소프트는 인공지능 챗봇 'Tay'를 출시했다. 이 챗봇은 트위터를 통해 사용자와 대화하며 학습하도록 설계되었다. 그러나 'Tay'는 몇 시간 만에 인종 차별적이고 성적으로 부적절한 발언을 하기 시작했다. 이는 'Tay'의 학습 알고리즘이 문화적 차이와 다양성을 고려하지 않고 학습한 결과물이었다.

▸ 맥도날드 “I'm Lovin' It” 캠페인

맥도날드는 전 세계에서 “I'm Lovin' It” 캠페인을 전개하고 있다. 그러나 이 캠페인의 표어는 다른 언어와 문화에 따라 적절한 번역이 필요하다. 예를 들어, 중국에서는 “I'm Lovin' It” 대신 “我就喜欢”(“I just like it”)이라는 표어가 사용된다.

▸ 코카-콜라

중국 시장에서 진출할 때 ‘코카-콜라’라는 브랜드 이름을 직역하여 ‘코우콜라’로 발음하도록 하였다. 그러나 이러한 발음은 중국어로 말하면 “말이 안 통한다”는 의미가 있으므로, 중국에서는 이 발음이 적절하지 않다고 인식되었다. 이후 코카-콜라는 중국어권 국가에서는 지역적으로 적합한 브랜드 이름을 사용하고, 중국 시장에서는 ‘可口可乐’로 브랜드 이름을 변경하였다. 이처럼, 언어와 문화적 특징을 고려하지 않은 글로벌 콘텐츠 제작 및 마케팅은 대상 시장에서의 인지도와 판매실적에 부정적인 영향을 미칠 수 있다.

2. 해외 문화와 언어에 맞는 콘텐츠 조정

1) 번역 품질 관리

번역이 필요한 콘텐츠와 번역 언어, 용도 등에 대한 정보를 포함한 번역 요청서를 작성한다. 번역 전, 번역 대상 콘텐츠를 분석하여 전문

용어, 스타일, 톤 등을 파악하고, 번역기나 번역 도구를 이용하여 번역 작업에 필요한 전처리 작업을 수행한다. 전처리 작업이 완료된 콘텐츠를 번역한다. 이때, 번역 대상 언어의 문법, 표현, 문화, 국가별 표준 어휘 등을 고려하여 번역한다.

번역된 콘텐츠를 원본과 비교하여 오역, 누락, 번역 품질 등을 검수한다. 번역 검수 결과, 수정이 필요한 부분을 파악하여 수정한다. 번역이 완료된 콘텐츠를 최종 검수하여 번역 품질을 확인하고, 번역 요청서에 명시된 용도에 맞는지 확인한다.

콘텐츠 번역 품질 관리는 번역 작업이 완료된 후에 이루어지며, 번역물의 정확성과 자연스러움을 확인하는 과정이다. 콘텐츠 번역 품질 관리를 통해 잘못된 번역이나 문맥상 부적절한 내용 등을 발견하고 수정할 수 있다. 번역사와 미리 정해진 기준과 요구사항을 공유하고, 번역 작업 도중 문제가 발생했을 때 적극적으로 소통한다. 두 명 이상의 번역사가 같은 내용을 번역한 후, 번역물을 비교하고 품질을 평가한다. 번역된 콘텐츠를 실제 사용할 곳에서 검수를 진행한다. 이를 통해 문제점을 발견하고 수정할 수 있다.

번역 속도를 높이기 위해 자동 번역 도구를 사용하는 경우가 많다. 하지만 이 경우에도 수동 검수를 통해 문제를 확인하고 수정해야 한다. 번역물을 사용하는 사람들로부터 적극적인 피드백을 받아 문제를 발견하고 수정하는 것이 중요하다.

2) 콘텐츠 조정

번역된 콘텐츠를 해당 국가의 문화와 언어에 맞게 조정하는 것은 매우 중요하다. 첫째, 해당 국가의 문화와 언어에 대한 전문 지식을 가진 현지 전문가에게 번역된 콘텐츠를 검수하도록 한다. 이를 통해 언어적 오류뿐만 아니라 문화적인 실수를 방지할 수 있다.

둘째, 해당 국가의 문화적 특징과 관습을 고려하여 번역된 콘텐츠를 수정한다. 예를 들어, 언어적으로 올바른 표현이지만 해당 국가에서는 일반적이지 않은 표현이 있는 경우, 해당 국가에서 일반적인 표현으로 수정할 필요가 있다.

셋째, 번역된 콘텐츠를 해당 국가의 현지화에 맞게 수정한다. 이는 번역된 콘텐츠가 해당 국가의 문화와 사용자 경험에 맞도록 하는 과정이다. 예를 들어, 색상, 날짜, 시간, 단위 등의 현지화 작업을 포함한다.

넷째, 수정된 콘텐츠를 해당 국가의 대상 고객을 대상으로 테스트하고 평가한다. 이를 통해 수정된 콘텐츠가 해당 국가의 문화와 언어에 맞게 조정되었는지 확인할 수 있다.

다섯째, 수정된 콘텐츠가 해당 국가의 문화와 언어에 맞게 조정된 후에도, 해당 국가의 변화에 따라 지속적으로 관리해야 한다. 이는 해당 국가의 문화, 관습, 사용자 요구사항 등을 지속적으로 파악하고, 이를 적용하는 과정이다.

3) 콘텐츠 조정 사례

▸ 맥도날드 독일 마케팅

한 예로는 맥도날드의 “I'm Lovin' It” 캠페인이 있다. 이 캠페인은 처음 미국에서 출시되었을 때 큰 인기를 얻었으나, 독일에서 처음 출시되었을 때 “Ich Liebe es”로 번역된 캠페인은 문제가 있었다. 번역된 문구는 “나는 그것을 사랑한다”라는 뜻이지만, 독일어에서 ‘es’라는 단어는 성적 의미도 포함되어 있으므로 이를 무심코 사용하는 것은 문화적으로 적절하지 않다. 이에 맥도날드는 "Ich Liebe es, McDonald's"로 문구를 수정하고, 독일 시장에서 큰 성공을 거두었다. 이렇게 해당 국가의 문화와 언어적인 특성을 고려하여 적합한 콘텐츠를 제작하는 것이 글로벌 마케팅에서 매우 중요하다.

▸ 코카콜라 중동 마케팅

예를 들어, 코카콜라는 중동지역에서 라마단 기간을 맞아 라마단 대용량 TV 광고를 방영하였다. 라마단은 이슬람교에서 중요한 기간으로, 이 기간에는 하루 중 일출에서 일몰까지 식사가 금지되어 있다. 이에 따라, 코카콜라는 라마단 기간 TV 광고를 제작할 때, 식사하는 장면이 들어가지 않도록 유의하여 광고를 제작하였다. 또한, 광고에 사용되는 배경음악 역시 중동지역의 문화와 적합한 음악을 사용하여 광고에 대한 소비자들의 호응을 얻을 수 있었다. 이처럼 코카콜라는 해당 지역의 문화와 언어를 충분히 이해하고, 이에 맞는 콘텐츠를 제작하여 지역 소비자들에게 호감을 얻을 수 있었다.

▸ 미샤 중국 마케팅

한국의 화장품 브랜드인 미샤는 중국 시장에서 급성장하면서, 중국 소비자에게 맞는 콘텐츠를 제작하여 성공적인 진출을 이루었다.

미샤는 중국 시장에서 높은 인지도와 인기를 얻기 위해 중국 소비자에게 맞는 콘텐츠를 제작하기 위해 노력했다. 먼저, 미샤는 중국에서 가장 인기 있는 소셜 미디어 플랫폼인 위챗과 웨이보를 활용하여 브랜드 이미지와 제품정보를 전달하였다. 이를 위해 중국 지역의 소셜 미디어 마케팅 전문업체와 협업하여 중국 소비자에게 맞는 콘텐츠를 제작하였다.

또한, 미샤는 중국 소비자의 취향과 요구를 반영한 제품을 출시하였다. 중국 소비자는 화장품 제품의 향, 색상, 패키징 등 디자인적인 측면에 매우 민감하므로, 미샤는 중국 시장에서 인기 있는 색채와 디자인을 적극적으로 활용하여 제품을 출시하였다. 이처럼 미샤는 중국 시장에서 적극적인 콘텐츠 마케팅과 제품 개발을 통해 중국 소비자에게 맞는 콘텐츠를 제공하여 성공적인 진출을 이루었다.

4) 지역별 콘텐츠 제작

해당 국가의 문화와 언어를 고려하여 지역별 콘텐츠를 제작하는 것은 글로벌 마케팅에서 매우 중요한 전략이다. 이를 위해서는 먼저 각 국가의 문화, 언어, 관습, 취향, 소비 패턴 등을 이해하고 파악해야 한다. 그 후, 이에 맞는 지역별 콘텐츠를 제작하고 배포하는 것이 필요하다.

예를 들어, 세계적 기업의 제품 또는 서비스를 중국 시장에 출시하고자 할 때, 중국의 문화, 언어, 관습, 취향, 소비 패턴 등을 고려하여 중국 시장에 맞는 콘텐츠를 제작해야 한다. 중국의 소비자는 미국이나 유럽과는 다른 문화와 관습을 가지고 있으며, 중국어 사용이 필요하다. 따라서 중국 시장에 적합한 콘텐츠를 제작하고, 중국어 번역을 수행하여 중국 시장에서 효과적인 마케팅을 진행할 수 있다.

또한, 각 국가의 지역적 특성에 맞게 콘텐츠를 제작하는 것도 중요하다. 예를 들어, 남미 지역의 경우, 스페인어가 주로 사용되며, 현지의 문화와 관습도 다른 지역과 차이가 있다. 이에 맞춰 남미 지역에서는 스페인어를 사용하는 콘텐츠를 제작하고, 현지 문화와 관습을 반영한 마케팅 전략을 수립해야 한다.

5) 지역별 콘텐츠 제작 사례

▸ S은행

한국의 대표적인 금융기관 중 하나인 S은행은 글로벌 마케팅에 힘을 쏟고 있다. 그들은 각 나라의 문화와 특징을 고려하여 지역별 콘텐츠를 제작하고 있다. 예를 들어, 중국에서는 '시작과 함께하는 행복한 삶'이라는 표어로 홍보를 하고 있다. 또한, 일본에서는 일본식 '마음씨 의리'를 강조하는 캠페인을 진행하였다. 이러한 콘텐츠 제작을 통해 해당 국가의 문화와 언어에 맞게 제작되었기 때문에 해당 국가의 소비자들에게 적합한 마케팅을 진행할 수 있었다.

▸ 넷플릭스(Netflix)

넷플릭스는 세계 시장에 진출하면서 지역별 맞춤 콘텐츠 제작에 큰 노력을 기울여왔다. 예를 들어, 2021년에는 한국에서 제작한 드라마 '오징어 게임'을 세계적으로 서비스하면서 세계 시장에서 큰 인기를 얻었다. 이 작품은 한국적인 특수성과 장르적인 관습을 결합하여 상업적인 문화상품의 차별화 요소로 활용하는 초국적 콘텐츠로 성공하였다.[41)]

또한, 넷플릭스는 지역마다 다른 취향을 고려하여 맞춤형 콘텐츠를 제공하기 위해 지역본부를 운영하고 있다. 예를 들어, 넷플릭스의 미국 본부는 미국 시청자들의 취향을 파악하고 맞춤형 콘텐츠를 제공하기 위해 노력하고 있다. 또한, 유럽 지역본부는 유럽 각국의 언어와 문화적

---

41) 강혜원, 이성민, "넷플릭스의 초국적 콘텐츠 소구 전략 : <오징어 게임>에 나타난 장르적 보편성과 문화적 특수성의 이중적 상품화 구조 분석", 언론과 사회 제30권 제3호, 2022, pp.5-41.

특성을 고려하여 맞춤형 콘텐츠를 제작하고 있다. 이러한 노력으로 넷플릭스는 세계 시장에서 성공을 거두고 있다.

▸ 드라마 '미스터 션샤인'

대한민국에서 제작된 드라마 '미스터 션샤인'은 대한제국 시절을 배경으로 하며, 일본과 대한민국의 역사적 갈등을 다룬다. 이 드라마는 대한민국뿐만 아니라 일본, 중국, 동남아시아 등 아시아 지역에서 큰 인기를 얻었다.

제작사는 해당 지역의 문화와 언어를 고려하여 콘텐츠를 제작하였다. 예를 들어, 일본에서는 일본인 배우들이 나오는 일본어판 예고편을 활용하여 광고를 전달하였고, 중국에서는 유명한 중국 배우들의 출연 소식을 공유하여 더 많은 관심을 끌었다. 또한, 각 지역의 문화적인 차이를 고려하여 자막 번역과 방송 시간을 조정하였다. 이를 통해 해당 지역의 시청자들에게 더욱 친근하고 적합한 콘텐츠를 제공하였다. 이러한 노력으로 '미스터 션샤인'은 아시아 지역에서 대성공을 거두었으며, 세계 시장에서도 큰 인기를 얻었다.

3. 콘텐츠 검증 및 개선

1) 해외 콘텐츠 검증 및 수정 방법

해외 콘텐츠 검증 및 수정은 콘텐츠를 해당 국가의 문화와 언어에 맞게 수정하여 보완하는 과정이다. 이를 통해 문화적인 실수나 번역 오류 등을 수정하고, 해당 국가의 소비자에게 적합한 콘텐츠를 제공할 수 있다.

해외 콘텐츠 검증 및 수정을 위해서는 해당 국가의 문화와 언어를 충분히 이해하고, 현지 전문가나 지역 대행사와 협력해야 한다. 이를 통해 문화적인 차이나 언어적 오류를 감지하고 수정할 수 있다. 또한, 테스트 시나리오를 통해 콘텐츠의 질을 향상하고, 지속적인 피드백을 수집하여 개선할 수 있다.

예를 들어, 외국 소재의 동영상 콘텐츠를 국내 시청자에게 제공할 때는 해당 국가의 문화와 관습을 충분히 이해하고, 그것에 맞게 번역 및 자막을 수정해야 한다. 또한, 콘텐츠의 이해도를 높이기 위해 지역 대행사나 현지 전문가의 검토를 받아야 한다. 이를 통해 적절한 수정 작업을 거쳐 해당 국가의 소비자에게 적합한 콘텐츠를 제공할 수 있다.

표29 해외 콘텐츠 검증 및 수정 방법

방법	내용
포커싱 그룹 인터뷰(FGI)	해당 국가의 소비자들을 대상으로 콘텐츠에 대한 인식과 만족도를 조사하는 방법이다. 대상 그룹은 제품/서비스를 이용하는 고객, 경쟁사 제품/서비스를 사용하는 고객, 해당 산업에 대한 전문가 등이 될 수 있다.
소비자 조사	해당 국가의 소비자들을 대상으로 온라인/오프라인 설문 조사를 하여 콘텐츠에 대한 인식과 만족도를 파악하는 방법이다.
소셜 미디어 감성 분석	해당 국가의 소셜 미디어에서 콘텐츠에 대한 반응과 감성을 수집하고 분석하여 콘텐츠 수정 및 개선에 활용하는 방법이다.
A/B 테스트	두 개의 콘텐츠를 만들어 해당 국가의 소비자들을 대상으로 테스트하여 어떤 콘텐츠가 더 우수한지를 판별하는 방법이다.
현지 전문가의 검토	해당 국가의 산업 전문가나 미디어 업계 전문가 등을 대상으로 콘텐츠의 내용과 표현 방식 등을 검토하고 수정하는 방법이다.

2) 콘텐츠 보안

저작권 및 지식재산권 보호를 위한 콘텐츠 보안 시스템은 해외 콘텐츠 제작 및 배포 시에 중요한 역할을 한다. 이를 위해 다양한 보안 시스템이 도입되고 있으며, 대표적으로는 DRM(Digital Rights Management) 기술이 있다.

DRM은 콘텐츠에 대한 저작권을 보호하기 위해 적용되는 기술로, 콘텐츠를 암호화하여 불법적으로 복제나 배포하는 것을 방지한다. 또한, 콘텐츠의 사용자별로 접근 권한을 제어할 수 있어, 콘텐츠의 유출을 방지하고 저작권자의 권리를 보호할 수 있다.

그 외에도, 워터마킹 기술, 저작권 신고 및 관리시스템 등의 보안 시스템을 도입하여 해외 콘텐츠의 보안을 강화할 수 있다. 이를 통해, 해외 콘텐츠 제작 및 배포 시에 발생할 수 있는 저작권 침해나 지식재산권 침해 문제를 방지하고 보호할 수 있다.

3) 법적 제한사항 준수

어떤 국가에서는 콘텐츠를 제작하고 배포하는 데 있어 법적인 제한사항이 존재할 수 있다. 이를 위해 해당 국가의 법률을 조사하고, 법적인 문제를 방지할 수 있는 전문가의 조언을 받는 것이 좋다.

인종 차별, 성적 표현, 폭력, 혐오 등을 표현한 콘텐츠가 법적으로 금지된 나라가 많다. 이에 따라 넷플릭스는 인도네시아와 싱가포르에서 인종 차별과 성적 표현을 포함한 콘텐츠를 삭제하는 등 해당 국가의 법적인 제한사항을 준수하였다. 또한, 중국에서는 외국 소셜 미디어 및 콘텐츠에 대한 검열이 이루어지고 있으므로, 외국 콘텐츠 제작사들은 중국의 법적인 제한사항을 준수하고, 검열을 통과해야 중국 시장에 진출할 수 있다.

독일에서는 나치와 관련된 기호나 상징을 사용하는 것이 법적으로 금지되어 있다. 이에 따라 독일에서 제작된 콘텐츠에서는 해당 기호나 상징을 사용하지 않고, 나치와 관련된 내용을 다룰 때도 특정한 조건을 충족시켜야 한다.

중동 국가들에서는 인터넷, 출판, 방송 등의 매체를 통해 발행되는 콘텐츠에 대한 법적 제한사항이 강력하다. 해로운 정보, 음란물, 혐오 발언 등이 포함된 콘텐츠는 법적으로 금지된다.

4) 전문가와의 협업

해당 국가의 전문가와 협업하여 적합한 콘텐츠를 제작하는 사례는 다양하다. 예를 들어, 해외 국가에서 활동하는 유명한 인플루언서나 아티스트와 함께 콘텐츠를 제작할 수가 있다. 이들은 해당 국가의 문화와 소비 유행에 대한 전문 지식과 인지도를 가지고 있으며, 이를 바탕으로 해당 국가의 소비자들이 선호하는 콘텐츠를 제작할 수 있다.

또한, 해당 국가의 마케팅 전문가나 광고 대행사와 협업하여 적합한 콘텐츠를 제작할 수도 있다. 이들은 해당 국가의 광고 시장에 대한 전문 지식과 경험이 있으며, 이를 바탕으로 해당 국가의 소비자들에게 맞는 적합한 마케팅 전략과 콘텐츠를 제작할 수 있다. 이를 통해 해당 국가의 소비자들에게 적합한 콘텐츠를 제공하고, 성공적인 해외 마케팅을 끌어낼 수 있다.

글로벌 콘텐츠 제작에서는 각 국가의 문화와 언어, 법적 제한사항 등을 고려해야 하므로, 현지 전문가와의 커뮤니케이션과 협업이 매우 중요하다. 또한, 제작된 콘텐츠의 검수와 수정도 지속적인 커뮤니케이션과 협업을 통해 이루어져야 한다. 이를 통해 적합한 콘텐츠를 제작하고, 법적인 문제나 문화적인 실수를 방지할 수 있다.

액션러닝 문제

- 성공적인 해외 콘텐츠 마케팅 사례를 분석하고, 해당 사례에서 어떤 전략과 접근 방식이 성공을 이끌었는지 설명해 보세요. 다양한 산업이나 기업의 해외 콘텐츠 마케팅 사례를 조사하고, 그들이 어떻게 해외 고객의 관심을 끌고 성과를 거두었는지를 분석하여 설명해야 합니다.
- 다국어 콘텐츠 제작과 관리에 관해 연구하고 실행해 보세요. 다국어 시장을 대상으로 콘텐츠를 제작하고 관리하는 데 필요한 절차와 도구를 조사하고 설명해 주세요. 다국어 콘텐츠의 번역, 번역 품질 관리, 다국어 웹사이트 및 앱 개발 등과 관련된 주요 고려 사항과 해결책을 제시해야 합니다.
- 해외 문화와 언어에 맞는 콘텐츠 조정 방법에 관해 연구하고 실행해 보세요. 다양한 해외시장의 문화적 차이와 언어적 특성을 고려하여 콘텐츠를 조정하는 방법을 조사하고, 각 문화와 언어에 맞는 콘텐츠 조정의 중요성을 설명해 주세요. 예를 들어, 번역과 함께 문화적인 어투, 관용어, 상징 등을 고려한 현지화 방법을 제시해야 합니다.
- 콘텐츠 검증 및 개선 방법에 관해 연구하고 실행해 보세요. 해외 고객을 위한 콘텐츠를 효과적으로 제작하기 위해 어떻게 검증하고 개선해야 하는지를 조사하고 설명해 주세요. 다양한 테스트와 사용자 피드백 수집 방법을 활용하여 콘텐츠의 품질과 효과를 평가하는 방법을 제시해야 합니다.

■ 해외 고객을 위한 다양한 콘텐츠 형식과 채널에 관해 연구해 보세요. 해외시장에서 효과적인 콘텐츠 마케팅을 위해 어떤 다양한 형식과 채널을 활용할 수 있는지 조사하고 설명해 주세요. 예를 들어, 블로그, 소셜 미디어, 비디오 콘텐츠, 인플루언서 마케팅 등을 포함하여 각각의 형식과 채널의 특징과 장단점을 분석하여 제시해야 합니다.

6장

국경 간 전자상거래

| 학습 목표 |

- 국경 간 전자상거래에 대한 개념과 원리를 이해하고, 국제적인 거래의 특성과 장점, 그리고 이를 위한 필수적인 요소들을 파악할 수 있도록 한다.
- 국제적인 거래를 위한 다양한 마케팅 전략들과 국경 간 전자상거래에 대한 다양한 도구들을 학습하고, 이를 활용하여 국제적인 거래를 성공적으로 끌어낼 수 있도록 한다.
- 국제적인 거래에서의 법률과 제도에 대한 이해를 바탕으로, 국경 간 전자상거래에서의 법적인 문제와 위험을 최소화하고, 안전하게 거래를 진행할 수 있도록 한다.

| 학습 목차 |

6장

국경 간 전자상거래

제1절 B2C 전자상거래의 정의 및 종류

1. 전자상거래의 이해

1) 전자상거래의 법적 정의

한국에서는 '전자문서 및 전자거래 기본법'과 '전자상거래 등에서의 소비자보호에 관한 법률'에서 각각 전자거래와 전자상거래를 정의하고 있다. 전자거래는 재화나 용역을 거래할 때 일부 또는 전부가 전자문서 등의 전자적 방식으로 처리되는 거래를 말하며, 전자상거래는 전자거래의 방법으로 상행위(商行爲)를 하는 것을 말한다. 이러한 법적 배경과 정보통신기술의 발전, 스마트폰 보급, 안전한 전자결제 시스템 등으로 인해 전자상거래는 급성장하고 있으며, 이제는 거래의 자동화, 디지털 환경과 상행위를 포함하는 새로운 쇼핑 생태계로 발전하고 있다. 또한, 메타버스, 사물인터넷, 빅데이터, 인공지능(AI) 등 4차 산업혁명 기술들이 전자상거래에 적용되고 있다는 것도 주목할 만하다.

2) 전자상거래의 급성장

최근 정보통신기술의 발전과 스마트폰의 보급, 안전하고 편리한 전자결제 시스템의 발달로 인해 전자상거래는 급성장하고 있다. 전자상거래는 거래의 자동화와 전자화를 넘어서 디지털 환경과 상행위를 포함하는 새로운 쇼핑 생태계로 발전하고 있으며, 메타버스, 사물인터넷, 빅데이터, 인공지능 등 4차 산업혁명 기술들이 전자상거래에 적용되고 있다. 이러한 환경 변화는 전통적인 오프라인 상거래와 함께 전자상거래를 더욱 중요한 쇼핑 채널로 만들고 있다.

코로나19로 인해 세계적으로 경기 침체가 예상되었던 상황에서도, 전자상거래 시장은 오히려 성장하였다. 특히 고령층의 온라인 쇼핑 이용률이 증가한 것이 큰 원인 중 하나이다. 중국을 비롯하여 미국, 영국, 일본 등 전 세계적으로 전자상거래 시장이 성장하고 있다. 한국의 경우, 세계 5위의 전자상거래 시장 규모를 가지고 있으며, 2020년에는 140조 원 이상의 규모를 기록했으며, 2022년에는 200조 원을 넘어섰다. 특히, 모바일 쇼핑은 전체 전자상거래의 70%를 차지하고 있다. 이러한 상황에서, 기업과 고객 모두에게 유통과 소비의 디지털 전환은 선택이 아닌 필수적인 과제로 부상하고 있다. 성균관대학교 최재붕 교수는 이러한 현상을 "인류 소비 문명의 표준이 바뀌고 있다"라고 표현하였다.

3) 전자상거래의 미래

전자상거래의 미래는 디지털 기술의 발전과 더불어 계속해서 진화하고 있다. 인공지능, 빅데이터, 사물인터넷(IoT) 등의 4차 산업혁명 기술이 전자상거래에 적용되면서 맞춤형 상품 추천, 빠른 배송, 결제 및 환불 처리 등 모든 과정에서 고객의 만족도가 향상되고 있다. 또한, 모바일 기술의 발전으로 모바일 쇼핑이 더욱 편리해지면서 모바일 쇼핑의 비중이 계속해서 증가하고 있다. 이러한 추세는 더 많은 기업이 전자상거래를 도입하게 되고, 기업들은 전자상거래를 통해 새로운 수익 모델을 창출하고 세계 시장에서 경쟁력을 확보할 수 있다는 점에서 더욱 중요해지고 있다. 또한, 코로나19로 인한 비대면 거래의 증가와 함께 디지털 전환의 필요성이 강조되면서 전자상거래는 더욱 가속화될 것으로 예상한다. 따라서, 전자상거래 기술의 발전과 더불어 고객 경험의 개선, 보안성 강화, 환경친화적인 물류 시스템의 도입 등을 통해 전자상거래 산업이 더욱 발전해 나갈 것으로 예상한다.

4) 전자상거래 모델의 분류

전자상거래 모델은 거래 참여 주체에 따라 다양하게 분류된다. 일반적으로는 기업 간 거래를 나타내는 B2B(Business to Business), 기업과 고객 간 거래를 나타내는 B2C(Business to Customer), 고객 간 거래를 나타내는 C2C(Customer to Customer), 정부와 기업 간 거래를 나타내는 B2G(Business to Government) 등이 있다. 또한, 기업과 기업, 고객과 정부, 정부와 정부 등의 거래 조합에 따라 B2B2C, B2B2G, C2B(Customer to Business), G2B(Government to Business) 등의 전자상거래 모델도 존재한다. 이러한 전자상거래 모델은 각각의 특성에 따라 다양한 전략과 방법론이 필요하므로, 기업이 전자상거래를 활용하는 데 있어서 모델의 특징과 특성을 잘 파악하여 적합한 전략을 수립하는 것이 중요하다.

2. 글로벌 B2C 전자상거래

1) 정의

B2C는 기업이 개별 고객에게 직접 제품 또는 서비스를 전자상거래를 통해 판매하는 것을 말한다. 이는 제품 또는 서비스를 제공하는 기업과 이를 구매하는 개별 소비자 간의 거래에 초점이 맞춰져 있다. B2C는 광고, 고객 서비스, 판매 등의 활동을 통해 고객 중심적인 전자상거래를 구현할 수 있다. B2C의 종류로는 정보나 교육을 위한 온라인 데이터베이스, 뉴스 그룹, 홈뱅킹을 비롯한 대금 납부, 이체, 계좌 관리, 홈쇼핑을 위한 온라인 시장, 온라인 주문, 오락을 위한 게임, 주문형 서비스, 그리고 온라인 광고 등이 있다.

온라인 광고는 인터넷을 통해 제품이나 서비스를 홍보하거나 마케팅하는 방법을 말한다. 구글, 네이버, 페이스북 등의 검색 엔진이나 소셜 미디어, 블로그, 유튜브, 인플루언서 등을 활용하여 광고를 전달한다. 대표적인 온라인 광고 방법으로는 검색 광고, 디스플레이 광고, 비디오 광고, 소셜 미디어 광고, 이메일 광고 등이 있다. 이를 통해 대상 고객층에게 더 효과적으로 제품이나 서비스를 홍보하고 마케팅할 수 있다.

온라인 광고 시장은 지속적으로 성장해왔다. 전통적인 광고 수단인

TV, 라디오, 신문 등과 달리, 인터넷 광고는 효율적인 광고 효과 측정이 가능하다는 장점이 있다. 특히, 모바일 기기의 보급으로 인해 모바일 광고 시장도 큰 성장세를 보인다. 또한, 소셜 미디어의 대중화와 함께 소셜 미디어 광고 시장도 급성장하고 있다. 전 세계적으로 온라인 광고 시장은 계속해서 성장할 전망이다.

2) 종류

B2C는 기업이 개별 고객에게 직접 제품 및 서비스를 판매하는 전자상거래 모델로, 다양한 종류와 경계가 허물어지며 계속 진화하고 있다. 전문몰은 종합몰과 비교하면 차별화된 콘텐츠와 경쟁력을 갖추어 성장하고 있으며, 생방송 라이브 커머스도 신사업으로 주목받고 있다. 예를 들어 쿠팡은 소셜커머스에서 오픈마켓으로 사업 모델을 전환하면서 사용자 경험 측면에서 구별되고, 무신사와 마켓컬리는 제품군을 확대하면서 종합몰로 진화하고 있다.

오픈마켓은 인터넷을 통해 다양한 판매자들이 직접 상품을 등록하고 판매하는 전자상거래 플랫폼이다. 사용자는 오픈마켓에서 원하는 상품을 검색하고 주문하며, 판매자는 오픈마켓을 통해 상품을 등록하고 판매한다. 오픈마켓은 이용자의 쇼핑몰 선택 폭을 넓혀주는 장점이 있지만, 판매자의 신뢰성, 상품의 질 등이 중요한 이슈로 드러나고 있다. 대표적인 오픈마켓으로는 쿠팡, G마켓, 옥션 등이 있다.

전문몰은 하나의 특정한 제품 카테고리나 브랜드에 대해서만 판매하는 전자상거래 사이트를 말한다. 종합몰과는 달리 한정된 제품군에 특화된 전문적인 상품 제품군과 상세한 제품정보를 제공하며, 해당 제품에 대한 전문성과 신뢰성을 강조한다. 또한, 해당 제품에 대한 지식이나 정보를 제공하고, 고객에게 전문적인 조언과 컨설팅을 제공하는 예도 많다. 예를 들어, 패션 전문몰인 쇼핑몰 무신사는 남성 패션에 특화되어 있으며, 고객에게 최신 패션 유행 정보와 스타일링 팁 등을 제공한다. 전문몰은 특정한 분야에서 강력한 경쟁력을 가지고 있으며, 전문성과 신뢰성을 강조하여 고객의 브랜드 충성심과 신뢰도를 높일 수 있다.

자사몰은 기업이 직접 운영하는 인터넷 쇼핑몰을 말한다. 기업은 자사몰을 통해 직접 제품을 판매하거나 브랜드 홍보 등의 마케팅 활동을 수행할 수 있다. 자사몰의 장점은 제품의 직접 판매와 더불어 브랜드 이미지와 고객 데이터를 직접 관리할 수 있다는 점이다. 또한, 고객들이 자사몰을 통해 제품을 구매할 때 발생하는 수수료를 줄일 수 있다. 하지만, 자사몰을 운영하기 위해서는 기술적인 지식과 인력이 필요하며, 마케팅 활동에 대한 전문적인 지식도 필요하다.

소셜커머스는 소셜 미디어와 전자상거래의 결합으로 이루어진 새로운 형태의 쇼핑 방식을 말한다. 소셜 미디어를 이용하여 상품을 홍보하고 판매하는 것을 중심으로, 구매자와 판매자 간의 소통과 상호작용이 활발하게 이루어지는 것이 특징이다. 페이스북, 인스타그램, 트위터 등의 소셜 미디어 플랫폼에서 제공하는 쇼핑 기능을 활용하여 상품을 판매하는 예도 있으며, 전문적인 소셜커머스 플랫폼을 이용하는 예도 있다. 최근에는 인플루언서와의 협업을 통해 상품을 홍보하고 판매하는 사례도 많아지고 있다. 소셜커머스는 소비자들이 소셜 미디어에서 선호하는 상품이나 브랜드를 발견하고 쉽게 구매할 수 있는 환경을 제공한다.

표30 B2C 쇼핑몰의 종류

종류	설명	예시
오픈마켓	개인 또는 소규모 업체가 직접 상품을 쇼핑몰에 등록해 판매할 수 있도록 하는 전자상거래 사이트	옥션, G마켓, 11번가, 인터파크
종합몰	대형 오프라인 유통업체이면서 여러 가지 상품을 다양하게 구성하여 판매하는 사이버 쇼핑몰	SSG, GS SHOP, 롯데ON, AK몰, CJ온스타일
전문몰	1~2개 상품군이 전체 거래액의 50% 이상일 정도로 특정 상품군을 전문적으로 판매하는 전자상거래	오늘의집, 에이블리, 지그재그, 무신사, 마켓컬리
자사몰	거대 전자상거래 유통 플랫폼을 거치지 않고 고객을 유입해 직접 판매하는 방식으로 'D2C(Direct to Consumer)'로 불리고 있음	'쇼피파이', '카페24', '엑스투비(X2BEE)' 등 자사몰 제작 및 호스팅 솔루션을 이용하는 경우
소셜 커머스	소셜 미디어를 통하여 고객을 모집하면서 공동 구매와 파격 할인가로 판매하는 시스템인데 현재는 오픈마켓 성격이 가미됨	쿠팡, 위메프, 티몬
라이크(Like) 커머스	소셜 미디어에서 소비자들의 '좋아요(Like)' 반응이 실제 구매로 이어지는 온라인 유통환경이며 인플루언서 마케팅과 밀접한 개념	인플루언서 상품 판매, 와디즈 등 소셜 펀딩을 통한 선주문

3) B2C 전자상거래의 세계화

글로벌 B2C 전자상거래는 최근 몇 년 동안 빠르게 성장하고 있다. 특히 코로나19 대유행 이후로는 온라인 쇼핑의 중요성이 더욱 두드러지면서 전자상거래 시장이 더욱 활성화되고 있다. 아마존, 알리바바, 이베이 등의 대형 플랫폼을 비롯하여 지역적인 쇼핑몰들이 각자의 시장에서 성장하고 있다.

또한, 모바일 기술의 발전으로 인해 모바일 쇼핑의 비중이 높아지고 있으며, 소셜 미디어를 활용한 소셜커머스도 더욱 성장할 것으로 예상한다. 또한, 인공지능 기술이 적용된 맞춤형 추천 서비스 등은 고객 경험을 향상하고 전자상거래 시장을 더욱 성장시킬 것으로 기대된다.

B2C 전자상거래의 국제화를 위해서는 정보, 대금결제, 상품 3가지 요소의 국경 간 이동이 자유로워야 한다. 인터넷 비즈니스에서 정보의 이동만 필요한 포털 비즈니스는 세계화하기 쉽지만, 금융, 여행 서비스 등의 국제화는 거래 대금의 국경 간 이동이 필요하므로 어려운 경우가 많다. 따라서 B2B 전자상거래가 먼저 국제화되었으며, B2C 전자상거래는 상품의 국경 간 이동과 국가 간 결제 시스템 인프라가 취약하여 국제화가 어려웠다. 그러나 최근 10년간 글로벌 B2C 전자상거래 규모가 급격히 증가하면서 전자상거래를 통한 수입 규모와 온라인 해외 직접 판매 규모가 크게 상승하고 있다. 이를 위해 한국의 전자무역도 국경 간 전자상거래를 적극적으로 수용하고 있다.

4) 코로나19 시기 글로벌 전자상거래의 급성장[42)]

코로나19 시대에는 외출이 제한되면서 전자상거래가 중요한 쇼핑 수단으로 자리 잡았다. 세계 경제가 불황에 빠진 상황에서도 전자상거래 주문량은 급증하고 있으며, 비대면 소비가 정착되면서 전자상거래의 성장세는 더욱 가속화될 전망이다.

특히, 개인위생용품, 정보통신제품, 사무용품 등의 전자상거래 수요

---

42) 김현수, "코로나19 이후 글로벌 전자상거래 트렌드", 한국무역협회 TRADE FOCUS, 2020년 21호.

가 폭증했으며, 식료품과 생활용품 시장도 전자상거래로 이동하면서 전체적으로 성장했다. 또한, 고령층의 전자상거래 쇼핑이 늘어났고, 전자상거래 기업들은 콜드체인 물류, 초고속 배송 서비스에 투자하고 있다.

소매유통 기업들은 매장 운영이 제한되면서 O2O(온라인과 오프라인을 연결한) 마케팅 유통방식을 도입해 고객의 수요에 대응하고 있다. 픽업 서비스와 드라이브스루, 라이브 커머스 등도 인기를 끌고 있으며, 이제는 옴니채널 구축이 유통기업 경쟁력 확보의 핵심이 되고 있다.

O2O(Online to Offline)는 온라인과 오프라인을 연결하는 서비스를 말한다. 예를 들어, 온라인에서 주문한 상품을 오프라인 매장에서 받거나, 온라인 예약 후 오프라인에서 서비스를 받는 것 등이 O2O 서비스의 예시이다. O2O 서비스는 전자상거래 기업과 오프라인 매장들이 상호 협력하여 고객 경험을 개선하고, 서비스 시장에서 경쟁력을 확보하는 데 중요한 역할을 한다. 최근에는 코로나19로 인한 비대면 소비 확대와 함께 O2O 서비스가 더욱 중요한 역할을 하고 있다.

옴니채널(omnichannel)은 고객이 온라인, 오프라인 등 다양한 경로와 채널을 통해 상품을 검색하고 구매하는 것을 가능하게 하는 전략이다. 기존의 다채널(multichannel)은 온라인과 오프라인 등 다양한 경로와 채널을 운영하는 것이었지만 각 경로와 채널이 분리되어 있어 고객 경험이 일관성이 없었다. 그에 반해 옴니채널은 다양한 경로와 채널을 통합하여 고객이 원하는 시간, 장소에서 쉽고 편리하게 구매를 할 수 있도록 하며, 고객 경험을 통일화하여 브랜드 충성심을 높이는 것을 목표로 한다. 예를 들어, 온라인에서 상품을 주문하고 매장에서 픽업할 수 있거나, 매장에서 상품을 구매하더라도 온라인에서 쿠폰이나 포인트 등의 혜택을 받을 수 있는 등의 옴니채널 전략이 활발히 전개되고 있다.

또한, 4차 산업혁명 기술인 증강현실, 인공지능(AI), 사물인터넷 등이 전자상거래에 적극적으로 도입되고 있다. AI는 고객 문의 대응과 음성 상품 주문에 사용되고, 사물인터넷은 전자물류에 활용되고 있다. 증강현실은 매장 방문이 어려운 고객들에게 제품을 경험할 수 있는 좋은 도구가 되고 있다.

3. C2C와 D2C 전자상거래

1) C2C 전자상거래

C2C(Consumer-to-consumer) 전자상거래는 중개 기관 없이 소비자들이 인터넷을 통해 직접 거래하는 방식으로, 인터넷 경매나 중고품 거래를 통해 이루어진다. 미국의 이베이와 한국의 당근마켓이 대표적인 C2C 전자상거래 플랫폼으로, 개인이 개인을 대상으로 새 제품을 판매하는 예도 있다. 심지어 자동차, 부동산, '모닝콜' 같은 서비스도 거래된다.

C2C 전자상거래의 성장으로 인해 국내 중고거래 시장 규모는 2008년 4조 원에서 2020년 20조 원으로 성장하였으며, 글로벌 중고거래 시장 규모도 2021년 270억 달러에서 2025년 770억 달러로 성장할 것으로 예측된다. 중국의 알리바바 그룹은 C2C 전자상거래 플랫폼인 타오바오와 알리 익스프레스를 운영하고 있다. 국내 대형 유통기업들도 C2C 전자상거래 플랫폼에 투자하여 온·오프라인 다양한 채널과 시너지 효과를 낼 수 있다.

C2C 중고거래 플랫폼에서는 중고거래 사기 피해를 예방하기 위해

몇 가지 방법이 존재한다. 먼저, 플랫폼 운영자들은 사기 행위에 대한 관찰을 강화하고, 사기 계좌 및 사기 유형 등에 대한 정보를 이용자에게 제공한다. 이와 더불어, 거래 전에 판매자의 평판과 이용자들의 후기 등을 확인하는 것이 좋다.

또한, 안전결제(에스크로) 서비스를 이용하는 것도 중고거래 사기 피해를 예방하는 방법의 하나다. 안전결제 서비스는 거래금액을 판매자가 상품을 배송하기 전에 중개 업체에 예치하고, 구매자가 상품을 받아 만족하면 거래금액을 판매자에게 지급하는 방식이다. 이를 통해 구매자와 판매자 간의 신용관계가 불확실한 경우에도 거래를 안전하게 할 수 있다.

마지막으로, C2C 중고거래 플랫폼 운영자들은 중고거래 사기 피해를 예방하기 위해 사용자들에게 교육을 제공하기도 한다. 이러한 교육을 통해 사용자들은 중고거래 사기의 패턴을 파악하고, 조심스러운 거래를 할 수 있게 된다.

2) D2C 전자상거래

최근에는 전자상거래 플랫폼을 이용하는 판매자들이 수수료 부담을 줄이기 위해 유통 중간 단계를 건너뛰고 자체 플랫폼을 통해 소비자와 직접 거래하는 D2C(Direct to Consumer) 전자상거래가 늘어나고 있다. 이를 통해 판매자는 수수료 부담을 줄일뿐만 아니라 고객의 성향과 구매 데이터를 직접 파악할 수 있는 장점이 생긴다. 쇼핑몰 구축 및 운영을 쉽게 할 수 있는 쇼핑몰 플랫폼 기업들인 쇼피파이, 카페24 등이 이를 지원한다. 또한, 와디즈와 같은 크라우드펀딩 플랫폼은 크라우드펀딩을 통해 제품 출시 전에 소비자 수요를 파악할 수 있으며, 저비용으로 홍보 효과를 달성할 수 있다. 이러한 D2C 전자상거래는 판매자와 소비자 간의 직접적인 연결이 가능하므로, 더욱 개인 맞춤형 상품과 서비스를 제공할 기회를 제공한다.

대기업들도 D2C 전자상거래에 뛰어들어 성공적인 사례가 등장하고 있다. 나이키는 이미 2017년부터 D2C를 핵심 전략으로 내세우며 나이키 공식 온라인상점에서 직접 판매를 하다가 2019년에 아마존 입점 중단을 선언하였는데 이로 인해 매출과 영업이익이 늘어났다. CJ올리브영은 글로벌 몰을 만들어 전 세계 소비자들이 현지에서 한국 화장품을 온라인으로 살 수 있도록 하는 등 D2C 전자상거래에 적극적으로 나서고 있다. 또한, MZ세대를 중심으로 합리적 소비를 중요시하는 소비자들은 D2C 전자상거래에 대해 긍정적인 반응을 보인다. 이에 따라 제조업계도 D2C에 주력하며 유통과 제조의 경계가 사라지고 있으며, 유통업체와 D2C 브랜드 간 협업이 활발하게 일어나고 있다.

제2절 국경 간 전자상거래의 이해

1. 국경 간 전자상거래의 개념

1) 개념

국경 간 전자상거래는 물리적인 국경을 넘어 다른 국가의 소비자와 판매자가 온라인상에서 상품을 거래하는 것을 의미하며, 무역의 비즈니스 모델 변화로 볼 수 있다. UNCTAD(유엔무역개발협의회)와 WTO(세계무역기구)는 국경 간 전자상거래가 지속적으로 성장할 것을 예측하고 있다. 국경 간 전자상거래는 전통적인 유통기업과 중소기업도 무역에 참여할 수 있는 새로운 비즈니스 기회가 된 것이다.

국경 간 전자상거래 활성화 방안이 필요하며, 관련 수출정책 및 인프라 개발, 국경 간 전자상거래 플랫폼 강화, 정부의 역할 마련 및 추진, 물류 효율화 등이 중요한 시점이다. 국경 간 전자상거래는 빠르게 성장하고 있는 새로운 무역 비즈니스 모델이며 중소기업에게 새로운 기회를 제공하고 있다.[43)]

2) 한국의 국경 간 전자상거래 시장 확대

대한민국은 인터넷 인프라와 우수한 제조업체를 보유하여 전자상거래 시장이 급속히 성장하고 있다. 또한, 대한민국 제조업체의 경쟁력이 높아지면서 전 세계적으로 대한민국 제품에 관한 관심이 커지고 있다. 한류 열풍으로 대한민국 문화와 브랜드에 관한 관심도 높아졌다. 이에 따라 해외소비자들의 대한민국 상품 구매 의사도 증가하고 있으며, 국경 간 전자상거래 시장 규모도 지속적으로 성장하고 있다.

특히, 국내 소비자들이 해외 전자상거래 플랫폼에서 구매하는 해외직구 시장에서부터 시작해, 이제는 국내 판매자들이 직접 해외소비자들에게 판매하는 역직구 시장이 큰 가능성을 보여주고 있다. 한국의 역직구 시장은 최근 6년 동안 8배 이상 성장하여, 해외직구 시장보다 규모

---

43) 김태우, 김승철, "국경 간 전자상거래 현황 분석 및 활성화방안에 관한 연구", 국제상학 제35권 제3호, 2020, pp.287-305.

가 더 크게 발전하였다. 국경 간 전자상거래 시장은 국내 전체 전자상거래 시장 규모 대비 비중은 작지만, 최근 한국의 국경 간 전자상거래 시장은 세계에서 가장 빠른 성장세를 보인다. 이를 토대로 대한민국 기업들은 국경 간 전자상거래 시장에서 적극적인 진출전략을 세워 세계 시장을 공략할 필요가 있다.

3) 미국의 국경 간 전자상거래 성장

미국의 국경 간 전자상거래 시장은 지속적으로 성장하고 있다. 2020년 미국 국경 간 전자상거래 시장 규모는 1조 190억 달러이며, 이는 전년 대비 14.3% 증가한 수치이다. 미국 소비자들은 해외직구를 통해 다양한 상품을 저렴한 가격에 구매할 기회를 얻고 있다. 미국에서 가장 많이 수입되는 국가는 중국으로, 미국 소비자들은 특히 중국 제품에 관한 관심이 높다.

또한, 미국의 국경 간 전자상거래 시장은 다양한 채널에서 이루어지고 있다. 아마존, 이베이, 월마트 등 대형 전자상거래 플랫폼이 국경 간 전자상거래 시장에서 중요한 역할을 하고 있으며, 이외에도 소셜 미디어를 활용한 직접 판매나 온라인 마켓플레이스, 이메일 뉴스레터 등을 활용한 직접 마케팅 등의 다양한 채널을 통해 국경 간 전자상거래 시장이 이루어지고 있다.

하지만, 미국의 국경 간 전자상거래 시장에서는 규제와 관련된 이슈도 많이 발생하고 있다. 특히, 미국과 중국 사이의 무역분쟁으로 인해 미국 정부는 중국에서 수입되는 제품들에 대한 관세를 인상하고, 국내적으로 국경 간 전자상거래 시장의 규제 강화를 추진하고 있다. 이러한 이슈들이 국경 간 전자상거래 시장에 영향을 미치고 있지만, 여전히 미국의 국경 간 전자상거래 시장은 성장하고 있다.

4) 일본의 국경 간 전자상거래 성장

일본은 인터넷 환경과 물류 시스템의 발달로 국경 간 전자상거래 시장에서 성장하고 있다. 일본의 국경 간 전자상거래 시장 규모는 2020년 기준으로 1조 5,437억 엔으로, 2016년 대비 2배 이상 성장한 것으로 나타났다. 국경 간 전자상거래 시장 규모는 일본 전체 전자상거래 시장 규모의 약 10%를 차지하고 있다.

일본 국경 간 전자상거래 시장에서는 패션, 화장품, 가전제품, 식품 등이 가장 인기 있는 제품군이다. 특히 일본에서 생산되는 농수축산물과 수산물, 고급 화장품 등은 해외소비자들에게 큰 인기를 끌고 있다.

일본 정부는 국경 간 전자상거래 시장의 성장을 적극적으로 지원하고 있다. 2016년부터 국내 상품 수출을 촉진하기 위한 국가 프로젝트인 'Cool Japan'을 추진하고 있으며, 해외소비자들에게 일본의 문화와 제품을 알리고 홍보하기 위한 다양한 캠페인을 전개하고 있다. 또한, 일본 정부는 국경 간 전자상거래 시장에 진출하는 중소기업을 지원하고, 해외에서 일본 상품을 구매하는 해외소비자들에게 부가가치세(VAT) 면제 혜택을 제공하는 등 국경 간 전자상거래를 적극적으로 지원하고 있다.

또한, 일본에서는 국경 간 전자상거래 시장의 성장에 맞춰 물류 시스템을 개선하고 있다. 일본 정부는 국경 간 전자상거래 시장에서 발생하는 물류비용과 배송 시간 등을 개선하기 위해 관세청과 우체국, 물류업체 등이 협력하여 '일본 전자상거래 물류 혁신 프로젝트'를 추진하고 있다.

5) 동남아시아의 국경 간 전자상거래 성장

동남아시아 지역에서도 국경 간 전자상거래 시장이 성장하고 있다. 인터넷 인프라와 모바일 보급이 확대되면서 전자상거래 시장이 활성화되고 있으며, 해외소비자들의 동남아시아 지역 상품에 관한 관심도 증가하고 있다. 동남아시아 국가들은 국경 간 전자상거래 발전을 위해 다양한 정책을 추진하고 있다.

특히, 동남아시아 지역에서는 모바일 환경에서의 전자상거래가 두드러지게 나타나고 있다. 스마트폰 보급률이 높아지면서 모바일 쇼핑몰이 늘어나고 있으며, 모바일 결제 수단도 발전하고 있다. 동남아시아 지역에서는 네이버, 카카오 등의 한국 기업들이 모바일 결제 시장을 선점하고 있으며, 그 외에도 페이팔, 알리페이 등의 글로벌 결제 시스템이 이용되고 있다.

동남아시아 국가들은 국경 간 전자상거래를 활성화하기 위해 다양한 정책을 추진하고 있다. 예를 들어, 인도네시아는 국경 간 전자상거래 업체를 위한 규제를 완화하고 국경 간 물류 시스템을 개선하는 등의 정책을 추진하고 있으며, 태국도 해외직구 시장을 촉진하기 위한 다양한 정책을 마련하고 있다.

동남아시아 지역에서는 중국의 영향력도 커지고 있다. 중국의 알리바바 그룹이 인도네시아의 전자상거래 기업을 인수하거나, 싱가포르와 말레이시아 등 동남아시아 지역의 전자상거래 기업들과 제휴 관계를 형성하는 등의 활동을 펼치고 있다. 또한, 중국과 동남아시아 지역 간의 무역 활동도 활발해지고 있으며, 이를 통해 국경 간 전자상거래 시장도 더욱 성장할 전망이다.

6) 중국의 국경 간 전자상거래 성장

중국의 국경 간 전자상거래는 코로나19 사태 속에서 더욱 빠르게 성장하고 있다. 국경 간 전자상거래 교역 규모는 10조 위안(약 1,900조 원)을 넘어선 것으로 추산되며, 교역 규모가 매년 증가하고 있으며, 수입 비중도 높아지고 있다. 중국 정부는 해외직구 규제 완화, 지원금 제공, 물류 서비스와 창고 등 부대시설 투자 등의 정책을 펼쳐 국경 간 전자상거래를 적극적으로 활성화하고 있다. 중국에서는 라이브 커머스도 활발히 이루어지고 있으며, 중국인들의 해외직구 수요뿐만 아니라 국내 시장에서도 중소기업 제품까지 국경 간 전자상거래 수요가 더욱 늘어날 것으로 예상한다.

중국에서는 해외직구를 좋아하는 사람들을 "하이타오(海淘)족"이라고 지칭한다. 이 용어는 '바다'를 뜻하는 '하이(海)'와 '소비'를 뜻하는 '타오(淘)'의 합성어로, 해외에서 직접 상품을 구매하는 소비자를 의미한다. 추정에 따르면, 이러한 하이타오족의 수는 1억 5,000만 명을 넘어선 것으로 알려져 있다.

중국인들이 가장 많이 해외에서 구매하는 상품은 화장품, 영유아용품, 식품, 의류, 가방 등이다. 이들은 중국에서 구매하면 더 비싸게 나오는 상품이며, 중국 내부 시장의 다양성과 경쟁력이 떨어지기 때문에 해외에서 구매하는 것이 일반적이다.

중국 정부도 국경 간 전자상거래 산업을 활성화하기 위해 다양한 정책을 제정하고 있다. 2016년부터는 <전자상거래 수입허가 품목 리스트>를 발표하고, 일반 관세 및 개인 우편물에 부과되는 세금보다 낮은 '전자상거래 종합수입세'를 적용해 해외직구 규제를 완화했다. 또한, 개인 해외직구 한도액을 확대하고, 국경 간 전자상거래 플랫폼 사업자에게 지원금을 늘리고 있으며, 물류 서비스와 창고 등 부대시설에 투자하고 있다.

이러한 중국 정부의 지원과 함께 중국 소비자들의 국경 간 전자상거래 수요가 더욱 늘어날 것으로 예상한다. 이제는 유명 브랜드에만 국한되어 있던 국경 간 전자상거래가 앞으로는 중소기업 제품까지 포괄할 가능성이 있다.

2. 국경 간 전자상거래 플랫폼 현황

중소기업들은 좋은 제품을 생산하고 있지만, 대부분은 기존의 전시회나 박람회 등에 익숙하며, 온라인 수출에 대한 인식이 낮은 실정이다. 또한, B2C 직거래보다는 현지 유통회사 등을 통한 B2B 방식을 선호하는 경향이 있어 국경 간 전자상거래 플랫폼이 중요한 역할을 한다. 이에 국경 간 전자상거래 플랫폼은 적극적인 교육을 통해 중소기업들의 세계 시장 진출을 돕고 있다.

아마존, 이베이, 쇼피 등이 대표적인 국경 간 전자상거래 플랫폼이다. 하지만 최근에는 자사몰을 구축하고 소셜 미디어를 국경 간 전자상거래 마케팅 채널로 활용하는 기업들도 늘어나고 있다. 그러나 전자상거래 플랫폼의 단점은 내부 정책을 따라야 하며 판매자 간 경쟁이 과도할 수 있다는 것이다. 따라서 D2C(Direct to Customer) 마케팅 역량을 보유한 기업들은 국경 간 전자상거래 플랫폼을 거치지 않고도 세계 시장에 진출하는 방법을 모색해야 할 필요가 있다.

1) 아마존 글로벌셀링(Global Selling)

아마존(Amazon)은 미국 워싱턴주 시애틀에 본사를 둔 종합 온라인 쇼핑몰 기업으로, 1994년에 설립되었다. 초기에는 온라인 책 판매에만 초점을 맞추었으나, 지금은 책, 전자제품, 의류, 식품, 가구, 건강용품, 자동차 등 거의 모든 상품을 판매하고 있으며, Amazon Web Services(클라우드 컴퓨팅 서비스)와 킨들(Kindle) 등의 제품 및 서비스도 제공하고 있다. 현재 아마존은 세계 최대의 온라인 쇼핑몰로서, 전 세계에 150개 이상의 창고와 20만 명 이상의 직원을 보유하고 있다.

한국에 직접 사업을 시작하지는 않았지만, 한국 기업과 공급자들이 아마존에 제품을 판매할 수 있고 한국 소비자들은 아마존에서 직접 구매를 편리하게 할 수 있어서, 아마존이 글로벌 전자상거래 시장에 미치는 영향이 크다. 아마존은 eBay를 능가하는 종합 쇼핑몰로 성장하였으며 이제는 B2B 마켓플레이스 사업인 '아마존 비즈니스'까지 확장하고 있다.

아마존 글로벌셀링 코리아는 국경 간 전자상거래 플랫폼으로, 한국 기업들이 아마존을 통해 해외시장에 진출할 수 있도록 지원하고 있다. 이를 위해 아마존 글로벌셀링 코리아는 해외시장조사, 제품 상세정보 작성, 해외 물류 및 관세처리 등의 서비스를 제공한다. 또한, 글로벌셀링 코리아는 해외 마케팅을 위한 플랫폼과 연동하여 광고, 프로모션 등의 마케팅 서비스도 제공하고 있다. 아마존 글로벌셀링 코리아를 통해 전 세계 185개국의 고객들에게 한국 기업의 제품을 판매할 수 있으며, 이를 통해 세계 시장에서의 수익 창출 기회를 높일 수 있다.

2) 이베이(eBay) CBT

이베이(eBay)는 미국의 인터넷 옥션 기업으로서, 1995년에 창립되었다. 이베이는 세계 최초의 인터넷 기반 개인 간 거래 플랫폼으로서 시작하여, 현재는 B2C 전자상거래 사이트로 발전하였다. 이베이는 판매자와 구매자가 직접 거래할 수 있는 C2C 형태의 온라인 옥션을 중심으로, B2C 및 B2B 형태의 전자상거래 서비스를 제공하고 있다. 이베이는 세계 최대 규모의 인터넷 옥션 시장을 보유하고 있으며, 전 세계 190개 이상의 국가에서 서비스를 제공하고 있다. 이베이의 성장과 함께 많은 새로운 기능들이 도입되었는데, 간편 결제 시스템을 제공하며, 모바일 앱을 통해 언제 어디서든 옥션 참여 및 거래를 할 수 있다. 이베이는 이제는 전통적인 옥션과는 더불어 새로운 형태의 B2C 전자상거래 서비스를 제공하며, 세계 각국의 소비자들에게 다양한 제품과 서비스를 제공하고 있다.

페이팔(Paypal)은 미국의 디지털 지불 서비스 회사로, 이베이에 인수된 후 전 세계적으로 인기 있는 온라인 결제 시스템 중 하나로 성장하였다. 페이팔은 인터넷을 통해 간편하게 송금할 수 있으며, 모바일 결제 시장에서도 큰 인기를 끌고 있다. 전 세계적으로 다양한 국가에서 서비스를 제공하고 있으며, 전 세계적인 온라인 결제 시장에서 큰 영향력을 가지고 있다. 현재는 이베이와 분리되어 독립적인 기업으로서 성장하고 있다.

이베이코리아는 CBT(Cross Border Trade) 사업을 통해 국경 간 전자상거래를 진행하고 있으며, 해외 판매자와 국내 구매자 간의 직접 거래를 가능하게 한다. 해외 판매자는 이베이 글로벌 등의 이베이 국제 플랫폼에 물건을 등록하고, 국내 구매자는 이베이코리아 사이트에서 물건을 구매한다. 이베이코리아는 무관세 창구와 인증 서비스를 제공하여 국내 소비자에게 안전하고 믿을 수 있는 해외 물건을 판매하고 있다.

3) 쇼피 코리아

쇼피는 2015년에 싱가포르에서 시작된 국경 간 전자상거래 플랫폼으로, 동남아시아 지역을 중심으로 성장하고 있다. 2019년에는 한국에 진출하여 쇼피 코리아를 출시했다. 쇼피 코리아는 인스타그램 쇼핑과 같은 소셜 미디어 기반 쇼핑 기능을 제공하고 있으며, 판매자는 자신의 인스타그램 계정을 쇼핑몰로 전환하여 쉽게 상품을 판매할 수 있다.

쇼피는 국경 간 전자상거래의 불확실성과 거래의 안정성을 보장하기 위해 '쇼피 프로텍트'라는 서비스를 제공하고 있다. 이 서비스는 구매자가 상품을 받지 못한 경우, 상품이 매우 다르거나 손상된 경우, 제품 설명과 다르거나 만족스럽지 않으면 대한 보상을 제공한다.

또한, 쇼피는 한국의 중소기업들이 국경 간 전자상거래를 쉽게 할 수 있도록 교육과 지원을 제공하고 있다. 쇼피 코리아는 중소기업들이 쉽게 해외 판매를 시작할 수 있도록 해외 배송, 통관 등의 서비스를 제공하고 있으며, 한국을 포함한 다양한 지역의 판매자들이 쇼피의 글로벌 네트워크를 통해 전 세계 소비자들에게 상품을 판매할 수 있도록 돕고 있다.

4) 쿠팡 글로벌 진출

쿠팡은 한국을 비롯한 여러 국가에서 온라인 쇼핑몰을 운영하고 있으며, 이 중 쿠팡 글로벌 마켓은 해외직구를 위한 온라인 쇼핑몰이다. 쿠팡 글로벌 마켓은 한국을 비롯한 다른 국가에서 제공하는 상품들뿐만 아니라, 세계 각국에서 제공되는 다양한 제품을 판매하고 있다.

쿠팡 글로벌 마켓은 한국 기업의 제품을 해외소비자들에게 직접 판매하는 B2C 방식뿐만 아니라, 해외 제조업체와 협력하여 제품을 수입하는 B2B 방식도 지원하고 있다. 또한, 쿠팡 글로벌 마켓은 해외 로컬 시장에 진출하기 위한 상품 마케팅 및 판매 전략을 제공하는 컨설팅 서비스도 제공하고 있다.

쿠팡은 일본 진출 2년 만에 시범 서비스를 종료하고 대만에 집중하고 있다. 로켓배송 서비스를 대만에서도 제공하고 있다. 쿠팡은 미국에 본사를 두고 있으며, 대만뿐 아니라 중국과 싱가포르에서도 법인을 운영하고 있다. 싱가포르 법인을 교두보로 말레이시아 등 동남아시아 국가에서도 사업을 확대할 가능성이 있다.

5) 지마켓 글로벌 마켓

지마켓(Global Gmarket)은 대한민국에서 운영되는 국내 최대 국제쇼핑몰 중 하나이다. 지마켓은 해외에도 진출하여, 7개 국가에서 온라인 쇼핑 서비스를 제공하고 있다. 지마켓은 아시아를 중심으로, 중국, 홍콩, 대만, 싱가포르, 말레이시아, 인도네시아, 태국 등 아시아 지역을 주요 시장으로 삼고 있다. 지마켓은 판매자와 구매자 모두에게 다양한 이점을 제공하고 있으며, 판매자는 저렴한 수수료와 광범위한 시장진출 기회를, 구매자는 다양한 상품과 경쟁력 있는 가격을 누릴 수 있다.

6) 라자다(Lazada)

싱가포르, 말레이시아, 필리핀, 인도네시아, 태국 그리고 베트남까지 동남아 6개국의 전자상거래 시장을 선도하고 있다. 2016년부터 알리바바 그룹의 동남아 전자상거래 플랫폼으로 자리를 잡았으며, 최첨단 기술과 데이터 강화를 통해 지속적인 서비스 혁신을 추구하고 있다.

Lazada는 연간 1억 명 이상의 소비자들이 이용하며, 동남아에서 가장 많은 사랑을 받는 플랫폼 중 하나이다. 특히, 한국의 브랜드를 포함한 많은 판매자들이 동남아 시장진출을 위해 Lazada를 선택하고 있다. Lazada는 빠른 프로세스를 통해 영업일 기준 7일 이내에 입점 및 판매를 시작할 수 있으며, Lazmall의 경우 평균 2~4주 이내에 입점할 수 있다. 또한, 다양한 채널을 통해 전문 컨설팅 서비스를 제공하여 성공적인 진출을 지원하고 있다.

7) 타오바오 글로벌

알리바바는 중국의 세계 최대 전자상거래 기업으로 B2B, B2C, C2C 등 모든 형태의 전자상거래 사이트를 운영하며, 타오바오몰과 알리페이 등 다양한 플랫폼을 통해 세계적으로 거래를 진행하고 있다. 타오바오몰은 알리바바 그룹이 운영하는 대표적인 B2C 전자상거래 플랫폼으로 중국 내외에서 큰 인기를 끌고 있으며, 알리페이는 중국 내 전자상거래 시장에서 가장 인기 있는 결제 수단 중 하나이다. 또한, 매년 11월 11일에는 알리바바의 광군제 할인 행사가 개최되며 막대한 매출을 기록하고 있다.

타오바오는 중국의 대표적인 온라인 쇼핑몰이며, 국경 간 전자상거래 시장에서 큰 영향력을 가지고 있다. 타오바오는 해외 판매자들도 입점할 수 있으며, 해외 판매자를 위한 별도의 플랫폼인 "타오바오 글로벌"도 운영하고 있다. 타오바오 글로벌에 입점하기 위해서는 일정한 기준을 충족해야 하며, 국제운송, 관세 등의 문제에 대한 지식도 필요하다. 타오바오 글로벌에 입점하여 타오바오 사용자들에게 상품을 판매하면, 중국에서 직접 구매하는 것보다 저렴한 가격으로 판매할 수 있으며, 해외시장에서 수익을 창출할 수 있다.

3. 국경 간 전자상거래 관련 정책

1) 미국

미국에서는 국경 간 전자상거래 증진을 위해 다양한 정책들이 추진되고 있다. 예를 들어, 미국 상무부는 국경 간 전자상거래 발전을 위해 국제 무역 관련 규제와 관련된 법률을 대대적으로 개정하였다. 이를 통해 국경 간 전자상거래 업계의 규제를 완화하고, 수입 품목에 대한 면세 한도를 확대하는 등 국경 간 전자상거래 활성화를 위한 다양한 지원책을 마련하고 있다.

또한, 미국 관세청은 국경 간 전자상거래 플랫폼에서 물품을 판매하는 판매자들을 대상으로 적극적인 검사와 감시를 진행하고 있다. 이를 통해 불법 물품의 유통을 차단하고, 국경 간 전자상거래 시장의 건전한 발전을 촉진하고자 노력하고 있다.

마지막으로, 미국 정부는 국경 간 전자상거래를 통한 소비자 보호에도 노력하고 있다. 예를 들어, 2019년 미국 상무부는 소비자 보호를 위해 국경 간 전자상거래 시장에서의 가짜 상품과 부적절한 광고를 차단하는 등의 대책을 마련하였다. 또한, 미국 내 소비자들에게 국경 간 전자상거래에서 발생하는 문제에 대한 정보와 권리를 제공하는 등 소비자 보호 강화에도 노력하고 있다.

미국은 2016년부터 전자상거래 면세 한도를 크게 상향 조정하여, 1인당 하루 200달러에서 800달러로 높여 소비자들이 구매하는 국경 간 전자상거래 상품에 대한 관세 부담을 크게 낮추고 있다. 이를 통해 매년 36억 달러에 달하는 관세를 소비자들에게 돌려주며 국경 간 전자상거래 활성화를 촉진하고 있다.

2) 일본

일본 정부는 국경 간 전자상거래 활성화를 위해 다양한 정책을 추진하고 있다. 2019년 1월, 일본 세무당국은 국경 간 전자상거래에서 부과되는 소비세 체계를 개편하여, 소비자가 구매한 상품의 배송지를 기준으로 소비세를 부과하기로 했다. 이를 통해 국내에서 구매한 상품과 국경 간에서 구매한 상품에 대한 소비세 차이를 줄이고 국경 간 전자상거래를 더욱 적극적으로 활성화할 수 있도록 지원하고 있다.

또한, 일본 정부는 국경 간 전자상거래 판매자들의 세무 관련 부담을 줄이기 위해, 해외에서 판매하는 일부 상품에 대해 일본 내 배송 시 필요한 수입신고서 등 관련 서류의 제출을 간소화하는 조치를 내놓았다. 이를 통해 국경 간 전자상거래 판매자들이 일본 시장으로 더욱 쉽게 진입할 수 있도록 지원하고 있다.

또한, 일본 정부는 국경 간 전자상거래 시장에서의 불법적인 세무 회피 문제를 해결하기 위해, 국경 간 전자상거래에 대한 세무 감독을 강화하고 있다. 이를 위해 일본 세무당국은 국경 간 전자상거래를 통해 발생하는 매출에 대한 실제 세무 부담을 줄이기 위해, 국경 간 전자상거래에 특화된 감사 시스템을 도입하고 있다.

3) 동남아시아

동남아시아 지역에서는 국경 간 전자상거래의 성장과 함께 관련 정책도 적극적으로 추진되고 있다. 싱가포르는 2019년에 전자상거래 보호법(Electronic Transactions Act)을 개정하여, 소비자 보호 강화와 더불어 국내 기업들의 국경 간 전자상거래 진출을 지원하고 있다. 또한, 싱가포르 경제개발청(EDB)은 국내 기업들의 해외 진출 지원을 위한 다양한 프로그램을 운영하고 있다.

말레이시아는 국경 간 전자상거래 성장을 지원하기 위해 2018년 전자상거래법(Electronic Commerce Act)을 개정하였다. 이를 통해 전자상거래 업계의 투명성과 안전성을 강화하고, 소비자 보호를 강화하였다.

인도네시아는 전자상거래 성장을 위해 2025년까지 전자상거래 거래액 130억 달러 달성을 목표로 세운 전자상거래 로드맵을 발표하였다. 이를 위해 물류 인프라 개선 및 글로벌 마케팅 지원 등 다양한 정책적 지원을 계획하고 있다.

태국은 국경 간 전자상거래의 활성화를 위해 2021년부터 3년간 3,000만 바트(약 100만 달러)의 지원금을 투입하여, 국내 기업들의 해외 진출 지원을 강화하고 있다. 또한, 전자상거래 선진국들의 사례를 참고하여 물류 시스템 개선과 소비자 보호 강화 등 다양한 정책적 지원을 추진하고 있다.

4) 중국

중국의 국경 간 전자상거래는 양적, 질적으로 많은 발전을 이루어 왔다. 국경 간 전자상거래의 정책 변화로 중국 내 소비자들의 욕구를 반영하는 현지화된 서비스를 토대로 국경 간 전자상거래를 대중화시키는 노력이 이루어지고 있다. 또한 기존과는 다른 혁신적인 모델을 지속적으로 선보이며 국경 간 전자상거래의 발전을 더욱 빠르게 견인하고 있다.

중국 정부는 전국 전자상거래 시범도시와 특별사업을 공고하였고, 국경 간 전자상거래 업체가 온라인 통관, 외환결제, 세금 환급 신청 시스템의 개선을 위한 시스템을 개선하고 구축하기로 하였다. 이후 국경 간 전자상거래를 본격적으로 발전시키기 위한 기반정책을 수립하여 국경 간 전자상거래 소매 수출의 건전하고 신속한 발전을 지원하도록 새로운 정책을 수립하였다.[44] 국경 간 전자상거래를 통해 수입되는 소매품에 대한 단일 거래 한도는 2,000 위안이며 개별 거래 한도는 연간 20,000 위안으로 규정하였다.

5) 한국

한국 정부는 국경 간 전자상거래 분야에서 다양한 지원 정책을 추진하고 있다. 먼저, 국제물류혁신지구 사업을 통해 해외 물류 센터의 건립을 적극적으로 지원하고 있다. 이를 통해 해외에서의 물류비용을 절감하고 빠른 배송 서비스를 제공하여 해외소비자의 만족도를 높일 수 있다.

또한, 국내 기업의 국경 간 전자상거래 진출을 지원하기 위해 국경 간 전자상거래 플랫폼을 운영하고 있다. 이를 통해 국내 기업이 국경 간 전자상거래를 시작하는 데 필요한 물류, 결제, 마케팅 등의 인프라를 제공하고 있다.

또한, 국경 간 전자상거래 시장에서 발생하는 세금 문제를 해결하기 위해 관세청은 전자상거래통관과를 설치하여 전자상거래를 통한 수출 성장동력을 지원하고 있다. 전자상거래 통관플랫폼의 개발, 전자상거래 물품의 반품과 세금환급 절차의 간소화, 전자상거래 통관물류센터

44) 홍선의, "중국 국경 간 전자상거래 정책 및 소비정책 변화에 따른 한국의 시사점", 무역연구 제17권 제5호, 2021, pp.353-366.

의 건립 등 다양한 지원사업을 추진하고 있다.

마지막으로, 국경 간 전자상거래의 규제와 관련하여, 국내 소비자의 이익을 보호하기 위해 국내 기업이 국경 간 전자상거래를 진행할 때는 특정 플랫폼에서만 판매할 수 있도록 규제가 시행되고 있다. 이를 통해 국내 소비자의 안전한 구매 환경을 보호하고 있다.

제3절 국경 간 전자상거래 플랫폼 실습

1. 아마존(Amazon.com)

1) 특징

아마존의 가장 큰 특징 중 하나는 빠른 배송 서비스이다. 또한, 아마존 푸드와 아마존 프라임 등 다양한 서비스를 제공하여 소비자들의 편의성을 높이고 있다. 또한, 아마존은 수많은 상품과 서비스를 다양한 판매자들과 함께 제공하고 있어 고객이 원하는 상품을 쉽게 찾을 수 있다.

아마존은 이러한 특징들로 인해 전 세계적으로 매년 높은 매출을 올리고 있으며, 전자상거래 산업을 선도하는 기업 중 하나로 인정받고 있다. 아마존은 소규모 신생기업부터 Fortune 500대 기업까지 다양한 판매자들이 참여하는 B2B와 B2C 마켓플레이스이다. 판매자로 활동하면 전 세계 약 3억 명 이상의 고객과 1억 5천만 이상의 아마존 프라임 회원에게 판매할 기회가 주어진다. 또한, 아마존 프라임 회원들은 유료 회원 서비스를 이용할 수 있어 빠른 배송, 동영상 및 음악 스트리밍 등 다양한 혜택을 누릴 수 있다.

2) 판매 시작 전

▸ 계정 플랜 선택

아마존은 일반 판매자와 전문 판매자로 구분되는 두 가지 계정 유형을 제공한다. 일반 계정을 선택한 판매자는 판매된 품목당 수수료 99센트를 내게 되고, 전문 판매자는 매월 39.99 달러의 고정 요금을 내며 품목 판매 후에 상관없이 판매할 수 있다. 만약 판매자가 매달 40개 이상의 품목을 판매하는 경우 전문 판매자 계정이 더 유리할 수 있다. 판매자 계정 선택은 판매자의 판매량과 비즈니스 모델에 따라 달라질 수 있다.

▸ 판매 전략 수립

재판매 업체들은 이미 인기 있는 상품들을 찾아서 아마존에서 판매하는 반면, 브랜드 소유자들은 자사 상품(또는 등록된 개인 상표를 가진 상품)을 직접 제조 및 판매한다. 브랜드 소유자들은 일반적인 아마존 판매자와는 완전히 다른 형태의 온라인 스토어를 구축할 수 있으며, 브랜드 등록(Registry) 절차를 거쳐 아마존 내에서 자사 브랜드를 등록해야 한다. 이를 위해서는 미국 내 상표 출원 및 등록 등의 절차가 필요하다.

▸ 계정 가입

아마존 판매자 계정을 생성하기 위해서는 기존 아마존 고객 계정을 활용하거나 새로운 비즈니스 이메일로 계정을 생성할 수 있다. 하지만 판매자로 활동하기 위해서는 여러 정보를 준비해야 한다. 이 정보들로는 해외 결제가 가능한 신용카드, 여권, 세금 정보, 전화번호, 은행 계좌번호와 은행 송금 번호 등이 있다. 만약 프로페셔널 계정으로 활동하고자 한다면 사업자등록증도 필요하다. 이러한 정보들을 입력하고 인증하는 과정을 거쳐야 아마존 판매자 계정을 생성할 수 있다.

3) 상품 등록

- 상품 카테고리

아마존에서 판매 가능한 제품은 제품, 카테고리 및 브랜드에 따라 다르므로 확인해야 한다. 일부 카테고리는 모든 판매자에게 열려 있지만, 일부는 프로페셔널 판매자 계정이 필요하거나 판매 승인이 필요한 때도 있다. 일부 제품은 제삼자 판매자가 판매할 수 없거나 판매가 금지되는 때도 있다. 이러한 정보는 아마존 홈페이지에서 확인할 수 있다.

▸ 상품 등록

아마존에서 상품 판매를 시작하려면 판매자 센트럴에 상품 리스트를 생성해야 한다. 이 과정에서는 상품 식별자, 제품 ID, 상품 상세정보(가격, 상태 등), 상품 설명(타이틀, 브랜드, 카테고리, 이미지 등), 키워드 등이 필요하다. 아마존은 꼼꼼한 승인 절차를 거쳐 제품을 등록한다. 만약 다른 판매자가 이미 같은 상품을 판매하는 경우, 아마존은 해당 상품의 모든 데이터를 결합하여 단일 상품 상세페이지를 형성한다.

4) 고객 유치 및 관리

▸ FBA(Fulfillment by Amazon)

아마존 FBA는 아마존의 물류 서비스 중 하나로, 판매자가 상품을 아마존 물류 센터에 보관하고, 판매되면 아마존이 상품 포장, 출하, 고객 서비스 등의 모든 물류 과정을 처리해주는 서비스이다. 이를 통해 판매자는 물류와 관련된 고민을 덜고, 상품 출하와 고객 서비스 등을 아마존이 처리해주기 때문에 더욱 편리하고 안정적인 판매 활동이 가능해진다.

아마존 FBA를 이용하면 상품 판매, 물류, 고객 서비스 등의 전반적인 프로세스를 아마존이 대신 처리해주기 때문에 판매자는 더욱 효율적인 판매 활동이 가능해진다. 또한, 아마존 FBA를 이용하면 아마존 프라임 회원에게는 무료 배송 및 빠른 배송 등 다양한 혜택을 제공할 수 있으므로, 더 많은 고객층에게 상품을 홍보하고 판매할 수 있다는 장점도 있다.

▸ 상품 광고, 상품 리뷰 관리

아마존 판매자들은 상품이 검색 결과 및 상세페이지에서 눈에 띄게 하려고 광고를 게재할 수 있다. 키워드 광고를 통해 상품 노출을 높이거나, 딜이나 쿠폰을 활용해 구매를 유도하는 등 다양한 마케팅 방법을 활용할 수 있다. 특히 초기 입점 기업에게는 키워드 광고를 활용하는 것이 좋다. 이를 통해 브랜드 인지도를 높이고 판매량을 증대시킬 수 있다.

▸ 비즈니스 확장

Amazon Global Selling은 전 세계의 구매자들에게 아마존에서 직접 상품을 판매하도록 허가하여 국경을 넘어 판매할 기회를 제공한다. Amazon Global Selling은 물류, 결제, 번역, 마케팅 등 다양한 서비스를 제공한다. 또한, 아마존의 글로벌 네트워크를 통해 세계 각국의 고객들에게 상품을 제공하는데 필요한 인프라를 제공한다. 이를 통해 해외시장에서 성공적인 판매를 이룰 수 있다.

Amazon Global Selling은 판매자들에게 전 세계 185개국의 시장에 진출할 기회를 제공한다. 이를 통해 국내시장에서는 경험할 수 없는 다양한 시장 환경과 고객 요구사항을 경험하고 대응할 수 있다. 또한, 해외시장에서 수익을 창출함으로써 비즈니스를 성장시키는 데 도움이 된다.

5) 수수료 지급 및 판매 수익 정산

아마존에서는 판매 수수료와 FBA(Fulfillment by Amazon) 서비스 비용, 광고 비용 등이 발생할 수 있으며, 이러한 비용은 판매자가 등록한 신용카드로 청구된다. 프로페셔널 판매자 계정의 경우 매월 39.99달러의 고정 비용이 추가로 발생하며, 제품 판매 수수료는 매출액의 약 7%~15% 정도이다. 또한, 광고를 집행하면 광고비가 발생한다. 판매자의 판매 수익은 등록한 은행 계좌로 입금되며, 해외 가상계좌를 등록해야 한다. 페이오니어(Payoneer)와 같은 글로벌 결제 대행업체를 통해 가상계좌를 생성하면, 아마존을 비롯한 전 세계의 전자상거래 플랫폼에서 수익을 정산받아 한국으로 송금할 수 있다.

2. 이베이(eBay) CBT

1) 특징

이베이(eBay)는 미국을 비롯한 세계 여러 나라에서 운영되고 있는 인터넷 쇼핑몰 플랫폼이다. 사용자들은 이베이를 통해 새 제품과 중고 제품을 구매 및 판매할 수 있다. 이베이는 개인과 기업 모두가 판매자로 활동할 수 있으며, 매출액에 따라 일정한 수수료를 부과한다. 또한, 이베이는 경매 기능을 제공하며, 판매자는 경매를 통해 가격을 결정할 수 있다. 이베이는 전 세계에서 가장 큰 인터넷 경매 플랫폼 중 하나이며, 다양한 제품과 경쟁력 있는 가격으로 유명하다. 이베이는 세계적인 온라인 지불 시스템인 페이팔(PayPal)을 자회사로 보유하고 있다.

2) 신규판매자 계정생성

이베이 회원으로 가입하려면, 가입 시 사용할 이메일 주소를 선택하고 이름(또는 사업자명), 주소, 연락처를 입력해야 한다. 이베이는 이 정보를 사용하여 회원의 신원을 확인한다. www.ebay.com에 접속하여 "register"를 클릭한 다음, 개인 또는 회사 계정 타입을 선택해야 한다. 이베이와 Payoneer의 계정 타입이 일치해야 하며, 이베이에서 판매대금을 정산받기 위해서는 반드시 Payoneer에도 가입해야 한다. 이베이 계정과 Payoneer 계정을 연동시킨 후 국제 결제가 가능한 백업용 신용카드 정보를 입력하면 개인 회원가입 신청이 완료된다. 이후 Payoneer

에서 요청하는 서류를 제출하면 이베이 판매자로 활동할 수 있다.

기업회원으로 가입하는 경우, 이베이 ID와 사업자 상호가 달라도 무관하다. 영어로 된 사업자명은 이후 입력할 은행 계좌 정보와 같게 작성해야 하며, 사업 법인의 종류는 개인사업자와 법인사업자 중에서 선택할 수 있다. 개인사업자는 주민등록증이나 여권 정보를 입력할 수 있지만, 법인사업자의 경우 반드시 사업자 등록번호 10자리를 입력해야 한다. Payoneer 가입할 때도 법인사업자의 경우 반드시 비즈니스 계정으로 가입해야 한다. 이후 절차는 개인 계정 가입과 같다.

3) 상품 리스팅

이베이에서 판매를 시작하려면 판매자 계정 등록 후 제품을 등록해야 한다. 판매자는 이베이에서 제공하는 판매 정보와 상세 검색 기능을 활용하여 이미 판매되고 있는 상품 정보를 얻을 수 있다. 이베이는 경매 또는 고정가 중에서 가격을 선택할 수 있으며, 상품 이미지와 상세 정보, 상품 설명글을 작성한 다음에 상품을 등록한다. 상품 등록 시 카테고리 설정이 중요하며, 상품 설명글에는 상품의 사양, 결제, 배송, 고객 서비스 등에 관한 내용이 들어간다.

배송 서비스와 배송 비용은 이베이코리아 eGS, 우체국, 특송(FedEx, DHL, UPS) 중 2개를 선택하여 설정할 수 있다. 이베이는 판매자들이 판매하는 상품에 대한 광고를 게재할 수 있으며, 광고 비용은 판매자가 설정한 예산 내에서 입찰에 따라 결정된다.

판매자는 이베이가 제공하는 구매자 정보를 통해 판매 관리를 할 수 있다. 구매자의 결제, 배송 및 환불에 대한 문제가 발생하면 이베이는 판매자와 구매자 사이의 분쟁 조정을 위해 적극적으로 개입한다. 이베이는 판매자들에게 수수료를 청구하며, 판매되는 제품의 가격에 따라 수수료 비율이 결정된다.

4) 판매 관리

이베이에서는 판매자가 상품 정보를 수정하거나 종료, 재등록할 수 있다. 구매자와의 소통을 위해 바이어 메시지에 대응해야 하며, 구매 전에는 상품 정보, 사용 방법, 배송, 할인, 즉시 구매 등의 문의가 들어오고 구매 후에는 배송 정보, 주소 변경 등의 개별 요청이 들어온다. 또한, 상품 미수령, 상품 불일치 등의 문제가 발생하면 적절한 조치를 영어로 해야 한다.

판매된 건의 결제를 확인한 후 상품을 포장하고 배송을 시작한다. 주문취소와 환불요청에 대응하는 것도 중요하다. 판매 완료된 건의 판매 수수료를 확인한 후 이베이에서 Payout 하면 페이오니아에 수신된다. 인출 신청 시, 한국 통장으로 1~2영업일 내에 입금된다. 이베이에서는 판매자가 미국, 캐나다, 호주, 영국, 프랑스, 독일, 이탈리아 등 23개국에 직접 판매할 수 있으며, 이베이 그룹의 전 세계 인프라를 활용하여 판매를 활성화할 수 있다.

3. 쇼피(Shopee)

1) 특징

쇼피(Shopee)는 동남아시아에서 가장 큰 모바일 쇼핑 플랫폼 중 하나이다. 인도네시아, 태국, 말레이시아, 싱가포르, 필리핀, 베트남 등 다양한 동남아시아 국가에서 활동하고 있으며, 모바일 기반으로 사용이 간편하다는 장점이 있다.

쇼피는 판매자에게 무료로 판매를 제공하며, 수수료는 판매가 발생할 때만 부과된다. 판매자는 쇼피의 내부 결제 시스템인 Shopee Wallet을 사용하여 결제를 처리할 수 있으며, 판매대금은 Shopee Wallet에 누적된다. 이를 통해 판매자는 Shopee의 결제 시스템을 사용하여 안전하게 거래를 처리할 수 있다.

또한, 쇼피는 판매자들을 위한 광고 서비스도 제공한다. 쇼피 내에서 광고를 구매하여 상위 검색 결과에 노출하거나, 홈페이지 상단에 배너 광고를 노출할 수 있다. 이를 통해 더 많은 고객에게 노출되어 더 많은 판매 기회를 얻을 수 있다.

또한, 쇼피는 판매자에게 다양한 기능을 제공하여 판매 활동을 보다 효율적으로 수행할 수 있도록 도와준다. 예를 들어, 판매자는 상품 등록 시 미리 정해진 템플릿을 사용하여 상품 정보를 입력할 수 있으며, 판매자 센터를 통해 판매 현황과 결제 내역 등을 쉽게 확인할 수 있다. 또한, 쇼피는 판매자를 위해 교육 프로그램을 제공하여 새로운 기능과 판매 전략 등을 학습할 수 있도록 도와준다.

2) 입점 준비

쇼피는 입점을 위해 사업자등록증을 준비하고, 싱가포르를 통해 첫 입점을 진행한다. 이후에는 '원스톱 4개국 진출 패키지'에 가입하여 말레이시아, 필리핀, 베트남 등 4개의 상점을 추가로 운영할 수 있다. 입점 신청 후 쇼피코리아에서 검토를 진행하며, 신청 시 기재한 이메일로 '판매자 정보 제출 양식'을 발송한다. 이 양식에 상세한 판매자 정보를 작성하고 제출해야 입점 신청이 완료된다. 쇼피코리아에서 안내하는 절차를 따라 셀러샵을 생성하면 된다.

3) 판매 준비

Shopee에서 계정생성이 완료된 후, 판매대금 정산과 물류 설정을 진행한다. 판매대금을 받기 위해서는 페이오니어(Payoneer) 계좌를 연동해야 한다. 또한, 국제 배송을 위한 물류 프로세스와 배송료 책정 방식을 숙지한 후 판매할 상품을 등록한다. 쇼피는 김포 집하지에 국내 물류 센터를 둬 상품을 보내고, 이후 현지 물류 센터를 통해 고객에게 배송된다. 상품의 상세설명은 영어로 작성해야 한다.

4) 판매 시작 및 마켓 확장

쇼피 판매를 시작하면 상품이 검토되고 승인되면 바로 판매가 시작된다. 상품의 노출 순위는 구매자 만족도, 가격 경쟁력, 상품 정보의 완성도 등에 따라 결정된다. 따라서 상품 이미지, 상세설명, 가격, 배송 정보 등을 꼼꼼하게 작성하고 관리하는 것이 중요하다.

또한, 쇼피에서 판매 성과가 좋아지면, 쇼피의 파트너 프로그램에 참여할 수 있다. 파트너 프로그램에 참여하면 더 많은 마케팅 지원 및 노출 기회, 새로운 기능 사용 권한, 판매 데이터 분석 등 다양한 혜택을 받을 수 있다.

10개 이상의 상품 등록을 마친 후 마켓 확장을 원하는 경우, 쇼피에서 제공하는 '글로벌 셀러스' 서비스를 이용하면 된다. 글로벌 셀러스를 이용하면 인도네시아, 태국, 대만, 홍콩, 말레이시아 등 아시아 지역의 마켓에 진출할 수 있다. 추가 마켓 진출 시, 각 마켓의 규정과 문화, 소비자의 구매 패턴 등을 고려하여 상품 정보 및 가격을 최적화해야 한다.

5) 마케팅

쇼피에서 제공하는 다음 표와 같은 마케팅 방법들은 상품 홍보와 고객 유치에 매우 효과적이며, 적극적으로 활용하면 판매량을 증가시키고 수익을 높일 수 있다.

표31 쇼피 마케팅 툴

마케팅 툴	설명
광고 크레딧 충전	쇼피에서 광고를 설정하려면 광고 크레딧을 충전해야 한다. 수동 충전 또는 자동 충전 방식을 선택할 수 있다.
디스커버리 광고	우리 제품과 비슷하거나 대체품에 관심이 있는 특정 고객들을 대상으로 광고를 집행할 수 있다.
범프 기능	제품 검색 순위를 일시적으로 향상하여 조회 수와 판매량을 증대시킬 수 있는 기능이다.
바우처	고객들에게 제공할 수 있는 할인 쿠폰으로, 샵 전체 상품 또는 특정 제품에 대해 설정할 수 있다.
애드온 딜	특정 제품에 대해 고객들의 관심을 유도하고, 더 많은 제품을 장바구니에 담도록 할 수 있는 추가 품목 할인이다.
번들딜	여러 제품을 한 번에 묶어 할인 가격으로 판매하는 기능이다.
팔로우 늘리기	샵 팔로워 수를 늘리는 마케팅 툴이다. 팔로워 수가 높을수록 쇼피에서 노출이 우선되기 때문에 판매량 증대에 도움이 된다.
Top Picks	쇼피에서 인기 있는 제품을 선별하여 고객에게 추천해주는 마케팅 툴이다.

6) 판매대금 정산

쇼피는 안전한 거래를 위해 구매자와 판매자 모두를 보호하는 시스템을 갖추고 있다. 구매자가 상품을 결제하면 판매자가 배송을 시작하기 전에 쇼피가 판매대금을 예치금으로 보관한다. 상품이 정상적으로 배송되어 구매자가 구매 확정을 하게 되면 이때 판매자가 판매대금을 받을 수 있다. 이러한 방식으로 판매자의 판매대금이 안전하게 보호되고 구매자도 상품을 안전하게 구매할 수 있다.

쇼피는 페이오니아를 통해 한국 판매자에게 대금 정산 서비스를 제공한다. 판매가 이루어진 마켓에 따라 구매 확정일 기준으로 매주 또는 월 2회 정산해준다. 쇼피는 싱가포르에서 입점하여 원스톱 4개국 진출 패키지를 제공하는데, 말레이시아, 필리핀, 베트남 등의 마켓에서 판매를 확장할 수 있다. 이를 위해서는 해당 국가의 조건을 충족하고 국내 물류 센터와 배송 프로세스를 숙지해야 한다.

액션러닝 문제

- 어떤 기업의 국경 간 전자상거래 창업을 가정하고, 자신이 판매하고자 하는 제품이나 서비스에 적합한 비즈니스 모델을 개발해 보세요. 비즈니스 모델에는 수익 모델, 가치 제안, 고객 세분화, 전자상거래 채널, 핵심 활동 등을 포함해야 합니다.
- 국경 간 전자상거래를 진행하기 위해 어떤 마케팅 전략을 수립해야 할지 연구해 보세요. 대상 시장, 타겟 고객, 경쟁 분석, 가격 정책, 홍보 전략 등을 고려하여 효과적인 국경 간 전자상거래 마케팅 전략을 제시해 주세요.
- 국경 간 전자상거래를 운영하기 위해 어떤 유통 및 물류 전략을 개발해야 할지 조사해 보세요. 국경 간 물류 및 배송, 재고 관리, 배송 시간 및 비용 등을 고려하여 효율적이고 경제적인 유통 및 물류 전략을 제시해 주세요.
- 국경 간 전자상거래를 진행할 때 법적인 측면에서 주의해야 할 사항에 대해 연구해 보세요. 각 국가의 전자상거래 법규와 규제, 소비자 보호법, 개인정보 보호법 등을 조사하여, 국경 간 전자상거래를 법적으로 안전하게 진행하기 위한 방법과 준수해야 할 규정을 설명해 주세요.
- 국경 간 전자상거래를 성공적으로 진행하기 위해 어떤 글로벌 파트너와 협력해야 하는지 조사해 보세요. 로컬 제휴사, 해외 배송업체, 지역적인 판매 및 마케팅 파트너 등을 고려하여 전략적인 글로벌 파트너십 구축 방안을 제시해 주세요.

7장

B2B 디지털 무역마케팅

| 학습 목표 |

- B2B 디지털 무역마케팅의 전략과 도구를 이해하고, 효과적인 마케팅 전략을 개발하는 방법을 학습한다.
- 무역거래알선사이트(e–Marketplace)를 통해 국내외 다양한 바이어를 발굴하고, 마케팅 전략을 수립하여 상품 및 서비스를 홍보하고 판매 전략을 구성하는 기법을 학습한다.
- 디지털 수출지원사업의 종류와 수출바우처를 이용하여 해외시장을 개척하는 방법에 대해 학습하고 이를 실제 비즈니스에 적용하는 능력을 갖춘다.

| 학습 목차 |

7장

B2B 디지털 무역마케팅

제1절 글로벌 B2B 전자상거래

1. 글로벌 B2B 전자상거래

1) B2B 전자상거래

B2B 전자상거래는 기업 간의 전자상거래를 의미한다. 기업 간 거래의 특성상 거래 규모가 크고 복잡하며, 비즈니스 과정에서 발생하는 다양한 정보를 전자적으로 처리함으로써 효율성과 경제성을 극대화할 수 있다. B2B 전자상거래는 거래 주체인 기업 간의 신뢰도와 안정성이 중요하며, 거래 프로세스의 효율성, 융통성, 확장성 등의 요구사항이 높다. 따라서 B2B 전자상거래에서는 거래 관리, 상호 운용성, 보안, 결제 등의 기술적, 제도적 문제들이 매우 중요하게 다뤄진다. B2B 전자상거래는 글로벌 비즈니스에서 중요한 역할을 담당하고 있으며, 전자상거래

의 총 거래액의 대다수를 차지하고 있다.

2) 글로벌 B2B 전자상거래와 전자무역

글로벌 B2B 전자상거래와 전자무역은 서로 긴밀한 관계를 맺고 있다. 글로벌 B2B 전자상거래 프로세스는 서로 다른 국가의 수입기업과 수출기업이 관련 플랫폼을 통해 상거래를 진행하는 구조이다. 수입기업은 플랫폼을 이용하여 원하는 상품을 선택하고 주문계약 및 결제를 진행하며, 수출기업은 등록한 제품에 대한 구매 의사가 있는 수입기업을 확인하고 제품 운송을 위한 운송사와 계약을 체결한다. 물품이 수입국에 도착하면 수입기업은 구매 의사를 확정적으로 밝히고, 플랫폼은 수출기업에 대금을 지불한다. 이러한 과정에서는 수출신고 및 부가세 환급 신고 등 다양한 정보 교환 작업이 온라인으로 이루어진다.[45)]

글로벌 B2B 전자상거래와 전자무역은 또한 해외시장 진출을 위한 중요한 수단으로 활용되고 있다. 전자무역을 통해 해외시장에서 물품을 주문하고 판매하며, B2B 전자상거래를 통해 세계적 기업과의 거래를 확대하고, 해외시장에서 더 많은 고객과 거래할 기회를 창출할 수 있다. 따라서 기업들은 전자무역과 B2B 전자상거래를 적극적으로 활용하여 세계 시장에서 경쟁력을 강화할 필요가 있다.

3) 글로벌 B2B 전자상거래의 성장

글로벌 B2B 전자상거래는 최근 몇 년 동안 꾸준히 성장해왔다. 특

---

45) 김창봉, 허영, "중소수출제조기업의 B2B 글로벌 전자상거래 활용요인에 관한 연구: 동적 역량이론의 적용", 국제상학 제37권 제1호, 2022, pp.67-86.

히, COVID-19의 유행으로 인해 온라인 비즈니스의 중요성이 더욱 커졌다. 이제는 기업 간 거래에서 온라인플랫폼이 주도권을 잡고 있다. 유럽과 북미를 비롯한 선진국들은 이미 전자상거래를 중심으로 한 비즈니스 생태계를 갖추고 있으며, 아시아와 아프리카 등 신흥국들도 이에 따라 따라잡으며 전자상거래 시장을 성장시키고 있다. 또한, 인공지능, 빅데이터, 사물인터넷 등의 4차 산업기술의 발전으로 더욱 개인화된 상품 추천과 맞춤형 서비스를 제공하는 전자상거래가 더욱 발전할 것으로 예상한다. 그러나 이에 따라 기존의 판매 모델과 산업 구조에도 변화가 예상되며, 이에 대한 대비와 대처가 필요하다.

▸ 기업 웹사이트

기업 웹사이트는 기업의 브랜드 이미지를 형성하고 고객과의 소통 창구로서 매우 중요한 역할을 수행한다. 기업 웹사이트는 온라인에서 기업을 대표하는 대표적인 공식 홈페이지로서, 고객들이 기업의 제품이나 서비스를 찾아보거나 문의 사항을 해결하는 등 다양한 정보를 제공하고 상호작용할 수 있는 중요한 창구가 된다.

또한, 기업 웹사이트는 기업의 온라인 마케팅 활동에 필수적인 역할을 한다. 검색 엔진 최적화(SEO)를 통해 높은 검색 엔진 순위를 유지하고, 소셜 미디어와 연계하여 효과적인 마케팅을 전개하고, 유용한 콘텐츠를 제공하여 고객의 관심과 참여를 유도하는 등의 다양한 전략을 수립하여 기업의 비즈니스 성과를 높일 수 있다.

또한, 모바일 기술의 발전으로 인해 모바일 기기에서도 최적화된 웹사이트를 제공해야 하며, 고객 경험과 편의성 측면에서도 지속적인 개선과 업그레이드가 필요하다. 따라서, 기업 웹사이트는 기업 경쟁력과 성장에 있어서 매우 중요한 역할을 한다.

▸ 제품 공급과 조달을 위한 거래소

B2B 전자상거래 거래소는 기업 간 제품 공급과 조달을 위한 온라인 거래 플랫폼으로, 다양한 제품과 서비스를 제공하는 기업들이 자신의 제품정보를 등록하고, 다른 기업들과 거래를 진행할 수 있도록 하는 시스템이다. 이를 통해 기업들은 효율적이고 투명한 거래를 진행할 수 있으며, 거래 관리와 비용 절감 등의 이점을 얻을 수 있다.

B2B 전자상거래 거래소는 기존의 오프라인 거래 방식에서 발생하는 시간, 비용, 물류 등의 문제점을 개선하고, 새로운 비즈니스 모델을 제시하고 있다. 또한, 글로벌 B2B 전자상거래 시장의 성장과 함께 B2B 전자상거래 거래소의 수요도 증가하고 있으며, 다양한 종류의 제품과 서비스를 제공하는 B2B 전자상거래 거래소들이 등장하고 있다.

B2B 전자상거래 거래소는 기업들의 경쟁력을 높이고, 새로운 시장을 개척하는 데 큰 역할을 할 것으로 예상한다. 특히, 인공지능, 블록체인, 빅데이터 등의 기술이 적용되면서 더욱 효율적이고 안전한 거래가 가능해지고 있으며, 더욱 발전할 전망이다.

▸ 산업 포털 사이트

산업 포털 사이트는 특정 산업군의 정보를 제공하고, 관련 기업이나 제품, 서비스 등에 대한 정보를 제공하는 웹사이트를 말한다. 즉, 특정 산업 분야에서 활동하는 기업들이 모여 정보교류, 마케팅, 거래 등의 목적으로 이용하는 사이트이다. 산업 포털 사이트는 해당 산업군의 동향, 시장정보, 관련 기술, 제품정보, 거래 정보 등을 제공하며, 공급자와 수요자 간의 거래를 촉진하고, 비즈니스 네트워킹을 가능하게 한다. 예를 들어, 금속 산업 포털 사이트는 금속 제조업체, 공급업체, 유통업체 등 관련 기업이 모여 정보를 공유하고, 거래를 진행할 수 있는 플랫폼을 제공한다. 이러한 산업 포털 사이트는 기업들이 시장 확대와 경쟁력 강화를 위해 중요한 역할을 한다.

▸ 중개 사이트

B2B 중개 사이트는 기업 간 거래를 중개하는 온라인플랫폼으로, 기업들이 제품과 서비스를 거래할 수 있는 공간을 제공한다. 이러한 중개 사이트를 통해 기업은 다양한 공급업체와 구매자를 찾을 수 있으며, 효율적이고 안전한 거래가 가능하다. 중개 사이트는 보통 거래의 안전성과 안정성을 위한 검증 절차와 거래 후 서비스 등을 제공하여 거래의 신뢰성을 높이는 역할을 한다. 또한, 기업 간 거래의 효율성을 높이기 위해 상호 연동성이 높은 플랫폼으로 개발되어 있어, 거래 당사자들은 제품 정보 검색, 가격 비교, 구매 및 판매 조건 협상 등을 수월하게 할 수 있다. 대표적인 B2B 중개 사이트로는 장비 렌탈 사이트 등이 좋은 예이다.

▸ 기업정보 사이트

기업정보 사이트는 기업들의 정보를 제공하는 온라인플랫폼이다. 기업의 주요 정보, 제품정보, 서비스 정보, 고객 후기, 업계 동향 등을 제공하여 기업들이 상호 소통하고 정보를 교환할 수 있는 공간을 제공한다. 이러한 사이트는 기업들이 전략적인 사업 동반자를 찾는 데 도움이 되고, 산업 동향과 업계 분석 등의 정보를 얻을 수 있어 기업의 의사

결정에 도움이 된다. 또한, 기업 간의 협력과 거래를 촉진하여 경제 활동을 활성화하는 역할을 한다. 대표적인 기업정보 사이트로는 크런치베이스(Crunchbase), 블룸버그(Bloomberg) 등이 있다.

4) 글로벌 B2B 전자상거래 비즈니스 모델

▸ 공급자 중심 모델(eDistribution)

공급자 중심 모델은 다수의 공급자가 참여하여 다수의 기업에 판매하는 효율적인 온라인 시장을 구축하는 모델로, 공급자는 자신의 가격을 설정할 수 있는 특권을 가지고 있다. 이 모델에서는 공급자의 신뢰도가 매우 중요하며, 검색이 쉽고 제품과 서비스를 찾기 쉬워야 한다. Cisco와 같은 IT 및 네트워킹 분야의 글로벌 리더들은 이 모델을 활용하여 성공을 거두었다. 예를 들어 Cisco의 CCO(Cisco Connection Online)는 고객과 공급자, 판매자, 사업 동반자를 위한 창구 기능을 제공하며, 매출 증가와 더불어 저비용으로 고객 지원 수준을 높일 수 있었다. 또한, 공급망 최적화를 위한 MCO(Manufacturing Connection Online)는 Cisco와 계약한 제조업체와 물류 파트너를 연결하여 전자상거래를 가치사슬 전반에 활용하는 좋은 사례로 평가받고 있다.

▸ 구매자 지향 모델(eProcurement)

구매자 지향 모델(eProcurement)은 기업이 구매하는 제품과 서비스를 관리하기 위한 종합적인 온라인플랫폼을 구축하는 모델이다. 이 모델은 구매자가 중심이 되어 제품과 서비스를 구매하는 것을 강조한다. 구매자는 각 공급자의 제품 및 서비스를 검색하고 비교할 수 있으며, 이를 통해 최적의 선택을 할 수 있다. 이 모델은 전자상거래의 발전과 함께 큰 변화를 겪었으며, 기업은 eProcurement을 통해 공급자와의 관계를 강화하고 공급망을 최적화할 수 있다.

예를 들어, 글로벌 전자 기업인 IBM은 Ariba라는 eProcurement 솔루션을 도입하여 공급망 전반을 관리하고 있다. 이 솔루션은 공급자와의 거래 및 계약, 재고 관리, 결제 등을 포함하여 구매 과정 전반을 관리하며, 구매자는 이를 통해 비용을 절감하고 구매 과정의 효율성을 높일 수 있다.

eProcurement은 기업의 구매 프로세스를 효율적으로 관리하고 제어함으로써 비용을 절감하고 생산성을 높이는 데 중요한 역할을 한다. 또한, 기업은 procurement를 통해 공급자와의 관계를 강화하고 정확하고 신속한 의사결정을 내릴 수 있게 된다. 따라서, eProcurement은 B2B 전자상거래에서 중요한 모델 중 하나로 자리 잡고 있다.

'바츠(Vaatz)'는 현대/기아차에서 구축한 구매자 지향 모델의 대표적인 사례로, 글로벌 협력사들이 부여받은 아이디로 '바츠(Vaatz)' 사이트에 로그인하여 견적서 제출, 수주 현황 확인, 전자 계약 등 다양한 업무를 처리할 수 있다. 이를 통해 현대/기아차는 전자상거래를 통해 공급망을 최적화하고, 글로벌 사업 동반자들과의 협업을 강화하는 데 성공하고 있다.

▸ 중개자 지향 마켓플레이스 모델(eExchange)

중개자 지향 마켓플레이스 모델(eExchange)은 중개 역할을 하는 거래소를 통해 판매자와 구매자가 상호작용하는 모델이다. 이 모델은 기업들이 수수료를 지급하고 거래소에서 제공하는 서비스를 이용해 고객을 찾고 제품을 판매할 수 있도록 지원한다. 중개자는 구매자와 판매자의 연결을 돕고, 안전한 거래를 보장하며, 거래 후 고객 만족도를 유지하기 위해 다양한 서비스를 제공한다. 전자상거래 시장에서 중개자 지향 마켓플레이스 모델은 Amazon Business와 Alibaba.com 등의 성공적인 사례로 나타나고 있다. 이러한 모델은 전자상거래 시장에서 중요한 역할을 하며, 기업들은 중개자 지향 마켓플레이스를 통해 다양한 고객과 거래할 수 있고, 중개자는 기업들의 거래를 지원하고 이를 통해 수익을 창출할 수 있다.

2. B2C 전자상거래와 B2B 전자상거래 비교

1) B2C 전자상거래와 B2B 전자상거래의 공통점

B2C 전자상거래와 B2B 전자상거래는 전자상거래의 기본 원칙을 공유하고 있다. 먼저, 상품 판매나 구매가 이루어진다는 점에서 공통점이 있다. 또한, 인터넷을 통해 거래가 이루어지기 때문에 지리적 제약이 적다. 따라서, 고객이나 공급자가 전 세계 어디에서든 거래할 수 있다.

또한, 둘 다 고객 중심의 서비스를 제공한다. B2C는 고객이 원하는 제품을 찾을 수 있도록 다양한 제품을 제공하고, B2B는 고객이 필요로 하는 제품을 빠르게 공급하도록 노력한다. 또한, 둘 다 인터넷을 통해 거래가 이루어지기 때문에 거래 과정이 자동화되어 효율성이 높다.

또한, 둘 다 고객과의 소통이 중요하다. B2C는 고객에게 다양한 정보를 제공하고, 고객의 요구사항에 빠르게 대응하여 만족도를 높이려고 노력한다. B2B는 고객과의 소통을 통해 고객의 요구사항을 파악하고, 제품을 개선하거나 새로운 제품을 개발하여 고객 만족도를 높이려고 노력한다.

마지막으로, 둘 다 보안이 중요하다. 개인정보와 회사 기밀 정보가 유출될 경우 심각한 문제를 일으킬 수 있으므로, 둘 다 보안 체계를 강화하고 있다.

2) 구매 결정 프로세스의 차이

첫째, B2C 전자상거래의 구매 결정 과정은 개인이 직접 상품이나 서비스를 선택하고 구매하는 것에 반해, B2B 전자상거래의 구매 결정 과정은 기업 조직 단위에서 이루어진다. 따라서, B2B 전자상거래의 구매 결정은 더욱 복잡하고 많은 단계를 거친다. 기업 조직 단위에서 이루어지는 B2B 전자상거래의 구매 결정은 보통 상품이나 서비스를 필요로 하는 부서나 직원이 제안하고, 그 부서나 직원이 해당 상품이나 서비스를 선택하고 검토하는 절차를 거친 후 최종적으로 기업의 의사 결정자가 승인하게 된다.

둘째, B2C 전자상거래의 구매 결정 과정은 일반적으로 빠르고 단순한 편이다. 소비자는 상품을 검색하고, 제품정보를 비교하고, 결제를 진행하여 구매를 완료한다. 반면, B2B 전자상거래의 구매 결정 과정은 상대적으로 더 복잡하고 길어진다. 기업은 상품 또는 서비스의 제공자와의 협상을 거쳐 가격, 납기일, 운송비 등을 포함한 다양한 조건을 검토하고 협의한다. 이후 기업은 구매 결정을 내리기 위해 자체적인 검토 및 승인 과정을 거쳐야 한다.

따라서, B2B 전자상거래의 구매 결정 과정은 복잡하고 많은 단계를 거치며, 구매자가 개인이 아닌 기업 단위이기 때문에 상품이나 서비스의 선택과정이 다르게 이루어진다. 반면 B2C 전자상거래의 구매 결정 과정은 상대적으로 더 간단하고 빠른 편이다.

3) 거래량의 차이

B2B 전자상거래의 거래량은 B2C 전자상거래보다 대체로 더 크다. B2B 거래는 대개 소품종의 대량 주문이며, 매우 큰 거래액을 가지기 때문이다. 반면에, B2C 거래는 소량의 소액 주문이 대부분이며, 매우 작은 거래액을 가지는 경우가 많다. 따라서 B2B 전자상거래는 주로 대기업, 중소기업과 공공기관 등의 기업 간 거래에 많이 사용되고 있으며, B2C 전자상거래는 소비자들을 대상으로 한 개인 소매업자들이나 대규모 소매업체에서 사용된다.

4) 신용조사의 중요성

B2C 전자상거래에서는 대부분 신용카드나 전자결제 시스템을 통해 간단하게 결제가 이루어지므로, 고객의 신용도는 결제 수단의 한 가지로 고려된다. 일부 대형 쇼핑몰은 고객의 신용도를 판단하기 위해 주문 이력과 배송지 주소 등을 분석하기도 하지만, 대부분 개인 신용조사는 이루어지지 않는다.

반면 B2B 전자상거래에서는 대부분 대량 주문이 이루어지고, 거래금액이 상대적으로 크므로 거래 상대방의 신용도를 높게 평가하는 것이 중요하다. 이를 위해 B2B 전자상거래 플랫폼은 보험회사, 신용평가회사 등을 통해 거래 상대방의 신용도를 평가하고, 신용보증서비스 등의 추가적인 보안장치를 제공하기도 한다. 또한, B2B 전자상거래에서는 수주 및 결제 과정에서 인증서나 전자서명 등을 사용하여 보안성을 높이기도 한다.

따라서 B2B 전자상거래에서는 거래 상대방의 신용도를 평가하고 보안성을 높이는 것이 매우 중요하며, 이를 위해 전문적인 신용조사 및 보안장치를 제공하는 서비스가 필요하다.

5) 거래조건의 차이

B2C 전자상거래에서는 대개 제품의 가격, 배송비, 교환 및 환불 정책 등이 고객에게 공개되어 있고, 이러한 거래조건은 대개 고정적이다. 이에 반해 B2B 전자상거래에서는 제품 가격 외에도 대량구매 시 할인율, 납기 조건, 지불 방법 등 많은 거래조건이 협상을 통해 결정된다. 또한, B2B 거래에서는 긴급한 상황에서의 신속한 납품과 같은 추가적인 서비스나 지원도 필요할 수 있다. 따라서 B2B 전자상거래에서는 거래 조건 협상 및 이행에 대한 계약서 작성과 검토, 법적 쟁점의 발생 가능성 등을 고려해야 한다.

3. 글로벌 B2G 전자상거래

1) B2G 전자상거래의 정의 및 종류

B2G 전자상거래란, 기업이 정부와 전자적으로 거래하는 것을 말한다. 일반적으로 공공기관이 발주하고 기업이 입찰서를 제출하며, 입찰 절차와 계약 수주까지 전부 전자적으로 이루어지는 방식이다.

B2G 전자상거래의 종류는 크게 2가지로 나뉜다. 첫 번째는 입찰이다. 정부 기관이 발주를 공고하고, 기업들이 전자적으로 입찰서를 제

출하는 방식이다. 이 과정에서 입찰서 평가와 계약서 작성 등 모든 절차가 전자적으로 이루어진다. 두 번째는 온라인 구매로, 정부 기관이 필요한 제품이나 용역을 인터넷상에서 직접 구매하는 방식이다. 이 경우에도 전자적으로 주문, 발주, 계약 등의 모든 과정이 이루어진다.

B2G 전자상거래는 공공기관의 효율성 향상과 불필요한 절차의 간소화를 가져올 뿐 아니라, 기업들에게도 많은 이점을 제공한다. 더 효율적이고 투명한 입찰 절차와 계약 과정으로 인해 불필요한 비용을 줄일 수 있으며, 기업과 정부 간의 거래가 더 활성화될 수 있다.

한국에서는 국가종합전자조달 나라장터를 비롯한 공공혁신조달플랫폼, 혁신조달종합포털, 방위사업청 국방전자조달시스템 등 B2G 전자상거래 시스템이 서비스되고 있으며, 이는 연간 135조 원에 이르는 국내 공공조달 시장을 대상으로 한다.

전 세계 공공조달 시장 규모는 매년 증가하고 있으며, 2019년 기준으로는 약 6조 달러이다. 이 중 미 연방 정부조달은 2018년 기준으로 약 623조 원을 구매하는 세계에서 가장 큰 시장이다. 또한, 세계무역기구(WTO)는 정부조달협정(GPA, Government Procurement Agreement)을 체결한 국가의 공공조달 시장을 조사하여 매년 발표하고 있다. 이를 기반으로 한 조사결과, GPA 가입국의 정부조달 규모는 매년 약 1조 달러에 이르며, 직접 진출이 가능하다는 점이다.

2) 글로벌 B2G 시장 진출전략

한국 조달청은 우수 조달기업의 수출 활성화를 위해 '해외조달시장 수출 전략기업 육성 사업'을 진행하고 있다. 이 프로그램은 수출전략기업과 해외 현지 기업을 매칭시켜 네트워크를 구축하고 해외 프로젝트 참여를 통한 해외 진출을 지원한다. 또한, 국내 기업들의 해외시장 진출전략 수립을 지원하며, 역량개발 교육 및 해외네트워크 구축을 지원한다.

또한, 조달청과 함께 하는 '글로벌조달마케터사업'은 UN, WHO 등 국제기구에서 운영하는 조달시장으로 진출할 수 있도록 지원한다. 이 사업은 국제기구 조달시장 진출 유망기업에 맞춤화된 종합컨설팅을 제공하고, 국제기구 조달 전문 인력 양성을 통해 글로벌 조달시장 진출 기반을 조성하는 데 주력하고 있다. 또한, 중소기업벤처기업부 중소기업수출지원센터에서는 조달청과 함께 해외조달 정보센터(globalkoreamarket.go.kr/gpass)를 제공하고 있다. 이는 북미, 국제기구, EU, 아시아 및 기타시장으로 나누어져 해외 조달시장 동향과 최근 입찰 정보를 제공함으로써 B2G 방식으로 해외시장에 진출하고자 하는 기업에 도움이 된다.

3) G-PASS 제도

G-PASS는 "Government Performance ASSured"의 약자로, 조달청에서 국내 중소기업들이 해외 공공시장에 진출하고 성장할 수 있도록 지원하는 제도이다. 해외 공공시장에서 발주자로서 활동하는 국제기구 및 외국 정부 등의 공공조달 시장에 진입하기 위한 정보 및 인프라를 제공하는 것이 목적이다.

G-PASS는 해외공사에 진출하기 위한 다양한 지원사업을 제공한다. 예를 들어, 국내 중소기업들이 해외공사에 진출하기 위한 사전준비 교육 및 상담서비스를 제공하며, 국제 공공시장에서 성공적으로 입찰을 하기 위한 정보를 제공한다. 또한, 중소기업들이 해외공사에 필요한 인

프라 개발을 위한 자금지원과 해외 인턴십 및 전문 인력 양성 등의 다양한 지원사업을 제공하여 해외공사 진출을 적극적으로 지원한다.

G-PASS는 국제기구인 UN, UNICEF, UNDP, 아시안개발은행(ADB), 세계은행 등의 조달시장 정보를 제공하며, 이를 통해 국내 중소기업들이 국제 공공시장에 진출할 수 있도록 돕는다. 이를 통해 국내 중소기업들은 국제 공공시장에서 경쟁력 있는 입찰서를 작성하고, 성공적으로 계약을 체결할 수 있게 된다.

4) 해외조달 성공사례

▸ 아모스아인스가구

사무용 가구 전문업체인 아모스아인스가구가 국내 조달시장에서의 성공을 바탕으로 UN 조달시장에서도 성과를 거두면서 해외 조달시장에 진출하는 데 성공했다. 이 회사는 G-PASS 기업으로 선정되어 전문 인력 지원을 받고, 해외 공공조달 입찰 전문 인력의 인턴을 파견받아 UN과 아프리카 정부의 조달 입찰에서 성과를 거둔 바 있다.

이를 통해 이 회사의 성공사례는 해외 조달시장이 기업의 지속 성장을 위해 반드시 뛰어들어야 할 무대임을 보여주고 있다. 국내 조달시장에서는 특허 확보와 디자인 강화, 제품 디자인 인증 등을 통해 조달시장에 대한 시장 조사와 품목 개발에 주력하면서 조달시장에 안착하였다. 해외 조달시장 진출에 대해서는 꾸준한 정보 수집과 사전준비, 지원정보 및 인력 활용을 통한 꼼꼼한 사전준비가 필수라는 조언을 제공하고 있다.

▸ 그린텍

그린텍은 첨단 IoT 기술과 3차원 설계 및 분석기술을 이용하여 효율적이고 편리한 펌프를 제조하는 기업이다. 이 회사는 국내 관공서와 대기업에 OEM 납품을 하면서 빠르게 변화하는 국내 시장에 불안정함을 느껴, 안정적인 매출을 위해 해외시장 개척을 시작했다.

그린텍은 2015년에 베트남 지사를 설립하여 베트남 조달시장 진출을 시작했다. 그러나 직원 채용에서 실패하고 언제 어떤 일이 일어날지 알 수 없는 상황에서 인콰이어리를 제출하다가도 어떤 대응도 없는 상황에 부닥쳐 있었다. 하지만 KOTRA로부터 베트남 인력 유치 채용 상담회를 통해 코트라와 연결되었고, 베트남 수자원 과학원과 면담하여 베트남 조달시장에서 꾸준히 발전해나갔다. 이를 통해 그린텍은 베트남 목처우 급수시스템 건설 프로젝트에 펌프를 납품하게 되었다.

베트남 조달시장은 국내 기업들이 많이 주목하는 시장이기 때문에 기업들은 천천히 접근하고 성과에 조바심을 내기보다 장기적인 계획을 수립하여 여유를 가지고 접근해야 한다. 또한, 베트남 기업들의 역량이 많이 발전하고 있으므로, 가격뿐만 아니라 기술적인 측면에 관한 관심도 높아졌다는 점을 고려해야 한다.

▸ 씨젠

분자진단 전문기업 씨젠이 코로나19 진단 키트를 UNICEF와의 장기 공급 계약으로 공공조달 시장에 진출하게 되었다. 이번 계약으로 씨젠은 최대 2년간 UNICEF의 주문에 따라 저개발 국가들에 코로나19 진단 키트를 공급하며, 유엔 다른 기관에도 확장 가능한 계약이다. 씨젠은 세계적으로 주목받는 PCR 기술 기반 코로나19 진단 키트로, 이번 계약은 KAIST 글로벌공공조달연구센터와 씨젠의 기술력이 인정받은 성과로 평가되고 있다. 이번 계약으로 한국 보건의료산업이 해외 공공조달 시장에 적극적으로 진출할 수 있는 긍정적 계기가 될 것으로 기대된다.

제2절 무역거래알선사이트

1. 무역거래알선사이트의 개념

1) 정의

무역업체는 해외 수출시장을 개척하고 경쟁력을 높이기 위해 전자무역과 무역마케팅 활동을 신속하고 정확하게 처리하여 수입상의 신뢰감을 높이고, 수출상의 만족도를 높이는 전략적 접근이 필요하다. 이를 위해 무역거래알선사이트 즉, 글로벌 B2B 이마켓플레이스에서 온라인상에서 만남을 유도하고 신뢰성을 주는 오퍼를 제공하며, 다양한 비즈니스 거래 서비스를 제공하고 있다. 이러한 무역거래알선사이트는 수출상과 수입상의 신뢰감을 동시에 높이고, 업무의 효율성을 높일 수 있는 중요한 역할을 수행하고 있다.[46)]

---

46) 조원길, 김애영, "한국 무역업체의 무역거래알선사이트 재이용의도 분석", 관세학회지 제14권 제1호, 2013, pp.193-210.

2) 기능

무역거래알선사이트란 수출자와 수입자가 상호 거래할 수 있는 가상의 시장을 제공하는 온라인플랫폼이다. 무역거래알선사이트는 Product Post(상품 정보 등록)와 Selling/Buying Trade Lead View(거래 관심 글 열람) 기능을 제공하여, 수출자와 수입자 간에 적극적인 거래를 유도한다. 또한, Company Profile Search(기업정보 검색) 기능을 통해, 다양한 기업정보를 검색하여 거래 파트너를 발굴할 수 있도록 돕는다. 이 외에도 인콰이어리 발송 시스템 등 다양한 기능을 제공하여 무역거래를 지원하고, 유료회원 등록비와 광고비 등의 수익 모델을 통해 운영된다. 이를 통해 무역거래알선사이트는 수출입 기업의 해외 거래를 지원하고, 수출국의 무역 활성화를 촉진하는 중요한 역할을 수행하고 있다.

3) 역할

무역거래알선사이트는 수출자와 수입자 간의 거래를 중개하고 연결하는 역할을 한다. 이를 위해 온라인상에서 수출자가 등록한 제품정보를 수입자가 검색하고, 거래를 알선받을 수 있는 가상의 시장을 제공한다. 이를 통해 수출자는 자신의 제품을 광범위하게 홍보하고, 수입자는 다양한 제품정보를 검색하고 거래 파트너를 발굴할 수 있다. 이를 통해 해외 거래에 필요한 정보를 제공하고, 무역 거래를 원활하게 이루어질 수 있도록 돕는 역할을 수행한다.

그러나 무역거래알선사이트에서는 대부분 대금결제, 물류, 전자문서 등의 서비스를 제공하지 않는다. 이러한 기능들은 주로 거래 당사자 간에 직접 협의하여 처리되거나, 전문적인 업체나 서비스를 활용하여 처리된다. 따라서 무역거래알선사이트는 주로 거래의 매개 역할을 하며, 거래 당사자들이 상호 간에 원활하게 거래를 이어나갈 수 있도록 정보를 제공해주는 역할을 수행한다.

4) 글로벌 B2B 무역거래알선사이트의 종류

글로벌 B2B 무역거래알선사이트는 수출 중소기업들에게 해외 바이어 발굴, 제품 홍보, 무역 거래 등 다양한 서비스를 제공하여 세계 시장에서 경쟁력을 강화할 수 있도록 지원하고 있다. 대표적인 예로는 ECPlaza, EC21, 중국 Alibaba 등이 있으며, 국내 공공기관들도 BuyKorea, GobizKOREA, tradeKorea 등을 통해 국내 기업들의 해외 진출을 지원하고 있다.

▸ ECPlaza

해외시장 진출을 위한 무역거래알선사이트 중 하나인 글로벌 B2B 사이트로, 1996년에 국내 최초로 오픈되었으며 전 세계 240여 개국의 기업들이 가입하고 있다. 회원들은 상품 등록, 구매자 발굴 등을 통해 무역 거래를 진행할 수 있으며, 현재는 글로벌 마케팅 플랫폼으로 다양한 서비스를 제공하고 있다. 회원가입은 무료이며, 유료 옵션을 선택하여 더 많은 기능과 혜택을 누릴 수 있다.

▸ EC21

한국무역협회에서 분사한 글로벌 B2B 무역거래알선사이트로, 1997년 오픈되었다. 기업 간 거래 및 국제 무역을 위한 제품정보, 거래알선정보, 전문가 블로그 등 다양한 비즈니스 정보를 제공하며, 현재는 국내외 다양한 기업과 글로벌 바이어를 연결하는 무역 플랫폼으로 발전하고 있다. EC21은 다국어 지원 서비스와 B2B 검색 엔진 최적화를 통해 해외 마케팅에 효과적으로 활용될 수 있다.

▸ Alibaba

알리바바는 중국에서 시작된 온라인 B2B 거래 플랫폼으로, 제조업체, 공급업체, 수출업체, 수입업체 등을 연결하는 서비스를 제공하며, Alibaba.com, Tmall, Taobao 등 다양한 온라인 상거래 플랫폼을 운영하고 있다. 수백만 개의 제품을 판매하며, 온라인상에서 안전하고 편리한 거래를 지원하고 다양한 검색 기능을 제공하여 사용자가 원하는 정보를 쉽게 찾을 수 있도록 돕는다. 국내 기업들도 이를 통해 전 세계 시장으로 진출할 수 있는 기회를 제공받고 있다.

▸ BuyKorea

KOTRA에서 운영하는 한국 기업들의 제품을 해외 바이어들에게 소개하고 수출을 지원하는 B2B 무역거래알선사이트이다. BuyKorea는 다양한 산업 분야의 제품을 포괄하고 있으며, 한국 기업들의 제품을 세계적인 무역거래알선사이트인 Alibaba와 같은 플랫폼에서도 소개하고 있다. 또한, BuyKorea는 해외바이어와 한국 기업 간의 수출 거래를 촉진하기 위한 다양한 서비스를 제공하고 있으며, 수출 상담 및 지원, 매칭 상담, 제품 소개 및 홍보, 현지 맞춤 검색 등을 제공하고 있다.

▸ GobizKOREA

중소기업진흥공단에서 운영하는 대한민국의 공식 B2B 전자상거래 플랫폼으로, 해외바이어와 국내 기업 간의 상호거래를 지원한다. 제품 검색, 거래 정보 제공, 거래 지원, 해외시장 정보 제공 등의 기능을 제공하고 있으며, 전 세계 200여 개국의 바이어들이 이용하고 있다. 또한, 글로벌 마케팅을 위한 다양한 프로모션과 해외 박람회 참가 등 다양한 지원 프로그램을 운영하여 국내 기업의 해외 진출을 적극적으로 지원하고 있다.

▸ tradeKorea

한국무역협회에서 운영하는 대한민국의 대표적인 무역거래알선사이트 중 하나이다. 국내 기업들이 해외시장으로 진출하기 위한 다양한 정보를 제공하고, 전 세계 바이어들과의 비즈니스 매칭을 지원한다. 대한민국의 다양한 산업 분야의 제품정보를 검색하고 구매할 수 있는 통합 마켓플레이스로서, 상품 정보 등록과 검색, 온라인 거래 및 비즈니스 매칭, 출입국절차 및 물류 등의 서비스를 제공한다. tradeKorea는 또한 국제 박람회 및 전시회 정보를 제공하여, 기업들이 해외시장에서 홍보 및 마케팅 활동을 할 수 있도록 지원한다.

▸ K-FoodTrade

한국농수산식품유통공사(AT)에서 제공하는 무역거래알선 플랫폼으로, 국내 농수축산물 및 수출 대상 상품 정보를 한눈에 볼 수 있도록 제공하고, 국내 수출 식품 기업과 해외바이어 간 거래를 원활하게 돕는 역할을 한다. K-FoodTrade는 바이어 매칭, 실시간 문의/견적서 수신, 거래 추적 등 다양한 서비스를 제공하고 있으며, 바이어와 식품 업체 간의 온라인 거래에 대한 플랫폼으로도 활용된다. 또한, AT가 추진하는 농산물 브랜드 'K-Brand'의 해외 마케팅도 진행된다.

이러한 사이트는 영어로 B2B e-Marketplace로 불리며, 인터넷을 통해 거래처 선정을 도와주는 것이 주된 기능이다. 무역회사들은 자신의 회사와 상품 정보를 이러한 사이트에서 홍보하고, 등록된 다른 회사 정보를 검색하여 거래처를 발굴하는 데 활용하고 있다. 산업별, 제품별로 특화된 B2B 무역거래알선사이트는 이보다 훨씬 더 많이 존재한다. 예를 들어, 의료기기 분야에서는 MedicalExpo와 같은 사이트가 있고, 건설 분야에서는 WorldBuild365과 같은 사이트가 있다. 또한, 화장품, 패션, 식품 등 다양한 산업 분야에서도 특화된 B2B 무역거래알선사이트가 존재한다.

표32 주요 B2B 무역거래알선사이트

사이트 이름	URL	특징
Alibaba	www.alibaba.com	5천만 이상의 글로벌 가입자를 보유하여 세계에서 가장 큰 온라인 B2B 무역거래알선사이트
EC21	www.ec21.com	한국 최대의 B2B 무역거래알선사이트, 200개 이상 국가의 판매자와 바이어 정보를 보유하고 있음
ECPlaza	www.ecplaza.net	영어, 중국어, 일본어, 한국어의 4개국어 사이트 지원, 약 40만 회원을 보유한 B2B 무역거래알선사이트
BuyKorea	www.buykorea.org	KOTRA 제공 B2B 마켓플레이스, 중계무역거래알선, 수출, 수입, 무역홍보 마케팅 가능
GobizKOREA	www.gobizkorea.com	중소벤처기업진흥공단, 중소기업지원, 해외마케팅, 검색 엔진 최적화, 홈페이지제작, B2B 사이트, 해외 홍보

tradeKorea	www.tradekorea.com	한국무역협회의 B2B 무역 웹사이트로 바이어와 공급자를 연결하는 매칭 서비스 제공. 온라인 전시회를 통해 새로운 비즈니스 기회를 찾을 수 있음
globalsources	www.globalsources.com	다양한 종류의 전시회 정보를 활용하며 고급 바이어 정보를 제공함
Tradeindia	www.tradeindia.com	인도 최대의 기업회원을 보유한 B2B 무역거래알선사이트
IndiaMart	www.indiamart.com	인도의 B2B 무역거래알선사이트로 거래실적에 따른 신용등급 등 다양한 서비스 제공
Tradekey	www.tradekey.com	중동지역 최초의 B2B 무역거래알선사이트, 220개 국가의 기업정보 보유
Tradeport	tradeport.org	미국 캘리포니아주 거래알선 정보, 산업 및 시장정보, 전시회 정보
Used Equipment Network	www.usedequip.com	장비 딜러가 판매하는 75,000개 이상의 중고기계 품목 소개

2. 무역거래알선사이트(EC21) 활용 실습

1) 회원가입 및 상품 등록

EC21 회원가입과 무역마케팅 과정은 간단하다. 먼저, ec21.com에 접속하여 Join Free를 클릭하여 무료 회원가입을 진행한다. 가입 시 국가와 Buyer 또는 Seller를 선택하고 회사명, 이름, 전화번호, 이메일을 입력하고 아이디와 패스워드를 등록하여 회원가입을 완료한다.

이후, Sign In 하여 My EC21에 접속한 후 Manage Products_Add a New Product 메뉴에서 상품을 등록한다. 무료회원 단계에서는 최대 15개까지 상품 등록이 가능하며, Group Name을 선택하여 등록하는 것이 좋다. 상품명과 상품 키워드는 검색에 노출되므로, 상품의 특성을 잘 나타내는 단어로 구성해야 한다. 등록한 상품은 ec21.com에서 노출되며, 바이어들이 검색하여 접근할 수 있다.

EC21 회원들은 또한, 구매요청서를 등록하여 구매자와의 거래도 가능하다. 구매요청서는 상품 검색이 어려울 때 유용하며, 바이어들이 요청한 내용에 맞는 판매자가 거래를 진행할 수 있다. 또한, ec21.com에서는 해외바이어와 바이어 매칭, 무역정보 등 다양한 무역마케팅 서비스를 제공하고 있다.

2) 상품명과 상품 키워드 검색 최적화

상품명과 상품 키워드는 무역거래알선사이트에서 상품을 검색하는 데 매우 중요한 역할을 한다. 따라서 상품명과 상품 키워드를 잘 구성하여 상품을 홍보하는 것이 중요하다. 무역거래알선사이트에서 상품명과 상품 키워드를 잘 구성하는 방법은 다음과 같다. 상품명은 영문 60글자 이내에서 작성하며, 해당 상품의 이름과 성격을 명확하게 나타내야 한다.

상품 키워드는 검색 엔진에서 해당 상품을 찾을 때 사용되는 단어들로, 해당 상품의 특징과 관련된 단어를 포함해야 한다. 예를 들어, 전자제품을 등록할 때는 smartphone, tablet, wearables 등을 포함하고, 식품 제품을 등록할 때는 organic, healthy, gluten-free 등을 포함할 수 있다.

구체적인 상품 특성 또는 상품명을 나타내는 키워드를 사용하는 것이 좋다. 예를 들어, 단순히 'Watch' 보다는 'Wrist Watch For Men'으로 등록하는 것이 좋다.

경쟁사의 상품명이나 키워드를 참고하는 것도 도움이 된다. 하지만, 도용이나 불법적인 방법으로 경쟁사의 정보를 이용하는 것은 금지되어 있으므로 주의해야 한다.

3) 인콰이어리 확인 및 답신

EC21에서 인콰이어리(Inquiry)를 받으면 My EC21에서 Basic Services > My Inquiries > Inbox 메뉴에서 확인할 수 있다. 바이어가 보낸 인콰이어리 내용은 상세한 제품정보 및 가격, 수량, 선적 시기, 결제 조건 등을 요구하는 경우가 일반적이며, 때로는 카탈로그나 샘플도 요청한다. 인콰이어리를 받으면 신속하게 회신해야 한다. 하지만 구체적인 제품정보 없이 이메일 접근이나 링크 첨부로 접근하는 사기 이메일에 대해서는 조심해야 한다.

인콰이어리에 답변할 때는 자신의 제품정보를 과장하지 않고 간결하게 설명해야 한다. 재고 부족으로 조속한 주문이 필요한 경우, 해당 사실을 강조해야 한다. 만약 카탈로그나 가격표를 요청했으면 보충해준다. 그러나 경쟁 업체가 정보 수집하는 의도도 있으므로 가격표를 보내는 것에 신중해야 한다. 샘플이 바로 제공될 수 없는 경우, 따로 보내겠다는 것을 언급한다. 샘플 비용은 바이어가 부담하는 것이 원칙이며, 샘플만 받고 연락을 끊는 사기에도 조심해야 한다.

4) 바이어 찾기

무역거래알선사이트를 이용하는 수출업체들은 구매 관심(Buying Leads) 정보를 활용하여 바이어를 발굴할 수 있다. Buying Lead란 바이어가 자신이 원하는 상품 또는 서비스에 대한 구매 의사를 등록한 정보이다. 이를 통해 바이어의 구매 의사와 필요한 제품에 대한 정보를 파악하고, 이에 맞는 마케팅 전략을 세울 수 있다.

검색창에서 Buying Lead 탭을 선택하고, 키워드로 검색을 하면 관련된 Buying Lead 정보를 확인할 수 있다. Buying Lead 정보에는 바이어의 회사명, 제품명, 수량, 가격대, 선적 기간 등이 포함되어 있다. 이를 바탕으로 해당 바이어의 정보와 구매 의사, 필요한 제품에 대한 정보를 파악하여 연락을 취할 수 있다.

무역거래알선사이트 EC21의 유료회원이라면 최근 3일간 업데이트된 New Buying Leads를 검색할 수 있고, Global Buyer Search 페이지에서는 키워드 검색으로 300만 개 이상의 바이어 정보를 확인할 수 있다. 이를 활용하여 바이어와 연락을 취하고, 제품에 대한 상세한 정보를 제공하여 거래를 끌어내는 것이 무역거래알선사이트를 활용하는 핵심적인 방법의 하나다.

5) 무역거래알선사이트의 전략적인 활용

첫째, 무역거래알선사이트에 자신의 상품을 등록하고 업데이트하는 것이 중요하다. 상품명과 상품 키워드를 잘 구성하여 검색에 노출되도록 하며, 제품 이미지와 상세정보를 충실하게 제공해야 한다. 또한, 상품 정보를 업데이트하여 상시 최신 정보를 제공하도록 노력해야 한다.

둘째, 바이어의 인콰이어리에 빠르게 대응하는 것이 중요하다. 인콰이어리를 받은 후에는 신속하게 회신하여 바이어의 요구사항을 충족시키는 것이 좋다. 또한, 바이어와의 커뮤니케이션을 원활하게 유지하여 상호 신뢰를 구축하는 것이 중요하다. 가짜 바이어는 조심해야 한다.

셋째, 무역거래알선사이트에서는 바이어 검색도 가능하다. 적극적으로 바이어를 찾아서 접근하고, 맞춤형 마케팅을 수행하는 것이 중요하다. 바이어의 구매 의사를 나타내는 Buying Lead 정보를 검색하여 바이어를 찾아내는 방법도 유용하다.

넷째, 무역거래알선사이트에서는 유료회원 등록을 통해 더 많은 기능을 사용할 수 있다. 유료회원으로 업그레이드하여 추가 기능을 활용하고, 더 많은 바이어와 접촉할 수 있도록 노력해야 한다.

다섯째, 무역거래알선사이트를 통해 경쟁사의 제품정보와 마케팅 전략을 파악할 수 있다. 경쟁사 정보 수집을 통해 시장 동향을 파악하고, 경쟁력을 강화하는 것이 중요하다.

여섯째, 무역거래알선사이트를 활용하여 외부 마케팅과 연계하는 것도 중요하다. 소셜 미디어, 블르그, 홈페이지 등을 통해 무역거래알선사이트에 등록된 상품 정보를 홍보하고, 더 많은 바이어들의 시선을 끌어들일 수 있다. 또한, 무역거래알선사이트에서 발생한 인콰이어리를 이용하여 마케팅을 확장할 수도 있다. 예를 들어, 인콰이어리를 받은 후에는 해당 바이어의 관심사와 요구사항에 맞게 추가 상품 정보나 샘플을 제공하거나, 다음에 더 많은 거래를 이어갈 수 있는 비즈니스 네트워킹 기회로 활용할 수 있다. 이를 통해 무역거래알선사이트를 통한 비즈니스 확장뿐만 아니라, 외부 마케팅과 연계하여 고객층을 넓힐 수 있다.

3. 무역거래알선사이트 활용 사례

1) tradeKorea

한국무역협회 tradeKorea를 활용한 이집트 바이어 발굴 사례가 있다. 이집트 바이어가 차량용 카뷰레터 클리너 제품을 OEM 생산하는 한국업체를 찾아달라는 요청을 하였다. tradeKorea 매칭 매니저는 바이어 정보를 확인한 후 국내 3개 업체를 추천하여 바이어와 소개했다. 그 결과 바이어는 A사와 상담을 시작하였고, A사에서 샘플을 구매해 테스트를 진행한 후 성능에 만족하여 주문하였다. 이후 A사는 tradeKorea를 통해 해외시장을 개척하는 데 계속해서 활용하고 있다. 이처럼 tradeKorea와 같은 무역거래알선사이트는 해외시장에서 적극적인 마케팅과 활용을 통해 기업의 수출 확대에 큰 도움이 될 수 있다.

2) EC21

B사는 캐나다 FDA 및 EC의 승인을 받은 의료 장비 전문기업으로, EC21을 통해 일본 바이어를 대상으로 안경테와 여성을 위한 배란 체크기를 수출하고 있다. 프리미엄 회원으로 가입한 B사는 글로벌 바이어 데이터베이스 검색을 통해 거래제안서를 발송하고, 상품 등록과 Inquiry 주고받음을 통해 바이어들의 관심을 유도하고 신뢰를 쌓아갔다. EC21을 통해 1년 평균 100만 달러 정도의 거래 실적을 달성한 B사는 기업 인증 마크(Trade Verify)를 적극적으로 활용하여 바이어들의 신뢰를 얻었다.

3) buyKOREA

C사가 조경시설물을 수출하는 데 성공한 이야기이다. 국내에서는 이미 성공적으로 성장하였으나 해외시장에서는 자국 업체에게 우선하여 일감을 주는 것이 가장 큰 장벽으로 작용했고, 이를 극복하기 위해 KOTRA의 B2B e-마켓플레이스인 '바이코리아'에 등록하였다. 암스테르담 무역관의 적극적인 지원 덕분에 네덜란드의 T사와 수출계약을 맺게 되었으나 배송된 제품 중 일부에 하자가 발생하여 문제가 생겼다. 이를 해결하기 위해 무역관의 지원을 받아 T사와 협상을 통해 문제를 해결하였고, 이후 예약된 2차 주문도 정상적으로 이루어졌다. 이를 계기로 C사는 상업 시설 분야까지도 진출하여 적극적으로 해외시장의 문을 두드리고 있다.

4) ECPlaza

ECPlaza(이씨플라자)는 수출지원을 위해 다양한 서비스를 제공하고 있다. 그중에서도 대표적인 서비스로는 온라인 B2B 마케팅, 빅데이터를 활용한 수출 관련 정보 제공, O2O 전시회, 해외 진출을 위한 바이어 발굴 등이 있다. 또한, 검색 엔진 최적화(SEO) 기술을 제공하고 있으며, 외국어 홈페이지 및 쇼핑몰 제작, 홍보영상 제작 등의 서비스도 제공한다. 이를 통해 다양한 중소기업들의 수출 디자인 개발과 제작을 지원하고 있다. ECPlaza는 온-오프라인에서 활동하며, 해외 외판을 위한 화상상담 등도 제공하고 있다. 이러한 서비스를 통해 많은 기업이 수출 성과를 높일 수 있었다. ECPlaza는 지속적인 기술 개발과 혁신을 통해 100년 기업을 목표로 성장하고 있다.

5) gobizkorea

한국 중소기업의 수출을 돕기 위해 중소기업진흥공단이 제공하는 무료 맞춤형 해외마케팅 서비스인 해외바이어알선(BMS)과 방한바이어 무역지원(VAP)에 대해 소개한다.

BMS는 해외바이어와 중소기업을 연결하여 수출 거래를 돕는 프로그램으로, 고비즈코리아의 무역전문가들이 바이어에 대한 검증과 통역, 번역 등을 지원한다. VAP는 바이어가 방한할 때 현장 동반 방문, PT대행, 통역 지원, 무역상담 등을 지원하여 수출계약이 이루어질 때까지 밀착 지원하는 제도이다. 이를 통해 중소기업은 안정적인 해외 거래를 할 수 있으며, 바이어는 적합한 국내 중소기업을 찾아 수입에 도움을 받을 수 있다.

제3절 디지털 수출지원사업의 활용

디지털 수출지원사업은 국내 중소기업의 디지털 마케팅 역량 강화 및 세계 시장 진출을 지원하는 정부의 사업이다. 이 프로그램은 KOTRA, 중소벤처기업부, 한국무역협회, 각 지방자치단체 등에서 운영되며, 국내 기업들이 해외시장에 진출하기 위한 디지털 마케팅 지원을 제공한다.

1. 디지털 수출지원사업의 종류

1) 디지털무역종합지원센터

산업통상자원부는 서울 KOTRA 본사, 구미 상공회의소, 대전 등 3개 지역에서 운영되고 있는 디지털무역종합지원센터를 2027년까지 총 30곳으로 확대할 계획이다. 디지털무역종합지원센터는 지방 기업들이 디지털 격차를 해소하고 수출 저변을 확대하기 위해 다양한 서비스를 제공한다. 이를 위해 디지털 콘텐츠 제작, 디지털 마케팅과 바이어 발굴, 수출 애로 해소 등 디지털 무역 전반을 원스톱으로 지원하며, 또한 수출을 위한 디지털 무역 인력도 양성하는 역할을 수행한다.

주요 지원 사례로는 국내 기업들의 디지털 무역 역량 강화를 위해 디지털 콘텐츠 제작과 온라인 마케팅을 지원하며, 바이어와 대면 마케팅 기회를 확대하는 등 온·오프라인 사절단을 통한 무역사절단을 확대하는 등 지원 역할을 수행하는 디지털무역종합지원센터를 통해 이를 실현하고 있다. 또한, 중소기업의 편의를 위해 수출신고필증 발급 간소화를 추진하며, 관세청과 유관기관이 시스템 개선 방안을 검토하고 있다. 또한, 조달청은 중소기업의 해외조달 시장진출 기회를 확대하기 위해 해외조달 전문 바이어 초청 수출상담회 및 시장개척단 파견 등을 지속적으로 지원하고 있으며, 수출 유관기관과의 협력도 강화하고 있다.

정부는 디지털 무역마케팅이 진화하고 있는 현 상황에 대응하여 범정부 수출투자 플랫폼 '해드림'의 AI 추출 시장보고서와 가상 인플루언서를 활용한 라이브 커머스 등 디지털 마케팅을 지속 발전시켜 나갈 계획이다. 경기무역공사는 해드림에서 제공한 AI 보고서를 활용하여 시장 조사와 바이어 검색을 통해 미국 조지아주에 홍삼 음료수 60,000병을 성공적으로 수출한 사례도 있다.

2) KOTRA의 디지털 무역 인프라

KOTRA는 2023년 '누구나 수출할 수 있는 디지털 무역'의 원년을 선포했다. KOTRA는 바이코리아 플랫폼 활용, 트라이빅(빅데이터) 활용, 온라인 수출 상담(화상상담), 해외 온라인 플랫폼 입점 및 판촉, 디지털 현장실사, 디지털무역종합지원센터(deXter) 등 디지털 해외마케팅 지원사업을 다양하게 전개하고 있다.

▶ 디지털무역종합지원센터(deXter)

덱스터는 KOTRA에서 개발한 디지털 무역 인프라로, 무역투자24, 해외시장정보드림, 바이코리아, 트라이빅 등 KOTRA가 보유한 무역 4대 플랫폼을 활용해 수출 품목 선정부터 진출 국가 타켓팅, 디지털 콘텐츠, 해외바이어 발굴 및 교류까지 수행할 수 있는 기능을 제공한다. KOTRA는 2027년까지 전국 30개 도시에 덱스터를 만들고, 10만 건의 디지털 상품 데이터를 생성할 계획이다.

덱스터 서비스는 기존의 무역 방식을 보다 효율적으로 대체하고, 마케팅 비용을 절감해주는 효과를 가지고 있다. 이를 이용하면 중소기업은 무료로 온라인 마케팅 서비스를 지원받을 수 있으며, 현지 박람회에서 직접 부스를 차리는 등 아날로그 방식보다 더 쉽게 해외바이어와 연결할 수 있다.

덱스터 서비스를 이용한 중소기업들은 화장품, 미용기기 등 다양한 분야에서 수출을 확대하고 있다. 이 서비스를 이용해 소셜 미디어 마케팅으로 태국, 몽골 등 현지 바이어들과 연결되어 수출을 증가시키고 있다. 덱스터 서비스는 지방 중소기업과 소상공인들에게 디지털 무역을 지원하고, 취·창업생의 디지털 역량을 강화해 수도권과 지방의 디지털 격차를 줄이는 역할도 하고 있다.

▸ 글로벌 디지털 무역인력(deXters)양성사업

KOTRA는 글로벌 디지털 무역인력(deXters) 양성사업을 진행하며, 중소기업의 디지털 마케팅 역량 강화와 수출 달성을 위해 대학생, 취업 및 창업 준비생 등과 함께 디지털 마케팅 교육과 실습을 제공하고 있다. 프로그램 내용으로는 디지털 마케팅 전략 수립, 콘텐츠 제작, 소셜 미디어 및 검색 엔진 마케팅, 빅데이터 활용 바이어 인콰이어리 발굴 등이 포함되며, 대상은 내수기업, 수출 초보 기업, 소상공인, 사회적기업이다. 참가비는 무료이며, KOTRA는 디지털 무역인력 매칭, 콘텐츠 제작 및 편집, buyKOREA 상품페이지 제작 및 바이어 매칭, 소셜 미디어 마케팅 및 바이어 교신 및 거래알선 지원을 제공한다. 참가기업은 디지털 마케팅 전략 수립 및 이행을 위한 KOTRA 디지털 무역인력과 주 1회 이상의 미팅 또는 화상회의를 진행해야 한다.

▸ 디지털 실사

'디지털 실사'는 디지털 콘텐츠를 활용한 비대면 수출 마케팅 지원 사업으로, 국내 공장 또는 해외 공장의 현장을 온라인으로 보여주는 방식이다. 대상은 중소, 중견기업으로서 수출 과정에서 서비스 연계를 희망하는 기업이며, 디지털 실사 서비스를 이용하면, 해외로 직접 방문하거나 바이어를 초청할 필요 없이 온라인으로 국내 실사, 해외 실사 모든 과정을 처리할 수 있다.

3) 한국무역협회 디지털수출지원센터

▸ B2B 해외비즈니스

'해외비즈니스 매칭'은 한국무역협회에서 제공하는 서비스로, 해외 지부 및 해외 마케팅 사무실에서 1:1 타겟 마케팅 후 발굴된 복수의 바이어 정보를 제공한다. 미국, 중국, 일본 등 주력 시장 맞춤형 바이어 발굴을 지원하며, 한국무역협회 회원사이며 tradeKorea 기업회원(기업정보를 입력한 가입자)이 신청할 수 있다. 이용횟수는 연간 최대 3회로 제한된다. 서비스 신청은 매월 1일부터 신청 대상기업 모집 완료 시 종료되며, 선착순 모집된다.

'바이어 DB 타겟팅'은 한국무역협회가 보유한 바이어 데이터베이스를 활용하여 수출업체가 맞춤형 바이어 검색 결과를 취득할 수 있는 서비스이다. 정교한 타겟팅이 가능하며, 검색 대상 바이어에게 거래제안서를 바로 발송할 수 있다. 대상은 tradeKorea Seller 회원이며, 단, 1일 1회, 월 최대 5회로 이용횟수가 제한된다.

'글로벌 유망바이어 거래알선'은 해외 유망바이어를 온라인으로 초청하여 국내 업체와 상시로 거래알선을 지원하는 한국무역협회의 온라인 거래알선 서비스이다. 글로벌 유통 '유망바이어의 구매품목'을 파악하여 맞춤형 바이어 발굴을 지원하며, 매월 1일부터 말일까지 한 달간 신청할 수 있다. 참가 신청서를 확인한 후 적격한 기업정보를 해외바이어에게 전달하고, 관심 의사 회신을 받은 후 매칭 결과를 통보하고 상담을 진행한다. 최대 2주 소요될 수 있다.

'해외바이어 구매 오퍼'는 해외바이어의 인콰이어리를 공개하여 국내 중소기업의 수출 기회를 증진하는 서비스이다. 바이어의 인콰이어리를 확인한 후 매칭 여부를 검토하고, 적격한 기업정보를 바이어에게 전달한다. 매칭된 국내 기업의 정보와 연락처를 회신하고, 직접 연락을 통해 거래를 성사시킨다. 이 서비스는 등록일로부터 7일간 모집되며, 건별 등록일이 상이하다. 해당 서비스는 tradeKorea Seller 회원(기업정보를 입력한 가입자)을 대상으로 제공된다.

▸ B2C 해외 직판

Kmall24는 한국무역협회의 B2C 역직구 플랫폼으로, 해외 직판 경험이 부족한 중소기업을 위해 홍보/마케팅, 해외 판매, 배송, 결제/정산, CS, B2B 바이어 매칭 등 온라인 수출 단계별 종합지원 서비스를 제공한다. 또한, 뉴미디어 기반 콘텐츠 마케팅, 인플루언서 제휴마케팅, 라이브 커머스 등의 마케팅 지원사업을 통해 글로벌 강소 브랜드 육성에 앞장서고 있다. Kmall24는 해외 직판 경험을 위한 비용 부담 없는 쉬운 사용환경을 제공하며, 최신 디지털 마케팅으로 브랜드 인지도를 높여주고, 필요한 서비스를 지원해준다.

Kmall24는 상품/주문/배송/정산 등을 체계적으로 관리할 수 있는 시스템을 제공한다. 상품 등록은 Kmall24 운영팀이 검수하며, 전 세계 어디에서나 양질의 배송 서비스를 제공한다. 판매가 설정, 판매 내역 및 정산금액 조회, 정산금액 지급 및 구매확인서 발행 등 귀찮은 장부 관리도 판매자 시스템에서 모두 처리할 수 있다. 또한, Kmall24 운영팀과 함께 다양한 프로모션 및 마케팅 전략을 수립할 수 있다.

Kmall24는 B2C 전자상거래 수출 경험이 부족한 중소기업을 위해 해외 직판 전 과정을 쉽게 경험할 수 있도록 상품 판매 및 홍보를 할 수 있는 채널을 제공하고, 실무에 필요한 다양한 교육 및 정보를 제공한다. Kmall24 입점을 통해 전 세계 소비자를 손쉽게 만날 수 있으며, 상품/주문/배송/정산까지 체계적인 업무처리가 가능하다. 간편한 입점 절차와 판매자 친화적 UI를 통해 소비자에게 꼭 필요한 정보를 쉽고 빠르게 등록할 수 있으며, 데이터 추적 및 대시보드 기능을 활용해 쉽고 명확한 실적 관리 환경을 구축한다. 또한, 나만의 상점을 만들 수 있으며, Kmall24에서는 온라인/해외 판매 적합성 심사를 진행하여 입점 대상을 선발한다. 필수 서류를 검토하고 적합성 심사를 통해 입점을 승인하며, 이후 상품 등록 및 판매를 시작할 수 있다.

K-ABC(KITA-Amazon Business Companion)은 한국무역협회 회원사의 제품을 아마존의 B2B 마켓플레이스인 아마존 비즈니스를 활용하여 미국 시장으로 수출할 수 있도록 지원하는 프로그램이다. 프로그램에 참여하면 아마존 판매자 육성, Professional Seller 계정 수수료 지원, 아마존 유료 키워드 광고 지원, 협회 바이어 DB 활용 이메일 타겟 마케팅 지원 등을 받을 수 있다. 하지만 일부 제품은 제한적이며, 참가기업은 일정한 부담을 갖게 된다.

▸ 마케팅/제휴서비스

한국무역협회는 해외바이어나 소비자의 증가에 발맞춰 다양한 콘텐츠 마케팅을 제공한다. 제품 홍보영상, 판매 콘텐츠 제작, 리뷰 바이럴 마케팅[47], 라이브 커머스를 통해 제품의 홍보와 판매 증대를 도와준다.

47) 온라인 매체를 통해 제품이나 서비스를 소비자들이 스스로 전파하게 만들어 제품 또는 서비스의 인지도와 판매량을 증가시키는 데 효과적인 전략

한국무역협회는 tradeKorea와 Kmall24에 등록된 우수한 제품을 선정하여 전 세계 바이어와 소비자들에게 디지털 광고 마케팅을 지속적으로 제공한다. 구글의 검색 광고, 배너 광고, 페이스북, 인스타그램, 유튜브, 링크드인, 웨이보 등의 광고매체를 활용하여 최적의 마케팅 방안을 모색하며, 빅데이터를 활용해 맞춤 잠재 고객을 정밀 타겟팅하고 검색 엔진 최적화(SEO)를 함께 지원하여 마케팅 효과를 극대화한다.

핑퐁글로벌은 결제 및 금융 전문가들이 모여 만든 글로벌 전자상거래 결제 시스템 신생기업으로, 해외 전자상거래 판매대금 간편 정산, 개인&법인사업자 해외 송금 서비스, 가상 신용카드 서비스, PG 서비스 등 다양한 서비스를 제공한다. 또한, 한국무역협회 회원사에는 수수료 우대혜택을 제공하며, 신청 방법은 tradeKorea 회원가입 후 초대 링크를 통한 계좌개설과 서류 심사 진행이 필요하다.

4) 중소벤처기업진흥공단 온라인수출지원사업

중소벤처기업진흥공단(중진공)은 중소·벤처기업이 글로벌 전자상거래 시장에 진출할 수 있도록, 인프라 구축에서부터 마케팅 연계지원, 거래 성사 및 사후관리에 이르기까지 수출 전 과정을 지원한다.

주요 사업으로는 고비즈코리아 B2B 수출지원이 있다. 이를 통해 기업 특성에 따라 맞춤형 마케팅 서비스를 제공하며, 상품페이지 등록부터 Seller's Store 구축, 홍보 동영상 콘텐츠 제작, 인플루언서 소셜 미디어 홍보 활동까지 다양한 서비스를 제공한다.

또한, 온라인 구매 오퍼 사후관리를 통해 해외바이어의 구매 오퍼에 대응하고 수출계약으로 이어질 수 있도록 유효 인콰이어리 검증, 수출계약서 검토·작성 등 무역 실무를 체계적으로 지원한다.

마지막으로, 온라인 거래알선 지원을 통해 바이어 발굴이 어려운 수출 초보 기업을 위해 특정 상품을 원하는 해외바이어를 발굴하여 중소기업에 매칭하고 수출계약으로 이어질 수 있도록 전반적인 무역 실무를 지원한다.

2. 인터넷 무역 디렉터리

1) 무역 디렉터리의 정의

디렉터리(Directory)는 무역거래알선사이트와는 다르게 전 세계 기업의 주소록과 정보를 제공하는 사이트이며, 그 신뢰성은 매우 높다. 전화번호부(telephone directory)는 오래된 디렉터리 중 하나로, 업종별 전화번호부는 '노란 페이지(yellow pages)'로 불리기도 한다. 인터넷의 발달로 인해 디렉터리도 책자나 CD에서 온라인 형태로 전환되었으며, 기업의 연락처, 취급품목, 재무상태 등 비즈니스 관련 정보를 국가, 품목, 거래유형별로 정리하여 제공한다. 이는 주로 상공회의소, 협회, 조합 등 회원제 단체에서 회원사를 위한 정보 제공 목적으로 서비스 중이다. 디렉터리는 무역거래알선사이트와 달리, 업체에 대한 정보를 수집하는데 쉬우며, 인터넷상에서 제공되는 정보는 E-mail, 기업의 웹사이트 등 더욱 자세하고 풍부하다. 일부 디렉터리는 거래알선 기능까지 제공하며, 이를 통해 무역마케팅에서 유용하게 활용할 수 있다.

2) 인터넷 무역 디렉터리

무역 디렉터리는 인터넷에서도 쉽게 접할 수 있지만, 대부분은 제조업체나 수출업체 정보가 더 많이 수록되어 있으며, 유통업체나 수입업체 정보를 찾기가 어렵다는 단점이 있다. 또한, 일부 디렉터리는 유료로 운영되고 있어 정보 업데이트가 수시로 이루어지지 않을 수도 있다.

KOMPASS는 유료 무역 디렉터리 중 대표적인 사이트 중 하나이다. ThomasNet은 미국과 캐나다의 공급업체 검색 및 제품 구매를 위한 온라인플랫폼으로, Europages는 유럽국가의 기업정보를 찾는 데 도움이 된다. 또한, 산업별 대표 무역 디렉터리를 활용하여 원하는 정보를 찾을 수도 있다.

▸ KOMPASS

세계적인 무역 디렉터리 회사로서, 전 세계 75개국의 바이어 정보를 제공하고 있으며, 75개국 KOMPASS 네트워크를 활용한 통합 온·오프라인 수출마케팅 서비스를 제공한다. 회사정보, 제품정보, 바이어 정보 등을 수록하고 있으며, 검색을 통해 필요한 정보를 찾을 수 있다. 또한, 국가별, 산업별, 제품별로 정보를 분류하여 제공하고 있으며, 유료로 운영되고 있다.

▸ ThomasNet

미국과 캐나다의 공급업체 검색 및 제품 구매를 위한 온라인플랫폼이다. ThomasNet에서는 산업별로 업체를 검색할 수 있으며, 제품 카테고리, 지역, 인증 등 다양한 조건으로 검색할 수 있다. 또한, ThomasNet은 업체의 제품 카탈로그, 비디오, CAD 파일, 3D 모델 등 다양한 데이터를 제공하여 바이어들이 제품을 더욱 쉽게 검색하고 비교할 수 있도록 돕는다. ThomasNet은 바이어들뿐만 아니라 공급업체들도 등록하여 비즈니스 네트워크를 구축할 수 있는 환경을 제공한다.

▸ Europages

Europages는 유럽에서 활동하는 기업들을 위한 무역 디렉터리로, 26개 국가의 기업정보를 제공한다. 각 국가의 기업뿐만 아니라 제품, 서비스, 브랜드, 거래처 등 다양한 정보를 검색할 수 있으며, 언어별 검색도 가능하다. Europages는 B2B 기업들의 온라인 비즈니스 네트워크를 형성하여 유럽 내외에서의 비즈니스 매칭을 돕고 있다. 또한, Europages에서는 국제 무역에 대한 정보도 제공하고 있어 해외시장 진출을 고려하는 기업들에게 유용한 정보를 제공하고 있다.

3) 인터넷 무역 디렉터리 활용 전략

무역 디렉터리는 많은 종류가 있으며, 각각의 특징에 따라 다양한 정보를 제공한다. 산업별, 거래유형별, 회원제 등 다양한 유형 중 자신의 필요에 맞는 디렉터리를 선택하는 것이 중요하다. 무역 디렉터리에 등록된 기업의 정보를 활용하기 위해서는 상세한 검색이 필요하다. 검색 조건에 맞는 필터링을 통해 원하는 정보를 찾을 수 있다.

무역 디렉터리에서 수집한 기업 연락처를 활용하여 직접 연락을 취해 사업 동반자를 찾아낼 수 있다. 무역 디렉터리에서 찾은 기업과 연락을 취하고 비즈니스 네트워킹을 진행하여 상호 유익한 거래 관계를 형성할 수 있다.

무역 디렉터리에서는 경쟁 업체의 정보도 함께 제공된다. 이를 활용하여 경쟁 업체의 제품, 서비스, 가격 등을 분석하여 자신의 비즈니스 전략을 세울 수 있다. 무역 디렉터리는 수시로 업데이트가 이루어진다.

따라서 최신 정보를 활용하기 위해서는 디렉터리의 업데이트를 확인하고 업데이트된 정보를 수집하는 것이 중요하다.

3. 수출바우처 수행기관을 통한 해외시장 개척

1) 수출바우처 사업

수출바우처 사업은 기업들이 수출역량을 향상하기 위해 국가 보조금을 받을 수 있는 제도이다. 선발 과정을 거쳐 선정된 기업들은 수출지원기반활용사업포털(www.exportvoucher.com) 메뉴판에서 수출에 필요한 서비스를 선택하여 바우처로 결제할 수 있다. 이 포털에는 13개 분야에 약 7,000여 개의 수출지원서비스가 등록되어 있으며, 디지털 무역마케팅 대행사의 비중도 높아지고 있다.

수출바우처 제도는 정부의 독점영역으로 여겨졌던 수출지원 분야에 민간기관이 공식적으로 참여할 수 있는 플랫폼을 설계함으로써 중소기업들에게 보다 넓은 선택권을 부여하였다. 이를 통해 중복되는 수출 지원 사업을 방지하고, 중소기업들에게 서비스의 자율권을 부여함으로써 그 효용성을 갖추게 되었다.[48] 수출바우처를 받지 못한 기업도 수출바우처 수행기관을 검색하여 서비스 계약을 맺으면 부족한 수출역량을 보완하여 좋은 성과를 얻을 수 있다.

---

48) 김재우, 선석기, "무역 활성화를 위한 수출 바우처 제도의 성과분석 및 개선방안에 관한 연구", e-비즈니스연구 제20권 제7호, pp.281-295.

2) 수출브랜드의 개발과 관리를 위한 마케팅 지원

수출브랜드의 개발과 관리는 국가의 문화와 습관, 소비자 특성 등이 다른 국제시장에서 경쟁력 있는 제품을 판매하기 위해 필요하다. 그러나 이를 위해서는 각 국가의 특성을 고려한 브랜드 개발과 지속적인 관리가 필요하며, 이를 위해 많은 자금과 인력이 필요하다. 이에 따라 수출바우처 수행기관은 수출기업의 글로벌 브랜드화를 위해 디지털 전환 컨설팅 서비스를 제공하여 브랜드의 디지털 전략 수립과 제품 경쟁력 강화를 지원하고 있다.

3) 해외마케팅을 위한 홍보 및 광고 지원

해외마케팅을 위한 홍보 및 광고는 언어, 문화, 지역 등 다양한 요소를 고려해 전략을 수립해야 하기 때문에 어려움이 많이 따른다. 이에 따라 타겟 마케팅 대상, 국가별 규제와 문화, 광고 예산 등을 고려하여 적절한 광고 채널과 방법을 선택해야 한다. 마케팅과 홍보는 경험과 지식이 많이 요구되며, 시간과 예산이 많이 필요하지만, 전략적으로 계획하고 진행하면 해외시장에서 성과를 얻을 수 있다. 이를 위해 수출기업들은 전문가의 도움을 받아 타겟 시장에 맞는 마케팅 및 홍보 전략을 수립하고, 지속적인 피드백과 개선을 통해 광고 효과를 최대화할 필요가 있다.

이에 수출바우처 수행기관은 검색 엔진 마케팅을 제공하여 수출기업의 글로벌 마케팅을 지원한다. 이를 통해 수출기업의 기업 홈페이지 분석, 검색 최적화 작업, 홈페이지 오류 수정, 글로벌 검색 엔진 및 소셜 미디어 등에 등록하여 마케팅을 진행한다.

4) 가상 전시 플랫폼 구축

가상 전시 플랫폼을 구축하려면 기술적인 지식과 대규모 투자가 필요하며, 전문적인 기술력이 필요한 3D 모델링과 최적화 기술도 필요하다. 또한, 플랫폼 운영과 업데이트를 위해 전문적인 기술력과 운영 인력이 필요하며, 디지털 마케팅 전문가의 도움이 필요할 수 있다. 이에 수출바우처 수행기관은 가상 전시 플랫폼을 개발하여 수출기업이 해외시장 진출을 위한 마케팅 활동을 지속적으로 수행할 수 있도록 지원한다. 이를 통해 시간과 비용을 절감하면서도 더 생동감 있는 체험을 제공하여 고객의 관심과 참여를 유도한다.

5) 해외 진출에 필요한 외국어 디자인 개발 지원

해외 진출을 위해서는 해당 지역의 언어와 문화를 고려한 디자인이 필요하며, 이를 위해 현지 파트너와의 협업이 필요하다. 또한, 국가마다 규제나 문화적 차이로 인해 디자인 요소나 색상 등이 제한될 수 있으므로, 이러한 요소들을 고려하여 디자인을 개발해야 한다. 수출바우처 수행기관은 외국어 대응 웹사이트를 개발하여 제품을 효과적으로 홍보하고 해외시장의 잠재 구매자에게 다가갈 수 있도록 지원한다.

6) 외국어 홍보 동영상 개발 지원

외국어 홍보 동영상을 개발하는 것은 언어, 문화, 제작 등 다양한 어려움이 따르는 작업이다. 제작 중 발음, 억양, 강세, 어법 등 언어적인 요소를 고려해야 하며, 문화적인 측면도 고려해야 한다. 또한, 제작 비용도 큰 문제이다. 이에 수출바우처 수행기관은 예산 상황에 따라 다양한 제작 기법을 활용하여 외국어 홍보 동영상을 제작하고, 다양한 채널에서 수출기업의 제품과 브랜드를 홍보한다.

7) 글로벌 전자상거래 물류 서비스

글로벌 전자상거래 물류는 국가 간 통관 절차, 규제, 세금 등의 다양한 이슈가 발생할 수 있어 전문적인 물류 업체와의 협력이 필요하며, 물류 시스템의 디지털화와 자동화가 중요하다. 이에 수출바우처 수행기관은 미국 아마존 FBA 서비스를 활용하여 수출기업들에게 상품 보관 및 주문 처리 서비스를 제공하고 있으며, 물류 시스템을 최적화하여 상품 배송 및 교환, 환불 등을 빠르고 정확하게 처리할 수 있도록 ERP를 활용하고 있다.

8) 글로벌 전자상거래 플랫폼 입점 지원

글로벌 전자상거래 플랫폼 입점에는 언어와 문화적 차이, 다양한 플랫폼의 규정 따르기, 각종 작업 처리, 로컬 물류 파트너와 협력 등의 어려움이 있다. 이를 극복하기 위해 전문가의 조언과 경험을 활용하거나 글로벌 전자상거래 컨설팅 서비스를 이용할 수 있다. 수출바우처 수행기관은 중국 전자상거래 시장진출을 지원하기 위해 타오바오 및 티몰 입점을 지원하며, 상점 개설, 중국어 번역 및 디자인 작업, 고객 관리, 판매 관리, 왕홍 마케팅 등을 수행한다. 이를 위해 수행기관의 중국 지사를 통해 처리하여 수출기업이 중국어 가능자를 확보하지 않아도 무방하다.

액션러닝 문제

- 실제 기업을 대상으로 그 기업이 글로벌 B2B 전자상거래를 활용하여 성공을 거둘 수 있도록 전략을 수립해 보세요. 기업의 제품 또는 서비스, 타겟 시장, 경쟁 분석, 마케팅 및 판매 전략, 거래 조건 등을 고려하여 효과적인 B2B 전자상거래 전략을 제시해 주세요.
- 기업이 무역거래알선사이트(EC21)와 같은 플랫폼을 활용하여 해외시장으로 진출하기 위한 마케팅 전략을 개발해 보세요. 프로필 작성, 제품 등록, 검색 엔진 최적화, 구매자 탐색 및 커뮤니케이션 전략 등을 고려하여 효과적인 마케팅 전략을 수립해 주세요.
- 디지털 수출지원사업을 활용하여 기업의 해외시장 개척을 지원하는 전략을 수립해 보세요. 관련된 수출지원사업의 종류와 혜택, 신청 및 수행 절차, 협력 파트너 등을 고려하여 기업의 해외시장 진출을 위한 전략을 제시해 주세요.
- 기업이 글로벌 B2B 전자상거래를 진행할 때 법적인 측면에서 주의해야 할 사항에 관해 연구해 보세요. 국제 무역 규정, 관세 및 세금 문제, 지적 재산권 보호, 계약 및 분쟁 해결 등을 고려하여 글로벌 B2B 전자상거래의 법적 측면을 분석하고, 기업이 법적인 안전성을 확보하고 규정을 준수할 수 있는 전략을 제시해 주세요.

8장

소셜 미디어를 활용한 무역마케팅

| 학습 목표 |

- 무역마케팅에서 소셜 미디어의 역할을 이해하고, 소셜 미디어를 통한 광고와 마케팅 전략에 대해 학습한다. 또한, 소셜 미디어를 활용한 무역마케팅의 사례를 살펴보고, 효과적인 소셜 미디어 전략을 수립하는 방법을 배운다.
- 글로벌 소셜 미디어 마케팅의 개념과 중요성에 대해 이해하고, 성공적인 글로벌 소셜 미디어 마케팅 전략을 수립하는 방법과 예시를 살펴본다. 또한, 글로벌 소셜 미디어 마케팅을 통해 얻을 수 있는 장점과 한계, 그리고 이를 극복하는 방법에 대해서도 학습한다.
- 이번 학습에서는 해외 인플루언서를 활용한 무역마케팅에 대해 배울 것이다. 구체적으로는 인플루언서의 개념과 역할, 인플루언서 마케팅의 장단점, 인플루언서 선정과 협업 방법, 그리고 인플루언서 마케팅 성공을 위한 팁 등을 다룰 예정이다.

| 학습 목차 |

8장

소셜 미디어를 활용한 무역마케팅

제1절 무역마케팅에서 소셜 미디어의 역할

1. 무역마케팅에서 소셜 미디어의 역할과 중요성

1) 무역마케팅에서 소셜 미디어의 역할

연구에 따르면, 소셜 미디어 활용은 수출마케팅 성과에 직접적인 영향을 미치며, 제품의 온라인 적합성과 조직의 혁신수용성은 소셜 미디어 활용에 긍정적인 영향을 미친다는 결론이 도출되었다.[49] 소셜 미디어는 인터넷을 통해 사용자가 쉽게 접근할 수 있는 대표적인 채널 중 하나로, 대규모로 사용되고 있는 페이스북, 인스타그램, 트위터, 링크드

---

49) 김학민, 이승철, "SNS 활용이 수출마케팅 성과에 미치는 영향", 통상정보연구 제14권 제1호, 2012, pp.411-438.

인 등의 플랫폼에서 비즈니스를 홍보하고 마케팅 활동을 전개할 수 있다. 무역마케팅에서 소셜 미디어의 역할은 크게 다음과 같다.

첫째, 소셜 미디어를 활용하여 제품이나 서비스를 홍보하고 브랜드 인지도를 높일 수 있다. 둘째, 소셜 미디어를 통해 적극적으로 고객을 유치하고 관계를 유지할 수 있다. 셋째, 제품 또는 서비스에 대한 정보를 소셜 미디어를 통해 홍보하여 새로운 고객을 유치하고 기존 고객과의 관계를 유지할 수 있다. 넷째, 경쟁사의 마케팅 전략, 제품, 서비스 등에 대한 정보를 수집하여 더 나은 마케팅 전략을 수립할 수 있다. 다섯째, 소셜 미디어를 통해 고객들의 의견을 수렴하여 제품 또는 서비스의 개선을 위한 방향성을 제시할 수 있다. 여섯째, 소셜 미디어를 통해 대량의 정보를 신속하게 전달할 수 있다.

따라서 무역마케팅에서는 소셜 미디어를 적극적으로 활용하여 제품 또는 서비스를 홍보하고 브랜드 인지도를 높일 수 있는 전략을 수립하는 것이 중요하다.

2) 무역마케팅에서 소셜 미디어의 중요성

무역마케팅에서 소셜 미디어는 상품 홍보, 고객 대상 커뮤니케이션, 브랜드 인지도 향상 등에 필수적이다. 이를 통해 글로벌 고객과 직접 연결하고, 마케팅 효과를 극대화할 수 있다. 무역마케팅에서 소셜 미디어의 중요성은 다음과 같다.

첫째, 소셜 미디어는 다양한 연령대와 지역에서 활발하게 이용되고 있으므로, 다양한 대상 고객층에게 마케팅 메시지를 전달할 수 있다. 둘째, 소셜 미디어를 통해 실시간으로 정보를 공유할 수 있어, 빠른 대응이 가능하다. 셋째, 소셜 미디어를 통해 고객과의 소통을 원활하게 할 수 있으며, 제품이나 서비스에 대한 고객의 질문이나 요구사항을 바로 바로 반영할 수 있다. 넷째, 기존의 광고매체보다 저렴하게 마케팅을 할 수 있으며, 특히 소규모 무역 기업이나 새로운 제품을 출시한 기업들이 적극적으로 활용할 수 있는 마케팅 채널이다. 다섯째, 경쟁사의 마케팅 전략, 제품, 서비스 등에 대한 정보를 수집할 수 있어, 더 나은 마케팅 전략을 수립할 수 있다.

그러므로, 무역마케팅에서는 소셜 미디어의 적극적인 이용을 통해 제품이나 서비스의 홍보를 진행하고 브랜드 인지도를 상승시킬 수 있는 전략을 구축하는 것이 필요하다.

3) 전통적인 무역마케팅 방식과의 차이점

첫째, 전통적인 무역마케팅 방식은 대부분 대규모의 방송, 신문, 잡지 등을 이용해 대중적인 광고를 집행하는 것이 주요한 방식이었다. 반면 소셜 미디어 마케팅은 특정 타겟팅을 할 수 있어, 선별된 고객층에게 더 직접적인 메시지를 전달할 수 있다.

둘째, 전통적인 무역마케팅 방식은 대부분 일방적인 방식으로, 고객이나 소비자가 마케팅 메시지에 대해 응답할 수 있는 수단이 거의 없다. 반면 소셜 미디어 마케팅은 상호작용이 가능해, 소비자와 직접적인 소통을 통해 반응을 얻을 수 있다.

셋째, 전통적인 무역마케팅 방식은 대형 광고매체나 방송 등을 이용하는 경우 큰 비용이 들어간다. 그러나 소셜 미디어 마케팅은 상대적으로 저렴한 비용으로 홍보나 광고를 펼칠 수 있어, 작은 기업이나 신제품을 선보이는 기업에 유용한 마케팅 수단으로 활용될 수 있다.

넷째, 전통적인 무역마케팅 방식은 매체에 따라 광고가 노출되는 시기나 주기가 다르므로 실시간성이 떨어질 수 있다. 반면 소셜 미디어 마케팅은 실시간으로 정보를 공유할 수 있어서 빠른 대응이 가능하다. 다섯째, 전통적인 무역마케팅 방식은 광고 효과를 정확하게 분석하기 어렵다. 반면 소셜 미디어 마케팅은 사용자들의 반응을 측정하고, 광고 성과를 쉽게 분석할 수 있다.

표33 전통적 무역마케팅 방식과 소셜 미디어 마케팅 방식의 차이

항목	전통적인 무역마케팅 방식	소셜 미디어 마케팅 방식
대상 타겟팅	대중적인 광고	특정 타겟팅 가능
상호작용	일방적인 방식	상호작용 가능
비용	높은 비용	저렴한 비용
실시간성	실시간성이 떨어짐	실시간으로 정보 공유 가능
분석	정확한 분석이 어려움	광고 성과 분석 가능

4) 소셜 미디어 마케팅 방식의 장단점

▸ 전통적인 무역마케팅 방식의 장단점

장점으로는 대중적인 매체를 이용하기 때문에 대규모의 고객층에게 광고를 전달할 수 있다. 브랜드 인지도를 높일 수 있다. 일부 매체에서는 광고물의 질과 미적 요소를 제한하기 때문에 높은 품질의 광고물을 제작할 수 있다.

단점으로는 대중적인 광고가 고객에게 지루하게 느껴질 수 있다. 광고 비용이 높을 수 있으며, 예산을 초과할 수 있다. 정확한 광고 성과 측정이 어렵다.

▸ 소셜 미디어 마케팅 방식의 장단점

장점으로는 특정 타겟을 정확하게 설정하여 높은 타겟팅 효과를 얻을 수 있다. 인터넷을 통해 저렴한 비용으로 광고를 전달할 수 있다. 실시간으로 정보를 전달하고, 빠르게 반응할 수 있다. 고객과 상호작용하여, 높은 고객 만족도를 얻을 수 있다.

단점으로는 소셜 미디어를 통해 광고를 전달하면, 전달하는 속도가 너무 빨라 불필요한 사람에게도 전달될 수 있다. 소셜 미디어는 수많은 정보가 전달되므로 광고가 무시될 수 있다. 일부 소셜 미디어는 사용자들에게 광고성 게시물을 제한하므로 광고가 전달되지 않을 수 있다.

따라서, 전통적인 무역마케팅 방식과 소셜 미디어 마케팅 방식을 적절히 조화시켜, 광고 비용을 절감하고 높은 효과를 얻을 수 있는 마케팅 전략을 수립하는 것이 중요하다.

2. 성공적인 무역마케팅을 위한 소셜 미디어 전략

1) 소셜 미디어 해외시장조사

소셜 미디어는 전 세계적으로 널리 사용되고 있다. 다양한 나라에서 다양한 소셜 미디어 플랫폼이 개발되어 있으며, 국가별로 인기 있는 플랫폼이 다르다. 따라서 소셜 미디어를 활용한 해외시장조사를 하기 위해서는 나라별로 어떤 소셜 미디어가 인기 있는지 파악해야 한다.

표34 국가별 인기 있는 소셜 미디어

국가	소셜 미디어
미국	YouTube, Facebook, Pinterest, Instagram, LinkedIn, Twitter
일본	Line, Twitter, Instagram, TikTok, Facebook
유럽	YouTube, Facebook, Instagram, Twitter, TikTok, LinkedIn
러시아	VKontakte, Odnoklassniki, YouTube, Instagram, Facebook
인도	Instagram, Facebook, WhatsApp, Telegram, Twitter
중국	WeChat, QQ, Sina Weibo, Douyin (TikTok), Kuaishou

국가마다 다양한 소셜 미디어 특성을 파악해 다음과 같이 해외시장조사에 활용할 수 있다. 해외시장조사 전에 먼저 소셜 미디어 사용자 선호도와 플랫폼 인기도를 분석하는 것이 중요하다.

표35 소셜 미디어 활용 해외시장조사

항목	설명
데이터 수집	해당 국가의 인기 소셜 미디어 데이터를 분석해 사용자의 관심 분야와 제품 키워드를 파악할 수 있다.
대상자 인식	해당 국가 인기 소셜 미디어를 통해 국가별 인구통계 및 사용자 성향을 파악해 타겟팅 광고와 마케팅을 실시할 수 있다.
유행 파악	해당 국가 인기 소셜 미디어를 통해 국가별 인구통계 및 사용자 성향을 파악해 타겟팅 광고와 마케팅을 실시할 수 있다.
설문 조사	해당 국가의 소셜 미디어에서 사용자 설문을 통해 제품, 서비 스 평가와 시장 동향을 파악할 수 있다.
경쟁사 분석	인기 소셜 미디어에서 경쟁사의 마케팅 전략을 분석해 경쟁 사와 차별화된 해외 마케팅 전략을 구축할 수 있다.

2) 소셜 미디어 트렌드

전 세계적으로 소셜 미디어의 사용량은 많아지고 있으며, 새로운 소셜 미디어 유행도 지속적으로 등장하고 있다. 아래는 전 세계적인 소셜 미디어 유행 중 일부이다.

첫째, 동영상 콘텐츠는 전 세계적으로 소셜 미디어에서 인기가 높아지고 있다. 특히 짧은 시간에 많은 정보를 전달할 수 있는 쇼트 비디오 콘텐츠가 많은 인기를 끌고 있다. 둘째, 라이브 스트리밍은 온라인상에서 직접적인 상호작용이 가능하므로 전 세계적으로 인기가 높아지고 있다. 특히 오프라인 모임이 어려워진 상황에서 라이브 스트리밍을 활용하여 온라인 모임을 대신하는 경우가 많아지고 있다. 셋째, 인플루언서 마케팅은 전 세계적으로 인기가 높아지고 있다. 인플루언서를 활용하여 제품이나 서비스를 홍보하는 것이 일반적인 광고보다 더 효과적이라는 인식이 강해지고 있다.

넷째, VR(가상현실)과 AR(증강현실)는 소셜 미디어에서 점점 더 많이 사용되고 있다. 이를 활용하여 제품이나 서비스를 홍보하거나, 새로운 경험을 제공하는 등의 마케팅 전략이 등장하고 있다. 다섯째, 음성 검색은 인공지능 기술의 발전과 함께 전 세계적으로 인기가 높아지고 있다. 특히 인공지능 스피커와 같은 음성 인식 기술을 활용한 마케팅 전략이 등장하고 있다.

3) 전략적인 소셜 미디어 타겟팅

전략적인 소셜 미디어 타겟팅이란 특정 대상을 정확하게 파악하고 해당 대상이 사용하는 소셜 미디어 플랫폼에 적극적으로 접근하여, 타겟 대상에게 최적화된 마케팅 전략을 수립하는 것을 말한다. 이를 위해서는 대상의 인구통계학적 정보나 사용자의 성향, 관심사 등을 파악하고, 해당 정보를 기반으로 소셜 미디어 플랫폼에서 적극적으로 콘텐츠를 제작하고 광고를 실행한다. 이를 통해 타겟 대상의 관심을 끌어들이고, 제품이나 서비스의 가치를 전달하여 매출 증대와 브랜드 인지도 상승을 끌어내는 것이 목적이다.

표36 소셜 미디어 타겟팅 단계

단계	내용
목표시장 파악	무역마케팅을 진행하려는 시장의 특징과 성격을 파악한다. 이를 토대로 해당 시장에서 어떤 소셜 미디어 플랫폼이 가장 인기 있는지, 타겟 대상의 연령대, 성별, 국적 등을 파악한다.
타겟 대상 정의	목표시장에서 제품이나 서비스를 필요로 하는 대상을 정의한다. 이를 토대로 소셜 미디어 플랫폼에서 타겟 대상을 찾을 수 있는 키워드를 선정한다.
소셜 미디어 플랫폼 선택	타겟 대상이 가장 활발하게 활동하는 소셜 미디어 플랫폼을 선택한다. 이를 위해 해당 플랫폼의 사용자 수, 연령대, 성별 등의 정보를 파악한다.
광고 타겟팅	소셜 미디어 플랫폼에서 광고를 타겟팅한다. 이를 위해 소셜 미디어 플랫폼에서 제공하는 광고 타겟팅 기능을 활용하거나, 타겟 대상의 특성에 맞는 광고물을 제작한다.
소셜 미디어 콘텐츠 제작	타겟 대상의 특성과 선호도를 분석하여 맞춤형 콘텐츠를 제 작한다. 짧고 간결한 메시지를 활용해 타겟 대상의 관심을 끌 어내는 전략을 중점적으로 적용한다.
콘텐츠 공유	타겟 대상의 특성과 선호도를 분석하여 맞춤형 콘텐츠를 제 작한다. 짧고 간결한 메시지를 활용해 타겟 대상의 관심을 끌 어내는 전략을 중점적으로 적용한다.

4) 전략적인 소셜 미디어 콘텐츠 기획

무역마케팅에서 전략적인 소셜 미디어 콘텐츠 기획은 중요한 요소이다. 소셜 미디어 사용자는 세계적으로 꾸준히 증가하고 있으며 이들은 제품 정보를 얻거나 브랜드와 소통하기 위해 소셜 미디어를 활발히 이용한다.

전략적인 소셜 미디어 콘텐츠 기획은 이러한 특정 브랜드나 제품의 가치를 최적으로 전달하고, 타겟 대상의 관심과 참여를 유도하기 위한 핵심적인 도구이다. 특히 무역에서는 다양한 국가와 문화, 언어를 대상으로 하는 콘텐츠를 기획하고 실행하는 것이 중요하다. 이를 위해 다음과 같은 과정을 거친다.

표37 소셜 미디어 콘텐츠 기획 과정

단계	내용	효과
목표 설정	콘텐츠를 통해 달성하고자 하는 목표를 명확히 설정	
타겟 대상 파악	콘텐츠를 제작할 타겟 대상의 특성과 선호도 파악	적절한 콘텐츠 제작을 위한 아이디어 도출
소셜 미디어 플랫폼 선택	타겟 대상이 가장 활발하게 활동하는 소셜 미디어 플랫폼 선택	콘텐츠의 유효성을 높일 수 있음
콘텐츠 형식 선택	소셜 미디어에서 제공하는 다양한 형식의 콘텐츠 중 적절한 형식 선택	타겟 대상의 관심을 끌 수 있는 콘텐츠 제작
콘텐츠 주제 선정	타겟 대상이 관심을 가질 만한 주제 선정	기존의 제품 또는 서비스를 다양한 각도에서 다루는 아이디어 도출
콘텐츠 제작 계획수립	콘텐츠 제작 일정, 제작 인원, 제작 비용 등 계획수립	효율적인 콘텐츠 제작

3. 소셜 미디어 무역마케팅의 성과 측정 및 분석

1) 소셜 미디어 무역마케팅 성과 측정

무역에서 소셜 미디어 마케팅의 성과는 다양한 방법으로 측정할 수 있다. 다음 표 내용 외에도 기업의 목표와 상황에 따라 적절한 성과 지표를 선택하여 소셜 미디어 마케팅의 성과를 측정할 수 있다. 이를 통해 기업은 마케팅 전략을 세우고 실행하는 데 있어서 보다 효과적인 방향을 제시받을 수 있다.

표38 소셜 미디어 무역마케팅 성과 지표

지표명	설명	목적
인기도	소셜 미디어에서 공유되는 콘텐츠의 조회 수, 공유 수, 좋아요 수 등을 측정	콘텐츠가 얼마나 많은 사람에게 전달되었는지 파악
참여도	소셜 미디어에서 콘텐츠에 대해 댓글을 작성하는, 좋아요를 누르는 등의 참여도를 측정	타겟 대상의 관심도와 참여도 파악
전환율	소셜 미디어에서 제공하는 링크를 통해 웹사이트로 유입된 방문자 중에서 실제 구매한 고객 비율을 측정	소셜 미디어를 통해 유입된 고객이 제품 구매 등의 행동으로 이어졌는지 파악
비용 대비 수익률	마케팅 비용 대비 판매 수익을 측정	소셜 미디어 마케팅이 기업에 얼마나 효과적인 투자인지 파악
유입(referral) 트래픽	소셜 미디어를 통해 웹사이트로 유입된 방문자 수를 측정	소셜 미디어에서 유입된 트래픽이 웹사이트의 방문자 수 증가에 얼마나 이바지했는지 파악

2) 소셜 미디어 무역마케팅 성과 분석

소셜 미디어 마케팅의 성과 분석을 위해서는 데이터를 수집하고 분석하는 기술과 분석 결과를 효과적으로 활용하는 능력이 필요하다. 이를 위해 마케팅 분야에 대한 지식과 데이터 분석 능력을 갖춘 전문가의 도움을 받을 수도 있다.

표39 소셜 미디어 무역마케팅 성과 분석

단계	내용	효과
성과 지표 설정	성과를 측정하기 위해서는 제일 먼저 성과 지표를 설정해야 함	기업의 목표와 상황에 맞게 측정 지표 선택
데이터 수집	성과 지표를 수집하기 위해 소셜 미디어 플랫폼에서 제공하는 분석 도구를 활용하여 데이터 수집	정량화된 성과 분석
데이터 분석	수집한 데이터를 분석하여 성과 지표 평가	성과가 어떻게 나타났는지 파악
성과 평가	분석된 데이터를 바탕으로 성과 평가	마케팅 전략을 수정하거나 보완
리포트 작성	분석 결과를 정리하여 리포트 작성	상위 관리자나 이해관계자들에게 분석 결과 전달
개선 방안 도출	리포트를 통해 개선 방안 도출	기업은 더욱 효과적인 소셜 미디어 마케팅 전략 수립

3) 소셜 미디어 무역마케팅 성공 요인

다음 표와 같은 성공 요인 외에도 소셜 미디어 마케팅의 성공을 위해서는 기업의 목표와 상황에 맞는 전략을 수립하고, 소셜 미디어 사용자들과의 상호작용을 적극적으로 유도하여 관심과 참여를 높이는 것이 중요하다.

표40 소셜 미디어 무역마케팅 성공 요인

요인	설명
목표 설정	명확한 목표를 설정하여 그에 맞는 소셜 미디어 마케팅 전략을 수립한다.
타겟 대상 파악	제품이나 서비스를 제공하는 대상인 타겟 대상의 특성과 선호도를 파악하여 그에 맞는 콘텐츠를 제작한다.
참여 유도	소셜 미디어를 통해 사용자들과의 상호작용을 유도하며 타겟 대상의 참여를 높인다.
콘텐츠 제작	다양한 형태의 콘텐츠를 제작하여 타겟 대상의 관심을 끌고 브랜드 인지도를 높인다.
플랫폼 선택	타겟 대상이 활발하게 활동하는 소셜 미디어 플랫폼을 선택하여 적극적으로 활용한다.
정기적인 업데이트	소셜 미디어 채널을 정기적으로 업데이트하고, 타겟 대상의 관심을 끌 수 있는 새로운 콘텐츠를 제공한다.
성과 분석	소셜 미디어 마케팅의 성과를 분석하여 성과를 평가하고 보완할 점을 도출한다.

4) 소셜 미디어 무역마케팅 성공사례

▸ Airbnb의 '#WeAccept' 캠페인

Airbnb의 '#WeAccept' 캠페인은 2017년 말, 다양한 배경과 국적을 가진 사람들이 서로의 문화를 존중하고 공유하는 경험을 할 수 있는 공간을 제공하는 것을 목표로 하였다. 이를 위해 '#WeAccept'라는 해시태그를 만들어 Airbnb 커뮤니티 내외에서 다양한 사람들이 서로 다른 배경과 경험을 존중하고 받아들이는 문화를 확산하고자 했다.

'#WeAccept' 캠페인에서는 다양한 인종, 국적, 종교, 성별 등과 관계없이 모든 사람이 서로를 존중하고 환영하는 문화를 공유하고자 했다. Airbnb는 이를 위해 '#WeAccept' 로고와 함께 다양한 콘텐츠를 제공하며, 이를 소셜 미디어와 온라인 광고를 통해 홍보했다. 또한, Airbnb는 '#WeAccept' 캠페인을 통해 이민자와 난민 등 다양한 배경을 가진 사람들을 위한 특별 할인 프로모션을 제공하여 이에 대한 긍정적인 반응을 얻었다.

'#WeAccept' 캠페인은 Airbnb가 제공하는 숙박 서비스를 이용하는 사람들뿐 아니라, 모든 사람이 서로 다른 배경과 경험을 존중하고 이해할 수 있는 문화를 확산하는 데 이바지한 캠페인이다. 이를 통해 Airbnb는 자사의 브랜드 이미지를 강화하며, 사회적 책임을 다하는 기업으로 인식되었다.

▸ ASOS의 소셜 미디어 마케팅

영국 온라인 의류 쇼핑몰 ASOS는 소셜 미디어를 활용하여 소비자와의 소통을 강화하고 마케팅 성과를 높이고 있다. 특히 젊은 소비자에게 인기를 얻었다. ASOS의 인플루언서 마케팅은 크게 두 가지로 구분할 수 있다. 첫째, 회사 자체에서 직접 인플루언서와 협업하여 제품을 홍보하는 것이다. 이 경우, 인플루언서들이 ASOS에서 제공하는 의류를 입고 소셜 미디어를 통해 이를 홍보하는 방식을 취하고 있다.

둘째, ASOS는 소셜 미디어를 통해 유명한 인플루언서들의 콘텐츠를 활용하여 제품을 홍보한다. 이 경우, 인플루언서들이 자신의 채널에서 ASOS 제품을 착용하거나 사용하며, 이를 소셜 미디어에서 공유하는 것을 허용한다. 이를 통해 인플루언서의 팬들이 ASOS 제품에 관한 관심을 두게 되고 이는 구매로 이어졌다.

제2절 글로벌 소셜 미디어 마케팅 실행

1. 글로벌 소셜 미디어 채널 선택

1) 선택 기준

글로벌 소셜 미디어 채널을 선택할 때에는 다음과 같은 요소를 고려하여 적절한 소셜 미디어 채널을 선택하고, 타겟 대상에게 맞는 마케팅 전략을 수립하여 세계 시장에서 경쟁력을 갖출 수 있다.

표41 글로벌 소셜 미디어 채널 선택 기준

선택 기준	선택 요인
지역별 선호도	해당 지역의 소셜 미디어 유행과 선호도를 고려하여 적합한 채널을 선택해야 한다.
특성	기업의 마케팅 목적과 부합하는 채널을 선택해야 한다. 예를 들어, Facebook은 대규모 광고 캠페인과 고객 세분화 기능이 강화되어 있으며, Instagram은 시각적인 콘텐츠와 인플루언서 마케팅에 적합하다.
글로벌 성과	글로벌 소셜 미디더 채널의 성과를 평가하고, 그에 맞는 채널을 선택해야 한다.
비용	소셜 미디어 채널의 광고 비용은 지역별로 차이가 있으므로 기업은 마케팅 예산에 맞는 채널을 선택해야 한다.
경쟁사 분석	경쟁사들이 어떤 소셜 미디어 채널을 사용하는지 파악하고 그에 맞는 전략을 수립해야 한다.
기업의 브랜드 이미지	기업의 브랜드 이미지와 부합하는 채널을 선택해야 한다.

2) LinkedIn

LinkedIn은 전문적인 비즈니스 소셜 네트워크로서, 기업과 직장인들이 자신의 경력과 기술을 공유하고, 비즈니스 관련 정보 공유와 커뮤니케이션을 하는 플랫폼이다. 해외시장 개척을 위한 네트워킹과 B2B 마케팅에 활용된다. LinkedIn은 전 세계적으로 8억 명 이상의 사용자가 있는 대규모 소셜 네트워크로, 기업의 글로벌 마케팅에 활용될 수 있는 매우 유용한 도구이다. 다음과 같은 특징이 있다.

표42 LinkedIn의 특징

특징	내용
비즈니스 적합성	전문적인 비즈니스 커뮤니케이션에 적합한 플랫폼이다. 해외시장 개척을 위한 네트워킹과 B2B 마케팅에 활용된다.
직장인 네트워크	직장인들의 프로필 정보를 바탕으로 네트워크를 형성할 수 있는 플랫폼이다. 이를 통해 해외시장 개척에 필요한 네트워크를 확보할 수 있다.
광고 타겟팅 기능	광고 타겟팅 기능이 강화되어 있어, 정확한 타겟 대상에게 마케팅을 전달할 수 있다.
콘텐츠 마케팅	기업의 브랜드 이미지 제고와 인플루언서 마케팅에 적합한 플랫폼이다. 기업 블로그, SlideShare[50], 비디오 등 다양한 형태의 콘텐츠를 활용하여 마케팅을 전개할 수 있다.
채용	취업 정보를 제공하는 플랫폼으로 기업이 인재를 채용하는 데에도 활용된다.

50) 사용자들이 제작한 프레젠테이션, 슬라이드쇼, PDF 등의 문서를 업로드하여 공유하고 검색할 수 있는 LinkedIn의 일부 서비스

3) Twitter

Twitter는 전 세계적으로 수억 명의 사용자가 활동하고 있는 대규모 소셜 미디어 플랫폼이다. 특히, 세계 시장에서 활동하는 기업들은 Twitter를 활용하여 글로벌 소셜 미디어 유행을 파악하고 전략적인 마케팅을 진행할 수 있다. 다음과 같은 특징이 있다.

표43 Twitter의 특징

특징	내용
실시간성	실시간으로 소식을 전달할 수 있는 플랫폼으로, 최신 소식과 유행을 파악할 수 있다.
해시태그	해시태그(#)를 활용한 소셜 미디어 채널 중 하나로, 특정 키워드와 관련된 트윗을 모아 볼 수 있다. 이를 활용하여 특정 키워드와 관련된 정보를 수집하고 마케팅 전략에 활용할 수 있다.
소셜 미디어 유행	글로벌 소셜 미디어 유행을 파악하는 데에 적합한 플랫폼이다. 특히, 해외시장 개척을 위해 해당 지역의 소셜 미디어 유행과 선호도를 파악하는 데에 유용하다.
인플루언서 마케팅	인플루언서 마케팅에 적합한 플랫폼으로, 유명 인플루언서의 트윗을 활용하여 제품 홍보 및 브랜드 이미지 제고에 활용된다.
광고 타겟팅 기능	광고 타겟팅 기능이 강화되어 있어, 정확한 타겟 대상에게 마케팅을 전달할 수 있다.

4) Facebook

Facebook은 전 세계적으로 가장 많은 사용자를 보유한 대규모 소셜 네트워크 중 하나이다. 이를 활용하여 기업의 브랜드 이미지 제고와 제품 홍보, 해외시장 개척 등 다양한 마케팅 전략을 구사할 수 있다. 광고 타겟팅 기능이 강화되어 있어, 정확한 타겟 대상에게 마케팅을 전달할 수 있다. 다음과 같은 특징이 있다.

표44 Facebook의 특징

특징	내용
대규모 사용자	전 세계적으로 수십억 명의 사용자가 활동하고 있다. 이를 통해 광범위한 대상에게 정보를 전달할 수 있다.
광고 타겟팅 기능	정확한 타겟 대상에게 마케팅을 전달할 수 있다. 또한, 광고 성과 분석 기능이 강화되어 있어 마케팅 전략에 대한 실질적인 분석이 가능하다.
비즈니스 페이지	기업이 비즈니스 페이지를 운영할 수 있는 플랫폼이다. 이를 통해 기업의 브랜드 이미지 제고와 제품 홍보를 진행할 수 있다.
인플루언서 마케팅	인플루언서 마케팅에 적합한 플랫폼으로, 유명 인플루언서의 포스팅을 활용하여 제품 홍보 및 브랜드 이미지 제고에 활용된다.
콘텐츠 마케팅	기업의 브랜드 이미지 제고와 인플루언서 마케팅에 적합한 플랫폼이다. 기업 블로그, 비디오 등 다양한 형태의 콘텐츠를 활용하여 마케팅을 전개할 수 있다.

5) Instagram

Instagram은 시각적인 콘텐츠를 중심으로 한 소셜 미디어 플랫폼으로, 기업의 제품 홍보와 브랜드 이미지 제고에 적합한 플랫폼이다. 특히, 인플루언서 마케팅에 적합한 플랫폼으로 유명 인플루언서의 게시물을 활용하여 제품 홍보 및 브랜드 이미지 제고에 활용된다. 다음과 같은 특징이 있다.

표45 Instagram의 특징

특징	내용
시각적인 콘텐츠 공유	사진, 비디오, 스토리 등 시각적인 콘텐츠를 공유하는 플랫폼이다. 이를 통해 기업의 제품과 브랜드 이미지를 직관적으로 전달할 수 있다.
해시태그	해시태그(#)를 활용한 소셜 미디어 채널 중 하나로, 특정 키워드와 관련된 게시물을 모아 볼 수 있다. 이를 활용하여 특정 키워드와 관련된 정보를 수집하고, 마케팅 전략에 활용할 수 있다.
인플루언서 마케팅	인플루언서 마케팅에 적합한 플랫폼으로, 유명 인플루언서의 게시물을 활용하여 제품 홍보 및 브랜드 이미지 제고에 활용된다.
광고 타겟팅 기능	광고 타겟팅 기능이 강화되어 있어 정확한 타겟 대상에게 다케팅을 전달할 수 있다.
스토리 광고	Instagram 스토리는 사용자들이 자신의 일상을 짧은 영상으로 공유할 수 있는 기능이다. 이를 활용한 스토리 광고는 더욱 직관적이고 빠른 마케팅 전달이 가능하다.

6) YouTube

YouTube는 동영상 콘텐츠를 중심으로 한 소셜 미디어 플랫폼으로, 기업의 제품 홍보와 브랜드 이미지 제고에 적합한 플랫폼이다. 특히, 검색 엔진 최적화(SEO)를 통해 유튜브 검색어 순위를 올리고, 인플루언서 마케팅을 활용하여 제품 홍보 및 브랜드 이미지 제고에 활용된다. 다음과 같은 특징이 있다.

표46 YouTube의 특징

특징	내용
동영상 콘텐츠 공유	동영상 콘텐츠를 공유하는 플랫폼으로, 기업의 제품과 브랜드 이미지를 직관적으로 전달할 수 있다.
검색 엔진 최적화	구글의 검색 엔진과 연동되어 있어 SEO에 적합한 플랫폼이다. 이를 활용하여 유튜브 검색어 순위를 올리고, 더 많은 사용자들에게 노출할 수 있다.
인플루언서 마케팅	인플루언서 마케팅에 적합한 플랫폼으로, 유명 인플루언서의 게시물을 활용하여 제품 홍보 및 브랜드 이미지 제고에 활용된다.
광고 타겟팅 기능	유튜브는 구글의 서비스이기 때문에 구글 애드워즈(AdWords)에서 시청자들의 검색어나 관심사 등을 분석하여 광고 타겟팅이 쉽다.
콘텐츠 마케팅	유튜브는 세계에서 가장 큰 동영상 공유 플랫폼이다. 사용자들은 다양한 주제와 형식의 동영상을 제공하고 찾고 시청하고 있으므로 유튜브는 콘텐츠 마케팅에 매우 효과적인 플랫폼으로 부상하고 있다.

표47 글로벌 소셜 미디어 특징과 장단점 비교

소셜 미디어	특징	장점	단점
LinkedIn	비즈니스 관련 정보를 공유하고 전문 네트워크를 구축할 수 있는 소셜 미디어 플랫폼이다.	전문성 강조 및 비즈니스 네트워크 구축에 적합하며, 인맥 관리가 쉬움	소셜 미디어 플랫폼 중 가장 저조한 사용자 활동량을 보임
Twitter	짧은 텍스트 기반의 메시지를 주고받는 소셜 미디어로, 뉴스와 이벤트 정보를 신속하게 전달하는 데에 사용된다.	실시간 정보 전달에 쉬우며, 전 세계적으로 널리 사용됨	텍스트 기반 플랫폼이기 때문에 시각적인 콘텐츠의 활용이 제한적임
Facebook	전 세계적으로 매우 인기 있는 소셜 미디어 플랫폼으로, 가장 널리 사용되는 플랫폼 중 하나이다.	대규모 마케팅에 적합하며, 다양한 광고 타겟팅 옵션 제공	최근 개인정보 보호 문제와 플랫폼 내 정보 공유 문제가 제기됨
Instagram	시각적인 콘텐츠를 중심으로 운영되는 소셜 미디어 플랫폼으로, 특히 젊은 세대에서 인기가 많다.	시각적인 콘텐츠에 적합하며, 해시태그를 활용한 마케팅이 쉬움	링크 공유 기능이 제한되어 있어서 유저 유입이 적을 수 있음
YouTube	동영상 콘텐츠를 중심으로 운영되는 소셜 미디어 플럿폼으로, 많은 기업이 동영상 마케팅에 활용하고 있다.	동영상 콘텐츠 제작과 활용이 쉬우며, 라이브 스트리밍 기능 제공	광고 제한과 저작권 문제가 발생할 가능성이 있음

2. 글로벌 소셜 미디어 채널별 효과적인 무역마케팅 방법

1) LinkedIn

LinkedIn은 기업의 전문성과 네트워킹에 중점을 둔 B2B 무역마케팅에 적합한 플랫폼이다. 비즈니스 페이지 운영과 전문적인 콘텐츠 공유를 통해 기업의 전문성을 강조하고 직장인들과의 네트워킹을 통해 새로운 비즈니스 기회를 모색할 수 있다. 또한, 광고 타겟팅 기능을 활용하여 B2B 무역마케팅에 적합한 타겟팅을 진행할 수 있다.

표48 LinkedIn 무역마케팅 방법

방법	효과
비즈니스 페이지 운영	기업의 브랜드 이미지 제고와 제품 홍보를 진행할 수 있다. 또한, 기업의 전문성을 강조하는 콘텐츠를 게시하여 기업의 전문성을 높일 수 있다.
전문적인 콘텐츠 공유	기업의 전문성을 강조하고 고객과의 신뢰를 높일 수 있다. 또한, 산업 동향과 같은 정보를 공유하여 기업의 인지도를 높일 수 있다.
직장인들과의 네트워킹	기업은 직장인들과의 연결을 통해 새로운 비즈니스 기회를 모색할 수 있다. 또한, 인맥을 활용하여 새로운 고객을 발굴할 수 있다.
광고 타겟팅	B2B 무역마케팅에 적합한 타겟팅을 진행할 수 있다.

2) Twitter

Twitter는 실시간으로 소통하는 것에 특화된 소셜 미디어 플랫폼으로, 기업은 트윗 활동과 키워드 타겟팅, 해시태그 활용, 인플루언서 마케팅, 광고 타겟팅 기능을 활용하여 효과적인 무역마케팅을 전개할 수 있다. 트위터를 통해 기업은 새로운 제품 출시와 같은 이벤트를 홍보하고, 고객과 더욱 가까운 관계를 구축할 수 있다.

표49 Twitter 무역마케팅 방법

방법	효과
트윗 활동	새로운 제품 출시, 이벤트 등을 포함한 다양한 소식을 트윗으로 공유할 수 있다. 이를 통해 기업의 제품 홍보와 브랜드 이미지 제고를 할 수 있다.
키워드 타겟팅	기업은 특정 키워드를 설정하여 해당 키워드와 관련된 사용자들에게 직접 마케팅을 전달할 수 있다.
해시태그 활용	해시태그를 활용하여 해당 해시태그와 관련된 사용자들에게 쉽게 노출할 수 있다. 기업은 해시태그를 활용하여 새로운 제품 출시와 같은 이벤트를 홍보할 수 있다.
인플루언서 마케팅	유명 인플루언서의 트윗을 활용하여 제품 홍보 및 브랜드 이미지 제고에 활용된다.
광고 타겟팅	트위터는 광고 타겟팅 기능이 강화되어 있어, 정확한 타겟 대상에게 마케팅을 전달할 수 있다. 이를 활용하여 효과적인 무역마케팅을 전개할 수 있다.

3) Facebook

Facebook은 대중적으로 많은 사람이 사용하는 소셜 미디어 플랫폼으로, 비즈니스 페이지 운영과 광고 타겟팅 기능, 그룹 운영, 비디오 마케팅, 인플루언서 마케팅을 통해 효과적인 무역마케팅을 전개할 수 있다. 페이스북을 통해 기업은 다양한 콘텐츠를 게시하여 제품 홍보와 브랜드 이미지 제고를 할 수 있다.

표50 Facebook 무역마케팅 방법

방법	효과
비즈니스 페이지 운영	기업의 브랜드 이미지 제고와 제품 홍보를 진행할 수 있다. 또한, 기업의 전문성을 강조하는 콘텐츠를 게시하여 기업의 전문성을 높일 수 있다.
광고 타겟팅	광고 타겟팅 기능이 강화되어 있어, 정확한 타겟 대상에게 마케팅을 전달할 수 있다. 이를 활용하여 B2C 무역마케팅에 적합한 타겟팅을 진행할 수 있다.
페이스북 그룹 운영	기업은 관심사가 유사한 사용자들을 모아 그룹을 구성하고, 해당 그룹을 활용하여 제품 홍보와 브랜드 이미지 제고를 할 수 있다.
비디오 마케팅	Facebook에서는 비디오 마케팅이 효과적이다. 기업은 제품 홍보 및 브랜드 이미지 제고를 위해 다양한 비디오 콘텐츠를 게시할 수 있다.
인플루언서 마케팅	유명 인플루언서의 게시물을 활용하여 제품 홍보 및 브랜드 이미지 제고에 활용된다.

4) Instagram

Instagram은 시각적인 콘텐츠를 중심으로 운영되는 소셜 미디어 플랫폼으로, 비즈니스 계정 운영과 해시태그 활용, 인플루언서 마케팅, 스토리 활용, 광고 타겟팅 기능을 활용하여 효과적인 무역마케팅을 전개할 수 있다. Instagram을 통해 기업은 시각적으로 매력적인 콘텐츠를 게시하여 제품 인지도를 높일 수 있다.

표51 Instagram 무역마케팅 방법

방법	효과
비즈니스 계정 운영	비즈니스 계정을 통해 기업의 제품 홍보와 브랜드 이미지 제고를 진행할 수 있다. 또한, 제품을 보여주는 시각적인 콘텐츠를 게시하여 제품 인지도를 높일 수 있다.
해시태그 활용	해시태그를 활용하여 해당 해시태그와 관련된 사용자들에게 쉽게 노출할 수 있다. 기업은 해시태그를 활용하여 새로운 제품 출시와 같은 이벤트를 홍보할 수 있다.
인플루언서 마케팅	유명 인플루언서의 게시물을 활용하여 제품 홍보 및 브랜드 이미지 제고에 활용된다.
스토리 활용	스토리 기능을 활용하여 제품 홍보와 브랜드 이미지 제고를 할 수 있다. 이를 활용하여 기업은 제품 소식을 빠르게 전달할 수 있다.
광고 타겟팅	정확한 타겟 대상에게 마케팅을 전달할 수 있다. 이를 활용하여 효과적인 무역마케팅을 전개할 수 있다.

5) YouTube

YouTube은 동영상 콘텐츠를 중심으로 운영되는 소셜 미디어 플랫폼으로, 채널 운영과 인플루언서 마케팅, 광고 타겟팅 기능, 라이브 스트리밍, 동영상 광고를 활용하여 효과적인 무역마케팅을 전개할 수 있다. YouTube을 통해 기업은 시각적으로 매력적인 동영상 콘텐츠를 게시하여 제품 인지도를 높일 수 있다.

표52 YouTube 무역마케팅 방법

방법	효과
채널 운영	기업의 브랜드 이미지 제고와 제품 홍보를 진행할 수 있다. 또한, 기업의 전문성을 강조하는 콘텐츠를 게시하여 기업의 전문성을 높일 수 있다.
인플루언서 마케팅	유명 인플루언서의 동영상을 활용하여 제품 홍보 및 브랜드 이미지 제고에 활용된다.
광고 타겟팅	광고 타겟팅 기능이 강화되어 있어, 정확한 타겟 대상에게 마케팅을 전달할 수 있다. 이를 활용하여 B2C 무역마케팅에 적합한 타겟팅을 진행할 수 있다.
라이브 스트리밍	라이브 스트리밍을 활용하여 제품 발표와 같은 이벤트를 홍보할 수 있다. 또한, 제품 사용 방법과 같은 유용한 정보를 제공하여 제품 인지도를 높일 수 있다.
동영상 광고	동영상 광고를 활용하여 제품 홍보 및 브랜드 이미지 제고를 할 수 있다. 기업은 동영상 광고를 통해 다양한 콘텐츠를 게시하여 제품 인지도를 높일 수 있다.

표53 글로벌 소셜 미디어 무역마케팅 효과 비교

소셜 미디어	무역마케팅 효과
LinkedIn	전문성 강조 및 비즈니스 네트워크 구축에 적합하며, B2B 무역마케팅에 적합함
Twitter	실시간 정보 전달에 쉬우며, 짧은 텍스트 기반의 메시지를 활용한 해시태그 마케팅이 쉬움
Facebook	대규모 마케팅이 가능하며, 다양한 광고 타겟팅 기능을 제공하여 정확한 대상자에게 마케팅을 전달할 수 있음
Instagram	시각적인 콘텐츠에 적합하여 제품 홍보 및 브랜딩에 쉬우며, 해시태그를 활용한 마케팅이 쉬움
YouTube	동영상 콘텐츠 제작과 활용이 쉬우며, 다양한 광고 타입을 제공하여 제품 홍보 및 브랜딩에 적합함

3. 글로벌 소셜 미디어 채널별 무역마케팅 성공 사례

1) LinkedIn

삼성전자는 LinkedIn을 활용하여 B2B 무역마케팅을 성공적으로 이뤄냈다. 삼성전자는 LinkedIn 비즈니스 페이지를 운영하고 있으며 팔로워가 400만 명이 넘는다. 이를 통해 제품과 서비스에 대한 정보를 제공하고 광고를 게시한다. 또한, LinkedIn의 타겟팅 기능을 활용하여 비즈니스 관련 인맥과 연결하고, B2B 마케팅을 위한 솔루션을 제공하는 삼성전자 전문가와 연결한다. 이를 통해 삼성전자는 비즈니스 관련 인맥과의 연결을 강화하고, 새로운 고객을 발굴하고 유치하여 B2B 무역마케팅에 성공한 것으로 평가된다.

2) Twitter

코카콜라의 '#shareacoke' 캠페인이 있었다. 코카콜라는 2011년에 'Share a coke' 캠페인을 시작하여, 다양한 이름을 콜라 라벨에 적어 제공하면서 대중들과 소통하는 노력을 보였다. 이를 통해 자신이나 동료의 이름이 콜라 라벨에 있을 때, 사람들이 더욱 관심을 가지고 코카콜라를 구매하는 흥미를 유발하였다. 코카콜라는 소셜 미디어에서 '#shareacoke' 해시태그를 사용하여 홍보하며, 수백만 건의 트위터 게시물에 사용되었다. 코카콜라는 이외에도 캠페인 참여를 유도하는 링크를 소셜 미디어 프로필에 걸어두고 홍보하기도 하였다. 이를 통해 매출 상승효과를 얻었으며, 이후에도 코카콜라는 다양한 캠페인을 제공하며 대중들과 소통하고 있다.

3) Facebook

롯데면세점은 Facebook을 활용하여 해외소비자들을 대상으로 무역마케팅을 성공적으로 이뤄내었다. 롯데면세점은 Facebook에서 제공하는 광고 타겟팅 기능을 활용하여 타겟 소비자들을 정확히 파악하였다. 또한, 해외 여행객을 대상으로 패키지 상품을 제공하고, Facebook 페이지에서 이를 홍보하였다. 롯데면세점은 이를 통해 해외소비자들에게 제품과 서비스에 대한 정보를 제공하고, 실제 구매를 유도하여 매출을 증대시켰다.

또한, 롯데면세점은 Facebook 페이지에서 여행 정보 및 팁, 음식 추천 등 다양한 콘텐츠를 제공하여 해외소비자들에게 참신하고 다양한 이미지를 제공하였다. 이를 통해 롯데면세점은 Facebook을 통해 300만 명이 넘는 팔로워와 더불어 해외소비자들에게 많은 관심을 받으며, 브랜드 인지도를 높이고 매출을 증대시킨 것으로 평가된다.

4) Instagram

아모레퍼시픽의 화장품 브랜드 라네즈는 Instagram을 활용하여 미용 제품 브랜드로서의 인지도를 높이고 무역마케팅을 성공적으로 이뤄내었다. 라네즈는 Instagram에서 제공하는 다양한 기능들을 활용하여 소비자들에게 다양한 콘텐츠를 제공하였다. 예를 들어, 라네즈는 미용 관련 팁, 제품 사용 방법 등을 소비자들과 공유하였다. 또한, 라네즈는 새로운 제품 출시에 대한 정보를 Instagram을 통해 먼저 공개하고, 새로운 제품을 체험할 수 있는 이벤트를 진행하였다.

또한, 라네즈는 Instagram에서 인플루언서와의 콜라보레이션을 통해 브랜드 인지도를 높이는 무역다케팅 전략을 적극적으로 활용하였다. 인플루언서와의 협업을 통해 라네즈는 브랜드 이미지를 새롭게 선보이면서, 소비자들의 관심을 끌어들이고 브랜드 인지도를 높였다. 이를 통해 라네즈는 Instagram을 효과적으로 활용하여 브랜드 인지도와 고객 유치를 높이며, 무역마케팅에 성공한 것으로 평가된다.

5) YouTube

현대자동차는 YouTube를 활용하여 제품 홍보 및 브랜드 인지도를 높이는 무역마케팅 전략을 성공적으로 수행하였다. 현대자동차는 YouTube에서 브랜드와 제품 홍보영상을 제작하여 게시하였다. 이러한 홍보영상들은 시청자들에게 차량의 성능, 디자인, 안전성 등 다양한 정보를 제공하였다. 또한, 이러한 영상들은 해외시장에서도 시청할 수 있도록 자막 및 다국어 번역 기능을 제공하여 해외소비자들도 쉽게 이용할 수 있도록 하였다.

또한, 현대자동차는 유튜브 크리에이터[51]들과 협업하여 제품 홍보를 수행하는 등 소비자들의 관심을 끌어들이는 다양한 방식을 시도하였다. 현대자동차는 유튜브를 통해 제품 홍보 및 브랜드 인지도를 높이고, 해외시장에서의 고객 유치와 매출 증대에 성공한 것으로 평가된다.

제3절 해외 인플루언서를 통한 무역마케팅

1. 무역에서 인플루언서 마케팅의 개념과 중요성

국제 무역에서 인플루언서 마케팅은 브랜드의 글로벌 확장과 시장 진출에 중요한 역할을 한다. 인플루언서는 다양한 언어와 문화를 이해하고 있으므로, 다른 나라에서 제품을 판매하고자 하는 기업이 해당 국가의 소비자들에게 제품을 홍보하고 마케팅하는 데 유용하게 사용될 수 있다. 인플루언서의 활용은 브랜드 인지도 증가와 제품 판매 촉진에 큰 도움을 줄 수 있으며, 이는 국제 무역에서 시장 개척과 국제경쟁력 향상을 위해 중요한 전략이다.

51) 유튜브에 자신의 콘텐츠를 업로드하고 이를 공유하는 사용자들

1) 인플루언서(Influencer) 마케팅의 개념

인플루언서 마케팅은 인기 있는 사람이나 유명 인사를 활용하여 제품이나 브랜드를 홍보하는 마케팅 전략이다. 요즘 마케팅 현장에서 가장 주목받는 주제 중 하나는 인플루언서 마케팅이다. 인플루언서 마케팅은 디지털 마케팅 시대에서 가장 유용한 마케팅 방법 중 하나로 성장하여, 무시하기 어려운 상황이 되었다. 이러한 마케팅 방법이 주목받게 된 배경에는 모바일 시대의 도래, 소셜 미디어 사용 증가, 검색 미디어에서 동영상 미디어로의 미디어 채널 변화, 쉽게 만들 수 있는 콘텐츠 제작 환경, 밀레니얼 세대의 등장, 다양한 콘텐츠 소비 증가 등이 있다. 이러한 변화들이 인플루언서 마케팅을 더욱 확장과 진화를 거듭하게 한 것이다. 이미 게임, 뷰티, 음악, IT, 여행, 예능, 먹방, 어린이, 비즈니스 등 다양한 분야에서 인플루언서 마케팅이 대세가 되어가고 있다.[52)]

2) 인플루언서 마케팅의 특징

인플루언서 마케팅의 특징은 고객을 또 다른 마케터로 이용할 수 있다는 것, 소비자들의 공감을 끌어내기 쉽다는 것, 그리고 광고의 타겟을 명확히 할 수 있다는 것이다. 인플루언서들은 일반인으로 인식되며, 소비자들의 일상과 크게 다르지 않은 콘텐츠를 제공하기 때문에 광고하기에 유리하다. 또한, 운영하는 채널의 정체성이 뚜렷하며, 팬들의 연령대나 성별이 대체로 비슷하므로 광고하고자 하는 제품이 어떤 타겟

---

52) 정언용, "인플루언서 마케팅 사례 분석과 마케팅 연구 제언", 서비스마케팅저널 제12권 제1호, 2019, pp.33-39.

을 가지는지에 따라 적절한 인플루언서를 선택할 수 있다. 구체적으로 다음과 같은 특징이 있다.

표54 인플루언서 마케팅의 특징

특징	내용
높은 신뢰도	인플루언서는 자신의 팔로워나 구독자들에게 자신의 경험과 생각을 솔직하게 전달하기 때문에 소비자들은 그들의 말을 더욱 신뢰한다.
정확한 타겟 마케팅	인플루언서는 일반적으로 특정 분야나 관심사를 가진 사람들을 대상으로 활동하기 때문에 더욱 정확한 타겟 마케팅이 가능하다.
소비자의 쉬운 접근성	인플루언서는 소셜 미디어를 통해 매우 쉽게 접근할 수 있으므로, 소비자들은 제품이나 브랜드에 대한 정보를 쉽게 얻을 수 있다.
다양한 형태의 콘텐츠	인플루언서는 광고, 이벤트, 콘텐츠 제작 등 다양한 형태로 마케팅을 할 수 있으므로 더욱 효과적인 마케팅이 가능하다.
빠른 효과	소비자들이 직접 인플루언서의 소개나 리뷰를 보고 제품이나 브랜드에 대한 정보를 얻을 수 있으므로 빠른 효과를 볼 수 있다.
비용 효율성	기존의 광고와 비교하여 비용이 상대적으로 저렴하므로, 소규모 기업이나 신생기업에서도 활용하기 쉽다.

3) 무역에서 인플루언서 마케팅의 효과

TV 광고의 단점으로는 제품과 관련성이 떨어지는 무분별한 연예인 출연, 짧은 광고 시간 등이 있었다. 반면 인플루언서 마케팅은 개인의 채널을 활용하기 때문에 시간적 제약이 없고, 친근한 이미지로 소비자들에게 다가갈 수 있는 장점을 지닌다. 이를 통해 인플루언서들의 언박싱 영상, 하울 영상[53] 등을 시청하는 소비자들은 마치 친한 친구가 제품에 대해 자세한 설명을 하는 것 같은 느낌을 받는다. 이는 소비자들에게 더욱 구매 욕구를 자극할 수 있는 효과를 제공하며, 제품과의 연관성이 높은 광고를 제공할 수 있다는 점에서 TV 광고보다 더욱 효과적인 마케팅 방법으로 평가된다. 무역마케팅에서는 구체적으로 다음과 같은 효과가 있다.

표55 인플루언서 마케팅의 효과

효과	내용
국경을 넘어 홍보	인플루언서는 다양한 국가의 팔로워나 구독자들에게 홍보할 수 있으므로 국경을 넘어서 제품이나 브랜드의 홍보 효과를 높일 수 있다.
지역적인 특성 고려	인플루언서는 대개 지역적인 특성을 고려하여 활동하기 때문에 지역별로 다른 마케팅 전략이 필요한 국제 무역에서 유용하다.
다양한 언어와 문화에 대한 접근	인플루언서는 다양한 언어와 문화에 대한 이해도가 높으므로, 국제 무역에서 다양한 언어와 문화를 가진 소비자들에게 적극적으로 접근할 수 있다.
비용 효율성	기존의 국제 무역에서는 매우 비싼 광고비가 필요했지만, 인플루언서 마케팅은 비교적 저렴한 비용으로 국제적인 홍보 효과를 얻을 수 있다.
소셜 미디어 활용	인플루언서 마케팅은 소셜 미디어를 활용하기 때문에 전 세계적으로 사용되는 소셜 미디어를 통해 소비자들에게 직접 접근할 수 있다.

53) 하울(haul) 영상은 대량 구매한 물건을 품평하는 영상으로, 인터넷 커뮤니티에서는 특정 상표의 제품을 대량 구매한 후 사용 후기를 다수와 공유하는 의미로 사용된다. 언박싱 영상과 비슷하지만, 하울은 다량의 제품을 구매한 뒤 개봉하는 과정을 보여준다는 점에서 차이가 있다.

4) 무역마케팅에서 인플루언서의 역할

첫째, 인플루언서는 자신의 소셜 미디어를 통해 제품이나 브랜드를 홍보하고, 그것에 대한 긍정적인 리뷰를 제공한다. 이를 통해 소비자들은 제품이나 브랜드에 대한 정보를 쉽게 얻을 수 있고, 신뢰도가 높은 인플루언서의 추천에 따라 제품이나 브랜드에 대한 인지도와 신뢰도가 증가할 수 있다.

둘째, 인플루언서는 자신의 팔로워나 구독자들을 대상으로 활동하기 때문에 새로운 시장을 개척하고 새로운 고객층을 확보할 수 있다.

셋째, 인플루언서는 자신이 활동하는 분야나 관심사를 가진 사람들을 대상으로 활동하기 때문에 더욱 정확한 타겟 마케팅이 가능하다.

넷째, 인플루언서는 자신의 소셜 미디어를 통해 제품 또는 브랜드의 이미지를 개선할 수 있다. 특히, 브랜드의 이미지가 나쁘거나 부정적이면 인플루언서를 통해 긍정적인 이미지를 제공하여 이미지 개선을 도모할 수 있다.

다섯째, 인플루언서는 제품 또는 브랜드의 차별화를 도모할 수 있다. 인플루언서는 자신의 경험과 생각을 솔직하게 전달하기 때문에 제품이나 브랜드의 차별화 포인트를 강조하고 강조된 포인트를 소비자들에게 전달할 수 있다.

2. 해외 인플루언서 마케팅 전략

1) 고려해야 할 사항들

첫째, 제품이나 브랜드와 맞는 인플루언서를 선정하는 것이 중요하다. 인플루언서의 팔로워나 구독자 수뿐만 아니라, 인플루언서의 관심사와 성향, 인플루언서와 팔로워들의 활동 특성 등을 고려하여 선정해야 한다.

둘째, 인플루언서와 함께 제품이나 브랜드와 관련된 적절한 콘텐츠를 기획해야 한다. 인플루언서가 제공하는 콘텐츠가 제품이나 브랜드와 일관성 있고, 인플루언서와 팔로워들의 관심을 끌 수 있는 내용이어야 한다.

셋째, 인플루언서와의 계약 및 협상은 제품이나 브랜드에 대한 홍보 방법, 인플루언서에 대한 보상 등을 협의해야 한다. 이때 계약서에는 홍보 기간, 제공할 콘텐츠의 종류와 양, 보상의 종류와 금액 등을 명확히 명시해야 한다.

넷째, 인플루언서가 제공하는 콘텐츠의 효과를 관찰하고 평가해야 한다. 인플루언서가 제공한 콘텐츠가 소비자들에게 얼마나 노출되었는지, 소비자들의 반응은 어떠한지 등을 점검하여 인플루언서 마케팅의 효과를 파악할 수 있다.

다섯째, 인플루언서와의 홍보 기간이 끝나더라도, 인플루언서가 제공한 콘텐츠를 재활용하여 다양한 채널을 통해 홍보할 수 있다. 또한, 인플루언서와의 협업을 확장하여 다른 제품이나 브랜드에 대한 홍보를 진행할 수도 있다.

2) 인플루언서의 분류

인플루언서는 소셜 미디어 팔로워 수에 따라 나노(1만 명 이하), 마이크로(10만 명 미만), 매크로(1백만 명 미만), 메가(1백만 명 이상)로 구분된다. 마이크로와 나노 인플루언서는 자신의 관심 분야에서 활약하며, 탄탄한 팔로워 층을 가지고 있다.

인스타그램 팔로워 수가 10만 명 이상인 인플루언서를 매크로(macro) 인플루언서라고 한다. 대부분은 유명 연예인, 모델, 스포츠 선수 등이 해당한다.

인스타그램 팔로워 수가 10만 명 이하이지만, 특정 분야나 지역에서 영향력 있는 인플루언서를 마이크로(micro) 인플루언서라고 한다. 대부분은 일상인, 블로거, 작가, 디자이너 등이 해당한다.

인스타그램 팔로워 수가 1만 명 이하이지만, 매우 세분된 특정 분야나 지역에서 영향력을 가지고 있는 인플루언서를 나노(nano) 인플루언서라고 한다. 대부분은 일반인, 소규모 블로거, 지역 커뮤니티 리더 등이 해당한다.

이 외에도 인플루언서의 다양한 유형으로는 유명인 인플루언서, 블로그 인플루언서, 소셜 미디어 인플루언서, 그리고 키 오피니언 리더 등이 있다.

3) 인플루언서 선정 방법

첫째, 제품이나 브랜드와 관련된 타겟 시청자(Target audience)와 맞는 인플루언서를 선택해야 한다. 인플루언서의 팔로워 수가 많아도, 타겟 시청자와 맞지 않으면 홍보 효과가 떨어질 수 있다.

둘째, 인플루언서의 분야와 관심사가 제품이나 브랜드와 일치하는

지 확인해야 한다. 예를 들어, 미용 제품을 홍보하기 위해서는 미용 분야에 대한 지식과 관심이 있는 인플루언서를 선정해야 한다.

셋째, 인플루언서의 팔로워 수와 인플루언서의 활동에 대한 평가를 통해 인플루언서의 영향력을 파악해야 한다. 인플루언서의 팔로워 수는 높을수록 홍보 효과가 좋을 수 있지만, 팔로워의 품질과 인플루언서의 활동과 관련된 평가도 고려해야 한다.

넷째, 인플루언서의 활동 형태는 다양하다. 예를 들어, 인스타그램, 유튜브, 페이스북 등의 소셜 미디어를 통해 홍보하는 인플루언서도 있고, 블로그나 팟캐스트를 통해 홍보하는 인플루언서도 있다. 제품이나 브랜드의 성격에 따라 적절한 인플루언서를 선택해야 한다.

다섯째, 인플루언서와의 커뮤니케이션은 인플루언서 마케팅에서 매우 중요한 부분이다. 인플루언서와의 커뮤니케이션은 제품이나 브랜드에 대한 이해도를 높이고, 인플루언서와 제품이나 브랜드의 조화를 더욱 강조하여 홍보 효과를 향상할 수 있다.

4) 인플루언서와의 계약 및 협업 방법

인플루언서 마케팅에서 인플루언서와의 계약 및 협상은 핵심적인 부분을 차지한다. 인플루언서와의 계약을 체결할 때는 인플루언서의 업무 범위, 보상 구조, 게시물 사용에 관한 권한, 계약의 유효기간, 그리고 계약 종료에 관한 조건 등을 사전에 명확하게 합의해야 한다. 이렇게 함으로써 불필요한 분쟁이 발생하는 것을 방지할 수 있다. 그리고 인플루언서와 계약을 체결한 후에는 협업하는 방식을 다음 표와 같이 진행하게 될 것이다.

표56 인플루언서와의 협업 방법

방법	내용
제품/서비스 리뷰	인플루언서가 제품 또는 서비스를 사용 후 제품/서비스의 장단점을 솔직하게 표현하는 리뷰를 작성하는 것이다.
이벤트/캠페인 협업	이벤트나 캠페인의 내용을 인플루언서에게 전달하고, 인플루언서가 해당 내용을 소셜 미디어 등을 통해 홍보한다.
브랜드 대표 모델	브랜드와 인플루언서가 함께 제작한 광고 촬영 영상이나 포스팅을 인플루언서의 소셜 미디어에 게시하여 홍보한다.
행사 참여	인플루언서가 브랜드의 행사에 참여하면서 제품/서비스를 체험하고, 해당 내용을 소셜 미디어에 게시하여 홍보한다.
소셜 미디어 광고	인플루언서가 브랜드의 제품/서비스와 함께 촬영한 이미지나 동영상을 소셜 미디어에 게시하여 홍보한다.

5) 인플루언서 마케팅 캠페인의 성과 측정

인플루언서 마케팅 캠페인의 성과를 측정하기 위해서는 목표 설정과 측정 지표를 선정하여야 한다. 인플루언서 마케팅 캠페인의 목표는 다양할 수 있지만, 일반적으로는 브랜드 인지도 증가, 제품/서비스 판매 증대, 소셜 미디어 팔로워 및 좋아요 증가, 인플루언서와의 협업에 따른 새로운 고객 유입, 리뷰 및 평가 증가 같은 목표를 설정할 수 있다.

선정된 목표에 따라 측정 지표를 선정할 수 있다. 예를 들어, 브랜드 인지도를 증가시키기 위해서는 브랜드 언급 및 태그 수, 조회 수, 인상광고 수, 공유 및 리트윗 수 등을 측정하면 된다. 제품/서비스 판매 증대를 위해서는 판매 수, 수익 증대, 새로운 고객 유입 수 등을 측정하면 된다. 소셜 미디어 팔로워 및 좋아요 증가를 위해서는 팔로워 및 좋아요 수, 공유 및 리트윗 수, 댓글 수 등을 측정하면 된다.

인플루언서 마케팅 캠페인의 성과를 측정하는 방법은 다양하다. 일반적으로는 웹 분석 도구를 사용하여 데이터를 수집하고 분석한다. 또한, 인플루언서의 참여를 측정하는 방법으로는 링크 추적, 고유 URL 및 쿠폰 코드 사용, 캠페인 추적 태그 사용 등이 있다.

인플루언서 마케팅 캠페인의 성과를 측정하는 것은 중요한데, 이를 통해 캠페인의 효과를 파악하고 개선할 수 있기 때문이다. 캠페인의 목표와 측정 지표를 선정하여 적절한 방법으로 측정하고 분석하여 캠페인의 성과를 파악하는 것이 중요하다.

3. 해외 인플루언서 마케팅 성공 사례

1) Daniel Wellington

스웨덴의 시계 브랜드인 Daniel Wellington(다니엘 웰링턴)은 전통적인 광고 방식보다 인플루언서 마케팅을 적극적으로 활용하여 성공을 거두었다. 이 브랜드는 인플루언서를 활용하여 제품 인지도를 높이고 소비자들과 소통하는 전략을 채택하였다. 유명한 인스타그램 인플루언서들에게 시계 제품을 제공하고, 그들이 제품 사진을 게시하도록 유도하였다. 이뿐만 아니라, 인플루언서들이 자체적으로 프로모션 코드를 발행하는 캠페인을 전개하여 소비자들의 구매 욕구를 자극하였다.

이러한 전략은 소셜 미디어 캠페인과 자연스럽게 통합되어 성공적인 결과를 끌어냈다. Daniel Wellington은 인플루언서와 협력하여 Instagram, YouTube 등에서 홍보영상을 게시하고, 인플루언서의 팔로워들에게 할인 쿠폰을 제공하여 제품 구매를 유도했다. 이를 통해 브랜드 인지도와 판매가 많이 증가하였다.

2) Glossier

화장품 브랜드인 Glossier(글로시에)는 소셜 미디어를 중심으로 인플루언서 마케팅을 활용하여 성장하였다. 이 브랜드의 창립자는 화장품 관련 업무 경험이 없었지만, 블로그에서 시작해 사업을 확장했다. 창립자는 패션 스타일리스트의 어시스턴트로 일하며 다양한 모델들을 만났던 직업적 강점을 살려 유명 모델과 셀럽들의 메인 화장품, 화장품 사용법, 각종 부작용과 해결 방법 등을 인터뷰하며 블로그를 운영하였다.

파워 블로거로 자리매김한 창립자는 사용자들의 의견을 적극적으로 반영해 제품을 만드는 미용 브랜드 '글로시에'를 시작하였다. 오프라인 매장을 운영하는 대신 전부 온라인 판매를 진행하였다. 브랜드는 인플루언서를 대상으로 제품을 무료로 제공하고, 그들의 리뷰와 사용 후기를 소셜 미디어에 게시하도록 요청했다. 이를 통해 브랜드 인지도와 판매가 많이 증가하였다.

3) Fashion Nova

미국 의류 브랜드인 Fashion Nova는 인플루언서 마케팅을 활용하여 세계 시장에서 큰 성공을 거두었다. 이를 성공시키는 원동력은 다양한 패션, 생활양식 블로거들로 구성된 인플루언서다. 새로운 패션으로 수많은 콘텐츠를 선보이는 패션 노바는 인스타그램을 통해 영향력이 막강한 여러 유명 인사들을 축으로 하여 팬들과의 소통을 이어가고 있으며, 이를 통해 2,200만 명 이상의 팔로워를 보유하고 있어서 '인스타그램 브랜드'라고도 불린다.

인스타그램을 통해 브랜드 인지도와 판매가 많이 늘어난 Fashion Nova는 글로벌 패스트 패션 브랜드 1, 2위인 자라와 H&M을 합친 것보다 높은 기업 가치를 가지고 있다는 평가도 있다.

4) Estée Lauder

유명 럭셔리 화장품 브랜드인 Estée Lauder(에스티로더)는 코로나19 팬데믹 이후 소비자들의 변화하는 요구와 유행에 맞게 인플루언서 마케팅 전략을 채택하여 제품 인지도를 높이고 판매를 증대시켰다. Estée Lauder는 인스타그램과 유튜브를 중심으로 인플루언서와 협력하여 제품 홍보를 진행하였다. 지역 유명인들과 협력하여 유료 소셜 콘텐츠를 제작하여 Instagram에서 광고를 진행하고, 이를 통해 광고 효과와 브랜드 매력도를 대폭 높일 수 있었다.

인플루언서들은 Estée Lauder 제품을 사용하고 리뷰를 게시함으로써 브랜드 인지도를 높이고 판매를 증대시켰다. 새로운 브랜드 스토리를 전달하는 크리에이터들과의 협업을 통해 진솔하고 매력적인 콘텐츠를 만들어 새로운 고객을 확보하고 브랜드 인지도를 높였다.

5) 아모레퍼시픽과 LG생활건강

화장품을 스타급 연예인에게만 의존해 광고하던 시대는 지나갔다. 요즘은 유튜브나 소셜 미디어 등에서 활동하며 피드백이 활발한 시대이다. 이러한 환경에서 화장품 업계도 인플루언서의 영향력이 더욱 커지고 있어 기업들은 유명 연예인 대신 인플루언서 마케팅에 더 많은 시간과 노력을 쏟고 있다. 이를 위해 디용 인플루언서와 함께하는 경우도 있고, 신생기업을 직접 발굴하거나 관리하는 경우도 있다.

LG생활건강은 2018년부터 '내추럴 미용크리에이터' 프로그램을 운영해 무료로 교육하고 자사 제품을 무상 제공하여 미용 인플루언서를 육성하고 있으며, 아모레퍼시픽은 2020년 MCN[54] 기업에 전략적 투자를 단행하여 인플루언서 콘텐츠와 커머스 영역에서 긴밀한 협력 관계를 구축하고 있다. 디밀은 유튜브 등에 콘텐츠를 올리는 1인 미디어 창작자들의 동영상 제작·유통·마케팅을 돕는 미디어 신생기업으로, 국내외 500여 개 브랜드와 콘텐츠 캠페인을 진행하며 5억 뷰 이상의 조회수를 기록하였다.

화장품 업계에서 인플루언서 발굴과 육성에 집중하는 이유는, 예전과 달리 톱스타의 광고 효과에 의존하지 않고 있기 때문이다. 인플루언서 마케팅 시장은 2020년 기준으로 2조 100억 원 규모로 성장하였으며, MZ세대의 관심도 또한 인플루언서로 많이 향하고 있다. 특히, 영상에서 제품의 소재, 기능, 색상 등을 꼼꼼하게 설명하는 장점을 갖고 있기 때문이다. 또한, TV 광고가 줄어들면서 유튜브를 비롯한 인터넷 매체로 광고가 이전됨에 따라, 인플루언서의 라이브 커머스는 새로운 유통채널로 부상하고 있다.

---

54) Multi-Channel Network의 약어로, 유튜브를 비롯한 다양한 디지털 채널에서 콘텐츠를 제작하고 유통하는 미디어 기업을 말한다. MCN은 크게 크리에이터 지원, 콘텐츠 제작/배급, 광고 판매/관리 등의 업무를 수행하며, 최근에는 인플루언서 마케팅에서도 중요한 역할을 하고 있다.

액션러닝 문제

- 어떤 기업의 특징과 목표를 고려하여 소셜 미디어를 활용한 마케팅 전략을 개발하고 실행해 보세요. 마케팅 채널, 콘텐츠 전략, 타겟팅 등을 포함해야 합니다. 마케팅 결과를 분석하여 효과를 평가하세요.
- 기업의 제품이나 서비스에 대한 소셜 미디어 콘텐츠를 제작하고 운영해보세요. 다양한 콘텐츠 형식과 플랫폼을 활용하여 고객과의 상호작용을 촉진하고 브랜드 인식을 향상하는 방법을 연구하고 적용하세요.
- 어떤 기업을 대상으로 소셜 미디어 광고 캠페인을 기획하고 실행해 보세요. 광고 대상, 예산, 광고 채널, 타겟팅 전략 등을 고려하여 광고 캠페인을 구성하고 성과를 분석하세요.
- 소셜 미디어를 활용한 온라인 이벤트를 기획하고 실행해 보세요. 이벤트의 목적과 참여 대상을 설정하고, 소셜 미디어 플랫폼에서의 홍보 및 참여 방법을 고려하여 이벤트를 진행하세요. 이벤트 참여자의 반응과 참여율을 분석하여 효과를 평가하세요.
- 소셜 미디어 인플루언서와 협력하여 마케팅 캠페인을 구성해보세요. 인플루언서 선정, 콘텐츠 협업, 홍보 방법 등을 고려하여 인플루언서와의 협업을 진행하고, 캠페인의 결과를 분석하여 효과를 확인하세요.

9장

글로벌 검색 엔진 마케팅

| **학습 목표** |

- 검색 엔진 최적화란 검색 엔진에서 웹사이트가 상위에 노출될 수 있도록 최적화하는 기술이다. 이를 위해서는 검색 엔진 알고리즘의 동작 원리와 검색 엔진 최적화 기술에 대한 이해가 필요하다.
- 검색 엔진 마케팅은 검색 엔진에서 웹사이트를 노출해 사용자 유입을 증가시키는 마케팅 전략이다. 이를 위해서는 타겟 대상을 정하고, 키워드 연구 및 분석, 검색 엔진 광고, 콘텐츠 제작 등 다양한 전략을 활용하여 전략을 개발할 수 있어야 한다.
- 검색 엔진 최적화 및 마케팅을 수행한 후에는 그 성과를 분석하고, 이를 바탕으로 개선 방안을 도출해야 한다. 검색어 순위 분석, 트래픽 분석, 콘텐츠 효과 분석 등의 데이터를 수집하여 성과를 분석하고, 이를 바탕으로 개선 전략을 수립할 수 있다.

| **학습 목차** |

9장

글로벌 검색 엔진 마케팅

제1절 검색 엔진에 대한 이해

1. 검색 엔진의 원리

검색은 웹사이트에서 제공하는 검색창에 알맞은 중심 단어를 입력하여 소용이 있는 정보나 데이터를 찾아보는 과정을 말한다. 이를 위해서는 알맞은 중심 단어를 고르는 것과 검색 엔진의 성질과 기능에 대한 이해가 필수적이다.

1) 검색 엔진의 역사와 발전

검색 엔진은 인터넷이 생겨나면서 이용 가능한 정보의 양이 증가하면서 필요성이 대두되어 만들어졌다. 초기에는 인터넷에 존재하는 모든 웹페이지를 인덱싱하여 검색 결과를 제공하는 것이 주요한 목적이었다.

1990년대에는 웹크롤러와 검색 엔진이 분리되어 있지 않았으며, 대부분의 검색 엔진이 수작업으로 웹사이트를 인덱싱하고 검색 결과를 제공하였다. 그러나 이러한 방식은 검색 결과의 정확성과 속도에서 한계가 있었다.

1990년대 말, 웹크롤러와 검색 엔진이 병합되는 기술이 개발되면서 검색 엔진의 정확성과 속도가 대폭 개선되었다. 대표적으로 야후, 구글, 네이버 등이 이러한 기술을 도입하여 검색 엔진 시장에서 선두를 달리게 되었다.

구글은 1998년에 창업되어 검색 엔진 시장을 혁신적으로 변화시켰다. 구글은 PageRank 알고리즘을 사용하여 검색 결과의 순위를 정하였다. 이 알고리즘은 페이지 간의 링크 구조를 이용하여 페이지의 중요성을 판단하였다. 이로 인해 구글은 빠른 검색 속도와 높은 검색 결과의 정확성으로 검색 엔진 시장에서 큰 인기를 끌게 되었다.

현재 검색 엔진 기술은 인공지능과 머신러닝 기술을 활용하여 사용자의 검색 이력, 검색어의 의미 등을 파악하여 더욱 정확한 검색 결과를 제공하는 방향으로 발전해가고 있다. 또한, 검색 엔진의 역할이 단순한 정보 검색뿐만 아니라 개인화된 정보 제공과 검색 결과의 시각화, 음성 검색 등 다양한 기능을 제공하는 것으로 확장되어가고 있다.

2) 검색 엔진 종류와 특징

검색 엔진은 크게 일반 검색 엔진과 전문 검색 엔진으로 나눌 수 있다. 이외에도 지역 검색 엔진, 이미지 검색 엔진, 동영상 검색 엔진 등 다양한 종류가 있다. 각각의 검색 엔진은 다음과 같은 특징을 가지고 있다. 각각의 검색 엔진은 다양한 검색 기능을 제공하며, 사용자의 요구에 맞는 검색 엔진을 선택하여 이용할 수 있다.

표57 검색 엔진의 종류

종류	대표적인 검색 엔진	역할
일반 검색 엔진	구글, 네이버, 다음 등	모든 웹페이지를 크롤링하여 인덱싱하고, 검색 결과를 보여줌
전문 검색 엔진	구글 스칼라(Google Scholar)	특정 분야의 전문적인 정보(학술적인 데이터 등)를 검색하여 제공
지역 검색 엔진	네이버 지도, 구글 지도, 카카오맵	주소, 지명, 카테고리 등을 검색하여 해당 지역의 정보 제공
이미지 검색 엔진	구글 이미지 검색, 네이버 이미지 검색	이미지 검색 결과 제공
동영상 검색 엔진	유튜브, 네이버 TV 등	동영상 검색 결과 제공

3) 크롤링과 인덱싱

검색 엔진에서 정보를 검색하기 위해서는 크롤링(crawling)과 인덱싱(indexing)이 필요하다. 크롤링은 검색 엔진이 인터넷상에서 웹 페이지를 수집하는 작업을 말한다. 크롤링 작업을 수행하는 소프트웨어는 크롤러(crawler)라고 하며, 검색 엔진이 크롤러를 이용하여 수집한 정보는 검색 대상의 색인으로 포함된다. 크롤러는 웹 페이지의 HTML 문서를 수집하여 분석하고 하이퍼링크를 따라가며 다른 페이지로 이동한다. 크롤러는 웹 페이지를 수집할 때 일부 페이지를 건너뛸 수 있다. 이러한 이유로 검색 엔진은 모든 웹 페이지를 수집하지 않으며, 수집하는 웹 페이지를 우선순위에 따라 결정한다.

인덱싱은 수집된 웹 페이지의 내용을 색인화하여 검색을 쉽게 하는 작업을 말한다. 수집된 정보를 분류하고 데이터베이스에 저장하며, 검색어가 입력되면 데이터베이스에서 해당 검색어를 가진 웹 페이지를 검색한다. 이때, 검색 결과를 반환할 때에는 검색어의 빈도수, 위치, 제목 등을 고려하여 가장 적합한 결과를 상위에 위치시킨다. 검색 엔진은 대부분 자체적으로 데이터베이스를 구축하고 인덱싱을 수행한다.

그림6 검색 엔진의 동작 원리

검색 엔진에서 크롤링과 인덱싱은 매우 중요한 작업이다. 크롤러가 모든 웹 페이지를 수집하지 않거나 인덱싱이 제대로 되지 않으면 검색 결과가 부정확해질 수 있다. 따라서 검색 엔진은 크롤링과 인덱싱 기술의 개선을 지속적으로 추진하며, 이를 통해 검색 결과의 정확도와 속도를 높이고 있다.

2. 구글 검색 최적화

1) 검색의 제왕 Google

구글은 정보가 무수히 많아지는 인터넷상에서 빠르고 정확한 검색 서비스를 제공하기 위해 검색 엔진을 개발하였으며, 이를 통해 전 세계 검색 시장에서 1위를 차지하고 있다. 구글은 웹 2.0을 가장 잘 이해하고 있는 기업 중 하나로, 공개 API를 제공하여 매쉬업(웹 서비스나 데이터 소스들을 결합한 서비스) 웹 서비스나 다른 새로운 서비스를 만들어내는 데 큰 역할을 하고 있다. 구글은 검색 엔진에서 크롤링과 인덱싱을 통해 정보를 수집하고 분류하며, 페이지 랭크 알고리즘을 통해 검색 결과를 정렬한다. 구글은 간단한 디자인과 함께 사용자 중심의 서비스를 제공하며, 매년 많은 개선과 혁신을 시도하고 있다.

무역마케팅에서 구글은 매우 중요한 역할을 한다. 구글 검색 엔진을 이용하여 제품 또는 서비스를 홍보하고 고객을 유치할 수 있다. 먼저, 구글 광고를 이용하여 제품이나 서비스를 홍보할 수 있다. 구글 광고는 검색 결과 페이지 상단에 노출되는 광고와 유튜브, 구글 디스플레이 광고 등 다양한 형태로 제공된다. 광고 캠페인을 설정하고 타겟팅 설정을 통해 원하는 고객층에게 광고를 노출할 수 있다.

또한, 구글 검색 엔진 최적화(SEO)를 통해 제품 또는 서비스의 검색 순위를 높일 수 있다. 구글 검색 엔진은 사용자의 검색 키워드와 웹사이트의 콘텐츠, 링크, 속도 등 다양한 요소를 고려하여 검색 순위를 결정한다. 따라서, 검색 순위를 높이기 위해 콘텐츠 최적화, 링크 활용, 속도 개선 등의 작업을 수행할 필요가 있다.

또한, 구글 애널리틱스를 이용하여 웹사이트의 방문자 데이터를 분석하고 이를 기반으로 마케팅 전략을 수립할 수 있다. 구글 애널리틱스는 방문자 수, 이탈률, 페이지뷰, 전환 등 다양한 정보를 제공하며, 이를 기반으로 타겟팅 전략, 마케팅 캠페인 등을 개선할 수 있다.

마지막으로, 구글 비즈니스를 활용하여 기업정보를 등록하고 관리할 수 있다. 구글 비즈니스를 이용하면 기업정보, 위치, 업종, 영업시간 등을 등록하고 이를 구글 검색, 구글 지도, 유튜브 등에서 노출할 수 있다. 이를 통해 고객이 기업정보를 쉽게 찾을 수 있으며, 기업 이미지 개선에도 도움이 된다.

이처럼 구글은 무역마케팅에서 광고, 검색 엔진 최적화, 데이터 분석, 비즈니스 등 다양한 분야에서 활용될 수 있다.

2) 구글의 검색 알고리즘

구글의 검색 알고리즘은 수많은 요인을 고려하여 검색 결과를 생성하는 방식으로 이루어져 있다. 검색 알고리즘은 먼저 검색어에 대한 적합성을 판단하고, 그 결과에 순위를 매겨 결과 페이지에 나타내게 된다. 검색어에 대한 적합성을 판단하기 위해 구글은 다양한 요인들을 고려한다. 이 중 일부는 다음과 같다.

▸ 검색어의 정확도와 완성도

▸ 검색어의 유사어와 관련어 고려

▸ 검색어와 관련된 콘텐츠의 종류와 양

▸ 콘텐츠의 품질과 관련성

▸ 콘텐츠의 최근성

또한, 구글은 매우 복잡한 알고리즘을 사용하여 검색어에 대한 검색 결과를 순위를 정한다. 이러한 알고리즘에는 수백 가지 요인들이 포함될 수 있다. 이러한 요인들은 검색어와 관련된 콘텐츠의 키워드 밀도, 링크의 수와 질, 페이지의 인기도 및 사용자의 행동 패턴 등이 있다.

구글은 또한 검색어의 위치, 제목, URL, 내용, 이미지 및 비디오 태그 등과 같은 다양한 속성을 고려하여 검색 결과를 생성한다. 이를 통해 검색어와 관련된 콘텐츠를 더 잘 찾을 수 있다.

종합적으로, 구글의 검색 알고리즘은 검색어에 대한 적합성을 판단하고, 다양한 요인들을 고려하여 검색 결과에 순위를 매긴다. 이를 통해 구글은 사용자들이 더 나은 검색 결과를 받을 수 있도록 지속적으로 업데이트와 개선을 진행하고 있다.

3) 구글의 순위 요인

구글은 검색 결과의 순위를 결정하기 위해 200가지 이상의 요소를 고려한다. 이 중에서도 다음과 같은 요소들이 특히 중요하게 작용한다.

표58 구글 검색 결과 순위 요인

순위 요인	설명
페이지 내용의 품질	검색어와 관련성이 높으며, 내용이 독창적이고 유용해야 함
링크 품질	다른 웹사이트에서 해당 페이지를 링크하고, 링크의 품질과 신뢰성 고려
사용자 경험	검색 결과 클릭 후 사용자의 머무르는 시간, 활동, 이탈률 등 고려
검색어 사용 빈도	검색어가 페이지에 자연스럽게 포함되어 있고 빈도도 고려
페이지 구조와 메타 데이터	페이지 제목, 설명, 헤더, URL 등 구조와 메타 데이터 고려

이러한 요소들은 구글의 검색 알고리즘의 일부분을 이루며, 구글은 순위를 결정하는 데 다양한 요소들을 고려한다. 또한, 구글은 검색 알고리즘의 업데이트를 지속적으로 수행하며, 이에 따라 순위 요소들도 변화할 수 있다.

3. 검색 엔진 최적화의 개념

1) 검색 엔진 최적화의 개요와 필요성

SEO(Search Engine Optimization)란 검색 엔진 SERP(검색 결과 페이지)에서 상위 노출되도록 웹사이트를 최적화하는 방법을 말한다. 검색 엔진은 검색 사용자가 특정 키워드로 검색을 할 때 그에 맞는 결과를 찾아주는데, 이때 SERP 상위에 노출되면 노출될 확률이 높아져 노출 기회가 많아지게 된다. 그래서 웹사이트 소유자들은 검색 엔진에서 상위에 노출되기 위해 SEO를 적용한다.

SEO는 검색 엔진에서 웹사이트가 상위에 노출될 수 있는 여러 가지 요인들을 최적화하는 작업으로 구성된다. 예를 들어, 웹사이트의 콘텐츠, 태그, 이미지, 링크 등을 최적화하는 것이 SEO의 일부이다. 또한, 웹사이트의 속도, 모바일 친화성, 보안 등도 검색 엔진에서 상위에 노출되기 위해 중요한 요소들이다.

SEO는 검색 엔진에서 상위 노출되어 유입되는 유기적인 트래픽을 늘리는 것이 목적이다. 검색 엔진은 사용자가 어떤 검색어를 입력했을 때 그 검색어와 관련된 웹사이트를 상위에 노출하기 때문에 웹사이트를 SERP의 상위에 위치시키면 더 많은 사용자가 웹사이트를 방문하게 된다. 그러므로, SEO는 유기적인 방식으로 유입되는 트래픽을 늘리고, 웹사이트의 브랜드 가치를 높이며, 최종적으로는 수익을 높이기 위한 필수적인 마케팅 방법이다.

2) 키워드 연구와 선택

키워드 연구 및 선택은 SEO 전략의 중요한 부분이다. 키워드는 사용자가 검색할 때 검색 엔진이 해당 웹 페이지를 표시할지를 결정하는 데 사용된다.

키워드 연구를 시작할 때, 해당 웹사이트의 주요 토픽과 관련된 단어 및 구를 고려해야 한다. 이것은 사용자가 검색할 때 가장 가능성이 큰 단어와 구를 식별하기 위해 수행된다.

다음으로, 이러한 키워드 및 구에 대한 검색 엔진에서의 경쟁 상황과 해당 키워드 또는 구에 대한 검색 열의 크기를 평가한다. 검색 열은 해당 키워드나 구에 대한 월간 검색 횟수를 의미한다.

이 정보를 바탕으로 적절한 키워드를 선택하고 웹 페이지의 메타데이터, 콘텐츠 및 다른 요소에 포함해 검색 엔진이 해당 페이지를 적절하게 인식하도록 한다.

즉, 키워드 연구와 선택은 SEO 전략의 핵심이며 검색 엔진이 해당 웹 페이지를 적절하게 인식하고 검색 결과에서 상위에 표시되도록 하는 데 필수적이다.

3) 웹사이트 구조 최적화

웹사이트 구조 최적화는 검색 엔진 최적화의 중요한 요소 중 하나이다. 검색 엔진은 웹사이트의 구조와 내부 링크를 분석하여 사용자에게 더 나은 검색 결과를 제공하기 때문에 웹사이트 구조 최적화는 검색 엔진에서 웹사이트를 쉽게 탐색하고 색인화할 수 있도록 하는 것이다. 웹사이트 구조 최적화를 위해서는 다음과 같은 요소들이 고려되어야 한다.

첫째, 웹사이트의 메뉴 및 하이퍼링크 구조를 최적화해야 한다. 사용자가 쉽게 탐색할 수 있는 내비게이션을 제공하고, 검색 엔진이 웹사이트의 구조를 이해할 수 있게 하려면 명확하고 간결한 링크 텍스트를 사용해야 한다.

둘째, URL 주소는 검색 엔진이 웹사이트의 내용과 연결할 수 있는 중요한 역할을 한다. 사용자가 이해할 수 있는 URL 주소를 사용해야 하며, 검색 엔진에서 인식할 수 있는 구조를 사용해야 한다.

셋째, 사이트 지도는 검색 엔진에게 웹사이트 내의 페이지들의 구조를 알려주는 역할을 한다. 이는 검색 엔진이 웹사이트를 더 잘 이해할 수 있게 하며, 색인화하는 데 도움이 된다.

넷째, 웹사이트의 로딩 속도가 느리면 사용자 경험과 검색 엔진 최적화에 부정적인 영향을 미친다. 웹사이트의 속도를 높이기 위해 이미지나 파일 크기를 최적화하고, 캐싱 및 압축 기능을 활용하는 등의 방법을 사용해야 한다.

다섯째, 모바일 기기에서의 이용이 증가하면서, 검색 엔진 최적화를 위해서는 반응형 디자인을 적용해야 한다. 이를 통해 모바일 기기에서도 웹사이트를 쉽게 이용할 수 있으며, 검색 엔진에서도 웹사이트를 더 잘 인식할 수 있다.

4) 콘텐츠 최적화

콘텐츠 최적화(Content Optimization)는 검색 엔진 최적화(SEO)의 핵심 요소 중 하나로, 검색 엔진이 사용자의 검색어와 관련된 웹페이지를 찾을 때, 그 웹페이지의 콘텐츠가 얼마나 유용하고 관련성이 높은지를 평가하는 데 중요한 역할을 한다. 즉, 콘텐츠 최적화는 검색 엔진이 사용자의 검색 의도를 이해하고, 해당 웹페이지의 콘텐츠가 사용자의 검색어와 관련성이 높은지를 판단할 수 있도록 하는 작업이다. 콘텐츠 최적화를 위해서는 다음과 같은 요소들을 고려해야 한다.

표59 콘텐츠 최적화 요소

요소	설명
키워드 사용	사용자가 검색하는 키워드와 관련된 콘텐츠를 작성하고, 적절한 키워드 빈도수와 밀도를 유지해야 함
콘텐츠의 질	정보의 정확성, 완성도, 독창성 등을 고려하여 콘텐츠의 질을 높여야 함
콘텐츠의 길이	일반적으로 500-1000 단어 이상이 좋음
링크 및 이미지	적절한 링크와 이미지를 활용해야 함
사용자 경험	사용자가 편리하고 쉽게 이해할 수 있는 구조로 작성하고, 모바일 최적화 등 사용자 경험 개선에도 신경 써야 함
업데이트	콘텐츠를 주기적으로 업데이트하여 최신 정보를 제공해야 함

5) 링크 빌딩

링크 빌딩(link building)은 SEO의 목적으로 다른 웹사이트에서 해당 웹사이트로 링크를 거는 작업을 의미한다. 링크 빌딩은 검색 엔진에서 해당 웹사이트의 인기와 신뢰성을 측정하는 데 중요한 역할을 한다.

링크 빌딩은 SEO의 핵심적인 전략 중 하나이다. 검색 엔진에서 높은 순위를 차지하기 위해서는 다른 웹사이트로부터의 인바운드 링크(inbound links) 즉, 다른 웹사이트에서 해당 웹사이트로 링크를 거는 것이 중요하다. 또한, 링크 빌딩은 검색 엔진에서 해당 웹사이트를 신뢰할 수 있는 소스로 인식하도록 하는 데 도움을 준다.

링크 빌딩은 다른 웹사이트와의 협력을 통해 이루어진다. 해당 웹사이트의 콘텐츠가 매력적이고 유용하면, 다른 웹사이트에서 링크를 거는 것이 자연스러워진다. 또한, 해당 웹사이트의 콘텐츠를 소셜 미디어에서 공유하거나 블로그에 게시하여 다른 웹사이트가 해당 웹사이트를 언급하도록 유도할 수도 있다.

링크 빌딩은 검색 엔진 최적화의 중요한 전략이지만, 검색 엔진에서 인공적인 링크 빌딩을 의심하는 경향이 있다. 따라서 링크 빌딩은 자연스러운 방식으로 이루어져야 하며, 검색 엔진의 가이드라인을 준수하여야 한다.

제2절 검색 엔진 마케팅의 이해

1. 검색 엔진 마케팅의 개념

1) 검색 엔진 마케팅의 개요와 필요성

검색 엔진 마케팅(Search Engine Marketing: SEM)은 인터넷 검색 엔진을 이용하여 웹사이트의 방문자 수를 늘리고 온라인 비즈니스를 성장시키는 전략적인 마케팅 기술이다. 검색 엔진을 이용한 마케팅은 검색 엔진 결과 페이지에서 상위 노출이 가능하도록 검색 엔진 최적화(SEO)를 통해 노출 시키는 것이 기본적인 전략이다. 이 방식으로 방문자 수를 늘리는 것은 물론, 브랜드 인지도와 신뢰성을 향상시키며, 마케팅 투자 대비 수익을 증대시킬 수 있다.

SEM은 검색 엔진 최적화(SEO)와 검색 엔진 광고(SEA)로 구성된다. 검색 엔진 광고는 유료 광고를 통해 검색 엔진 상위 노출을 목표로 한다. 검색 엔진 광고는 일정한 비용을 지불하면 해당 광고가 노출되고, 광고 클릭당 일정한 비용이 청구된다. 검색 엔진 광고의 대표적인 형태로는 PPC(Pay Per Click) 혹은 CPC(Cost Per Click) 프로그램이 있다.

검색 엔진 마케팅은 높은 효과를 나타내기 위해서 검색 엔진 최적화와 검색 엔진 광고를 동시에 활용해야 한다. 두 전략을 함께 사용하면 검색 엔진에서의 상위 노출과 효과적인 키워드 타겟팅을 통해 온라인 비즈니스의 성장을 도모할 수 있다.[55)]

2) 무역에서 검색 엔진 마케팅의 중요성

무역 기업들은 SEM을 적극적으로 활용하여 세계 시장에서 경쟁력을 강화하고, 브랜드 가치를 높이는 데 이바지할 수 있다.

첫째, SEM을 통해 검색 엔진 상위 노출을 통해 브랜드의 전 세계적인 노출과 접근성이 향상된다. 이는 글로벌 무역에서 시장 점유율을 높이는 데 매우 중요한 역할을 한다.

둘째, SEM을 통해 사용자가 검색하는 키워드에 대해 적극적으로 반응하여 마케팅 전략을 실행할 수 있다. 이를 통해 무역에서 적극적인 마케팅 전략을 실행할 수 있으며, 경쟁 우위를 점하는 데 도움이 된다.

셋째, SEM은 검색 엔진 상위 노출 광고로서 광고비를 효율적으로 관리할 수 있다. 광고비를 적절히 사용하여 무역에서 비용 효율적인 마케팅 전략을 수립하고 실행할 수 있다.

---

55) 김익환, 김승철, "한국 수출기업의 검색엔진마케팅 효율화를 위한 검색엔진 최적화 방안 연구", 전자무역연구 제12권 제2호, 2014, pp.1-27.

넷째, SEM을 통해 제공되는 데이터 분석과 통계 정보는 무역에서 중요한 역할을 한다. 이를 통해 사용자의 검색 패턴, 광고 성과 등을 파악하여 마케팅 전략을 보완하고 성과를 분석할 수 있다.

3) 검색 엔진 마케팅 방법

다음과 같은 검색 엔진 마케팅 방법들을 조합하여 브랜드의 노출을 높이고, 마케팅을 효과적으로 진행할 수 있다. 하지만 마케팅을 진행하는 데에는 사용자의 검색 패턴, 광고 성과 등을 파악하여 적절한 전략을 수립하고 실행하는 것이 중요하다.

첫째, 검색 광고는 검색어와 연관된 광고를 검색 결과 페이지 상단에 노출해 브랜드의 노출을 높이는 방법이다. 검색어에 따라 광고 노출이 결정되며, 광고비를 통해 노출 순위를 조정할 수 있다. 검색 광고는 구글 애드워즈(AdWords), 야후(Yahoo) 검색 광고, 네이버(Naver) 광고 등에서 진행할 수 있다.

둘째, 검색 엔진 최적화(SEO)는 웹사이트의 검색 엔진 상위 노출을 위해 검색 엔진에 친화적인 웹사이트 구조, 콘텐츠, 키워드 등을 최적화하는 방식이다. SEO는 검색 엔진에서 노출되기 위한 최적의 구조를 구성하고, 검색 엔진에서 인식할 수 있도록 최적화된 콘텐츠와 키워드를 제공하여 검색 엔진 노출 순위를 높이는 데 이바지한다.

셋째, 지역 검색 광고는 특정 지역에서 제공되는 제품이나 서비스를 대상으로 하는 광고이다. 지역 검색 광고는 지도를 통해 제공되며, 검색어와 관련된 지역적 정보를 제공하여 사용자에게 적절한 정보를 제공한다. 지역 검색 광고는 구글 지도 광고, 네이버 광고 등에서 진행할 수 있다.

넷째, 소셜 미디어 광고는 소셜 미디어 플랫폼에서 진행되는 광고이다. Facebook, Instagram, Twitter 등에서 제공되며, 타겟팅 기능을 통해 사용자의 관심사에 따른 광고 노출을 제공한다.

다섯째, 리마케팅은 이전에 웹사이트를 방문한 사용자를 대상으로 광고를 노출하는 방식이다. 이전에 방문한 웹사이트에서 쿠키(cookie)를 이용하여 사용자의 정보를 수집하여 광고를 노출하게 된다. 리마케팅은 구글 애드워즈(AdWords), Facebook 등에서 진행할 수 있다.

2. 검색 광고

1) 검색 광고 타입과 방법

첫째, 검색 광고는 구글, 네이버 등 검색 엔진 상위 결과 페이지에 노출되는 광고이다. 검색어에 따라 광고가 노출되며, 사용자가 광고를 클릭하면 해당 사이트로 이동할 수 있다. 검색 광고는 키워드 검색이 많은 상업 분야에서 많이 사용된다.

둘째, 디스플레이 광고는 다양한 웹사이트나 모바일 앱, 유튜브 등에서 광고가 노출되는 광고이다. 디스플레이 광고는 이미지나 동영상, 텍스트 등으로 제공된다. 검색 광고와는 달리 사용자가 직접 검색어를 입력하지 않아도 노출될 수 있어 더 넓은 범위의 고객에게 광고를 전달할 수 있다.

이 외에도, 검색 광고와 디스플레이 광고를 결합한 리마케팅 광고, 동영상 광고, 쇼핑 광고 등 다양한 광고 방법이 있다. 이러한 광고 방법은 특정 목적에 맞춰서 선택하여 사용할 수 있다.

2) 검색 광고 노출 기준과 방법

검색 엔진 광고의 경우, 광고주는 광고가 노출될 검색어를 선택하고 해당 검색어가 입력된 검색 결과 페이지 상단이나 하단에 광고를 노출하는 방식을 사용한다. 이대 광고주는 입찰가와 광고 품질 점수에 따라 광고 노출 순서가 결정된다. 즉, 해당 검색어를 입력한 사용자에게 해당 광고가 노출된다.

디스플레이 광고의 경우, 광고주는 웹사이트 내 적절한 위치에 광고를 노출하는 방식을 사용한다. 이때 광고주는 광고가 노출될 웹사이트나 앱, 광고가 노출될 위치, 광고가 노출될 시간대 등을 설정할 수 있다. 또한, 광고주는 광고를 노출하기 위해 해당 웹사이트나 앱의 소유자와 광고 계약을 체결해야 한다.

검색 엔진 광고와 디스플레이 광고 모두 광고주는 광고의 목적과 타겟팅을 고려하여 광고를 구성해야 하며, 광고의 효과를 분석하여 광고를 개선해나가야 한다. 또한, 광고 노출과 광고 클릭 등의 광고 성과를 분석하여 효율적인 광고 운영이 이루어져야 한다.

표60 검색 광고 노출 요소

요소	설명
입찰가(Bid)	광고주는 광고를 노출하기 위해 검색어에 대한 입찰가를 지정한다. 경쟁이 심한 검색어의 경우 입찰가를 높이는 것이 느출 기회를 높일 수 있다.
광고의 클릭률 (CTR)	광고를 클릭한 사용자 수에 대한 광고 노출횟수의 비율이다. CTR이 높을수록 광고의 효과성이 높아지기 때문에 광고주는 광고의 적절한 구성과 표적화를 통해 CTR을 높이려 노력한다.

광고의 품질 (Quality Score)	광고의 품질은 검색어와 광고, 랜딩 페이지[56]의 일치도, 광고의 CTR, 사용자 경험 등 다양한 요소를 고려하여 산정된다. 품질이 높을수록 입찰가보다 낮은 가격으로 광고를 노출할 수 있다.
지역, 시간, 장치 등의 타겟팅	광고주는 광고가 노출될 지역, 시간대, 장치 등을 설정하여 광고를 효과적으로 노출하려 한다.
경쟁 업체의 광고	경쟁 업체의 광고 노출 빈도와 품질, 입찰가 등도 검색 엔진 광고의 노출 기준과 방법에 영향을 미친다.

3) 검색 광고 성과 분석

검색 광고 성과 분석은 광고 캠페인의 효과를 측정하고 분석하여 광고 성과를 파악하고 개선하는 것을 말한다. 이를 위해 광고가 노출된 횟수, 클릭 된 횟수, 클릭률, 전환율, 매출 등의 지표를 사용하여 광고 성과를 분석하고, 이를 기반으로 광고 캠페인을 최적화할 수 있다. 이러한 검색 광고 성과 분석을 통해 광고주는 더욱 효과적인 광고 캠페인을 운영할 수 있고, 예산을 효율적으로 사용할 수 있다.

표61 검색 광고 성과 지표

지표	설명
클릭 수	광고가 노출된 후 클릭 된 횟수를 측정한다. 클릭 수는 광고의 노출 수와 비교하여 광고의 효과를 측정하는 데 사용된다.
클릭률 (CTR)	광고가 노출된 후 클릭 된 비율을 나타낸다. CTR이 높을수록 광고가 노출될 때 클릭 될 확률이 높아지며, 광고 효과가 더욱 향상된다.

56) 인터넷 광고나 마케팅 활동을 통해 유입된 방문객을 대상으로, 웹사이트에서 특정한 제품이나 서비스를 홍보하거나 판매하기 위해 만든 전용 웹페이지

전환율	광고를 클릭한 사용자 중에서 실제 구매 또는 등록 등의 원하는 행동을 한 비율을 나타낸다. 전환율이 높을수록 광고 효과가 더욱 향상된다.
매출	광고를 통해 발생한 매출을 측정한다. 매출은 전환율과 함께 광고의 효과를 측정하는 데 중요한 지표이다.
비용대비수익률(ROI)	광고에 사용한 비용 대비 발생한 수익 비율을 나타낸다. ROI가 높을수록 광고 효과가 더욱 좋다.

3. 검색 엔진 무역마케팅 성공 사례

1) 성공 요인

상품과 서비스에 대한 검색 엔진에서 제공하는 정보를 고려하면, 기업은 자신의 제품과 서비스의 특징, 성분, 측면 등을 확실하게 설명해야 실제 거래 성공률이 높아질 수 있다. 이는 해당 기업의 웹사이트 방문자 분석을 통해 가능하며, 방문자의 지역, 방문 시간, 재방문 빈도 등을 분석하여 상품과 관련된 효과적인 키워드 및 설명의 효과 등을 파악할 수 있다.

일정한 간격을 두고 키워드와 설명을 업데이트하는 것은 검색 엔진에서 해당 웹사이트가 계속 최신 정보를 제공하고 있다는 신호를 보내게 된다. 이를 통해 경쟁사보다 유리한 위치를 유지할 수 있으며, 상품 개발이나 다른 일이 있을 때만 업데이트되는 웹사이트와 비교해 생동감을 느낄 수 있다. 이러한 방식으로 검색 엔진 최적화(SEO) 기법을 활용하여 무역마케팅 성과를 높일 수 있다.

2) Vimeo

비메오(Vimeo)는 사용자가 직접 제작한 동영상을 업로드하고 공유하며 볼 수 있는 동영상 공유 웹사이트이다. Vimeo는 구조화된 VideoObject 데이터를 구현하고 동영상 재생기에 구글 권장 사항을 적용함으로써 동영상 검색 엔진 최적화를 개선했다.

Vimeo는 개발자를 지원하여 삽입 동영상 재생기의 중요한 기능을 사용 설정할 수 있도록 했고, 이를 통해 고객은 별도의 조치 없이 중요한 기능을 활용할 수 있게 되었다. 중요한 부분이 구글 검색에 표시되고, 스크롤 할 수 있는 시간 막대와 세그먼트 라벨이 표시되어 동영상 리치 결과가 한층 더 강화되었다.

Vimeo는 Clip 마크업을 추가하여 모든 Vimeo 챕터가 구글 검색에서 중요한 순간으로 표시될 수 있도록 하였으며, iframe 삽입의 메서드를 개발하여 소스 동영상 재생기에 시작 시간 매개변수를 전달할 수 있도록 했다. 이러한 개선으로 동영상을 강력하게 만들어 엔지니어나 검색 엔진 최적화 전문가가 아니더라도 누구나 도달 범위와 노출을 확보할 수 있게 되었다.

3) MX Player

MX Player는 인도 최대 규모의 동영상 스트리밍 플랫폼 중 하나로, 구조화된 데이터를 추가하고 동영상 Sitemap을 자주 제출하여 구글에서 콘텐츠 검색 가능성을 극대화했다. 이를 통해 구글 검색과 디스커버에 완전히 최적화하여 구글에서 유입되는 트래픽을 3배 늘리고, 플랫폼에서 자연 검색 트래픽을 통한 사용자 세션당 동영상 페이지 조회 수를 100% 늘릴 수 있었다. MX Player는 계속해서 사용자의 관심을 유지하면서 구글에서 새로운 동영상 기능을 테스트하기를 기대한다.

4) Rakuten

일본 최대 IT 기업 중 하나인 Rakuten의 Rakuten Recipe는 일반인이 자신만의 요리법과 메뉴를 공유하는 서비스로, 구글 검색과 협력하여 구조화된 데이터를 개선하고, 자사의 콘텐츠 관리 시스템(CMS)을 사용해 구조화된 데이터를 2주 만에 간단히 구현했다. 이를 통해 검색 엔진에서 유입된 트래픽은 2.7배, 평균 세션 시간은 1.5배 증가했다. Rakuten은 이러한 개선으로 사용자가 더욱 많은 요리법을 찾고 요리할 시간을 더 확보할 수 있게 되었다고 한다.

5) 터치스크린 패널 제조 수출기업

터치스크린 패널 제조 분야는 전 세계적으로 매우 치열한 경쟁이 이루어지고 있다. 한국, 중국, 인도의 회사들이 각자 경쟁을 벌이고 있다. 터치스크린 패널을 제조하여 수출하는 한국의 A기업은 검색 엔진 최적화(SEO) 마케팅 전문회사에 의뢰하여 'Touch panel manufacturer' 검색어 최적화 작업을 시작하였다.

구글 검색을 활용하여 해외구매 업체를 찾는 바이어들이 많다. 예를 들어, 터치패널을 구매해야 하는 가전회사 바이어는 'Touch panel manufacturer', 'Touch panel manufacturer in Korea' 등의 검색어를 사용하여 구글링하고, 첫 페이지에 뜨는 홈페이지를 방문하여 내용을 확인하고 회사정보를 수집한다. 만약 해당 업체가 구글 검색 결과의 1페이지 1위에 자리매김한다면, 글로벌 전시회의 정문 첫 부스에 입점하는 것 이상의 효과를 얻을 수 있다. 이렇게 바이어가 어떤 검색어를 사용할지를 상상하고, 구글 키워드 매니저 도구를 활용하여 검색어의 인기도와 경쟁 상황을 파악하였다.

해당 회사 홈페이지를 구글 검색 결과의 상위에 노출하기 위해 검색 엔진 최적화 작업이 필요하다. 구글은 검색 결과의 상위 노출에 시간이 좀 걸리지만, 한번 자리매김하면 오래 유지된다. 이를 위해 최소 2개월 이상의 작업 기간이 필요했다. 결국 'Touch screen panel manufacturer' 검색 시 해당 업체가 구글 검색 결과의 1페이지 1위에 자리매김하여 높은 확률로 바이어들의 관심을 끌어낼 수 있게 되었다.

제3절 검색 엔진 마케팅 도구와 기술

1. 검색 엔진 최적화 실습

1) 키워드 선정

검색 엔진에서 정보를 출력하기 위한 본문 조건 중에서 가장 중요한 것은 핵심 단어를 선별하는 것이다. 웹사이트가 목표로 하는 사용자가 검색 엔진에서 웹페이지를 찾을 수 있도록 하려면, 사용자들이 검색어로 입력하는 구절과 일치하는 핵심 단어를 포함한 웹페이지가 필수적이다. 대부분의 바이어들은 수출기업의 이름도 모르는 상태에서 검색어를 입력하기 때문에 기업이 자사 상품이나 서비스를 광고하더라도 검색어로 입력할 키워드를 결정하는 것이 중요하다. 만약 검색 엔진에 오랜 기간 노출을 원한다면, 기업 웹페이지는 목표 고객의 사고방식과 감정을 파악하여 그들에게 전달하는 체계나 방법을 고민해야 한다.

2) 정확한 페이지 제목

<title> 태그는 검색 엔진과 사용자에게 해당 웹페이지의 핵심 주제를 알려주는 역할을 한다. 이를 효과적으로 수행하기 위해서는 페이지의 중심이 되는 제목을 가려내고, 해당 제목에 관련된 핵심 단어를 사용해야 한다. 또한, 페이지마다 특유한 <title> 태그를 사용하여 서로 다른 페이지를 분별할 수 있게 한다. 제목은 간단하면서도 상대가 쉽게 이해할 수 있도록 작성하며, 길이가 너무 길지 않도록 주의해야 한다. 검색 결과에 일부만 표시되기 때문에 적절한 길이로 제목을 작성하는 것이 중요하다. 이를 통해 검색 엔진 최적화에 대한 효과적인 전략을 수립할 수 있으며, 사용자가 해당 웹페이지의 핵심 내용을 쉽게 파악할 수 있도록 도와준다.

3) Meta Tag 사용

메타 태그는 HTML 태그로, 웹페이지의 각종 정보나 내용을 간추려서 제공하는 역할을 한다. 페이지 제목은 글의 짜임을 사용하지만, 메타 태그는 어떤 생각이나 느낌을 줄거리로 세워 글자로 기록해 나타낸 것이나 내용을 끊어서 토막으로 사용할 수 있다. 메타 태그는 검색 결과에서 사용자가 내용 미리 보기로 보게 될 때도 중요한 역할을 한다. 따라서 웹페이지의 정보나 내용물을 바르고 확실하게 간추려서 메타 태그에 작성하는 것이 좋다.

하지만 메타 태그 작성 시에 주의해야 할 항목이 있다. 예를 들어, 콘텐츠와 연관되지 않는 메타 태그 작성, 핵심 단어만 나열하는 것, description 메타 태그에 웹 문서의 모든 내용을 복사하여 붙여넣는 것은 피해야 한다. 대신 메타 태그를 통해 객관적이고 논리적으로 설명하여 호소하는 글을 만드는 것이 좋다. 또한, 모든 페이지에 단 하나의 메타 태그를 사용하지 말고, 페이지마다 특유한 설명이 필요하다.

Description 메타 태그는 구글 및 다른 검색 엔진에서 페이지 정보의 간추린 내용(내용 미리 보기)을 볼 수 있다. 웹페이지 제목에는 몇몇 단어 혹은 글의 짜임을 사용하지만, 웹페이지의 description 메타 태그에는 문장 한두 개나 짧은 단락을 사용할 수 있다. 하지만 구글이 내용 미리 보기에 사용할 알맞은 텍스트를 찾지 못할 수 있으므로, 각 페이지에 언제나 description 메타 태그를 더 보태는 것이 좋다. 또한, 사용자의 검색어와 내용이 꼭 맞는지 확인하여 키워드를 포함해 사용자의 시선을 끌어야 한다.

4) Site map 작성

웹사이트의 방문자가 원하는 내용을 빠르게 찾을 수 있도록 돕기 위해 Site map을 만드는 것은 매우 중요하다. 이는 검색 엔진이 웹사이트의 구성 요소와 내용을 이해하고 인덱싱하는 데 도움이 되기 때문이다. Site map은 간단하고 명확한 페이지로, 웹사이트의 구성 요소와 계층 구조를 보여준다. 이 페이지는 방문자를 위한 것이지만 검색 엔진도 이를 활용한다.

Site map을 작성할 때 몇 가지 항목을 염두에 두어야 한다. 첫째, 사용자가 쉽게 페이지 간 이동이 가능하도록 천연적인 계층 구조를 유지해야 한다. 둘째, Flash나 이미지를 사용하거나 자바스크립트로 페이지를 구성하는 것은 검색 엔진이 인식하지 못하므로, 보다 글자로 된 링크를 사용해야 한다. 셋째, breadcrumb(단계별 탐색)을 사용하면 방문자가 쉽게 페이지를 이동할 수 있다. 넷째, HTML sitemap 페이지와 XML Sitemap 파일을 모두 사용하는 것이 좋다. 이렇게 하면 검색 엔진이 웹사이트의 모든 페이지를 찾을 수 있으며, 방문자도 쉽게 필요한 정보를 찾을 수 있다.

Site map은 방문자와 검색 엔진 모두에게 유용한 도구이다. 정확하고 명확한 Site map을 작성하면 방문자는 원하는 정보를 더 쉽게 찾을 수 있으며, 검색 엔진은 웹사이트의 구성 요소를 더욱 쉽게 인덱싱할 수 있다. 따라서 Site map을 만드는 것은 웹사이트를 구축하거나 운영하는 사람들에게 귀중한 작업이다.

5) 콘텐츠 최적화

콘텐츠가 웹사이트에서 가장 중요한 역할을 한다는 것은 분명하다. 경쟁력이 있는 콘텐츠를 만들면, 이는 사용자와 검색 엔진 모두에게 긍정적인 영향을 미친다. 따라서 웹사이트에서 콘텐츠를 만들 때는 이미지나 Flash보다는 글자 위주로 만들어야 한다. 또한, 일정한 기준에 따라 적절하게 나누어 여러 페이지로 구성하는 것이 좋다. 이를 통해 주제와 관련된 중심 내용을 벗어나지 않으면서도, 적절한 양과 구성으로 사용자에게 효과적인 정보를 전달할 수 있다.

또한, 사용자가 검색하는 키워드를 고려하여 콘텐츠를 작성하는 것이 중요하다. 검색 종류의 다양성을 미리 추측하고 이에 맞게 적절한 키워드를 조합하여 콘텐츠를 작성하면, 검색 엔진에서 높은 순위를 차지할 수 있다.

마지막으로, 콘텐츠를 최신의 것으로 계속 업데이트하고, 사용자를 중심으로 콘텐츠를 작성하는 것이 필요하다. 사용자들이 원하는 정보를 제공하고, 그 정보가 신뢰성이 있고 유용하다면, 사용자들은 블로그, 소셜 미디어 등의 수단으로 링크를 공유할 가능성이 크다. 이를 통해 검색 엔진에서도 웹사이트의 순위가 높아질 수 있다.

6) URL 구조 최적화

URL 구조는 웹사이트에서 파일 이름과 범주 등으로 구성되어 서로 다른 소프트웨어 간에 연결하는 역할을 한다. URL의 구조를 가지런히 정리하고 파일 이름과 범주를 잘 선택하면 검색 엔진이 웹 문서를 크롤링하기 쉬워지며 사용자도 원하는 콘텐츠를 쉽게 찾을 수 있다. URL은 간단하고 직관적으로 만들어야 하며, 복잡하고 긴 URL은 방문자가 사용을 피할 수 있다.

검색 엔진은 복잡한 URL 구조도 크롤링이 가능하지만, 사용자와 검색 엔진 모두에게 URL이 간단하고 직관적인 것이 더 유용하다. 디렉터리 구성도 간단하고 사용자가 웹사이트에서 현재 위치를 파악하기 쉽게 만들어야 한다.

또한, 페이지 간에 서로 다른 URL을 가지고 링크하는 경우 웹사이트의 콘텐츠를 찾기가 어려워질 수 있으므로 내부 링크에는 단 하나의 URL을 사용하는 것이 좋다. 이를 통해 웹사이트의 구성과 내용을 일관성 있게 유지할 수 있으며 사용자와 검색 엔진 모두에게 유용한 결과를 가져올 수 있다.

7) 내부 링크 최적화

핵심 키워드를 사용하여 내부 링크를 생성한다. 내부 링크를 생성할 때 페이지의 핵심 키워드를 사용하여 링크 텍스트를 만든다면 검색 엔진에서 해당 페이지를 더욱 쉽게 인식할 수 있게 된다.

내부 링크의 수를 적절히 조절한다. 내부 링크의 수가 적으면 페이지 간 연결성이 떨어지므로 검색 엔진에서 인식할 수 있는 범위가 제한되게 된다. 그러나 링크의 수가 지나치게 많으면 페이지의 가독성이 떨어져 사용자 경험에도 악영향을 미치게 된다.

내부 링크의 위치를 고려한다. 내부 링크의 위치는 해당 페이지의 콘텐츠와 연관성이 있어야 한다. 페이지의 상단에 있는 내부 링크는 검색 엔진에서 중요도가 높다고 간주하므로 효과적이다.

8) 외부 링크 최적화 방법

고품질 사이트로 링크를 생성한다. 검색 엔진에서 고품질 사이트로 인정되는 곳에서 링크를 생성하면 검색 엔진에서 해당 페이지의 신뢰성을 높이게 된다.

관련된 사이트와 링크를 생성한다. 관련성이 높은 사이트와 링크를 생성하면 검색 엔진에서 해당 페이지의 주제와 관련성이 높다고 판단하게 된다.

도메인의 다양성을 유지한다. 검색 엔진에서는 다양한 도메인에서의 링크를 인식하여 해당 페이지의 신뢰성을 높이게 된다. 따라서 같은 도메인에서만 링크를 생성하는 것보다는 다양한 도메인에서 링크를 생성하는 것이 효과적이다.

2. 검색 광고 설정 및 분석

1) 구글 광고 캠페인 설정 방법

구글 광고 캠페인은 구글 검색 결과 상단에 광고가 노출되도록 하는 광고 플랫폼이다. 광고주는 특정 검색어나 검색어 그룹을 선택하고 광고를 생성하면, 해당 검색어가 구글 검색 결과 상단에 노출되는 검색 광고를 구성할 수 있다.

구글 광고 캠페인의 장점은 다양한 광고 타입과 대상 지역, 시간대, 장치 등 다양한 설정을 통해 타겟 마케팅이 가능하다는 것이다. 또한, 광고 효과 분석을 통해 광고 성과를 파악하고, 캠페인을 최적화하는 것도 가능하다.

구글 광고 캠페인을 운영하기 위해서는 광고 예산과 키워드 연구가 필요하다. 특정 키워드와 연관성이 높은 광고 캠페인을 만들고 예산을 분배하여 효율적인 광고를 진행하는 것이 중요하다. 또한, 광고 캠페인이 진행되는 동안 광고 성과 분석을 통해 캠페인을 지속적으로 개선해나가야 한다.

그러나 구글 광고 캠페인은 광고를 노출하는 것만으로 충분하지 않다. 광고를 클릭하고, 웹사이트로 유입시키는 것이 더 중요하기 때문에 광고 클릭 시 유저들이 보게 될 랜딩 페이지를 최적화하는 것도 필요하다. 이를 위해 랜딩 페이지 디자인과 콘텐츠를 최적화하고, 유저들이 원하는 정보를 빠르게 제공하여 전환율을 높이는 것이 중요하다.

표62 구글 광고 캠페인 설정 단계

단계	내용
① 계정 만들기	구글 애드워즈에 접속하여 계정을 만든다. 이미 계정이 있다면 르그인한다.
② 캠페인 생성	광고 형식을 선택하고 캠페인 이름을 입력하여 캠페인을 생성한다.
③ 광고 그룹 생성	특정 키워드나 타겟팅 설정에 따라 광고를 보여줄 대상을 설정하는 광고 그룹을 생성한다.
④ 키워드 설정	검색 광고의 경우, 광고가 노출될 검색어를 설정한다.
⑤ 광고 작성	광고 텍스트와 이미지, 링크 등을 설정하여 광고를 작성한다.
⑥ 예산 설정	광고 캠페인에 하루 예산, 총예산, 입찰가 등을 설정한다.
⑦ 광고 캠페인 제출	설정을 완료하고 광고 캠페인을 제출하여 승인 후 광고가 노출되도록 한다.

2) 구글 광고 성과 분석 및 개선 방법

첫째, 광고 캠페인의 독표를 설정하여 광고 성과 분석 및 개선에 필요한 데이터를 수집하는 것이 중요하다. 목표 설정에는 매출 증가, 브랜드 인지도 증진, 트래픽 증대 등이 있다.

둘째, 키워드 분석은 광고 캠페인의 성공을 결정하는 중요한 요소 중 하나이다. 적절한 키워드를 선택하고 이를 관리하여 비용을 줄이고 효율성을 높일 수 있다. 구글 광고에서는 키워드 플래너 도구를 사용하여 키워드를 분석하고 경쟁자의 키워드도 파악할 수 있다.

셋째, 광고 문구는 광고 클릭률을 높이고 효율성을 높이는 데 중요한 역할을 한다. 효과적인 광고 문구를 작성하여 광고 노출 수를 높이고 클릭률을 증가시킬 수 있다.

넷째, 광고 타겟팅은 광고 성과에 큰 영향을 미친다. 광고 대상을 정확하게 설정하면 비용 절감 및 광고 성과 향상에 도움이 된다. 타겟팅 설정은 지역, 언어, 나이, 성별, 관심사, 행동 등으로 설정할 수 있다.

다섯째, 광고 성과를 관찰하고 분석하여 광고 개선 방안을 도출하는 것이 중요하다. 구글 애드워즈에서는 광고 성과를 관찰할 수 있는 다양한 도구와 보고서를 제공한다. 광고 성과 분석 결과를 바탕으로 광고 캠페인을 개선하고 비용을 절감할 수 있다.

3. 검색 엔진 마케팅 도구 및 기술

1) Google Analytics

Google Analytics는 구글이 제공하는 웹사이트 분석 도구로, 웹사이트의 트래픽을 추적하고 분석하여 사용자 동작 및 웹사이트 성과를 이해할 수 있는 다양한 정보를 제공한다. 구글 애널리틱스를 사용하면 사용자의 지역, 성별, 연령대 등을 비롯한 방문자 프로필 정보, 사용자 동작(페이지뷰, 이탈율, 재방문율 등)과 관련된 정보, 웹사이트의 인기 콘텐츠, 키워드 분석 등의 정보를 수집할 수 있다.

Google Analytics를 이용하여 성과를 분석하고 개선하는 방법은 다양하다. 첫째, 효과적인 측정 지표를 설정하여 성과를 추적하고 관찰해야 한다. 방문자 수, 이탈률, 전환 비율 등의 지표를 정확하게 분석하여 웹사이트를 개선할 방안을 도출해야 한다.

둘째, Google Analytics를 통해 분석한 데이터를 바탕으로 사용자 경험을 개선할 수 있다. 예를 들어, 이탈률이 높은 페이지나 사용자가 많이 방문하는 페이지 등을 파악하여 해당 페이지의 디자인, 콘텐츠, UI/UX 등을 개선할 수 있다.

셋째, 효과적인 광고 캠페인을 수행하기 위해 Google Analytics 데이터를 활용할 수 있다. 예를 들어, 전환 비율이 높은 사용자 그룹을 파악하여 타겟 마케팅에 활용하거나, 광고 캠페인의 키워드 분석을 통해 적극적인 키워드 노출 전략을 수립할 수 있다.

Google Analytics를 통해 수집된 데이터는 웹사이트 성과를 분석하고 개선하는 데 있어 중요한 역할을 한다. 적극적으로 데이터를 분석하고 활용하여 사용자 경험을 개선하고 효과적인 마케팅 전략을 수립하는 것이 웹사이트 운영에 있어서 필수적인 작업이다.

2) Google Search Console

구글에서 제공하는 무료 웹 마스터 도구로, 웹사이트의 검색 엔진 최적화를 위한 데이터와 도구를 제공한다. 이 도구를 사용하면 웹사이트의 검색 엔진 결과 페이지에서 어떻게 수행되는지에 대한 정보를 확인하고 분석할 수 있으며, 검색 엔진 크롤러가 사이트를 인식하는 방법을 이해할 수 있다. 구글 서치 콘솔을 사용하면 다음과 같은 기능을 수행할 수 있다.

표63 구글 서치 콘솔의 기능

기능	내용
검색 색인	검색 엔진에서 인식한 페이지 수를 확인하고 색인 상태를 확인하여 문제를 해결할 수 있다.

검색어 분석	웹사이트의 특정 검색어나 키워드에 대한 트래픽과 성과를 추적하고, 검색 질의어와 관련된 데이터를 분석하여 웹사이트 내용을 개선할 수 있다.
링크 분석	다른 웹사이트에서 웹사이트로 링크하는 방법을 확인하고, 링크 품질과 수를 분석할 수 있다.
웹사이트 보안	웹사이트의 보안 문제를 감지하고 보고하여 해결할 수 있다.
모바일 호환성	모바일 기기에서 웹사이트가 어떻게 보이는지, 모바일 친화적인 디자인을 사용하는지 확인할 수 있다.

구글 서치 콘솔을 사용하여 검색 엔진 최적화를 개선하고 성과를 추적하는 것은 웹사이트의 유기적인 검색 엔진 순위를 높이는 데 매우 유용하다.

액션러닝 문제

- 어떤 기업의 웹사이트를 분석하고, 구글 검색 엔진을 최적화하여 기업의 웹사이트가 상위에 노출되도록 개선해보세요. 키워드 연구, 메타태그 최적화, 콘텐츠 최적화 등의 방법을 활용하여 검색 엔진 결과에서 더욱 높은 가시성을 얻을 수 있도록 노력하세요.
- 기업의 제품 또는 서비스를 대상으로 검색 광고 캠페인을 기획하고 실행해 보세요. 효과적인 키워드 선택, 광고 그룹 설정, 광고 문구 작성 등을 고려하여 광고 캠페인을 운영하고, 광고 성과를 분석하여 ROI(비용 대비 수익률) 확인하세요.
- 어떤 기업의 경쟁사들에 대해 검색 엔진 분석을 수행하세요. 경쟁사의 키워드 전략, 광고 캠페인, 웹사이트 최적화 상태 등을 조사하고 분석하여 기업의 경쟁력을 향상할 수 있는 전략을 도출하세요.
- 다양한 검색 엔진 마케팅 도구를 활용하여 기업의 검색 엔진 마케팅을 분석하고 개선해보세요. 키워드 분석 도구, 웹사이트 분석 도구, 광고 성과 분석 도구 등을 활용하여 데이터를 수집하고 분석하여 마케팅 전략에 반영하세요.
- 어떤 기업의 검색 엔진 마케팅 전략을 개발해 보세요. 기업의 목표와 목표 고객을 고려하여 키워드 전략, 광고 캠페인 전략, 콘텐츠 최적화 전략 등을 포함한 종합적인 전략을 수립하고 실행해 보세요. 성과를 분석하여 전략의 효과를 확인하세요.

10장

비대면 무역

| 학습 목표 |

- 비대면 무역의 개념과 중요성을 이해한 후 비대면 무역에서 사용되는 디지털 마케팅 도구를 소개하고 활용 방법을 학습한다.
- 비대면 무역에서 고려해야 할 전략적인 측면을 학습하고 이를 적용할 수 있다.
- 비대면 무역에서 발생하는 문제점과 해결 방법을 학습하고 이를 적용할 수 있다.

| 학습 목차 |

10장

비대면 무역

제1절 비대면 무역의 개념과 중요성

1. 비대면 무역의 필요성

1) 비대면 무역마케팅 필요성

비대면 무역은 전통적인 대면 무역 방식에서 벗어나 디지털 기술을 활용해 이루어지는 무역을 말한다. 즉, 실제 대면이나 방문 필요 없이 인터넷과 같은 디지털 매체를 통해 거래가 이루어지는 것을 의미한다. 비대면 무역은 코로나19 팬데믹 이후 전 세계적으로 확산하면서 주목받았다. 비대면 무역 방식으로는 전자상거래, 화상회의, 온라인 전시회, 메타버스, 디지털 수출마케팅 등이 있다.

전 세계적으로 이동 제한과 입국 제한으로 대면 마케팅이 어려워지면 기업들은 비대면 마케팅을 통해 새로운 시장을 개척해야 한다. 이러한 상황에서도 전자상거래와 엔터테인먼트 등 비대면 경제 산업은 성장하였다. 비대면 거래는 무역에서도 중요한 역할을 하며, 효과적인 비대면 무역마케팅은 무역 업계에 활기를 불어넣을 수 있다.

세계무역기구(WTO)는 코로나19 팬데믹으로 인해 무역 규모가 많이 축소될 것으로 예상했지만, 실제로는 감소 폭이 크지 않았다. 오히려 온라인을 찾는 바이어들이 더 많아지고 있으므로, 기업들은 비대면 무역마케팅에 더욱 집중하여 새로운 시장을 개척하고, 경쟁력을 강화해야 한다.

각국 정부는 대면 마케팅에 장벽이 생겨 비대면 수출 강화를 위한 인프라를 확충하고 있다. 가상 전시회, 화상 상담회, 온라인세미나 등의 비대면 방식이 늘어나면서 관련 산업의 규모가 커졌다.

2) 디지털 전환과 수출혁신: 코로나19 시대 비대면 무역 대책

전문가들은 전 세계적으로 감염병이 지역이나 시기의 제한 없이 반복해서 발생할 것으로 예상한다. 이러한 감염병으로 인한 세계적인 유행이 일상화되면서, 수출기업을 위한 근본적인 대책을 마련해야 한다. 이를 위한 핵심 전략은 디지털 전환이다. 대면 비즈니스 제약과 물리적 이동성에 제약이 생겼을 때, 기존의 수출방식과 기능에 비대면과 비접촉 혁신적 변화가 필요하다. 이러한 혁신적 변화를 통해 수출 활동을 유지하고 새로운 수출 기회를 찾을 수 있다. 이러한 디지털 수출혁신은 디지털 기술이나 솔루션을 활용하여 수출 생산성을 혁신적으로 향상하는 것을 의미한다. 이는 수출 활동의 근본적인 혁신으로, 디지털 전환의 핵심 전략이 될 것이다. 이를 위한 정책과 시사점을 마련하는 것이 중요하다.

3) 비대면 수출마케팅과 디지털 수출혁신전략의 중요성

2020년 산업연구원과 한국무역협회가 수행한 공동 조사결과, 비대면 수출마케팅과 디지털 수출혁신 전략은 기업들의 코로나19 대응 전략에 큰 역할을 했다. 특히 디지털 수출혁신 전략은 기업들이 수출 생산성을 혁신적으로 향상하기 위해 디지털 기술이나 솔루션을 적용하는 것이 필수적이라는 필요성을 보여주고 있다. 아래의 표는 기업들이 실제로 어떻게 비대면 수출 마케팅을 활용하고 있는지, 그 실태를 보여준다.

표64 비대면 수출마케팅 활동의 유형별 활용 실태

비대면 수출마케팅 활용	응답 기업 수	비중(%)
활용하지 못함	230	23
활용함	768	77
합계	998	100
비대면 수출마케팅을 활용하는 768개 사의 세부 활용 유형(복수 응답)		
공공기관 주관의 화상 상담회 참가	304	25.2
자사 자체의 화상 상담회 시행	447	37
B2B, B2C 온라인플랫폼을 통한 자사 홍보 강화	268	22.2
온라인 홍보콘텐츠(유튜브, VR 등) 제작	172	14.3
기타	16	1.3
합계	1,207	100

출처 : 한국무역협회·산업연구원 실태조사(2020)

2020년 산업연구원과 한국무역협회가 공동으로 수행한 조사에 따르면, 비대면 수출마케팅과 디지털 수출혁신전략은 기업들의 코로나19

대응 전략에 이바지한 것으로 나타났다. 그러나 비대면 수출마케팅이 수출실적 증가에 실질적인 기여가 높지 않은 것은 경쟁사보다 디지털 혁신 수준이 낮고 제품 특성에 맞는 온라인 수출마케팅이 부족하다는 문제가 있기 때문이다. 따라서 화상회의 결과가 실제 수출계약으로 이어지기 위한 후속 지원 강화와 함께 적극적인 디지털 전환과 맞춤형 마케팅이 필요하다.

4) 비대면 무역이 가져오는 변화와 중요성

코로나19 팬데믹 이후, 비대면 무역이 일상화되면서 기업들은 새로운 비즈니스 모델을 적극적으로 도입하고 있다. 비대면 무역은 물리적 제약을 극복하고, 실시간 커뮤니케이션과 글로벌 비즈니스 확대를 가능하게 하여 기업 경쟁력을 향상하는 중요한 요소가 되고 있다.

또한, 비대면 무역은 비용 절감과 생산성 증대에도 큰 영향을 미치고 있다. 비대면 무역을 통해 실시간으로 고객과 대화하고 거래를 체결할 수 있으며, 이를 통해 물류 및 인력 비용 등을 절감할 수 있다. 또한, 디지털 기술과 데이터 분석을 통해 비즈니스 프로세스를 최적화하고 생산성을 향상할 수 있다.

따라서, 기업들은 비대면 무역에 대한 전략적 접근과 디지털 전환에 집중해야 한다. 비대면 무역 시스템과 기술을 체계화하고 전문 인력을 양성하는 등의 인프라 확충이 필요하다. 또한, 비대면 무역을 위한 적극적인 마케팅 전략과 온라인 판로 확대 등의 전략적 접근이 필요하다. 이를 통해 기업들은 새로운 비즈니스 모델을 창출하고 세계 시장에서 경쟁 우위를 점할 수 있다.

2. 중소기업을 위한 비대면·온라인 수출지원 정책

코로나19 팬데믹으로 인해 어려운 상황에서도 중소기업이 주도한 온라인 수출과 비대면 품목 수출이 증가하였다. 특히, 중소기업 중심으로 수출이 늘어난 이유는 중저가 소비재 위주의 B2C 거래 비중이 높기 때문이다. 이에 중소벤처기업부는 기존의 오프라인 수출지원사업을 비대면 방식으로 확대하고, 글로벌 온라인 마케팅과 한류 마케팅 등 마케팅 지원을 강화하고 있다.

1) 중소기업의 수출 증대를 위한 비대면 마케팅 활용 전략

화상 상담회를 활용한 비대면 수출마케팅을 강화한다. 기존 오프라인 전시회 및 상담회와 온라인 화상 상담회를 결합하여 상호 보완적인 효과를 극대화하고, 유망 중소기업 제품 전용 오프라인 전시실을 협업 네트워크를 통해 구축한다. 또한, 현지 전문가를 활용하여 해외 전시회 비대면 참가를 지원하고, 비대면 마케팅 사전/사후관리를 강화하여 수출 성과를 창출한다. 주제별/지역별 화상 상담회를 상시 운영하여 수출 성과를 달성한다. 중소기업들은 이러한 비대면 수출마케팅을 통해 코로나19의 여건 속에서도 전 세계적인 시장에서 경쟁력을 확보할 수 있다.

2) 한류마케팅과 라이브 커머스를 활용한 글로벌 진출 지원

중소기업들을 위해 해외 온라인몰 판매를 적극적으로 지원하고 있으며, 한류스타와 상품을 연계한 프로모션 콘텐츠 제작 및 방송, 현지 인플루언서를 활용한 라이브 커머스 구축 등의 방식으로 글로벌 진출을 촉진하고 있다. 내수기업들의 온라인 수출 기업화를 위해 국내와 해외 온라인몰을 연계하고 해외 온라인몰에 입점할 수 있도록 지원제도를 개선하고, 신흥시장 진출 지원도 확대하고 있다.

또한, 브랜드 K를 만들어 국내 중소기업의 브랜드 인지도를 높이고, 중소기업유통센터와 중소벤처기업부에서 2022년까지 300개의 제품을 선정하여 수출마케팅을 지원하고 있으며, 한류 마케팅 및 라이브커머스를 활용하여 홈쇼핑과 온라인몰 홍보를 강화하고 있다.

3) 온라인·비대면 관련 유망 신생기업의 해외시장 진출 지원

중소벤처기업부는 온라인 및 비대면 관련 유망 신생기업의 해외시장 진출을 적극적으로 지원하고 있다. 이를 위해, 온라인 및 비대면 방식의 해외 진출이 가능한 신생기업을 발굴하고, 이들을 위한 테스트베드[57] 신기술, 제품 및 서비스의 성능과 효과를 테스트할 수 있는 환경, 시스템과 시설을 지원하고 있다. 또한, 해외 현지 안착 및 판로개척 지원 등을 전방위적으로 지원하여, 온라인·비대면 방식으로의 해외 진출을 더욱 효과적으로 이루어질 수 있도록 돕고 있다. 이를 통해, 새로운 비즈니스 모델을 보유한 신생기업들이 해외시장에서 빠르게 성장할 수 있도록 지원하고 있다.

4) 비대면·온라인 수출 환경 구축을 위한 체계화와 인프라 강화

중소기업들이 온라인·비대면 수출을 통해 세계 시장을 개척하는데 필요한 인프라와 인력을 지원하기 위해 체계화된 지원시스템을 구축하

---

57) 컴퓨터 시스템이나 소프트웨어 등을 검증하고 테스트하기 위해 실제 운영 환경과 유사하게 구성된 환경

고 있다. 이를 위해 비대면·온라인 수출 전문 인력 양성 프로그램을 운영하며, 화상회의 관련 인프라 구축과 빅데이터를 활용한 해외시장 진출전략 수립 등의 방법으로 비대면·온라인 수출기반을 강화하고 있다. 이러한 노력은 중소기업들이 세계 시장에서 경쟁력을 갖추고 성장할 수 있도록 지원하는 데 큰 역할을 하고 있다.

3. 한국의 중소기업 비대면 수출지원 프로그램

1) 현황

한국의 비대면 수출지원 프로그램은 매우 다양하며, 중소기업들이 온라인·비대면 수출을 더욱 효과적으로 이루어낼 수 있도록 다양한 지원을 제공하고 있다. 우선, 중소기업들의 수출 증대를 위한 비대면 마케팅 활용 전략을 구축하고 있다. 이를 위해 화상 상담회를 활용한 비대면 수출마케팅을 강화하고, 기존 오프라인 전시회 및 상담회와 온라인 화상 상담회를 결합하여 상호 보완적인 효과를 극대화하고 있다. 또한, 협업 네트워크를 통해 유망 중소기업 제품 전용 오프라인 전시실을 구축하고, 현지 전문가를 활용하여 해외 전시회 비대면 참가를 지원하고 있다.

그뿐만 아니라, 한류마케팅과 라이브 커머스를 활용한 글로벌 진출 지원을 강화하고 있다. 중소기업들을 위해 해외 온라인몰 판매를 적극적으로 지원하고 있으며, 한류스타와 상품을 연계한 프로모션 콘텐츠 제작 및 방송, 현지 인플루언서를 활용한 라이브 커머스 구축 등의 방식으로 글로벌 진출을 촉진하고 있다.

또한, 온라인·비대면 관련 유망 신생기업의 해외시장 진출을 적극적으로 지원하고 있다. 이를 위해 온라인 및 비대면 방식의 해외 진출이 가능한 신생기업을 발굴하고, 이들을 위한 테스트베드 신기술, 제품 및 서비스의 성능과 효과를 테스트할 수 있는 환경, 시스템과 시설을 지원하고 있다.

마지막으로, 비대면·온라인 수출 환경 구축을 위한 체계화와 인프라 강화를 추진하고 있다. 이를 위해 비대면·온라인 수출 전문 인력 양성 프로그램을 운영하고, 화상회의 관련 인프라 구축과 빅데이터를 활용한 해외시장 진출전략 수립 등의 방법으로 비대면·온라인 수출기반을 강화하고 있다. 이를 통해 중소기업들이 세계 시장에서 경쟁력을 갖추고 성장할 수 있도록 지원하고 있다.

실제 비대면 수출지원 프로그램은 KOTRA, 중소벤처기업진흥공단, 한국무역협회 등 무역유관기관에서 진행하여 성과를 내고 있다.

2) KOTRA

KOTRA는 코로나19 팬데믹에 대응해 가상상담, 온라인 플랫폼 상장, 긴급지점 서비스, 온라인 전시관, 글로벌 구매 다변화 등 온라인 서비스로의 전환을 가장 먼저 본격화했다. KOTRA는 기업별 성장단계에 따른 디지털 마케팅 수요를 반영해 온라인 채널을 통한 우리 수출산업 확대와 디지털 전환 취약기업 지원 강화를 목표로 하고 있다. KOTRA는 디지털 수출에 대한 전문성과 예산이 부족한 신규 수출업체, 내수기업, 소상공인을 지원하기 위해 온라인전시관에서 활용할 수 있는 디지털 콘텐츠 제작에 대한 무료 혜택을 제공하고 있다. KOTRA는 제품 홍보영상 외에도 가상공장 시찰, 라이브 커머스 등을 시도하여 콘텐츠를 강화하고 있다.

KOTRA는 취소된 해외 무역전시회를 대신할 온라인전시관을 구축하고 전 세계에서 수많은 온라인 한국상품전시회를 개최했다. 또한, KOTRA는 온라인 채널을 제공하여 다양한 해외무역관에서 코로나19 관련 상품을 발굴하여 수출기업에 전달하는 역할을 해왔다. 또한, KOTRA는 국내 소상공인과 해외바이어 간 화상상담을 위해 현지무역관을 파견하였다.

KOTRA는 2021년 무역·투자의 대면·온라인(O2O) 디지털 전환 결합을 중점 사업 방향으로 지정했다. 디지털 플랫폼 개선을 통해 고부가가치 비즈니스 모델을 제공할 수 있는 정보를 제공한다. KOTRA는 buyKOREA를 통해 무역 대표(빅데이터, 화상상담, 긴급지점), 수출기업(샘플 상자, 화상상담), 전시회(온라인 전시, 오프라인 마케팅 전담인력) 등 무역 투자사업을 지원하고 있다. 무역과 투자의 융합과 O2O/O4O(O2O-Online to Offline) 비즈니스 모델. KOTRA는 이러한 주도를 통해 디지털 전환을 지원하고자 한다.

이를 위한 주요 사업으로는 ①무역 대표, ②온라인 지점, ③가상상담, ④온라인 세미나, ⑤온라인 플랫폼, ⑥buyKOREA 구매제안발굴, ⑦온라인 상품부 구축, ⑧온라인 전시관 등이 있다.

3) 중소벤처기업진흥공단

중소벤처기업진흥공단은 중소기업들이 해외시장에서 비대면·온라인 수출을 더욱 효과적으로 이루어낼 수 있도록 다양한 지원을 제공하고 있다. 그중 하나인 K-비대면 사업은 16개국의 수출 인큐베이터 등 25개 해외거점을 활용해 수출기업에 온라인세미나, 온라인 멘토링, 온라인 수출상담회, 기술교류회, O2O 수출 등을 지원하는 사업이다. 이를 통해 중소기업들이 해외시장 개척 및 판로 확대를 진행할 수 있도록 돕고 있다.

또한, 중소벤처기업진흥공단은 중소기업들의 해외 홍보 및 판로개척을 위해 온라인수출플랫폼 사업을 운영하고 있다. 이 사업에서는 외국어 홈페이지제작, 검색 엔진 마케팅, 글로벌 홍보마케팅, 온라인 수출관 등의 다양한 지원을 제공하며, 중소기업의 수출을 촉진하고 있다.

또한, 중소벤처기업진흥공단은 전문 MCN(Multi Channel Network) 기업과 연계해 중기 상품 전문 판매자, 인플루언서 70명(기초과정 50명, 심화 과정 20명)을 선발하고, 전국 7개 대학을 특성화 대학으로 지정해 전자상거래 전용 과정을 신설해 지역 중소기업 제품과 매칭해 지역 특산물 판매를 확대하고 있다. 이를 통해 중소기업들이 세계 시장에서 경쟁력을 갖추고 성장할 수 있도록 지원하고 있다.

4) 한국무역협회

한국무역협회는 중소기업의 수출 확대를 위해 다양한 비대면 화상 수출상담회와 온라인 전시회를 개최하고 있다. 이를 위해 비즈니스센터에 있는 화상 회의실을 비롯하여 13개 국내 지역본부 회의실에 화상상담 시스템을 구축하였으며, 줌, 스카이프, 구글 행아웃 등 다양한 화상회의 소프트웨어를 활용하여 모든 국가 바이어들과 화상회의를 진행할 수 있도록 지원하고 있다. 이와 함께, 카탈로그와 문서, 견적서를 공유하며 회의할 수 있는 기능도 제공하고 있다.

또한, 한국무역협회는 비대면 마케팅 수출 성공사례를 비대면 생중계 세미나를 통해 적극적으로 공유하고 있으며, 화상 수출상담회를 통해 해외바이어와 국내 기업을 직접 매칭해주고 품목별로 맞춤형 해외바이어를 발굴하는 등 수출기업의 비대면 마케팅 역량을 지원하고 있다. 무역 현장 자문위원이나 수출바우처와 연계된 통·번역 위원이 옆에서 상담을 도울 수 있으며, 상담회 이후에도 바이어와 추가 연락하는 과정에서 자문을 제공하는 등 지속적인 지원을 제공하고 있다.

한국무역협회는 또한, 수출기업의 비대면 마케팅을 강화하기 위해 외국어 카탈로그나 제품 사진뿐 아니라 상표 및 포장 디자인을 업그레이드하도록 도와주며, 신뢰할 만한 회사 발자취와 상세한 제품 카탈로그, 홍보영상, 수준 높은 제품 사진 등을 제공하여 비대면 수출마케팅에서 강점을 확보하도록 돕고 있다.

또한, 한국무역협회는 디지털 무역상담 플랫폼인 '트레이드 프로' 서비스를 개시하여 기존의 무역상담 서비스인 '트레이드 SOS(Trade SOS)'를 업그레이드하였다. '트레이드 프로'에서는 채팅 및 화상상담은 물론 게시판을 통해 물어볼 수 있는 '오픈 상담'과 인공지능 기반의 'AI 자문 상담'을 제공하여 무역 업계의 다양한 분야에 대한 상담도 진화하고 있다.

제2절 비대면 무역 수단의 활용

중소벤처기업부는 코로나19의 영향으로 해외 전시회 참가 등 매년 진행되었던 오프라인 해외마케팅을 온라인·비대면 방식으로 전환하였다. 이에 따라 온라인전시관도 참여기업 수를 늘리고, 주제별 전시를 추가하는 등 확대·개편되었다. 이외에도 다른 수출지원기관과의 협업을 통해 화상 상담회를 진행할 수 있었고, 이를 통해 실제 수출계약이 달성되는 성과를 거두었다.

온라인전시관은 해외 전시회에 참가할 수 없는 중소기업을 위해 국내 대표 B2B 무역알선거래사이트인 gobizkorea(중소벤처기업진흥공단) 및 tradeKorea(한국무역협회) 등에서 운영해왔다. 이에 따라 최신 기술을 활용하여 영상 및 현지화 콘텐츠 제작을 지원하고, VR(가상현실) 기반 3D 영상과 스토리텔링이 가능한 영상을 활용하여 오프라인 미팅 효과를 극대화하기 위해 운영되고 있다. 이러한 비대면·온라인 유행에 대한 대응으로 중소기업의 수출지원 프로그램도 진화하고 있다.[58]

1. 온라인 무역전시회

1) 현황

코로나19 팬데믹 때 대부분의 무역전시회가 온라인으로 전환되었다. 이에 따라 오프라인 전시회에서는 불가능했던 시간과 장소의 제한이 없어지는 등의 장점이 있지만, 제품이나 기술을 직접 소개하고 고객과 교감하는 경험 등의 오프라인 전시회의 장점은 제한적이다. 온라인 전시회에서는 제품 노출과 관심 획득, 화상상담 정도로 제한적인 기대

58) 방지현, "비대면·온라인 유행 활용 중소기업 수출지원", 한국행정연구원, 행정포커스 Vol. 148, 2020.

효과가 있으며, 기업과 제품이 분류되는 카테고리와 키워드, 제품 사진의 품질, 설득력 있는 동영상 등에 신경 써야 한다. 인터넷 환경이 좋지 않은 나라에서는 온라인 접속 자체에도 문제가 생길 수 있으므로, 상담용 제품을 사전에 발송해두는 것도 좋은 방법이다.

디지털화가 급속도로 진행되면서 온라인 전시회 개최와 화상 상담 등이 점차 일반화되고 있다. 기존 오프라인 전시회의 한계를 극복하기 위해 가상현실(VR)과 증강현실(AR)을 활용하는 것이나, 제품과 회사 이미지를 웹사이트에 업로드하고 고객과 소통하는 온라인 전시회가 늘어나고 있다. 특히, 온·오프라인을 융합한 하이브리드 전시회가 대안으로 부상하고 있으며, 팬데믹 종식 이후에도 온라인 전시회와 하이브리드 전시회가 무역 전시회의 대세로 자리 잡을 것으로 예측된다. 또한, ESG 경영과 탄소 중립 등이 글로벌 경제 활동에서 중요성을 더하면서, 친환경적인 디지털 전시회의 중요성은 더욱 커질 전망이다.[59)]

2) 장단점

대부분의 무역전시회가 온라인으로 전환되면서 오프라인 전시회와는 다른 장단점이 드러나고 있다. 오프라인 전시회는 기업의 부스에서 제품이나 기술을 직접 소개하고 고객과 대화를 나누는 것이 가능하다. 반면, 온라인 전시회는 디지털 콘텐츠로 제품이나 기술을 소개해야 하며, 물리적인 경계가 없어 시간과 장소의 제한이 없는 장점이 있다. 하지만 오프라인 전시회에서는 우연히 발견한 새로운 사업 기회가 온

59) 전동석, 방성철, “온택트 시대 무역의 변화와 온라인 전시회 활용에 관한 연구”, 무역상무연구 제94권, 2022, pp.121-143.

라인 전시회에서는 상대적으로 적어지며, 제품을 직접 만져보고 교감하는 경험이 부족한 단점도 있다.

3) 활용 전략

코로나19 팬데믹으로 인해 대다수의 무역전시회가 온라인으로 전환되면서, 오프라인 전시회와 온라인 전시회는 각각 장단점을 지니고 있다. 오프라인 전시회는 기업의 부스에서 직접 상호작용을 통해 제품이나 기술을 소개할 수 있는 장점이 있다. 반면에 온라인 전시회는 디지털 콘텐츠를 통해 제품이나 기술을 소개하게 되어 제한된 기대효과를 가지고 있다. 이에 따라 온라인 전시회에서는 기업과 제품이 분류되는 카테고리와 키워드에 많은 신경을 써야 하며, 제품 사진의 품질과 설득력 있는 동영상 등 콘텐츠의 질적인 측면을 높이는 것이 중요하다.

특히 온라인 전시회에서는 사전에 상담용 제품을 발송하여 바이어가 직접 상품을 보고 파악할 수 있도록 하는 것이 유용하다. 또한, 인터넷 환경이 좋지 않은 지역에 대한 대응도 필요하다. 그러나 VR(가상현실) 등 새로운 기술을 활용하여 콘텐츠의 혁신이 일어나고 있으며, 고객들이 점차 온라인 전시회에 익숙해지고 있다는 점을 고려하면, 코로나19 이후에도 온라인 전시회의 비중이 높아질 것으로 예상한다.

4) 온라인 무역전시회의 미래

온라인 무역전시회는 코로나19의 영향으로 급속도로 성장하였으며, 미래적으로도 계속해서 중요한 역할을 할 것으로 예상한다. 기존의 오프라인 전시회와는 달리 물리적 제약이 적기 때문에 전 세계적으로 참가자 및 바이어들의 참여가 가능하다. 또한, 비대면 상황에서도 제품 및 서비스를 노출하고 바이어와의 화상상담을 통해 수출 기회를 모색할 수 있다는 장점이 있다.

온라인 전시회의 미래는 디지털 기술의 발전과 밀접한 연관성이 있다. 예를 들어, 가상현실(VR) 기술을 활용하여 더욱 생동감 있는 제품 체험 및 미팅을 제공하는 것도 가능할 것으로 예상한다. 또한, AI 기술을 활용하여 바이어의 관심을 파악하고 맞춤형 추천 서비스를 제공하는 등 참가자 및 바이어들에게 더욱 편리하고 효과적인 전시회 경험을 제공할 것으로 예상한다. 그뿐만 아니라, 온라인 전시회를 통해 수집되는 빅데이터를 활용하여 기업들의 해외 마케팅 전략 수립에도 큰 도움이 될 것으로 예상한다.

2. 화상상담

1) 현황

코로나19의 영향으로 무역 분야에서도 화상상담이 활성화되고 있다. 기존의 대면 상담과는 달리 화상상담은 시간과 비용을 절감할 수 있는 이점이 있어 많은 기업이 적극적으로 활용하고 있다. 화상상담을 통해 해외바이어와 실시간으로 소통하고, 제품 노출 및 설명, 견적 제시 등을 진행할 수 있다. 또한, 온라인 전시회에서 화상상담을 진행하여 실제 수출계약을 성사시키는 경우도 늘고 있다. 이에 따라 무역 관련 기관들은 화상상담에 대한 교육과 지원을 활발히 진행하고 있으며, 성공적인 화상상담을 위해 제품 소개 및 시연을 위한 데이터와 안내서, 공인시험 성적서 등을 준비하는 것이 필요하다. 또한, 바이어의 집중도를 높이기 위해 제품 시연 영상을 적극적으로 활용하는 등 전략적인 접근이 필요하다.

2) 장단점

코로나19로 인해 화상상담은 수출기업에 필수적인 수단이 되었다. 그러나 화상상담에서는 바이어가 직접 상품을 확인할 수 없다는 단점이 있다. 이에 성공적인 무역계약을 성사하기 위해서는 차별화된 전략이 필요하다. 다양한 시각적 데이터를 적극적으로 활용하고 샘플을 보여주어야 한다. 한국무역협회는 이를 위해 시청각 데이터 활용, 인증서 및 시험 성적서 제공, 유력 바이어와의 거래명세 제공, 원활한 상담 환경 구축, 제품 특성별 전략 수립 등의 요소들이 필요하다고 조언하고 있다. 코로나19 이후, 화상상담은 계속해서 중요한 비즈니스 수단으로 유지될 것이다.[60)]

3) 활용 전략

무역에서 화상상담은 출장비용과 시간을 절약할 수 있는 장점이 있어 많은 기업이 활용하고 있다. 하지만 대면 상담과 비교하면 바이어의 집중도가 떨어지는 단점도 있으므로 전략적인 활용이 필요하다.

화상상담에서 성공적인 무역계약을 성사하기 위해서는 시각적인 데이터를 적극적으로 활용해야 한다. 제품 시연 영상으로 바이어의 관심을 끈 다음에 견적서와 안내서 등 추가정보를 공유하는 것이 전략적

---

60) 한국무역협회, 포스트 코로나 시대, 온라인 화상상담 성공전략, 트레이드 브리프 12호, 2020.

이다. 또한, 공인 시험 성적서, 기존 거래처와의 실적을 공유하여 상대방의 신뢰를 얻을 수 있다.

또한, 화상상담에서는 원활한 상담 환경을 구축하는 것이 중요하다. 배경이 깔끔하고 조명이 잘 되어 있는 환경에서 상담을 진행하는 것이 좋다. 또한, 편안한 분위기를 조성하여 상대방과 친근한 대화를 나눌 수 있도록 노력해야 한다.

마지막으로, 제품 특성별 전략 수립도 중요하다. 제품의 특성에 따라 적절한 전략을 수립하여 상대방의 요구에 맞는 제안을 준비하는 것이 필요하다. 이를 통해 더욱 효과적인 화상상담을 진행할 수 있다.

4) 화상상담의 미래

화상상담은 코로나19 이후 무역에서 필수적인 수단이 되었고, 이후에도 더욱더 중요한 역할을 할 것으로 예상한다. 비대면 상담의 편리성과 접근성, 그리고 비용 절감 효과가 큰 이유이다. 또한, 기술 발전으로 인해 화질, 음질, 연결성 등 화상상담의 품질이 점차 개선되고 있어 더욱더 많은 기업이 화상상담을 적극적으로 활용할 것으로 예상한다.

특히, 인공지능 기술과의 결합으로 화상상담의 효과를 극대화하는 시도도 진행되고 있다. 예를 들어, 자연어 처리 기술을 활용해 바이어의 언어, 발음, 톤 등을 분석하고 이를 기반으로 자동 번역, 자동 요약, 감정 분석 등의 기능을 제공하는 서비스가 개발되고 있다. 또한, 인공지능 기반의 챗봇이 화상상담을 보조하여 상담 효율성을 높이는 시도도 진행되고 있다.

이러한 발전은 무역 화상상담의 효율성과 생산성을 높여주며, 무역기업들이 세계 시장에서 경쟁력을 강화하는 데 도움을 줄 것으로 예상한다.

3. 메타버스(Metaverse)

1) 정의

메타버스(Metaverse)란 '메타'(Meta)와 '유니버스'(Universe)의 합성어로, 3차원의 가상 세계를 뜻한다. 메타는 '가상', '초월' 등을 뜻하고 유니버스는 우주를 뜻한다. 메타버스는 현실 세계와 비슷하게 사회, 경제, 문화 활동이 이뤄지는 가상 세계다. 대표적인 메타버스 플랫폼으로는 2003년 미국에서 개발한 온라인 가상현실 게임 '세컨드 라이프'(Second Life)가 있다.

현재 메타버스는 VR(가상현실)보다 더 진화한 개념이지만, AR(증강현실), 소셜 미디어, 소셜 게임, 온라인 롤플레잉 게임 등도 메타버스의 범주로 수용하고 있다. 메타버스는 아바타를 활용하여 가상현실 게임을 즐기는 수준에 그치지 않고, 일선 기업과 산업 현장에서도 적용될 것으로 예상하며, 문화와 사회적 활동에서 현실 세계를 대체할 가능성도 있다. 따라서 메타버스는 미래의 다양한 분야에서 큰 역할을 할 것으로 기대된다.

2) 무역에서 메타버스의 활용 전략

한국무역협회(KOTRA)는 디지털 기반 서비스 중에서 메타버스도 활용하고 있다. 국내 기업들이 메타버스를 통해 외국 기업과 연결될 수 있도록 상담 현장을 구축하고 있다. 예를 들어, 2021년 미국 뉴욕 코믹콘(New York Comic Con)에 참가해 한국관을 열었으며, 국내 콘텐츠 기업들이 구매자와 만날 수 있도록 메타버스 플랫폼 '게더타운'에서 온라인 상담회를 진행했다. 또한, '2022 두바이 한국우수상품전'에서는

'게더타운'을 활용하여 온라인세미나와 수출상담회를 진행하였다.

메타버스가 기존의 온라인 화상상담과 다른 점은 가상 세계와 현실 세계가 상호작용하면서 가치를 창출하는 것이다. 메타버스 온라인 수출 상담의 차별화된 특징은 유연한 화상 대화이다. '게더타운'에 접속한 바이어, 통역사, 수출자는 아바타를 직접 꾸미고 아바타로 다른 사람에게 인사하고 말을 건다. 메타버스 안에서는 직접 상대방을 찾아가 대화를 시작할 수 있어 더 현실적이고 유연한 업무환경을 경험할 수 있다.

메타버스에서는 커스터마이징도 가능하다. 실제 행사장의 모습과 비슷하게 지도를 만들 수 있고, 아바타를 자유롭게 꾸미고 움직일 수 있다. 전시 부스도 업체별로 다르게 만들어져 제품 설명 및 카탈로그를 통해 접속할 수 있다. 메타버스에서는 수출상담회 참가자가 주체적으로 움직이고 참여할 수 있으므로 재미와 더불어 대화의 긴장 요소를 줄일 수 있다.

3) 메타버스의 미래

메타버스는 현재 온라인 환경에서 일어나는 디지털 혁명과 함께 미래의 중요한 역할을 수행할 것으로 예상한다. 이는 다양한 산업 분야에서 적용되어 새로운 형태의 비즈니스 모델과 서비스를 만들어낼 것으로 예상한다. 예를 들어, 상업적으로 성공한 메타버스 서비스인 '세컨드 라이프(Second Life)'는 가상 세계에서 아바타를 통해 소셜 네트워킹, 커머스, 광고 등 다양한 비즈니스 모델을 적용하고 있으며, 이러한 경험을 토대로 메타버스가 산업 전반에 걸쳐 적용될 가능성이 크다.

또한, 메타버스는 현재의 온라인 상호작용 방식을 대폭 바꿀 수 있는 기술적 기반을 제공하며, 가상 세계에서 제공되는 다양한 경험과 상호작용을 통해 현실 세계와 구분되는 새로운 경험을 제공할 것으로 예상한다. 이를 통해 메타버스는 사회, 경제, 문화 등 다양한 분야에서 새로운 형태의 커뮤니케이션 및 협업 방식을 만들어 낼 수 있을 것으로 예상한다.

하지만, 메타버스는 아직 초기 단계이며, 다양한 기술적, 법적, 인프라적 문제가 존재한다. 따라서 메타버스가 상용화될 때는 보안, 개인정보 보호, 지식재산권 등 다양한 쟁점을 고려해야 한다. 또한, 메타버스가 현실과 결합한 새로운 경험을 제공하고 새로운 산업 분야를 창출할 수 있도록 적극적인 투자와 개발이 필요하다.

4. 라이브 커머스(live commerce)

1) 라이브 커머스의 정의

라이브 커머스는 생방송 방식으로 상품을 판매하는 형태의 전자상거래이다. 코로나19로 인해 온라인 쇼핑이 더욱 활성화되면서 라이브 커머스의 확대가 예상한다. 라이브 커머스는 제품의 라이브 스트리밍 방식으로 판매되는데, 소비자는 상품에 대한 실시간 정보와 판매자의 설명을 들으며 바로 구매 결정을 할 수 있다.

특히, 소셜 미디어 플랫폼에서 라이브 커머스가 대세가 되면서 더욱더 확대될 것으로 예상한다. 인스타그램, 페이스북, 유튜브 등의 소셜 미디어 플랫폼에서 라이브 커머스를 적극적으로 활용하고 있다. 소비자들은 소셜 미디어에서 판매되는 제품을 볼 수 있고, 해당 제품에 대한 라이브 커머스 방송을 시청할 수 있다.

라이브 커머스의 확대는 온라인 쇼핑 시장의 변화를 가져오고 있다. 기존에는 소비자가 온라인에서 상품을 보고 구매 결정을 내리는 방식이었다면, 라이브 커머스를 통해 소비자는 제품을 더욱더 자세히 볼 수 있고 판매자와의 실시간 소통을 통해 더욱더 효율적인 쇼핑을 할 수 있다.

이러한 유행에 대응하여 기업들은 라이브 커머스를 적극적으로 활용하고 있다. 라이브 커머스 방송을 통해 상품을 홍보하고, 판매자와 소비자가 실시간으로 소통하여 제품에 대한 궁금증을 해결하며, 더욱더 효율적인 온라인 쇼핑 경험을 제공할 수 있다는 장점이 있다. 따라서, 라이브 커머스는 온라인 쇼핑 시장에서 더욱더 중요한 역할을 할 것으로 예상한다.

2) 라이브 커머스를 통한 해외시장 진출

정부는 글로벌 비대면 소비 추세에 맞춰 라이브 커머스와 같은 새로운 온라인 마케팅 기법을 활용하여 국내 중소기업의 해외 진출을 적극적으로 지원하고 있다. 이에 따라 중소벤처기업진흥공단은 온라인 수출 시장진출을 원하는 기업들에게 라이브 커머스 교육을 제공하고 있다.

특히, 라이브 커머스는 중국과 동남아시아 시장진출에 효과적인 방법으로 인식되고 있다. 라이브 커머스는 중국에서 많은 발전을 거듭해 왔으며, 현재 중국의 대표적인 라이브 커머스 플랫폼인 타오바오의 경우 매일 2,000회 이상의 방송이 진행되고 누적 시청자 수가 이미 1천만 명을 넘어섰다. 중국은 다양한 플랫폼들을 기반으로 방송 진행자와 개

인 판매자인 왕홍에 의해 라이브 커머스 시장이 주도되고 있다.[61)]

또한, 미국에서도 전자상거래 이용률이 증가하면서 라이브 커머스가 기업들의 주요 판매 채널로 주목을 받고 있다. 라이브 커머스는 방송 공간과 시간의 제약이 없어 한국 기업이 미국에 직접 입점하지 않아도 라이브 커머스를 통해 미국 고객에게 상품을 소개할 수 있어 마케팅 수단으로 적절하게 활용할 수 있다. 하지만, 미국 라이브 커머스 방송을 진행하기 위해서는 영어에 능한 인력이 필요하다는 점을 염두에 두어야 한다.[62)]

3) 라이브 커머스 활용 전략

라이브 커머스를 활용한 전략은 상품의 노출과 판매를 증대시키는 것이다. 라이브 커머스를 통해 진행하는 방송은 생생하고 실시간으로 진행되기 때문에 제품의 실제 모습과 효과를 소비자들에게 보여줄 수 있다. 따라서 상품 홍보 및 마케팅 효과가 높다. 라이브 커머스를 효과적으로 활용하기 위해서는 다음과 같은 전략이 필요하다.

표65 라이브 커머스 활용 전략

전략	내용
개념 설정	상품의 특징과 소비자의 요구에 맞는 콘셉트를 설정하여 방송을 진행해야 한다.

61) 온가신, 이혜미, "라이브 커머스는 어떻게 소비자들의 마음을 사로잡았나? 플랫폼 및 BJ 정보원천 특성이 중국 소비자들의 라이브 커머스 구매의도에 미치는 영향과 성별의 조절효과", e-비즈니스연구 제21권 제5호, 2020, pp.215-234.

62) 김창봉, 허영, "중소수출제조기업의 B2B 글로벌 전자상거래 활용요인에 관한 연구: 동적 역량이론의 적용", 국제상학 제37권 제1호, 2022, pp.67-86.

제품 샘플 제공	상품의 모습과 효과를 보여주기 위해서는 제품 샘플이 필요하다. 라이브 커머스 방송에는 제품 샘플을 적극적으로 활용하여 상품의 노출과 판매를 증대시킬 수 있다.
상품 설명과 Q&A 진행	라이브 커머스 방송에서는 제품에 대한 상세한 설명이 필요하다. 또한, 소비자들이 궁금해하는 질문에 대한 Q&A 시간을 마련하여 소비자들과 소통할 기회를 만들어야 한다.
마케팅 채널 연계	라이브 커머스 방송은 다양한 채널을 통해 홍보할 수 있다. 따라서 라이브 커머스 방송과 함께 마케팅 채널을 연계하여 효과적인 마케팅 효과를 얻을 수 있다.
소비자 참여 활성화	라이브 커머스 방송에서는 소비자들의 참여를 유도하여 상호작용할 기회를 만들어야 한다. 이를 통해 소비자들의 관심을 끌고 판매를 증대시킬 수 있다.

4) 라이브 커머스의 미래

라이브 커머스는 현재 매우 높은 성장세를 보이며, 미래적으로도 계속해서 발전할 것으로 예상한다. 특히 코로나19로 인해 비대면 소비가 증가하면서 라이브 커머스의 중요성이 더욱 주목받고 있다.

미래에는 더욱 다양한 기술적 발전과 함께 더욱 진화된 형태의 라이브 커머스가 출현할 것으로 예상한다. 예를 들어, 가상현실 기술과 결합하여 고객들이 가상 공간에서 제품을 경험하고 구매를 결정하는 것이 가능해질 것이다.

또한, 인공지능 기술의 발전으로 인해 라이브 커머스에서는 개인화된 맞춤형 상품 추천 서비스가 가능해질 것으로 예상한다. 이를 통해 고객들은 더욱더 효율적이고 개인화된 쇼핑 경험을 누릴 수 있을 것이다.

또한, 라이브 커머스는 인플루언서 마케팅과 결합하여 인플루언서들이 상품을 홍보하고 판매하는 것을 도와주는 플랫폼으로 발전할 것으로 예상한다. 이는 소비자들이 인플루언서들을 통해 상품을 더욱 쉽게 접할 수 있게 해주고, 기업들은 인플루언서를 통해 더욱 효과적인 마케팅을 진행할 수 있게 될 것이다.

따라서, 라이브 커머스는 미래적으로도 계속해서 성장할 것으로 예상하며, 기업들은 라이브 커머스를 적극적으로 활용하여 다양한 마케팅 전략을 수립해야 할 것이다.

제3절 비대면 무역의 문제점과 해결 방법

최근 코로나19 팬데믹으로 인해 비대면 무역이 더욱 중요해졌으나, 이에 따라 비대면 무역에서 발생하는 문제점도 존재한다. 첫째, 언어와 문화적 차이 때문에 발생하는 의사소통 문제가 있다. 비대면 무역에서는 대화창을 통해 의사소통하므로 언어적인 문제가 발생할 수 있다. 또한, 다양한 문화적 차이로 인해 비즈니스 문화와 국가별 관습에 대한 이해도 필요하다.

둘째, 물리적인 제품 검수와 샘플 제공의 어려움이 있다. 제품 검수와 샘플 제공은 보통 대면 미팅에서 이뤄지기 때문에 비대면 무역에서는 이를 대체하기 위한 대안이 필요하다.

셋째, 사기와 분쟁 가능성이 크다. 비대면 거래에서는 상대방의 신원을 확인하기 어려우므로 사기와 분쟁 가능성이 크다.

이러한 문제를 해결하기 위해서는 먼저 언어와 문화에 대한 이해와 합의가 필요하다. 또한, 제삼자 검사기관을 활용하여 제품 검수와 샘플 제공을 대체할 수 있으며, 이를 통해 사기와 분쟁 가능성을 낮출 수 있다. 또한, 안전한 결제 시스템을 구축하고 상대방의 신원을 확인하는 과정을 추가하여 사기를 방지할 수 있다. 마지막으로, 온라인 비즈니스를 위한 국제규약 및 법률 체계를 마련하여 이러한 문제를 해결할 필요가 있다.

1. 정보의 불균형 문제와 정보 확보 방법

1) 정보의 불균형 문제 원인

비대면 무역에서 정보의 불균형 문제는 몇 가지 이유로 인해 발생할 수 있다. 첫째, 정보에 대한 접근성의 차이이다. 대기업이나 세계적 기업은 규모와 자금, 인력 등의 이유로 정보를 쉽게 얻을 수 있다. 하지만 중소기업은 이러한 자원이 부족하고 정보에 대한 접근성이 낮으므로 정보의 불균형이 발생할 수 있다.

둘째, 문화적 차이이다. 국가별 문화와 관습, 상품의 선호도 등이 다르므로 비대면 무역에서도 정보의 불균형이 발생한다. 이러한 문화적 차이는 비대면 무역에서 중요한 정보를 확보하는 데 어려움을 초래할 수 있다.

셋째, 언어적 차이이다. 언어적 차이로 인해 정보의 불균형이 발생한다. 비대면 무역에서는 언어 장벽이 큰 문제이다. 국제 무역에서는 영어가 국제적으로 사용되지만, 실제로는 다양한 언어가 사용된다. 따라서 언어적 차이로 인한 정보의 불균형이 발생할 수 있다.

넷째, 기술적인 문제이다. 인터넷 환경의 불안정성, 정보보호 문제,

네트워크 지연 등의 기술적인 문제로 인해 정보의 불균형이 발생할 수 있다.

이러한 이유로 인해 비대면 무역에서 정보의 불균형이 발생하며, 이를 극복하기 위해서는 적극적으로 정보 수집과 분석을 진행해야 한다.

2) 정보 확보 방법

첫째, 비대면 무역에서는 온라인을 통해 다양한 정보를 제공하는 채널이 있다. 비즈니스 포털, 소셜 미디어, 블로그, 포럼, 비즈니스 커뮤니티 등을 활용하여 정보를 수집하고, 필요한 정보를 찾을 수 있다. 또한, 국가 기관, 무역단체, 대사관, 주식회사 등에서 정보를 받을 수 있다.

둘째, 데이터 마이닝 기술을 활용하여 수집한 정보를 분석하고, 효과적인 정보를 선별할 수 있다. 빅데이터 기술을 사용하여 적절한 정보를 수집하고, 경쟁사 분석, 소비자 행동 분석, 시장 동향분석 등을 수행할 수 있다. KOTRA는 무역 및 투자 분야에서 활용 가능한 빅데이터 서비스인 '트라이빅(TriBIG)'을 제공하고 있다. 이 서비스를 활용하면 3분만에 유망한 시장과 해외바이어를 추천받을 수 있다.

셋째, 비대면 무역에서는 정보의 불균형 문제가 발생할 수 있으므로, 무역 상대와 적극적으로 소통하는 것이 중요하다. 이메일, 메신저, 화상회의 등 다양한 채널을 통해 소통하며 정보를 교류할 수 있다.

넷째, 정보의 불균형 문제를 해결하기 위해서는 협력적인 파트너와 함께 일하는 것이 중요하다. 파트너가 가지고 있는 정보를 공유하고, 상호 간에 정보를 제공하며 서로 간의 이익을 도모할 수 있다.

다섯째, 비대면 무역에서 정보의 불균형 문제를 해결하려면 정보 보안 관리가 필요하다. 기밀성, 무결성, 가용성 등 정보 보안 관리에 대한 체계적인 접근 방식이 필요하다. 특히, 기업 비즈니스 정보보호와 사이버 보안 관리에 대한 교육이 필요하다.

2. 불안감 문제와 신뢰성 강화 방법

1) 불안감 문제 원인

비대면 무역에서 불안감이 생기는 이유는 여러 가지가 있다. 첫째, 대면으로 거래할 때와는 달리 상대방과 직접 대면하지 않기 때문에 상대방의 진실성과 신뢰도를 평가하기 어렵다. 둘째, 온라인으로 거래를 하면서 상품의 품질, 색상, 크기 등을 직접 확인할 수 없어 불안감이 생길 수 있다. 셋째, 비대면 거래에서는 인터넷 연결 상태나 결제 시스템 등의 기술적인 문제로 거래가 중단될 가능성이 있으므로 거래의 안정성에 대한 우려도 생길 수 있다. 넷째, 비대면 거래에서는 언제든지 상황이 바뀔 가능성이 있어서 예상치 못한 상황에 대한 대처가 어려울 수 있다. 이러한 불안감은 비대면 거래를 경험해보지 않은 사람들에게 더욱 크게 다가올 수 있다.

2) 신뢰성 강화 방법

비대면 무역에서는 실물 대면 거래와 달리 상대방의 신뢰성을 확인하기가 어려우므로 불안감 문제가 발생할 수 있다. 또한, 비대면으로 거래를 하다 보면 언제든지 사기나 부정행위가 일어날 가능성이 있어 불안감을 더욱 높일 수 있다. 이러한 불안감을 해소하기 위해서는 다음과 같은 방법들을 고려해볼 수 있다.

표66 비대면 무역 신뢰성 강화 방법

방법	내용
신뢰성 있는 거래 플랫폼 이용	제삼자가 운영하는 거래 플랫폼을 이용하면 거래 과정에서 발생하는 문제를 제삼자가 중재하고, 거래 과정에서의 안전성을 보장할 수 있다.
사전 검증 및 정보 수집	거래 상대방에 대해 사전에 검증하고, 정보를 수집하여 상대방의 신뢰성을 높일 수 있다. 이를 위해서는 적극적인 사전 조사가 필요하다.
안전한 결제 수단 이용	안전한 결제 수단을 이용하여 거래를 진행하면 대금결제에 대한 불안감을 해소할 수 있다. 대표적으로, 보안 인증 기능이 있는 신용카드나 결제대금 보호 서비스가 있는 전자결제 수단 등을 이용할 수 있다.
상호 간의 원활한 소통	거래 상대방과 원활한 소통을 통해 서로의 불안감을 해소할 수 있다. 이를 위해서는 상대방과 자주 소통하고, 거래 과정에서 발생하는 문제를 함께 해결하는 노력이 필요하다.
정부 지원 프로그램 활용	정부에서는 비대면 무역을 지원하는 다양한 프로그램을 운영하고 있다. 이를 활용하면 안정적인 거래를 진행할 수 있으며 불안감을 해소할 수 있다.

3. 불만족 문제 해결 방법

1) 불만족 문제 원인

비대면 무역에서 불만족이 생기는 이유는 일반적으로 다음과 같은 이유가 있다.

첫째, 비대면 무역에서는 바이어가 제품을 직접 확인하거나 샘플을 받아보지 못하므로 제품의 품질이나 성능 등에 대한 불안감이 생길 수 있다. 둘째, 화상회의나 메일 등으로 비대면 상담을 할 경우, 실제 대면 상담과는 달리 의사소통이 원활하지 않을 수 있다. 특히 언어나 문화적인 차이가 있는 경우 불만족이 생길 가능성이 크다. 셋째, 제품의 배송과 관련하여 문제가 발생할 수 있다. 배송이 지연되거나 제품이 손상되는 등의 문제가 발생하면 바이어는 불만을 느낄 수 있다. 넷째, 제품의 품질이나 성능 등에 대한 문제가 발생했을 때, 바이어는 서비스와 관련된 문제가 있는지에 대한 불만족을 표현할 수 있다. 예를 들어, 제품의 불량을 교환해 주지 않거나 적절한 보상을 제공하지 않는 등의 경우이다.

이러한 불만족을 해결하기 위해서는 신뢰성 높은 제품과 서비스를 제공하고, 원활한 의사소통과 배송 체계를 구축하는 등의 노력이 필요하다.

2) 불만족 문제 해결 방법

비대면 무역에서 불만족 문제를 해결하기 위해서는 다음과 같은 방법들이 제시될 수 있다.

첫째, 비대면 무역에서는 소통이 원활하지 않아 불만족이 생길 수 있다. 따라서 판매자와 구매자 간에 원활한 커뮤니케이션을 유지하고, 필요한 정보를 정확하게 전달하는 것이 중요하다. 이를 위해서는 이메일, 메신저, 화상회의 등을 적극적으로 활용할 수 있다.

둘째, 구매자가 상품을 충분히 이해하지 못하면 불만족이 생길 수 있다. 따라서 판매자는 상세한 상품 정보와 사진, 동영상 등을 제공하여 구매자가 상품을 잘 이해하도록 돕는 것이 좋다.

셋째, 비대면 무역에서 배송 정보를 정확하게 제공하지 않으면 구매자들이 불안해할 수 있다. 따라서 판매자는 상품 배송 정보와 추적 정보를 정확하게 제공하여 구매자가 배송 상황을 쉽게 확인할 수 있도록 해야 한다.

넷째, 상품이 손상되거나 문제가 생길 경우, 판매자는 빠르게 대처하여 문제를 해결해야 한다. 이를 위해 판매자는 문제가 발생했을 때 빠르게 대응할 수 있는 체계를 마련하고, 구매자와의 원활한 소통을 유지해야 한다.

다섯째, 비대면 무역에서는 구매자와 판매자가 시차가 큰 경우가 많다. 따라서 판매자는 구매자가 문의 사항을 남기는 채널을 마련하고, 최대한 이른 시일 내에 답변을 제공하여 구매자들의 불만족을 최소화해야 한다.

3) 상품/서비스 제공 전략

비대면 무역에서 불만족을 해결하기 위해 상품/서비스의 상세한 정보 제공, 가상 시연/시찰 제공, 리뷰 제공, 신속한 고객 지원 서비스 제공, 가격 경쟁력 제고를 통해 바이어들의 불안감을 해소하고 높은 만족도를 제공할 수 있다. 이러한 방법들을 통해 바이어들의 구매 결정에 영향을 미칠 수 있다.

첫째, 상품/서비스의 상세한 사양, 사용 방법, 장단점 등에 대한 정보를 상세히 제공함으로써 바이어들의 궁금증을 해결하고 불안감을 줄일 수 있다.

둘째, 바이어들이 상품/서비스를 직접 보고, 체험하는 것은 어려운 상황에서는 가상 시연/시찰을 통해 제공할 수 있다. 제품의 구성 및 기능에 대한 시연 동영상이나 가상 시찰을 제공하면 바이어들은 제품/서비스의 성능을 미리 확인할 수 있어 불안감을 줄일 수 있다.

셋째, 비슷한 상품/서비스를 구매한 다른 고객들의 리뷰를 제공함으로써 상품/서비스의 신뢰성을 높이고, 바이어들의 불안감을 해소할 수 있다.

넷째, 문의나 불만 사항에 대한 신속한 대응 및 해결은 바이어들에게 높은 만족도를 제공하고, 추후 재구매에 대한 유인으로 작용할 수 있다. 이를 위해 고객 지원 서비스를 강화하여, 바이어들의 문의에 신속하고 정확하게 대응하는 것이 필요하다.

다섯째, 상품/서비스의 가격이 바이어들의 구매 결정에 영향을 미치기 때문에 경쟁 업체와 비교하여 가격 경쟁력을 높이는 것이 중요하다. 같은 품질의 상품/서비스를 더 저렴한 가격으로 제공하거나, 추가적인 혜택을 제공함으로써 바이어들의 구매를 유도할 수 있다.

4) 배송 및 물류 전략

비대면 무역에서 배송 및 물류 전략은 상품 특성, 시장 환경, 국가간 무역 규제 등 다양한 요소에 따라 달라질 수 있다. 그러나 비대면 무역에서도 물류 전략은 중요하다.

▸ 빠른 배송 시스템 구축

고객은 상품의 배송 속도를 중요하게 생각한다. 빠른 배송 시스템을 구축하고, 제품이 입고되면 즉시 처리하도록 하는 것이 필요하다. 또한, 배송 추적 기능을 제공하여 고객이 상품이 언제 도착하는지 쉽게 파악할 수 있도록 해야 한다.

▸ 로컬 파트너십 구축

해외에서 상품을 구매하는 경우, 해외에 로컬 파트너를 구축하여 원활한 물류 체계를 구축할 수 있다. 로컬 파트너는 공식 수입업체와 협력하여 상품의 통관 및 배송을 처리할 수 있다. 이를 통해 해외에서의 배송 속도와 안정성을 확보할 수 있다.

▸ 물류 센터 운영 및 국제물류 규정 준수

국내에서 물류 센터를 운영하여 물류 체계를 강화할 수 있다. 물류 센터에서는 상품의 검수, 포장, 출고 등을 처리할 수 있으며, 빠른 배송 시스템과 연계하여 효율적인 물류 체계를 구축할 수 있다.

국제 무역에서는 다양한 물류 규정이 존재한다. 이러한 규정을 준수하고 적극적으로 대처하는 것이 중요하다. 또한, 배송 중 발생할 수 있는 문제에 대한 대처 방안을 미리 마련하고, 문제가 발생했을 때 신속하게 대응할 수 있는 시스템을 구축해야 한다.

▸ 기술 도입

물류 분야에서 기술의 도입은 중요하다. 인공지능, 빅데이터, IoT 등의 기술을 활용하여 물류 체계를 개선할 수 있다. 예를 들어, IoT 기술을 활용하여 상품의 위치와 상태를 실시간으로 추적하여 고객에게 정확한 배송 정보를 제공하고, 물류 센터에서는 물류 작업 과정을 자동화하여 인력과 시간을 절약할 수 있다. 빅데이터 분석을 통해 상품의 수요 예측을 하고, 효율적인 물류 과정을 설계할 수 있으며, 인공지능 기술을 활용하여 자동화된 물류 작업을 수행할 수 있다.

5) 고객 서비스 전략

비대면 무역에서 고객 서비스는 중요하다. 먼저, 비대면 무역에서는 고객과 직접 대면하여 상품을 보여주거나 설명할 수 없으므로 고객에게 충분한 정보를 제공하고 원활한 소통을 유지하는 것이 중요하다. 그렇지 않으면 고객의 불만이나 거래 취소 등으로 이어질 수 있다.

또한, 비대면 무역에서는 고객이 상품을 실제로 체험하거나 시찰할 수 없으므로 고객에게 제품에 대한 충분한 정보를 제공하는 것이 매우 중요하다. 이는 제품의 사양, 특징, 기능, 용도, 사용 방법 등을 상세하게 제공함으로써 고객의 불안감을 줄이고 상품의 신뢰성을 높이는 데에 큰 도움이 된다.

또한, 비대면 무역에서는 고객들이 다양한 국가와 지역에서 거래하므로 상품의 배송, 통관 등의 문제가 발생할 가능성이 크다. 따라서 고객 서비스에서는 이러한 문제를 해결하기 위한 충분한 정보를 제공하고, 빠르고 정확한 대응을 통해 고객의 거래 만족도를 높이는 것이 매우 중요하다. 비대면 무역에서 고객 서비스를 강화하는 전략은 다음과 같다.

표67 비대면 무역 고객 서비스 강화 전략

전략	내용
신속한 응대	인공지능 챗봇 기술을 활용하거나 고객 서비스 담당자를 늘리는 등의 방법을 고려할 수 있다.
맞춤형 서비스 제공	고객의 이력과 정보를 분석하여 맞춤형 추천을 제공하는 인공지능 기술 등을 활용할 수 있다.
신뢰성 있는 정보 제공	상품 정보, 배송 정보, 국제 무역 관련 정보 등을 정확하고 신속하게 제공하는 것이 중요하다.

불만 처리 체계 강화	고객으로부터 불만이 발생하면 신속하게 처리해야 한다. 이를 위해 고객 서비스 담당자의 교육과 불만 처리 시스템의 개선 등을 고려할 수 있다.
경험 기반 서비스	고객 경험을 개선하는 서비스를 제공하는 것이 중요하다. 예를 들어, 가상 시찰 서비스, 상품 체험 기회 제공, 인플루언서 마케팅 등을 고려할 수 있다.

6) 보안 문제와 보안 강화 방법

비대면 무역에서는 거래가 전적으로 디지털 환경에서 이루어지기 때문에 보안 문제가 더욱 중요한 이슈로 대두되고 있다. 보안 문제가 발생하면 고객 정보, 거래 정보, 지적 재산 등이 노출될 가능성이 있어, 회사와 고객 모두에게 큰 피해를 줄 수 있다. 이를 방지하기 위해서는 보안 강화가 필수적이다.

보안 강화를 위한 대표적인 방안으로는 다음 표와 같이 보안 인프라 강화, 접근 제어 강화, 보안 교육, 암호화 기술 도입, 정기적인 보안 점검, 위험 요인 분석, 보안 정책 수립 등이 있다.

표68 비대면 무역 보안 강화 방법

방법	내용
보안 인프라 강화	방화벽, 침입 탐지 시스템, 암호화 기술 등을 도입하여 데이터베이스, 서버, 네트워크 등에 대한 보안 인프라 강화
접근 제어 강화	강력한 암호 정책을 도입하고, 불필요한 사용자 계정을 삭제하고, 접근 권한을 제한하는 등의 조치
보안 교육	직원들에게 보안 교육 제공 – 비밀번호 관리, 이메일 스팸 및 피싱 공격의 예방 방법 교육

암호화 기술 도입	SSL(Secure Sockets Layer)[63] 기술을 도입하여 데이터 전송 중 노출되지 않도록 보호
정기적인 보안 점검	정기적인 보안 점검 수행 – 보안 전문가나 보안 업체를 통해 외부에서 점검
위험 요인 분석	시스템 내에서 보안 위험 요인 분석 – 보안 이슈에 대한 빠른 대응 필요
보안 정책 수립	보안 정책 수립하여 시스템 운영 기준 마련 – 보안 취약점 예방 및 대처를 위한 방안 마련

63) 인터넷 상에서 정보를 안전하게 전송하기 위한 프로토콜 중 하나이다. 온라인 쇼핑몰에서 개인정보를 입력할 때 SSL 프로토콜을 사용하면 제삼자가 정보를 탈취하는 것을 방지할 수 있다.

액션러닝 문제

- 어떤 기업의 현재 상황과 비대면 무역의 중요성을 고려하여 디지털 전환 전략을 개발해보세요. 비대면 수출 방안, 온라인 전시회 참가, 화상상담 구축, 라이브커머스 활용 등을 포함한 종합적인 전략을 수립하고 실행해 보세요.
- 어떤 기업을 대상으로 온라인 무역전시회 참가를 계획하고, 참가 전략을 수립해보세요. 참가할 전시회 선택, 부스 구성, 홍보 및 마케팅 전략 등을 고려하여 온라인 전시회에 성공적으로 참여하세요.
- 어떤 기업을 대상으로 비대면 화상상담 시스템을 구축하고 운영해보세요. 화상상담 플랫폼 선택, 시스템 구성, 상담 절차 및 방법 등을 고려하여 비대면 화상상담을 효과적으로 진행하세요.
- 메타버스를 활용한 온라인 전시회를 개최해보세요. 메타버스 플랫폼 선택, 전시회 부스 구성, 참가자 유치 및 홍보 전략 등을 고려하여 온라인 전시회를 성공적으로 개최하세요.
- 비대면 무역의 문제점을 분석하고, 어떤 기업을 대상으로 대응 전략을 개발해 보세요. 정보의 불균형 문제에 대한 해결책, 불안감 해소를 위한 신뢰성 강화 방법, 고객 불만족 문제의 해결 방안 등을 고려하여 전략을 수립하고 실행해 보세요.

참고문헌

강혜원, 이성민, "넷플릭스의 초국적 콘텐츠 소구 전략 : <오징어 게임> 에 나타난 장르적 보편성과 문화적 특수성의 이중적 상품화 구조 분석", 언론과 사회 제30권 제3호, 2022, pp.5-41.

김영규, 김현수, "수출마케팅 성공요인에 관한 연구", 한국경영학회지 제31권 제4호, 2003, pp.1195-1214.

김익환, 김승철, "한국 수출기업의 검색엔진마케팅 효율화를 위한 검색엔진 최적화 방안 연구", 전자무역연구 제12권 제2호, 2014, pp.1-27.

김재우, 선석기, "무역 활성화를 위한 수출 바우처 제도의 성과분석 및 개선방안에 관한 연구", e-비즈니스연구 제20권 제7호, pp.281-295.

김창봉, 허영, "중소수출제조기업의 B2B 글로벌 전자상거래 활용요인에 관한 연구: 동적역량이론의 적용", 국제상학 제37권 제1호, 2022, pp.67-86.

김철민, 박광호, "해외시장 진출전략을 위한 시장조사방법론 제시", 전자무역연구 제17권 제1호, 2019, pp.63-83.

김태우, 김승철, "국경 간 전자상거래 현황 분석 및 활성화방안에 관한 연구", 국제상학 제35권 제3호, 2020, pp.287-305.

김학민, 이승철, "SNS 활용이 수출마케팅 성과에 미치는 영향", 통상정보연구 제14권 제1호, 2012, pp.411-438.

김현수, "코로나19 이후 글로벌 전자상거래 트렌드", 한국무역협회 TRADE FOCUS, 2020년 21호.

박수홍, 안영식, 정주영, 체계적 액션러닝, 학지사, 2010.

박철, 이재정, "기업의 수출마케팅 성공요인에 관한 연구", 한국경영학회지 제26권 제1호, 1998, pp.1-20.

방지현, "비대면·온라인 유행 활용 중소기업 수출지원", 한국행정연구원, 행정포커스 Vol. 148, 2020.

손승우, "온라인 분쟁해결(ODR)에 관한 국제 규범 모델 연구(I) - ODR에 관한 국제 규범 동향 분석", 비교법제 연구 11-16-1-1, 2011.

온가신, 이혜미, "라이브 커머스는 어떻게 소비자들의 마음을 사로잡았나? 플랫폼 및 BJ 정보원천 특성이 중국 소비자들의 라이브 커머스 구매의도에 미치는 영향과 성별의 조절효과", e-비즈니스연구 제21권 제5호, 2020, pp.215-234.

이근영, "해외시장조사에 관한 연구", 한국컴퓨터정보학회논문지 제12권 제1호, 2007, pp.201-206.

이승희, 김영규, "수출마케팅 성공요인에 관한 연구: 중소기업을 중심으로", 한국경영학회지 제33권 제3호, 2005, pp.1019-1040.

이태식, "융합한류 플랫폼을 활용한 중소기업의 해외마케팅 지원방안

- KOTRA 지원사업을 중심으로", 문화콘텐츠연구 제6호, 2015, pp.71-122

이호형, "대학의 산학협력 무역인력 양성이 중소기업 수출성과에 미치는 영향", 통상정보연구 제17권 제2호, 2015, pp.307-327.

이호형, "무역교육에서의 액션러닝 설계와 효과성 검증에 관한 연구", 통상정보연구 제20권 제4호, 2018, pp.411-430.

이호형, "4차 산업혁명 관련 무역연구의 체계적 문헌고찰과 사례연구", 통상정보연구 제22권 제2호, 2020, pp.23-41.

이호형, "무역업무에서 ChatGPT 활용의 탐색적 연구", 통상정보연구 제25권 제1호, 2023, pp.43-61.

이호형, "전자무역 분야 빅데이터 활용 사례연구", 정보화연구 제15권 제2호, 2018, pp.179-186.

전동석, 방성철, "온택트 시대 무역의 변화와 온라인 전시회 활용에 관한 연구", 무역상무연구 제94권, 2022, pp.121-143.

정언용, "인플루언서 마케팅 사례 분석과 마케팅 연구 제언", 서비스마케팅저널 제12권 제1호, 2019, pp.33-39.

조원길, 김애영, "한국 무역업체의 무역거래알선사이트 재이용의도 분석", 관세학회지 제14권 제1호, 2013, pp.193-210.

최윤국, "중남미: 웹 서핑을 통한 수출아이템 선정과 해외거래처 발굴", 국제지역정보 146호, 2005, pp.57-58.

추선애, "우리나라 무역사기 사례 분석에 관한 연구 - 무역결제사기와 선적불량사기 사례를 중심으로", 국제상학 제38권 제1호, 2023, pp.1-16.

한국농수산식품유통공사, 삼계탕 수출연구사업단 동향보고서", 2020.

한국무역협회, 포스트 코로나 시대, 온라인 화상상담 성공전략, 트레이드 브리프 12호, 2020.

홍선의, “중국 국경 간 전자상거래 정책 및 소비정책 변화에 따른 한국의 시사점”, 무역연구 제17권 제5호, 2021, pp.353-366.

Hamill, J., “The Internet and international marketing”, International Marketing Review, Vol. 14 No. 5, 1997, pp. 300-323.

Kotler, Philip, Marketing Management, 3rd ed., Prentice Hall, 2016, p.14.

KOTRA, “미국, 라이브 커머스가 뜬다”, 해외시장뉴스, 2022-01-03.

Winer, Russell S., Marketing Management. Prentice Hal, 2004.

저자소개

이호형

경희대학교 대학원 무역학과에서 경영학 박사학위를 취득했으며, 경희대학교 무역학과 교수(전임강사)를 거쳐 현재는 계명대학교 국제통상학전공 교수로 재직하고 있다. 무역의 디지털 전환에 관련된 연구를 주로 하고 있으며 산학협력을 통한 무역인력 양성에도 관심이 많다. 주요 저서로는 『디지털 전환 시대의 전자무역』, 『전자무역학 캡스톤디자인』, 『스마트무역의 이해』가 있다.